現象學
作為一種實踐哲學

胡塞爾‧海德格‧鄂蘭的
倫理、政治與宗教哲學

汪文聖　著

目次

前言

*

　　本書以「現象學作為一種實踐哲學：胡塞爾‧海德格‧鄂蘭的倫理、政治與宗教哲學」為標題，顧名思義，是要以這三位哲學家為代表，介紹並深入去探討現象學裡的實踐性內涵。這實踐性會涉及三個領域：倫理、政治與宗教。以倫理、政治與宗教為主題是鑑於我們對於人從私領域到公共領域的問題的關注，而宗教在此三家皆具有塵世的或是道成肉身的意義，[1]實和公共領域有密切的關係，這也是他們以不同方式關切的主題。這三位哲學

1　宗教哲學異於神學在於後者以信仰為前提，前者則以人的理性或是如情感的前理性來討論上帝的問題。但本書在後面使用「哲學的神學」或「神學的哲學」等概念，這是指它們分別以非圖像或圖像式語言來表述上帝的不同進路。後者特別是就上帝的體現於塵世之物，以致有道成肉身之說法的觀點來從神學討論哲學，因而哲學的語言也成了道成肉身之一環，或有了語言是上帝的「內在之詞」（ verbum internum）的說法。這就形成了圖像式語言的濫觴。「哲學的神學」概念有如神學作為哲學的附庸，在以理性的哲學對神學做詮釋。「神學的哲學」則相反，哲學成了神學的婢女，哲學是以神學的背景來詮釋。本書以對於以圖像式語言做哲學的表述歸為神學的哲學，因它本於語言是上帝的「內在之詞」的理念。又神學一詞在本書的使用有時指傳統上以信仰為基礎的神學，但就胡塞爾、海德格與鄂蘭就較屬廣義，不以信仰為前提，它或可視為宗教哲學的代名詞。

家與三個領域各可獨立來處理，但若我們注意到它們之間的彼此交錯關係，並拿來討論，更可將這些問題性，以及這三位哲學家的不同立場，在比較對照下更為鮮活地呈現出來。

西方歷史思想家對於這三個領域之間關係就有不同的立場。如柏拉圖（Plato）與亞里斯多德（Aristotle）就以人如神的沉思活動作為終極目的，以至於根本上倫理與政治以一種希臘式的宗教為依歸。中世紀的奧古斯丁（Augustine of Hippo）也在區分了「世界之城」與「上帝之城」之下，以基督宗教為倫理與政治最終指向之標的。康德（Immanuel Kant）基本上以道德倫理作為政治與宗教的立基之地，道德神學的稱號既確立了此立場，他在〈永久和平論〉裡仍維持著政治要尊重道德的主張。

至於胡塞爾、海德格、鄂蘭這三位現象學家各持什麼立場呢？胡塞爾雖曾一段時間強調基督宗教的非理性，但蓋棺論定地以倫理為政治的基礎，問題是他的倫理學在發展到發生現象學階段，有著自然目的論的義涵，內存著亞里斯多德的思想旨趣，又他也主張最終的神學是如亞里斯多德之哲學的神學，故這三個領域的關係就是以倫理為本，還是以希臘式的宗教為依歸，就值得玩味了。

海德格的哲學是否有倫理學，一向為學界所爭論與討論。就他在《存有與時間》以發展「基礎存有論」而言，因為基礎存有論是企圖回到傳統以智、情、意三分為依據的科學、技藝、倫理學之底層，看是否有個更原初的基礎作為傳統的這些學科的源頭，故本書要揭示的首先是，海德格主張在這種基礎存有論立場下有一種更原初的倫理，然後針對其後晚期以「存有歷史」（Seinsgeschichte; the history of Being）為主的階段，檢視其繼續發展的倫理義涵可能是什麼。他的政治思想因最近被爭議的政治立

場就更值得注意，但本書要強調海德格對於政治回到他對於 *pólis* 這個概念的理解，它表示人在世界的地位或場所，或歷史中「此一在」（Da-sein）[2]所在之處。問題在於人如何面對世界與歷史，這裡也有胡塞爾那裡的自然目的論傾向嗎？惟本書將繼續強調，海德格根本上將人的歷史放在較希臘的自然目的更寬廣，且凌駕於其上的「存有命運」（Seinsgeschick; desting of Being）範圍內。故相較於希臘的自然目的論所發展至最高的神性而具的宗教性義涵，海德格是否將存有命運關聯到他所理解的上帝、神或諸神，以致有其一套宗教思想呢？這是本書也要闡明的。但不論如何，倫理、政治與宗教到底孰為根本？它們之間的糾葛關係似要回到更為根本的存有義涵來澄清。

鄂蘭是當代政治思想的巨擘，其可能有的倫理與宗教理念當以政治的義涵為依歸，由於政治是關乎複多性的人在公共領域中的幸福生活，故倫理所涉及的人之意志成為關懷公共福祉的抉擇與判斷，原本寄託在彼岸的永恆的宗教，轉變為人所致力謀求於世界的不朽性，每個人藉著參與著政治所需的行動生活，取得在不朽世界中一個位置。倫理、政治與宗教三領域對她而言又有另一種別出一格的關係。

＊＊

2　在本書時會出現海德格的用詞「此在」（Dasein）與「此一在」（Da-sein），前者的使用在指人本身，但就人本身具存在性（existence）的特色而言，存在性的簡單意義是人是有限但具有自我超越性。「此一在」的使用在表示人在這裡但呈現開放的意義（如《存有與時間》所示），在《哲學論稿》更具體表示人從第一開端往另一開端過渡的中介歷程。本書的使用與所強調的意義脈絡有關。

　　本書除了將對於實踐哲學所涉的三個領域：倫理、政治與宗教，分別就三位哲學家來看其交錯的關係，以呈現各個哲學不同的風貌與立場之外，也將以一統合的問題性貫穿其間，以期對他們的立場做更進一步的了解。這是勞思光所提出的「基源問題」。[3] 今我們貫穿於本書要提出的是：「如何將他們的實踐哲學作為一種技藝學來看待？」

　　技藝（téchne）一詞源自古希臘，它的意義源遠流長，始終在哲學史中扮演著核心概念的角色，雖然它的重要性與意義並不常為學人提出討論；且技藝與實踐（praxis）間的關係有一些爭論，也就是出現實踐是否為一種技藝的質疑。早在亞里斯多德的論述中就有一些歧義；但本書視實踐哲學為一種技藝，將在適當之處對之做仔細說明。但要先強調的是，我們之所以強調這個概念，也鑑於現今國內推行的博雅教育出自自由技藝（liberal arts）這個概念，它指的是在希臘羅馬時期所倡導的「七藝」，而它更淵源於柏拉圖的《理想國》（The Republic）。技藝一詞實有它的悠久歷史傳承。

　　基本上和技藝對立的機運（túche）概念必須相提並論，這是人不可預見的一股力量，它影響甚至決定了自然與人際事件的發生。它一方面有著消極意義，指的是人們未來的不確定性，成為技藝活動所經常要面對與挑戰的對象。但它另一方面也蘊含了積極的意義，指的是人們以某些巧思，讓技藝在一種瞬間的時機（kairós）下，能夠參與（即使尚非決定）本為不確定之未來的到來。這裡所說的巧思包括了促成實踐智（phronēsis）作為的能

3　參考勞思光，《新編中國哲學史‧卷一》，台北：三民書局，1997（增訂九版），頁15-17。

力。也是這個原因，故本書將實踐智扮演重要角色的實踐哲學視為一種技藝學。

故本書的基源問題可更進一步的表示為：「胡塞爾、海德格與鄂蘭，如何以技藝活動，面對不可知的命運，但企圖在讓時機形成中，去理解與構作其有關倫理、政治與宗教領域的實踐哲學？」

但我們從屬於人為活動的技藝面對不可知的命運，以巧思的方式讓時機形成，甚至讓我們有洞燭先機的能力，以化解突如其來的命運對我們的衝擊，這樣的活動為何是實踐哲學的問題？實踐哲學的本質如何在這裡透顯著，從而更具體展現在倫理、政治與宗教的領域？「自由技藝」一詞已提示著，讓人能自由的技藝實涉及實踐的義涵。如果康德的這句話：「經由自由而可能的所有事務是實踐的。」[4]尚值得我們重視的話，那麼他所要求的意志自由可歸為我們所說的技藝範疇，但是他如何面對不可知的命運呢？康德從「我能知道什麼？」經由「我應該做什麼？」到「我可以希望什麼？」，到在服從道德律的尊嚴中求得幸福為最終訴求，但這個所希望的德福一致理想只是在智性世界（intelligible Welt）中存在的。[5]本書所提出的實踐固然也從「經由自由而可能」看其本質，但自由的意義不單單是人的意志自由而已，人的意志被要求著能共存、參與或迎合包括自然目的性的生成、存有命運等不可知的未來，以期化解不可知的命運常帶來的衝擊，而最終在求得人在此世界就可能獲致幸福的一些保障。我們在這樣所了解的實踐哲學本質前提下，再檢視胡塞爾、海德格與鄂蘭的倫

4　Kant, Immanuel. *Kritik der reinen Vernunft*, Hrsg.: R. Schmidt, Hamburg: Meiner, 1976, B 828.

5　同前註，B 833-837。

理、政治、宗教哲學如何具體化此實踐哲學，並呈現出他們彼此之間的特色與異同。

　　的確，胡塞爾最後在《危機》書裡對於技藝概念有所強調，在早期著作以另一個概念「技藝學」（Kunstlehre）來討論邏輯學與倫理學的特性，而晚近出版的《現象學的邊界問題》更以人們如何以涉及倫理、政治與宗教的生活方式，面對偶發、命運、死亡等問題為討論重心。我們將看到胡塞爾的技藝概念往宛如自然生成的義涵開展，顯示出人為意志的強度被舒緩了許多。在海德格譬如〈對科技追問〉的文章裡，更明顯地看到技藝往科技概念衍生的過程；命運與時機的概念早在《存有與時間》裡顯示其思想的特色，而他的早晚著作中對於希臘悲劇的涉及所見多是，遑論他本人面對當時政治環境的態度，就是以技藝活動在應對時代命運；從這裡我們就可更清楚去體會他晚期的泰然任之（Gelassenheit）、讓意志去嵌合存有命運的立場，這裡亦有海德格所了解之時機的產生。海德格的倫理、政治與宗教故可從此脈絡來把握。在鄂蘭方面，晚期的《精神生活》將意志視為面對不可預見的未來所做的抉擇與決心，這裡即涉及技藝面對命運的問題；其實她早先在《人的境況》裡所鋪陳出之人的「行為生活」（vita active）[6] 未嘗不是廣義的技藝活動，被視為面對未來的不可

6　這裡以別於「行動」（action）的「行為」來譯activa，即在顯示鄂蘭用語 vita activa 是一種包括勞動（labor）、工作（work）與行動的「行為生活」。我們發現鄂蘭的「行為生活」一詞甚至包括傳統上彼此對立的沉思生活（vita contemplative）與 vita activa 兩者。我們特別強調傳統的 vita activa，因它是與 vita contemplativa 對立的實踐生活（倫理與政治生活）而已，鄂蘭用的 vita activa 較為廣義。故她用的行動一詞雖然與勞動及工作分開，並與它們合屬廣義的 vita activa，但也不排斥行動可連結勞動、工作，以及 vita contemplativa，一起建立起公共空間，致力於公共事務。

預期性，人要如何去應對的作為。在整個鄂蘭思想中，一個核心問題是，我們如何在讓過去與未來的公共生活獲得意義。當傳統形上學或神學以「當下與此處」（*nunc stans*）的概念，去解釋過去與時間的來源與構成時，鄂蘭以考量社群公共生活而做的判斷為據，在敘事中去重構過去故事的意義，開展未來故事的定向。這未嘗不是在讓時機形成之後所導致出來的結果。

＊＊＊

　　以技藝的概念導出本書的基源問題，更因為技藝為亞里斯多德所刻畫的一種特性成為本書論述的另一個重要依據，那就是技藝從人為出發，經由自發，轉為自然的生成。對於亞里斯多德而言，這種刻畫當然歸因於作為其整個思想的引導的自然目的論。技藝之轉化為自然的生成，是否與如何呈現在胡塞爾、海德格與鄂蘭的思想中呢？我們將分為兩個層次來談，一是技藝作為現象學方法，另一是技藝作為倫理、政治與宗教。

　　在胡塞爾方面，從靜態到發生現象學的處理，可顯示現象學方法最終讓「實事本身」（Sachen selbst）納入到自然目的論的行列，原先的人為方法宛如成為一種讓實事自然生成的方法。胡塞爾的倫理、政治與宗教的義涵也皆秉持實事最終宛如自然生成的原則，它們本身也宛如自然生成。我們將從其倫理學揭開的靜態到發生學進展的問題，具體地從意向性的意義轉變來看人的意識如何從主動性轉為被動性，至少這是意識之一種自發的，即使尚不是一種自然生成的現象。

　　海德格的現象學方法自始即與胡塞爾區別開，因為其不以意識讓意識所對而顯現，而是以「此在」讓實事作為存有的身分來

顯示其自身為宗旨。早期的「形式指引」（formale Anzeige）方法是讓生命本身說話，從已說的概念向未說的去指引，以至於本身是流動的生命擺除了受既定概念的束縛，概念是生命本身「自然地」，而非人為設定地生成的。這就影響他譬如早期對宗教現象學的處理。晚期更徹底的泰然任之態度（如果不直接說成一種方法的話），讓人的「此在」不只納入希臘所說的自然生成，更納入以存有或存有命運表示的更廣義的自然生成之中，倫理、政治與宗教就從存有或存有命運獲得其意義。

鄂蘭是否有現象學方法呢？她之注重說故事、敘事更勝於現象學描述固是一種方法，其對於現象更勝於本質一籌的主張與解釋似乎也未預設一種現象學方法。但不論是在早期隱而未發，或是晚期未終其論著的政治判斷概念，既有從下到上的現象學構成義涵，也蘊含著亞里斯多德的實踐智概念作為落實的根據。它雖不見得含有亞里斯多德的自然目的論思想於其中，但成熟的判斷讓不確定的未來以時機的方式呈現，這也是讓技藝轉化成自發甚至自然，並進一步讓凌駕自然之上的機運適時的到來。整個來看，她以政治性為中心的倫理與宗教義涵，可以環繞在判斷以形成時機為旨，從而讓公共生活意義可落實來理解。

＊＊＊＊

本書以西方哲學為主，但深受華人文化孕育的作者過去是得到當代新儒學的啟蒙而踏上哲學之路的。我們不能忘懷去常常反思，到底西方哲學可給予中國哲學哪些資源？我們可透過西方哲學的哪些概念或思路，去重新反省自己文化中有關倫理、政治與宗教的經典，或曾有哪些哲學家對它們的討論？鑑於此，技藝的

概念是否可以與原始儒家的「六藝（禮、樂、射、御、書、數）」
做個比較？我們將從胡塞爾與海德格分析技藝的幾個層次得到啟
發，一方面將使人得以身心自由的技藝深入到哲學思想的層次，
另一方面將技藝作為落實的方法而歸屬於實踐的層次，並就實踐
的技藝不宜形式化、教條化的觀點，去看譬如儒家所言「仁而不
仁，如禮何？」就是在對此做反省的一個例子。此外，技藝的從
人為到自發，再到自然的轉化，是否在儒家有個可以對照的意
義？的確，《中庸》告訴我們，人的修德與成就和上天鬼神之意
志與作為是互為感通的，上天的運作是人的修身所促使的，上天
比作於自然，修身是一種技藝，故技藝轉化為自然生成的意義在
此可見一斑。另外，我們會將這裡所具的儒家倫理性關聯到儒家
裡所具的宗教性義涵。

　　當代新儒家對於中國歷史與現今民主的政治問題有不少反
省，也涉及倫理與政治之間互斥或相合關係的問題。1958年徐復
觀、張君勱、唐君毅、牟宗三共同發表的〈中國文化與世界〉共
同宣言對於倫理開展出民主倒有順勢的主張，但牟宗三指出的過
去道德判斷與歷史判斷之間的爭論，卻表示倫理與政治的關係不
是這麼理所當然的相合。我們從胡塞爾那裡仍將見到倫理往政治
的理想去開展，似乎道德判斷仍站了優勢。但海德格思想所具強
烈的存有命運性，反映了歷史判斷可能的優位，惟其倫理的意義
卻在存有命運下來了解，故歷史判斷反而將道德判斷融入其中
了。鄂蘭從社群中具複多性的眾人來考慮，她以為若只著眼個人
的倫理道德的實踐，那麼這是不食人間煙火之哲學家的作為而
已；反之鑑於政治是眾人的事，鄂蘭發展出了政治判斷，它可作
為我們將道德判斷與歷史判斷結合在一起的參考，且可對於牟宗
三在《歷史哲學》一文中以黑格爾（G. W. Friedrich Hegel）的觀

點對這兩種判斷所做一種綜合的補充。

* * * * *

本書作者關注於「現象學作為實踐哲學」的主題有近十年，也陸續寫了相關的不少單篇論文，已出版於不同的期刊、專書，或僅發表於會議而尚未正式出版。自2013年7月起獲得科技部的專書撰寫補助計畫三年，以「現象學為一種實踐哲學：對於倫理、政治與宗教的關注」為題目。經過三年以來的閱讀、思考與書寫，對於過去的論文有不少的加強與補充。今做重新的構思，以迄今所累積的有形與無形的成果為依據，終完成了這一部系統性的專書。

走筆於此，謹記鄂蘭在《人的境況》裡說明了為何蘇格拉底是西方追求「永恆性」（eternity）的始作俑者：蘇格拉底不書寫自己的思想，因為若他書寫，就離開了與永恆性經驗相應的沉思生活（*vita contemplative*），而轉換成行動生活（*vita activa*），以至於本為會死的（mortal）人成為構造世界的一分子，在宇宙中獲取了一個位置（location），而讓自己納入到屬於「不朽性」（immortality）的行列中。1964年10月28日鄂蘭在根特高斯（Günter Gaus）的電視訪問中曾表示：她為什麼要書寫，只因為光憑記憶力人無法保留住思想。但保留下的思想少了在剎那間迸發出之思考的光輝；或許思考活動的創造性才與永恆性接壤，即使那是在一瞬間的。保留的思想也必成為公共性的一部分，成了讀者所批判的靶子，讓本為單一作者思想的痕跡被共構成可定向的意義。學者群共同創造了在宇宙中的位置，是學術團體所致力的不朽性。

是以本書的篇章安排如下：

第一章、技藝學的淵源與傳承
第二章、技藝學在現象學裡的地位與意義
第三章、胡塞爾現象學作為實踐哲學
第四章、海德格現象學作為實踐哲學
第五章、鄂蘭現象學作為實踐哲學
第六章、從現象學看儒家的實踐哲學
第七章、總結

本書的章節內容有部分為作者在期刊或專書發表，茲說明於下：

第二章

二、胡塞爾的技藝概念

〈從希臘的技藝概念看科學的精確性、嚴格性和嚴肅性〉，《中國現象學與哲學評論》，第17輯，2015，頁51-77。

〈技藝、生活世界與藝術〉，《四川大學學報》（哲學社會科學版），2017年第3期，2017，頁52-59。

三、海德格的技藝概念

〈從希臘的技藝概念看科學的精確性、嚴格性和嚴肅性〉，《中國現象學與哲學評論》，第17輯，2015，頁51-77。

〈當作者成為海德格晚年所說的詩人〉，《哲學與文化》，第42卷第11期，2015，頁125-138。

〈從「原初理性」生成「原初語言」來談文化再造──從海德格

的討論出發來看〉，《哲學與文化》，第43卷第7期，2016，頁5-25。

第三章

二、胡塞爾的倫理學

〈胡塞爾早期倫理學與亞里斯多德倫理學的關係〉，《國立政治大學哲學學報》，第18期，2007，頁1-28。

〈對於胡塞爾現象學重視發生與歷史的一種解讀——從呂格爾論懺悔的宗教維度來深化〉，《哲學與文化》，第41卷第6期，2014，頁77-97。

三、胡塞爾的政治哲學

〈胡塞爾的政治哲學〉，《國立政治大學哲學學報》，第35期，2016，頁81-110。

四、胡塞爾的宗教哲學

〈從希臘走向希伯來的人文義涵？——從胡塞爾晚期「愛」的概念來看〉，《國立政治大學哲學學報》，第21期，2009，頁1-34。

第四章

二、海德格的倫理學

〈精神病患之照顧存在性的現象學探討——理論的呼應與疏通〉，《國立政治大學哲學學報》，第7期，2001，頁269-306。

〈醫護倫理之存有論基礎初探——從海德格走向優納斯〉，《哲學雜誌》，第37期，2001，頁4-34。

〈海德格Dasein概念裡希臘與猶太—基督宗教的背景——兼論一種
　　東西哲學可能的交會點〉，《漢語哲學新視域》（汪文聖主
　　編），台北：臺灣學生書局，2011，頁301-326。

三、海德格的政治哲學

〈從技藝與機運的對立關係來看公共領域中的政治自由——鄂蘭與
　　海德格的比較〉，《東吳哲學學報》，第35期，2017，頁1-30。

四、海德格的宗教哲學

"Heidegger on the Problem of the Embodiment of God," *Yearbook for
Eastern and Western Philosophy: Embodiment. Phenomenology
East/West*, Berlin/Boston: de Gruyter, Vol.2, 2017, pp. 257-274.

第五章

二、鄂蘭的政治哲學

〈從技藝與機運的對立關係來看公共領域中的政治自由——鄂蘭與
　　海德格的比較〉，《東吳哲學學報》，第35期，2017，頁1-30。

第六章

三、儒家的政治與倫理學關聯

〈重新反省民主與倫理間的關係——從新儒家到現象學觀點的轉
　　化〉，《中國文化與世界》（李瑞全、楊祖漢主編），中壢：中
　　央大學文學院儒學研究中心，2009，頁397-418。
〈重新審視牟宗三的《道德判斷與歷史判斷》——從現象學的觀
　　點來看〉，《中央大學人文學報》，第62期，2016，頁49-78。

四、儒家的宗教與倫理學關聯

〈海德格 Dasein 概念裡希臘與猶太—基督宗教的背景——兼論一
　　種東西哲學可能的交會點〉，《漢語哲學新視域》（汪文聖主
　　編），台北：臺灣學生書局，2011，頁 301-326。

第一章

技藝學的淵源與傳承

一、前言

　　本書欲將現象學作為實踐哲學和技藝學關聯在一起討論，故首先要探討技藝這個概念在西方的歷史淵源與流傳。技藝的概念既取之於古希臘，故在此章節裡我要從柏拉圖以前、柏拉圖對話錄，以及亞里斯多德對於技藝的論述來看技藝的意義。我們將重點放在亞里斯多德的討論，首先從技藝與其他知識形態的比較中看技藝的特性，其次從技藝與機運的既對立又親近的關係，一方面強調技藝在人的生存上本具的意義以及所面對的挑戰，另一方面則企圖揭開本書整個章節所論述的核心問題：人如何以技藝來面對機運，且如何讓本為不可知的命運轉為我們往未來開拓的時機？

　　我們在此章節更要說明技藝不只是工匠的製造，也涉及實踐活動，爾後將從技藝的特性與和機運的關係來討論倫理、政治與宗教的問題。

二、技藝在前柏拉圖的意義

　　根據考證，*téchne* 源於歐語系的字根 *tek*，意味著「將一個房子的木製作品組合起來」（to fit together the woodwork of a ... house），這可能早期為造房子的意義，同時關聯到作為木匠意義的 *tekton*。之後，*téchne* 的意義更延伸到造船、鐵匠工、醫術。早期荷馬（Homer）的《伊里亞德》（*Iliad*）與《奧迪賽》（*Odyssey*）兩部史詩已提到技藝的概念，在西元前 4、5 世紀的《希伯克拉底文集》（*Hippocratic Corpus*）討論了醫術的技藝性。這些或早或晚的技藝概念皆有個目的導向，大致可說是對於某個特定事物以

及環境的控制與征服。[1]

　　對於技藝做系統討論的《希伯克拉底文集》，除了警告醫生不要誤診外，對於醫術可能受到的命運挑戰也做了不少敘述。這首先表示，醫術的目的是健康，但只是以達到盡量的健康為目的；其次，包括醫術的所有技藝不是萬能的，但一些不可避免的缺失並不減損技藝本身的價值。不論如何，儘管當時有人將疾病歸於命運，或將治療訴諸於神明，《希伯克拉底文集》的作者仍以技藝為控制疾病的首要方法。[2]

　　要附帶說明的是，古希臘的索福克勒斯（Sophocles）所寫的《安蒂岡妮》（*Antigone*）以及《被縛的普羅米修斯》（*Prometheus Bound*）的告白等，皆表示技藝對於環境以及對於命運去挑戰所發生的故事。[3]這裡所造成的悲劇情懷將在以後的海德格的實踐哲學篇章裡會仔細提出來。

　　在亞里斯多德那裡將提到技藝不是精確的。但在柏拉圖時期技藝似乎被要求得更多，這在於技藝家可系統地掌握其技術，讓他感覺到可靠性（reliability），以至於知識具有可教性（teachability），以及學生具有合格證明性（certifiability）。[4]技藝甚至具備了和智慧（*sophos*）同等的地位。我們將在亞里斯多德那裡看到智慧與技藝區別開，技藝較智慧的地位為低，但卻也看到智慧是最完善技藝的字句，技藝與智慧的關係似乎又和柏拉圖的看法一樣，故顯示了一些歧義。

1　Angier, Tom. *Téchne in Aristotle's Ethics. Crafting the moral life*, New York: Continuum, 2010, p. 3.

2　同前註，pp. 7-9。

3　同前註，p. 4。

4　同前註，p. 11。

事實上，在《希伯克拉底文集》以技藝為控制疾病之首要方法主張下，對於醫術要求的精確性意識奠定在經驗的基礎上，是長期研究的累積結果。精確性是否只是永遠達不到的理念，而在經驗事實中並不存在，這似乎成為一個懸疑的問題。[5]

三、技藝在柏拉圖的意義

柏拉圖在一些對話錄裡提到了 *téchne*，例如記載蘇格拉底的主張：「神明賦予了我們去知道每一門技藝（*téchne*）功能（*ergon*）的力量。」以及：「我們在熟習一門技藝所學習到的東西，並不會在熟習其他的技藝中學習到。」又如蘇格拉底謂：「技藝家（*demiourgoi*）完成了任何一件作品（*ergon*）就成就了他個人的事業。」這些皆表示技藝有著個別與特定的目的。[6]

其次，技藝是好的，是有益處的。如柏拉圖提到蘇格拉底說到神是如何「裝備著我們過生活，教導我們以不同的技藝，去滿足日常所需，教導我們如何獲得與使用軍事能力去保衛國家。」另如柏拉圖提到雅典人依賴於「一群技藝家，他們能用技術充實我們的生活。」蘇格拉底認為一般的技藝家「產生出像得到自然允許一樣的卓越與高超的作品。」[7]

柏拉圖對話錄曾對真正的技藝與雕蟲小技做了區別：*téchnemata* 只是 *téchne* 的準備，是 *téchne* 的一部分，它卻可能導致不好的結果。譬如一篇對話錄記載了費德羅斯（Phaedrus）的

5　同前註，pp. 9-11。

6　同前註，p. 13。

7　同前註，pp. 14-15。

主張：一個人只知道提高與降低病人的身體溫度，讓他嘔吐或讓內臟運動，這個人還不是一位醫生，他尚不知技藝的事。在另一篇對話錄中也區別了 *téchne* 與 *empeiriai*，後者也就是不入流的雕蟲小技之類的事（knacks）。[8]

根本上，虛偽的與真實的技藝就在於是否只是取悅於人或更能致力於真正有益的事。如對於修辭學（rhetoric），高爾吉爾斯（Gorgias）所認為可對聽眾有益的技藝就不為蘇格拉底所認同，因它只能讓人喜悅，而不能產生真正的善。[9]當然這裡要附帶說明一下，修辭學後來在亞里斯多德那裡被認為是真正的技藝，在海德格與鄂蘭的實踐哲學篇章我們將對此議題繼續做討論。

柏拉圖對話錄對於技藝與命運之間的問題也有多論，如後面要談到的亞里斯多德引用普羅斯（Polus）的話語：「經驗可形成技藝，但非經驗則造成機運。」即出自〈高爾吉爾斯〉（*Gorgias*）對話錄。另外在晚期〈法律〉（*Laws*）對話錄裡有言：「一位技藝家幾乎不會犯錯，如果他對這個條件祈禱著，也就是當命運的作用需要只被他自己的技藝去補足的時候。」[10]

至於技藝和神明之間的關係，前面雖提到神可授予我們的技藝能力，但在柏拉圖〈費德羅斯〉（*Phaedrus*）對話錄裡似乎有技藝應出自於神的啟示，而在〈伊昂〉（*Ion*）對話錄以為技藝應出自自己力量的不同說法；惟至少作為一種技藝的詩要受之於神的啟示。[11]技藝、命運與神的關係實影響到我們如何以技藝來回應

8　同前註，p. 15。

9　同前註，p. 16。

10　同前註，p. 16。

11　同前註，pp. 16-17。

命運與形成時機，在海德格那裡會更凸顯出這個議題來。

在亞里斯多德那裡我們將討論 *téchne* 是否包含製造與實踐兩個領域。在柏拉圖對話錄裡我們已見到德行技藝（virtue-*téchne*）的討論，如蘇格拉底說過：「就像農莊的技藝是大地果實的知識，統帥是戰爭事務的知識一樣，那麼勇敢就是作為恐懼與希望基礎的知識。」又如「就像一位夠資格的訓練員可負責人們的身體健康一樣，一位有行動：正義與非正義、羞恥與高貴、善與惡等知識的人原則上可規定人的心靈健康。」12

柏拉圖在對話錄裡也重視德行的傳授，即是讓德行成為可教的，以至於德行成為可貴的東西。13 但對柏拉圖而言，德行的知識是在經驗裡經由技藝所構成，還是仍由理論的辯證法去討論德行，似乎仍有些爭議。14 這個問題傳承到亞里斯多德，反映在他對於技藝與實踐的關係有著歧義的論述上面。

四、技藝在亞里斯多德的意義

（一）技藝和其他認知形態的比較

亞里斯多德在《形上學》（*Metaphysics*）裡區別了技藝（art）、感覺（sensation）、經驗（experience）、科學知識（science）與智慧（wisdom）。我們可從其中了解到技藝的根本意義，以及與其他知識形態的關係。

12　同前註，pp. 19-20。

13　同前註，p. 20。

14　同前註，p. 33。

　　感覺外還要有記憶才有經驗，技藝來自經驗，且是對經驗做多次觀察後所得的普遍認識，經驗則僅限於對於個別者的認識。（981a 5）[15]

　　單純經驗的地位雖較技藝為低，但有經驗的人卻已較只有理論，但無經驗的人更能成就事務；只有經驗的人所不足的在於他只知其然，但不知所以然。（981a 26-29）

　　技藝與科學知識及智慧等的區別又如何？根本上技藝屬於實踐（practical）與製造的（productive）領域，故始終關涉到個別人物，但科學知識的地位較高，因它能超越出涉及個別人物的實用性，屬於人在休閒（leisure）時的成就，就像數學之產生，是埃及的神職人士在休閒時間所獲致的成就一樣。（981b 15-24）

　　超越出實用性的科學知識是「為己，即為知識之故」（on its own account and for the sake of knowing）的知識。智慧顯然具有最高的地位，因經驗與技藝，或技藝與科學知識相比較，技藝較經驗，科學較技藝更具智慧，地位也較高。綜言之，靜觀的理論（theoretical）知識比生產性的知識更有智慧。（981b 30）

　　但智慧到底是什麼？亞里斯多德在《形上學》的答覆有多方面：智者在不知科學細節下仍能全知，足以認識人們不易認識的困難事，知道如何更精確與更好地教出每門科學知識的原因；當科學知識愈為己之故而非為其他目的則愈有智慧，愈具備領導性而非隸屬性則愈有智慧。（982a 7-18）智慧涉及科學知識的最普遍層次，因為離感官知覺最遠，故對人們也最難擁有；智慧涉及科學知識的最精確層次，因為處理第一原理，面對的是較精簡的原理。（982a 23-982b 5）

15　亞里斯多德的引文係以全集的邊頁表示。

故技藝的地位似乎較科學知識與智慧的地位低，因為它不能成就精確的科學。但技藝的地位是否果真較低呢？亞里斯多德在《形上學》裡有這種傾向，但在倫理學的立場未必如是。《尼各馬可倫理學》（*Nichmachean Ethics*）裡即明示智慧曾一度被用來讚美具有完美技藝能力的大師；智慧雖指的是最完整的科學知識，（1141a 9-12）進而亞里斯多德要求的不只是對於完整知識的擁有，更在於對於完整知識所具第一原理的洞察（intuition）。（1141a 16-18）但智慧所代表的最完整科學卻不為人所擁有，而屬於宇宙中較人更接近神性的存在者。（1141a 34-1141b 2）故智慧的地位雖高，但已脫離人事的領域。這表示就倫理學而言，智慧未必地位最高；而和技藝與倫理關聯一起，且地位最高的卻是「實踐智」。從而我們也了解亞里斯多德在《尼各馬可倫理學》指出人的靈魂中五種達到真理方式——技藝、科學、實踐智、智慧、洞察——的關係。（1039b 15-16）

當亞里斯多德在《形上學》強調技藝的意義時，即以醫療來說明：當卡利爾斯（Callias）得了病，就以某個方式去治療他，當蘇格拉底或其他人也得了同樣的病，就以其他個別的方式去治療他們，這樣的診斷與處理方式是經驗的事；但當他們都被診斷出得同樣的病，而可以得到同樣的治療方式，那麼這是屬於技藝的事。（981a 7-10）

另外，技藝雖是針對普遍的知識，但他仍關涉到個別人物，此因醫生治療的不是人這個概念，而是像卡利爾斯、蘇格拉底等個別名字所指的人。（981a 16-19）故我們見到技藝之比單純的理論更為重要，因若某人擁有概念而毫無經驗，他就不會做正確的治療，畢竟治療必須針對個別的情況來進行。（981a 20-23）

（二）技藝與機運之對立與相近的雙重關係

其中值得我們注意的是，當亞里斯多德在《形上學》談到技藝與經驗的不相同時，涉及到機運的概念。他引用普羅斯（Polus）的一句話：「經驗可形成技藝，但非經驗則造成機運。」（Experience produce art, but inexperience chance.）（981a 4）

如果我們參照亞里斯多德在《尼各馬可倫理學》裡所提到的另一句話：「在一種意義下技藝與機運作用在同一領域內，就如同阿迦松（Agathon）所說的：『技藝愛著機運，機運也愛著技藝。』」（1140a 18）那麼技藝與機運的關係就表現出一方面是對立的，另一方面卻是相近不可分的，當然我們對這種雙重性要做些解釋。

1. 從它們的目的性與其對象的必然性與否來看此雙重性

技藝區別於科學，不只因為科學不以實用為旨趣，更因為科學知識的對象是具必然性的。（1139b 23）反之，技藝與機運並不關乎必然的對象，因而有相近性。對象是必然的或非必然的，這端視對象是否為一成不變的而定。

科學知識追求的是第一原理與普遍性，它們是一成不變的與永恆的，故是必然的。反之，技藝的對象是可變動的，故對於它們就需要做一些審度與衡量（deliberation/calculation）。（1039a 6-10）

機運所面對的對象也是可變動的，一位學者奧古斯特・多寧（August Döring）甚至認為，進行審度的思維在機運那裡也有一席之地，只不過以缺席的形式來呈現。[16]另外，即使技藝和機運一

---

[16] Döring, August. *Die Kunstlehre des Aristoteles. Ein Beitrag zur Geschichte der Philsophie*, Jena: Verlag von Hermann Dufft, 1986, S. 52.（Reprints from the collection of the University of Michigan Library.）

樣，其對象是可變的與非必然的，但技藝像科學一樣都是具有目的性。反之，技藝與機運的對立，即在於機運本身是不具目的性。

　　總言之，技藝與機運的相近性即在它們皆關乎變動的、非必然的對象，它們的對立，即在技藝是有目的性的，機運卻不是有目的性的。但這樣的釐清並不足以涵蓋本書以技藝面對機運的討論主題。在科學、技藝與機運中之目的性與非目的性的意義還需做進一步的探討。

2. 回到亞里斯多德的定義自然、技藝與自發的生成

　　根本上，在《形上學》卷七，亞里斯多德區別了三種生成方式：「有些是自然（by nature）生成，有些是人為／技藝（by art）生成，有些是自發的（spontaneous）。」（1032a 13）他是這樣定義自然生成的：「自然生成是指著這些東西的生成，它們是以自然的方式生成出來的，它們的生成出自於被我們稱為質料的東西。」（1032a 16-17）

　　「這些東西的生成」是我們稱為形式的東西。故在此情形下，形式出自於同個物的質料。相對而言，亞里斯多德對於技藝生成下的定義是：「經由技藝而生成的物體，其形式是在技藝家的心靈裡。」（1032a 35）自然與技藝的生成倒還清楚明瞭，較複雜困難的是自發的以及機運的生成。

　　亞里斯多德也稱自然生成以外的生成為製造（production; *poíesis*），並謂：「所有的製造可分經由技藝（art; *téchne*），或經由潛能（potency; *dýnamis*），以及經由思維（thought; *diánoia*）來進行。而它們有些是自發的，有些是機運的，像是自然的生成方式一樣，因為甚至在自然領域中，有時候同樣東西的生成或是出

於種子，或是沒有種子的。」（1032a 26-32）自發的生成始終需
要從種子生成形式來運作，這在下面會仔細闡釋。自然生成也會
發生機運的情況，這表示在自然的種子生成形式當中，時或有不
屬於自然種子的因素介入。

　　前面提過的學者多寧認為：技藝的原初意義包含客觀意義即
作品的呈現，以及主觀意義即對作品的製造；在這主觀意義下的
作品製造，有的是為在另一層意義下的技藝所產生，有的是為風
俗習慣（convention; *sunetheias*）所醞釀而生；[17] 主觀意義的技藝
又可分為一個工匠呈現在外的製造活動，以及它內在的審度能力
（das berathschlagende Vermögen; deliberative ability），前者為亞里
斯多德表示為 *poiesis*，後者則繼續分為上面引句內指出的技藝、
潛能與思維三種。[18] 故上述「另一層意義下的技藝」包括製作與屬
於審度能力的狹義的技藝。多寧還提到一些尚有爭議的詮釋，如
泰希米勒（Teichmüller）認為技藝是總概念，後面的潛能與思維
是為技藝所包含的子概念，它們分別是運動力即 *poiesis*，以及審
度，這和本書要強調的技藝概念一致。多寧另外指出萊因肯斯
（Reinkens）與瓦爾特（Walter）皆認為潛能指的是自發性，瓦爾
特再認為思維對應著機運。[19] 將潛能與自發關聯在一起未嘗不對，
因種子始終運作事物的生成，即使在人在開始時必須介入，然後
讓種子開始產生作用。而將思想關聯到機運的主張，可能是注意
到要將命運轉為時機，需要人的實踐智，而這是涉及到人的思想
層面的。這樣的主張也將在本書後面做仔細的討論。

17　同前註，S. 49-50。

18　同前註，S. 50。

19　同前註，S. 50。

3. 自發性是居於技藝與自然的中介地位

上面的引文指出，製造有些是自發的有些是機運的，像是自然的生成方式一樣。自然究竟如何在沒有種子之下仍能生成，我們不得而知，這似乎歸於外在的命運因素或由思想醞釀出的時機。這導致了我們去思考：自發性和自然生成的異同是什麼？機運的作用一方面在自然生成之外，另一方面以一些因素參與在自然生成之內，我們可如何解釋？後者豈不是為海德格的企圖所呼應：他既強調存有命運，但又欲探究人如何能掌握時機，這是後面討論海德格實踐哲學的主題。

為了要更深入掌握技藝與機運的關係，進一步釐清自發性的生成是需要的。亞里斯多德在解釋技藝的脈絡下說明自發性。在此我們要再強調他所說的：「經由技藝而生成的物體，其形式是在技藝家的心靈裡。」這句話刻畫了技藝的本質意義。

鑑於此，他繼續說：「（……）一座房舍來自一座房舍，也就是一座有質料的來自一座無質料的房舍。」（1032b 12-14）這意味著一座有質料的，如磚頭的房舍，是從在心靈裡的形式——一座無質料如磚頭的房舍——生成出來。房舍的技藝生成包含兩個部分：思維與製造。對此亞里斯多德表示：「思維是從起點與形式開始進行，製造則從思維的結論開始進行。」（1032b 15-16）換言之，心靈裡的形式被應用在質料，思維被實現在一座房舍裡。

從生病到健康的產生似乎和房舍的建造一樣，但健康的生成卻被亞里斯多德常來刻畫自發性的生成。房舍的建造不是自發的，因為形式被應用在質料的過程始終被一個施作者有目的地促成。但在從生病到健康的產生過程中有技藝與自發性兩個部分：1）當身體在被摩擦生熱後，2）會產生自身的運動，以達到身體處於一種和諧性的健康狀態。（1032b 7, 25; 1034a 12）

　　進言之，在健康的生成過程中有三個步驟：1）思維：在心靈中的形式，2）製造：身體被摩擦後產生熱度，3）自發性：身體自動地變成健康。前兩個步驟是技藝的生成，第三個步驟像是自然的生成。鑑於此，亞里斯多德的說法就很清楚了：「這個問題可被提出，為什麼一些東西的生成是技藝以及自發的，例如健康；而其他東西則否，例如房舍。理由是在一些情況下，質料可以激發自身的運動，在其他情況下則不然。」（1034a 9）

　　上面我主要在說明自發性介於技藝與自然生成之間，雖然上面曾引述亞里斯多德將製造包含技藝、自發與機運，又將後兩者比為自然的生成。鑑於多寧的區別技藝的廣、狹義，以及說明製造怎樣歸於其中，當我們說自發介於技藝與自然生成之間時，技藝表示狹義的；但從技藝廣義的視野來看，技藝卻涵蓋了從人為的狹義技藝，經過自發，再到自然的生成過程。

　　我們對於自發性的闡明，旨在深入掌握自發性與機運的關係，了解這兩者畢竟是不同的。當我們在前面將其區別置於一有目的，另一無目的時，自發性、技藝與自然生成的目的性質也必須再深入了解。

4. 包含製造與實踐的技藝以至善為目的

　　根據之前對於自然與自發性生成的定義，我們簡單了解到所導向的目的蘊含在像是熱的身體或樹的種子之質料裡，這常被表示為「為己之故」（on its own account/for its own sake）（982a 15）。基於此，因為科學與智慧追求著自然的第一原理，而非技藝與實踐領域裡表現出的實用性，故亞里斯多德將它們評價為「為己，即為知識之故」，而將追求它們的人評為「為自身而存在」的自由人。（982b 25）

　　但在技藝生成的目的性質就有些複雜，因為就本書立場而言，技藝基本上包含製造（*poiesis*）與實踐（*prâxis*）；惟對於此亞里斯多德的主張似乎就不明確，因在《尼各馬可倫理學》裡，他甚至說：「技藝必須關涉到製造，而非行動。」（1140a 16）但按照湯姆・安吉爾（Tom Angier）的觀點：「亞里斯多德的倫理與政治著作事實上訴諸於技藝所提供的典範與實例。」[20]這表示技藝的本質意義可適用於實踐領域。

　　關鍵點在於是否亞里斯多德承認技藝作為製造與實踐之上的總概念，以至於技藝與行動有同樣的目的性質，雖然他也說過：「製造不是在其自身的目的（……）；行動則是在其自身的目的。」（1139b 2）或是：「（……）製造朝向的目的不是它自己；但這在行動方面即不可能的，因目的就僅僅是好的作為（doing well）。」（1140b 2-5）

　　事實上，結果論並不為亞里斯多德排除，因為幸福是其哲學的最終目的。完美的幸福是沉思的活動，它屬於智慧的生活。亞里斯多德認為智慧的生活必得是神性的，相較之下人性生活的倫理活動追求的是第二義幸福。（1177b 30-1178a 10）原則上，理論性的知識較製造性的知識更有智慧，此因理論性知識為了知的本身被追求著。理論（*theoria*）是對自己的思，它是沉思（contemplation）。因為沉思依舊是人類的最終目的，故是否倫理行動確實是在其自身的目的，這即是個問題。

　　更何況倫理德行（moral virtue）需要審度（deliberative thinking; logízesthai）與選擇（choice; *prohaíresis*），它們是達到

20　Angier, Tom. *Techne in Aristotle's Ethics. Crafting the moral life*, New York: Continuum, 2010, p. 36.

況且為第二義幸福的方法。因此倫理德行與實踐智（prudence;
phrónesis）必須結合起來，以便「德行保障我們所求目的之正確
性，實踐智則保障達到目的方法的正確性。」（1144a 6-8）

　　根本上，倫理蘊含作為正確原理的實踐智，實踐智可被如教
育培養起來，這即是技藝的意義，故技藝是較製造與實踐兩子概
念更高的總概念。在此意義下，可知《尼各馬可倫理學》開始時
的一段話：「每一個技藝與每一個探索，同樣的每一個行動與選
擇，皆被思維以某個善為目的。」（1094a 1-2）因而安吉爾說：
「這直接表示亞里斯多德倫理學的中心概念——實踐與選擇——
在和技藝分析的等同地位下被處理著。」[21]

　　根據上面的研究，包括製造與實踐的技藝以最高善為目的，
這是自然的生成完全實現而達到的至善。因此，自發性介於技藝
與自然生成，以至於技藝的生成達到一定程度而讓自發性發生，
就像自然生成一樣。前面所說的健康過程已顯示了此意義，而當
亞里斯多德提到：「倫理德行之產生在我們身上既非依於自然，
但也非相反於自然。」（1103a 24）實踐與技藝的確朝向一個讓自
發性發生的狀態，讓實踐行動彷彿是自然的生成。

　　然而更重要的是，就像高明的醫術讓技藝到某個程度讓自發
性發生，實踐行動也在實踐智的作用下，讓行動在某個程度成為
自發性或彷彿自然生成。這裡所說的某個程度若與時間性關聯在
一起，就表示一種時機的到來。換言之，從技藝經自發轉化成自
然生成，正是要時機的到來。

　　故時機有兩種，一是人在何時掌握從技藝到自發性，乃至於
轉為自然生成。另一是人在何時掌握命運適當地到來。這意味

21　同前註，p. 49。

著，人在面對完全不可測而被動承受的命運時，因有特殊的技藝作為，而可對此命運做適時的正面反應。

5. 對命運之時機的掌握是技藝面對機運所做的技巧性回應

　　包含製作與實踐的技藝企圖達到至善的目的並不具保障性，亞里斯多德在《優狄米亞倫理學》（*Eudemian Ethics*）就說過：「在涉及到一些事物的技藝中，機運大量地進入到譬如軍事戰略與航海之中。」（1247a 5-7）鑑於此，瑪塔‧娜絲寶（Martha Nussbaum）也提出「善的脆弱性」（fragility of goodness）概念，[22] 即使她引了希伯克拉底的話語：「如果人們不想要關注機運（*túche*）的赤裸臉孔，那麼他們就轉而寄託於科學（*téchne*）。」[23] 若是如此，就如同安吉爾所說的：「（……）若技藝本真地呈現時，它就排除了機運，也排除了與機運相關聯的不可靠性與不可預期性。」[24]

　　娜絲寶當然對於能完全排除機運的技藝持保留的態度。當技藝始終受到更有權力的機運的支配時，約瑟夫‧鄧恩（Joseph Dunne）建議我們應該學習如何以技藝回應機運的方法，對他而言，「技藝和機運的辯證關係，遠較於我們認為技藝與機運處於一簡單的兩極關係更為複雜。」[25] 他並以為：「在它們（案：指技藝）那裡之所以成功，不在於我們將眼光固定在強加於質料之上

22　Nussbaum, Martha. *The Fragility of Goodness. Luck and Ethics in Greek Tragedy and Philosophy*, Cambridge: Cambridge University Press, 2001（1986）.

23　同前註，p. 89。

24　同前註，p. 38。

25　Dunne, Joseph. *Back to the Rough Ground. Practical Judgment and the Lure of Technique*, Indiana: University of Notre Dame Press. 2001（1993），p. 255.

的前掌握的形式，而在於對於質料本身的內力論做一種彈性的反應。」[26]他將命運和時機放在同一個層次，而認為這根本是如何掌握時機的問題。[27]鄧恩對於技藝與機運關係的看法，可賦予前述阿迦松之言：「技藝愛著機運，機運也愛著技藝。」一種有啟發性的詮釋。[28]這也是本書討論實踐哲學的重點之一。

的確，對機運做一種技巧性的回應並不消彌技藝與機運間的對立；技藝愛機運等話語意味著技藝可與機運共存。這裡要強調的是，技藝對機運反應與對時機掌握雖不完全等同自發性的過程，但卻可適時讓自發性發生，以至於技藝轉為自然或宛如自然的生成。如果自發性讓技藝轉換到自然的生成，也就是讓人的目的參與自然的目的，那麼命運本是脫離此目的，但卻在人所醞釀的時機中適時地來到現在，這是讓人創造了一種可脫離命運支配的可能性。

五、技藝學表現在哲學作為生活方式的歷史傳承

「哲學作為一種生活方式」（Philosophy as a Way of Life）是著名的法國哲學史家皮耶・哈豆（Pierre Hadot）的一本書名。哈豆在這本書裡主張，自古希臘時期以來，西方哲學並非以解經詮釋文本、開展哲學的論述（philosophical discourses）為主旨，而是以「精神修煉」（spiritual exercises）為本。[29]這包括自早的蘇格

---

26 同前註，p. 256。

27 同前註，p. 256。

28 同前註，p. 256（citation from Dunne's translation）。

29 法文書名即為 *Exercices spiritueles et philosophie antique*（精神修煉和古典哲學），另外德文書譯名 *Philosophie als Lebensform: Antike und moderne*

拉底引導對話者照顧自己，成就美好與智慧的靈魂，柏拉圖以哲學是對死亡的一種訓練，亞里斯多德視哲學為心靈內在轉化的結果等等。[30]

　　前面亞里斯多德對於自然、技藝與自發生成的界定與論述，已顯示其整個思想是對至善與幸福的追求為首要目的，而技藝包含製作與實踐最終也以此為目的。其實沉思生活亦對亞里斯多德而言是生活的一種方式，而非僅是哲學論述而已。如此來看，是否技藝更可包含沉思生活，因沉思生活以人的完全獨立與內在自由為尚，[31]以至於技藝擴大其義涵為作為生活方式的哲學呢？技藝的概念擴大到整個哲學，在後面胡塞爾的實踐哲學裡就有著同樣重要的意義，而在希臘羅馬時期所提倡的七藝運動已先關聯到同樣的課題。

　　與哈豆的理念一致的，近來克里斯朵夫‧洪恩（Christoph Horn）出版了《古典的生活技藝》（*Antike Lebenskunst*）一書，他將「生活技藝」與「自我照顧」（Selbstsorge）視為古典哲學中兩大課題，[32]其中也更強調了技藝（Kunst）這個概念。洪恩提及了在希臘羅馬時期，一些哲學家如斯多噶（Stoiker）與伊比鳩魯（Epikureer），仍延續著哲學在早期希臘作為生活技藝的理念。

Exerzitien der Weisheit（哲學作為生活方式：古典與現代的智慧修煉），可供參考。

30　Hadot, Pierre. *Philosophy as a Way of Life*, edited with an introduction by Arnold I. Davidson, translated by Michael Chase, Malden, MA,USA: Blackwell Publishing, 1995, pp. 81, 269.

31　哈豆亦指出這點（同前註，p. 266）。另外請參考亞里斯多德《尼各馬可倫理學》，1178b 3。

32　Horn, Christoph. *Antike Lebenskunst*, München: Beck, 1998, S. 12.

他們也逐漸重視語言學與數學，但卻發展到僅重視個別科學，而忽略具整體性哲學的風氣，以致引起了如塞內卡（Seneca）的批評。當時流行的文法、修詞學、辯證學、算數、音樂、幾何、天文學七個學門被稱為 *artes liberales*，英文為 liberal arts，一般譯為博雅教育，但直譯「自由技藝」更能顯示其本義：讓人能心靈自由的技藝。但塞內卡以為一味地致力於這些學門的訓練，反而造成人們的負擔而不自由。故要能自由地去學習這些學門，且最後成就一具自由開放性的人格，前提在於我們知道它們僅局限為具預備的功能性，知道它們只是小玩意兒與幼稚的東西（Kleinigkeiten und Kindereien），不若哲學是讓人能真正自由的學門；哲學本身是崇高的（erhaben）與大器的（großmütig）。本於此，塞內卡具體區別四類學門：1）習慣的與低級的，指的是簡單的手藝；2）遊戲的，指的是讓人印象深刻的幻相技術；3）幼稚的，指的是一般稱為 liberal arts 的百科全書式學科；4）真正自由的指的是哲學，包括自然學、倫理學、邏輯學三個領域。故對塞內卡而言，只有在哲學的範圍內，那些 liberal arts 才會有實質的意義。[33] 有趣的是，我們將會討論胡塞爾提出邏輯學與倫理學是否為一種技藝學的問題，似乎就傳承著塞內卡之面對 liberal arts，乃至於古希臘以降視哲學為生活技藝的理念。

　　哲學作為生活方式或生活技藝的理念是否至今仍持續不墜呢？對哈豆而言，這個理念到中世紀有個轉折，經院主義（Scholasticism）強調神學的研究，教會開始興設大學，傳授為神學服務的哲學，致使本為直接教育人們的哲學轉為職業訓練的哲學家。哲學雖脫離神學於 18 世紀末，雖然 16 至 18 世紀期間亦有

33　同前註，S. 53-54。

不少具原創性的哲學家活動於大學之外，如笛卡兒（René Descartes）、斯賓諾莎（Baruch Spinoza）、萊布尼茲（Gottfried W. Leibniz）等，但康德與德國觀念論哲學家又回到大學內的授課，叔本華（Arthur Schopenhauer）與尼采（Friedrich Nietzsche）為例外，後來的柏格森（Henri Bergson）、胡塞爾與海德等仍置身大學而以哲學論述為主。[34]

雖然大學教育易造成職業訓練，背離了哲學作為精神修煉與生活技藝的初衷；但對哈豆而言，關鍵之處更在於是否哲學能教導我們在生命的每一個時刻覺察到無限的價值，使我們能「置身於世界的整體性中」（plunging oneself into the totality of the world）。基於這種「宇宙意識」（cosmic consciousness），在斯多噶時代人們得以效法他理性地生活於他人之間與宇宙之內，笛卡兒、斯賓諾莎、尼采與叔本華得以教導我們如何實踐智慧、轉化生活方式。要注意的是，哈豆指出胡塞爾現象學對世界的知覺做了轉化，從而形成了類似宇宙意識的超驗與構成意識（transcendental/constitutive consciousness），它一方面讓大地成為人們生活的不變根基，另一方面讓宇宙成為生活的無限視域。[35]這表示胡塞爾其實也承續了古典哲學的理念。

與之相對，洪恩則以為哲學作為自我照顧的理念不是發生在中世紀，而是歸因於近代笛卡兒將具存在性的個體轉為單純的認知主體，並因其建立了嚴格的演繹與層次分明的方法，讓倫理學成為系統之學。[36]雖然如此，洪恩仍發現在近代以後的哲學家仍有

34　Hadot, Pierre. *Philosophy as a Way of Life*, pp. 270-271.

35　同前註，pp. 272-273。

36　Horn, Pierre. *Antike Lebenskunst*, S. 240.

保留古典的哲學理念者，如狄德羅（Denis Diderot）、康德、尼采等，現代哲學家則有海德格、雅斯培（Karl Jaspers）、維根斯坦（Ludwig Wittgenstein）等，而哲學實踐的運動如建立哲學諮商、推行兒童哲學等走的亦是這種方向。而當代哲學家仍維繫古典哲學倫理學理念的則有傅柯（Michel Foucault）、麥肯泰爾（Alasdair MacIntyre）、娜絲寶等。[37]

　　我們將現象學作為一種實踐哲學來處理，並以技藝為討論的軸心，實亦在承續哈豆與洪恩所指出的古典哲學傳統，以哲學作為一種生活方式或生活技藝。由於技藝學有多個層次，讓人真正成為自由的是哲學，如果我們以此視為實踐哲學要凸顯出的技藝的話，那麼其他層次的技藝是讓此哲學理念更能落實在生活中。因而技藝學本身尚不是實踐哲學，而實踐哲學是一種技藝學。當然哲學理念是一回事，實際操作是另一回事，上面除了指出希臘羅馬時期的自由技藝之外，並未詳述精神修煉的具體事項是什麼。本章節前面討論的技藝概念實為就技藝生活理念的落實而論。要有這種具體的關聯，我們必須指出現象學作為實踐哲學是否合於古典哲學的理念，如有著精神修煉、自我照顧、學習面對死亡、自由心靈教育、宇宙意識等等內涵。這些如何展現在胡塞爾、海德格與鄂蘭，並在倫理、政治與宗教層次上呢？

六、結論

　　本章節對於技藝概念溯源了其在歷史的發展，並鑑於技藝與機運兩者間的複雜關係，闡釋了技藝、自然與自發不同義涵。我

37　同前註，S. 240-244。

們曾定位自發是技藝往自然生成的過渡，以此區別於機運是脫離了技藝往自然生成的這個範疇。但是機運為我們理解為命運與時機的結合，這表示機運一方面含有為我們不能支配的命運，另一方面在一種技藝的培養與運用下，人可能醞釀出讓未來的命運適時地到來於現在，而使它成為一種時機。亞里斯多德對於技藝、自發、自然與機運關係的討論結果，將成為我們繼續處理現象學的實踐哲學當中的重要主題。

　　我們透過哈豆與洪恩回溯古典哲學的理念為一種生活方式或生活技藝，視現象學傳承這個理念，現象學所重視與提出的技藝概念則是將此理念具體化。技藝在現象學的意義與地位是本書接著要提出討論的，這包括技藝出現於胡塞爾、海德格與鄂蘭的哪些著作與關聯到哪些問題。

第二章

技藝學在現象學裡的地位與意義

一、前言

　　胡塞爾等哲學家常談論自己的哲學或所屬領域是否為技藝學，這可溯及希臘羅馬，甚至古希臘之已將哲學和生活技藝相連在一起來看的傳統。哲學固然不離對於個別生活技藝的指導，但在哲學具普遍與客觀性理論的要求下，就常造成了生活技藝、個別科學與具普世性科學之哲學間如何取捨，或者如何兼顧的討論。塞內卡與胡塞爾皆在做將它們兼顧的論述，惟塞內卡並不將哲學視為技藝（arts）的一環，但卻以它是真正可讓人自由，並賦予其他技藝學門成為自由技藝的學門。胡塞爾是否將哲學視為一種技藝學，這是下面要做討論的問題。我們將指出技藝學在胡塞爾有三個層次，並由於技藝對胡塞爾屬於生活世界的人為活動，生活世界的科學性可分析出兩個層次，技藝學與生活世界科學不同層次彼此對照下，可讓技藝的意義更為細緻地顯示出來。在對胡塞爾現象學的技藝概念理解的前提下，我們再看海德格與鄂蘭是否有可對應的技藝概念。若胡塞爾那裡所標示出來的生活世界可作為討論技藝的架構，那麼海德格的語言作為技藝就是生活世界的內涵，而接著鄂蘭的行動生活為技藝則可視為對她所了解的一種生活世界的維護。

二、胡塞爾的技藝概念

（一）技藝概念的精確性與嚴格性

1. 亞里斯多德對精確性的看法

　　亞里斯多德在《形上學》曾指出科學與智慧相較於技藝為精

確的知識，而製作與實踐為技藝的領域，他在《尼各馬可倫理學》將政治學與關於倫理德行的實踐科學視為一種非精確性的科學。本書作者欲從他在這兩處的論點發展出非精確性科學的一般意義。

首先，亞里斯多德以為在所有的研究中，我們不可能要求同樣程度的精確性。如果以科學與智慧要求的最高精確性為標準，那麼技藝要求的精確性是程度不一，或可說是非為科學及智慧要求的精確性的。他在指出技藝產品上所呈現的是精確程度不一以外，也提到政治學所研究的道德上之高貴與正義，也是如此的不同與多變，以至於使我們認為它們是來自於習俗，而非為自然法則所規定。（1094b 12-17）這表示對它們研究的題材與前提常視情況而異，以至於論證出來的真理常被允許在一個較寬廣的範圍（broad outline）內。亞里斯多德再仔細言，如果題材與前提以針對大部分為真的命題出發，那麼結論也是針對大部分為真的命題出現，我們就應以此滿足。他以為真正有教養的知道各種不同研究題材所允許的精確性範圍；他再強調我們不能對一位修辭學的老師要求邏輯的論證，就像對一位數學家去要求接受或然性一樣。（1094b 19-28）

其次，他在討論倫理的善時，強調是為了實踐的目的而討論，故不是為了知道什麼是善，而是為了我們實際上成為善。因為我們每個人的行動受到各自習性（diposition; ἕxis）的影響。（1103b 25-32）故而，亞里斯多德討論是否有一個在較寬廣範圍內的真理，可表示出我們如何成為善的人。以至於他說，行動所依照的正當原理是在某個範圍中而非完全精確的，所需要構成的行動理論必須相應於它們不同的題材；行動與權變的問題，就像健康的問題一樣，它們都不宜固定在一成不變的標準上。（1103b

32-1104a 4）他進而表示，容許於非精確性的個別問題，不受制於專業傳統，行動者必須讓每一個步驟皆從自己出發，去思索環境所需求的是什麼，這就像醫術與航海的技藝一樣。（1104a 6-9）

　　技藝是一種知識，不只是單單的個別經驗而已。如果從個別經驗，而無從得到「系統的、可靠的，以及可被傳授的」[1]普遍性知識，它就會落入偶然的、甚至機運的層次。基於上面這兩處提到之知識的非精確性，我們見到政治學、倫理之善、修辭學、醫術與航海學等皆是不精確的。希臘字的精確性為 *àkribeia*，精確的為 *àkribés*。據學者考據，目前有兩種字源學的解釋，一是 Herodian 將 *àkribés* 訓為 *à-kribés*，意指「沒有能對其隱瞞的人」；另一是 Orion 與 Choiroboskos 將之訓為 *àchiri-baiós*，意指「判別到最細微之處」。[2]如果對亞里斯多德言，自然法則規定的合乎精確性，那麼自然本身的原理原則根本是最明白的與最細微的，但要能掌握到這自然本身的精確性，則需求諸於以理論為導向的哲學活動，過去說過的科學與智慧即是以此精確性為目的，並且在理論上可以達到它。

　　以修辭學為例，亞里斯多德一方面將修辭學定義為在每一事例上皆可發現的說服方式能力；這是指不限定於某對象的教導或說服功能，而是能夠在任何給定的範圍內去發現的說服方式。另一方面，亞里斯多德在對憑藉修辭所達成的說服性提出了三種形式／方式（Formen; *éide*），它們分別是：一、演說者的品格（*Ethos*）；二、使聽者處於某種處境／感情（*Pathos*）；三、論證

1　Angier, Tom. *Téchne in Aristotle's Ethics*, pp. 39-40,以及 Dunne, Joseph. *Back to The Rough Ground.* pp. 249-253,對此皆有說明。

2　參考目前在海德堡大學哲學院博士研究黃哲翰於 2013 年於台灣哲學會發表之論文〈哲學精確性的前史：從建築術到醫術〉註腳 16。

本身（*Logos*）。[3]論證本身所應注意的問題，包括說服論證所應依據的題材、使用的範例（包括格言與譬喻）與用語的方式（包括明喻與隱喻），這些固然占了《修辭學》較大的篇幅；但是前二方式顯示了修辭技術以外的東西，它們是除了技術之外讓修辭更能達到其說服目的之重要條件。如果品格屬倫理方面，而倫理是不在求精確性的技藝，那麼聽者處境屬感情的事，它作為經驗的底子，也是技藝的前提。修辭學的論證已擺脫了辯士（sophists）與辯證論者（dialectician）的邏各斯（*logos*）。辯士以說服別人為意圖，對於真正的論證能力不注重；[4]辯證法對於科學（哲學知識）本身做論證，重視的是這種論證的能力；修辭家則兩者兼顧。[5]不論對於只注重言辭本身說服性的辯士或科學本身論證的辯證法而言，邏各斯只具不涉及 *Ethos* 與 *Pathos* 的較狹義涵。而亞里斯多德雖將修辭說服性分為三個方式，但邏各斯實指涉著品格與感情，而不失為具較廣的義涵。

　　因而，修辭學和辯證法提出論證的方法不同，在於辯證學有歸納法（*epagogé*）與三段論法（*syllogismós*），修辭學有範例／修辭歸納法（*paradéigma*）與推理論證／修辭三段論（*enthúmema*）。[6]辯證學因是科學性的談論，故它的前提是理論性真的，且前提必

3　亞里斯多德，《修辭學》卷一：2，參考崔延強、嚴一譯，《論詩：附修辭術、亞歷山大修辭學》，台北：慧明文化，2001，頁72。

4　Dunne即指出亞里斯多德在《修辭學》裡批評早期辯士學派不教導人方法，只教導人結果。如一專家去減緩人的腳痛，他不教人造鞋的技術，只提供許多鞋子讓他選擇適合的。故教人技術是讓他以自己的動機（by his own initiative）生產東西，方法上地（methodically）去教導人。（Dunne, Joseph. *Back to the Rough Ground*, p. 440，note 42.）

5　《修辭學》卷一：1，參考《論詩：附修辭術、亞歷山大修辭學》，頁70-71。

6　《修辭學》卷一：2，參考《論詩：附修辭術、亞歷山大修辭學》，頁73。

須要被指明出來，所得的結論也是理論性真的。但修辭學卻往往從意見（éndoxon）出發，前提不必被指明出來；修辭歸納法也是從意見出發，引出實例往某某去引導。它們最後往往也以意見來表示結果，才能有效地說服他人。但這不表示修辭學只在意見的層次，意見建立在理論之上的論證已在談論中被直覺的承認。當過於對命題句子的理論性論證為主時，就會失去言談在說服方面的實踐性。[7]

修辭學是亞里斯多德為顧及生活中對於他人的說服性，在言談方面所表現的一種技藝方式，我們以它為例說明了非精確的技藝，也在預告在海德格那裡所討論的技藝將以語言為主題。

2. 胡塞爾要求作為嚴格科學的現象學

當我們了解了亞里斯多德鑑於自然宇宙的知識原理與原因愈精簡，而以為知識的精確性愈大，就可確切地去解讀胡塞爾所主張的哲學作為嚴格的科學。在1911年首次在期刊名 *Logos* 出版的《作為嚴格科學的哲學》，對於嚴格一詞德文用的是 streng（rigorous），且似乎有意區別於 exakt（exact）。或許我們會將之分別對照於亞里斯多德那裡的非精確性與精確性，但實際上箇中關係更為複雜。

因為胡塞爾開宗明義即稱西方哲學在開始就要求嚴格科學，其既要滿足最高的理論性，又要在倫理與宗教的觀點下讓為理性所規範的生活成為可能。[8]胡塞爾在這裡用的字是 streng，滿足最

7　同前註，頁73-76。

8　Husserl, Edmund. *Philosophie als strenge Wissenschaft*, Frankfurt a.M., Germany: Vittorio Klostermann, 1981, S. 7.

高理論要求的嚴格科學，呼應了亞里斯多德對於科學要求精確性的主張。惟倫理與宗教生活以理論科學為依據，並不表示這種生活是要求精確的，但胡塞爾並未像亞里斯多德一樣，明白指出倫理與宗教生活是非精確性的。胡塞爾這時所用的嚴格一詞，到底只是精確，還是包括精確與非精確兩者，而後者要以前者為師？

胡塞爾所指的嚴格科學具備可教與可學的性質。他說職業師傅不能以客觀有效的方式去教導學徒，他針對康德所言的：「我們不能學哲學，只能學哲學活動」不以為然，他批評這兩者的原因主要皆鑑於他要建立哲學為嚴格科學，並且為可教與可學的主張上。他也強調對科學的學習不是被動接受外在的材料，而是要基於精神自主的活動，將精神所獲的理性見識加工再造，特別是按照原因與結果的步驟與方式。[9]但胡塞爾對於可教與可學的嚴格科學是否包括亞里斯多德的技藝，在這裡並沒有明說。

要求獲得真正的嚴格科學，胡塞爾首先面對的是自然主義或自然主義哲學所帶了的假的嚴格科學。自然主義對自然的了解是按照精確的自然法則，並由時空來規定的存有統一體。[10]此時胡塞爾用的是 exakt，即在區別於 streng，但這裡的自然法則卻和亞里斯多德了解的自然法則不一樣，故胡塞爾所批評要求精確的自然主義並非希臘所認為具精確性的自然科學，但胡塞爾所要求的科學嚴格性和亞里斯多德的技藝以及精確的科學是否有所對應或可相得益彰呢？

前面胡塞爾強調科學的可學性是因為精神的自主活動，這就將科學的嚴格性歸為精神本身的能力。自然主義被誤作為嚴格

9　同前註，S. 8。
10　同前註，S. 13。

科學的依據，它卻建立在將意識自然主義化（Naturalisierng des Bewußtseins）[11]的前提上，以至於精神的主動能力喪失了。胡塞爾進而排除自然主義對於自然的設定，因為這個設定造成了意識的自然主義化，在排除之後就可回到最簡單的「純粹意識」（das reine Bewußtsein）。[12]意識之始終為對某某的意識（Bewußtsein von）[13]就是前述「精神自主的活動」的基本樣態，是作為嚴格科學之哲學的根本條件。他稱這是意識的現象學（Phänomenologie des Bewußtseins），以取代意識的自然科學（Naturwissenschaft des Bewutßseins）。[14]後者對胡塞爾而言是要求精確（exakte）的當代心理學，實驗心理學即是一例，它別於我們應對意識分析與描述的作為。[15]胡塞爾說明實驗心理學已拋棄僅做自我觀察（Selbstbeobachtung）的書桌型心理學（Schreibtisch-Psychologie），而雖自稱做了自我覺知（Selbstwahrnehmung），但它根本上立基於接受實驗者與操作實驗以及說明人員的「經驗」上，它不是胡塞爾所要求的回到經驗（Zurück zur Erfahrung）、回到直觀（Zurück zur Anschauung），以至於直接去問實事本身（Sachen selbst）的現象學立場。[16]現象學所要求的直接經驗被實驗心理學視為偶然的（zufällig）、不在其計畫內所操作的經驗。[17]

　　實驗心理學對於以實驗之外的方法處理人的意識深覺不安，

11　同前註，S. 14, 17。
12　同前註，S. 23。
13　同前註，S. 22。
14　同前註，S. 23。
15　同前註，S. 23-24。
16　同前註，S. 27-28。
17　同前註，S. 28。

因那些是偶然的經驗，是不為自己支配的經驗，是讓人為技術始終受到挑戰的、充滿偶然與命運的經驗。但對現象學而言，現象學的經驗亦可形成本質意義。實驗心理學反映了近代自然科學抱持的是強烈的支配性態度，採取的是主動介入的操作技術。這種態度與方法在海德格那裡有更徹底的解釋。

回到經驗、回到純粹意識、讓精神自主活動展現，以至於經驗對象形成本質意義，繼而建立成可學可教的嚴格科學。它既然異於近代自然科學在支配性態度下所要求的精確性科學，但到底接近於希臘具精確性的自然學，或是不求精確的技藝學呢？

在《歐洲科學危機與超驗現象學》裡我們可找到進一步的答案。第九節對於伽利略（Galileo Galilei）自然數學化所做的發生學（genetisch）說明，是將數學前身的主觀與相對的經驗強調出來。實在的物體為這生活世界的經驗所直觀，並在想像後形成的空間只是具某類型的（typisch），而非幾何理念的（geometrisch-ideal）空間。對於空間的實際經驗所產生的同一性、等同性、在歷經時間後產生的等同性，以及對其他物體產生的等同性皆是大約的（ungefäre）。[18] 透過抽象的方式對這些物體本身做的變形，以及對它們和其他物體之間關係的掌握，也皆是大約的。這種層級性（Gradualität）的掌握刻畫著較大或較小的完滿性（Vollkommenheit）。實際上，所謂的完滿性意味著特定的實踐旨趣被完全滿足。對於不同的旨趣，可讓某一旨趣完全滿足的條件並不能再滿足於其他的旨趣，而一再要求完滿性的技術能力是有

18　Husserl, Edmund. *Die Krisis der europäischen Wissenschaften und die transzendentale Phänomenologie. Eine Einleitung in die phänomenologische Philosophie*, Hrsg.: W. Biemal, Hua Bd. VI, Den Haag: Nijhoff, 1954, S. 22.

其可能的限制（Grenze）的。[19]

　　其實胡塞爾針對我們以生活世界經驗直觀物體，並對於它以及它與其他物間關係的掌握所做的說明，即是希臘時代以技藝方式所建立的一種非精確性知識。胡塞爾同時說明了從這種非精確性到近代科學要求精確性的動機與過程，這是由於技術與對於技術愈為細微的旨趣持續進展著，具完滿性的理念雖也持續往前推移，但這始終呈現著一種開放的界域，但一再要求完滿、趨於完滿的態度預示了所謂的極限形態（Limes-Gestalt），它被視為一個永恆不變、永無法達到的極（Pol）。

　　如果這個無法達到的極限為我們實在的實踐（reale Praxis）所始終面對的話，那麼理想的實踐（ideale Praxis）就以純粹的思維嘗試駐足於此極限形態，去觸及到此極限。[20]典型的理想實踐是數學的實踐（mathematische Praxis），它讓我們以絕對的認同性下去規定理想的形態，以達到精確性（Exaktheit）。[21]

　　上述從經驗直觀物體到純粹思維規定理想形態，具體地展現在丈量術（Meßkunst）被理念化的過程。舉例言，原先以目測比較標準量尺與某物間的關係，包括同一、等同或等同的倍數等等，但由此所得的某物長度只是大約的；對於理念化形態的測量就建立在幾何思維的操作之下。[22]顯然地，丈量術也是古希臘的技藝。

　　胡塞爾對此有所自覺，他稱技藝為實踐的技術（praktische Künste），伽利略對從技藝到幾何思維的發生過程並不自覺。[23]他

19　同前註，S. 22。
20　同前註，S. 23。
21　同前註，S. 24。
22　同前註，S. 25。
23　同前註，S. 26。

甚至將此思維應用到對整個自然的數學化，思維為計算的技術，
這是胡塞爾區別於希臘的技藝所稱之單單的技術（bloße
Kunst）。[24]但胡塞爾是否完全否定這種技術所形成的科學精確性
呢？若並不反對，而他之所以指出其發生學過程之源於希臘之技
藝，強調技藝經驗所處的生活世界是當代自然科學所積澱的意義
基礎（Sinnesfundament），[25]其原因又是何在呢？

　　克勞斯・黑爾德（Klaus Held）與鄔瑞希・克雷斯葛斯
（Ulrich Claesges）皆站在前科學與科學世界可共屬於一更廣
的、作為普遍界域（Universalhorizont）的生活世界，而各自
為局部界域的立場，他們重新強調前科學與科學世界是在不同
觀點下形成的。如此科學世界從原先對自然數學化、世界理念
化的去觀點化（Entperspektivierung）態度，又恢復為再觀點化
（Reperspektivierung）的態度。這可以將它們重新放在歷史的脈絡
下，從發生學的角度看從前科學到近代科學的形成，以顯示了它
們各自的相對性地位。並因為前科學的技藝與近代科學的技術思
維皆是人類的成就，故人類對於歷史的文化實踐具有責任，當人
們對此自覺就顯示自由性。[26]但在前面我們述及胡塞爾對於近代科
學的前身所做的分析與說明，表示科學家遺忘了研究對象是從被

24　同前註，S. 46。

25　同前註，S. 35。

26　Held, Klaus. "Husserls neue Einführung in die Philosophie: Der Begriff der
　　Lebenswelt"（in *Lebenswelt und Wissenschaften. Studien zum Verhältnis von
　　Phänomenologie und Wissenschaftstheorie*, Hrsg.: C. F. Gethmann, Bonn: Bouvier,
　　1991, S. 79-113), S. 101-106, 113; Claesges, Ulrich. "Zweideutigkeiten in
　　Husserls Lebenwelt-Begriff," in: *Perspektiven transzendentalphänomenologischer
　　Forschung*, Hrsg.: U. Claesges und K. Held, Den Haag: Nijhoff, 1972, pp. 85-101.

經驗直觀到被理念化的結果。或許對於胡塞爾而言，希臘時代的技藝尚不足以彰顯精神的自主活動。但今他以純粹意識出發去形成本質意義，可以說是重返現實的實踐，而非理想的實踐態度，讓極限形態復原為永久無法達到的極，從而意識的構成能力能始終自覺地表現為精神的自主活動。

惟胡塞爾雖區別了實踐的技術與單單的技術，但似未能像海德格一樣，將單單的技術更根本地從人的意志設定與技謀的角度來看。胡塞爾依然一方面帶有近代哲學的色彩，在此表現在主體的意向性上；另一方面，「回到實事本身」也帶著回到古希臘自然生成（*physis*）的色彩，以至於所要求的嚴格科學有著希臘之科學與智慧要求的精確性一面，並讓生活世界經驗以這種精確性為指標。與之相對，海德格從希臘回到更古的希臘，讓技藝回歸自然的律則，但這個律則不單是具有科學與智慧的精確，卻更帶有機運與偶然的色彩。但取代了精確性與嚴格性，海德格卻強調了科學的嚴肅性，這究竟是何義？這是在後面關於海德格技藝概念中要討論的。

（二）胡塞爾的技藝概念與生活世界的關係

1. 胡塞爾關聯於生活世界的技藝概念

技藝的概念早為胡塞爾所關切，這顯示在他於《邏輯研究第一卷：純粹邏輯學導引》與〈倫理學與價值論的基本問題〉質疑純粹邏輯學與倫理學是否為一種技藝學（Kunstlehre）。這也是哲學與技藝是否能同一的問題。從晚期的《危機》著作來看，胡塞爾直接將「技藝」（*téchne*）視為與科學對立的生活世界活動，[27]

27　Husserl, Edmund. *Die Krisis der europäischen Wissenschaften und die*

因二者皆是在講究精確性的科學前，也就是在自然尚未披上數學理念的外衣前的階段。它又被稱為「實踐的技術」；[28] 相對之下，讓科學與科技世界數學化的活動被胡塞爾稱為「單單的技術」。[29]

其實受科學與科技影響甚至指導的哲學亦屬於單單的技術，這種哲學可歸為一種技藝，但這裡的技藝概念卻不是生活世界的，它因而喪失了生活義涵（Lebensbedeutsamkeit）。從而奠基於生活世界的科學，也包括哲學的生活義涵喪失了。這是胡塞爾在《危機》開始時所指出的歐洲科學危機的問題所在：「科學的理念被實證主義地化約到單單的事實性科學（Tatsachenwissenschaft），科學的危機即是生活義涵的喪失。」[30] 事實性是實證的同義詞，「單單的技術」讓技藝與哲學成為「浮在表層」（in der Fläche）[31] 的；而保存生活義涵的技藝與哲學的關係，應是在超越了實證科學的牽制下，從活在表層的人所不知的「深度」（Tiefendimension）[32] 來討論的。

希臘羅馬時代的塞內卡認為七藝有脫離生活世界、喪失生活義涵之虞，故他要再加上哲學，讓七藝在哲學的基礎上才成為真正使人自由的技藝。這是在上述的深度裡來建立哲學與技藝的關係，而人的自由性似乎可成為去思考技藝與哲學關係的參照點。

---

transzendentale Phänomenologie. Eine Einleitung in die phänomenologische Philosophie, Hrsg.: W. Biemal, Hua Bd. VI, Den Haag: Nijhoff, 1954, S. 48.（Krisis）

28　同前註，S. 23。

29　同前註，S. 46。

30　同前註，S. 3。

31　同前註，S. 121。

32　同前註，S. 121-122。

但塞內卡畢竟非現象學家，他毋寧讓哲學本身指導著技藝，而非從技藝的較底層次出發以上達於哲學。

對胡塞爾而言，超越實證主義的牽制，重視生活的義涵，這主要表現在主體意向性所建立的活動上。前述「實踐的技術」以生活世界經驗與物體建立了非精確性關係後，雖在要求更完滿的動機與理念下往精確性去邁進，但這始終是無法達到的「極限形態」。[33]主體的意向性不能脫離經驗直觀而直接到思想的層次。鑑於此，我們再度強調胡塞爾已警告我們的話語：當經驗的「現實的實踐」被以純粹的思維為主導的「理想的實踐」所取代，那麼原本的開放性就終止了，極限形態被思想鎖定；更具體來說，思想以數學來規定理想的形態，以至於精確性被建構起來，故理想的實踐即是「數學的實踐」。[34]

上述的意向性活動確實關係到人的自由性，但這自由不是脫離生活經驗而騰空至純粹思維活動的自由。胡塞爾指出事實性科學所造就的單單「事實性的人」（Tatsachenmenschen）[35]正喪失了人真正的自由，而這種自由是人鑑於自己存在的意義，在與周遭世界的關係中做決定的自由，以至於他可理性地形塑自己與周遭世界。但在形塑的過程中卻不可因為人的存在歷史千變萬化，人的生活條件、理念、規範流動不定，而立即將涉及這種歷史的精神科學棄之在旁，以實證科學為指導原則的事實性精神科學來取代。[36]這些皆顯示人的自由應是面對生活經驗中的理性與非理性問

33　同前註，S. 23。

34　同前註，S. 23-24。

35　同前註，S. 4。

36　同前註，S. 4。

題，藉著不單只重視理性的純粹思維（Denken），更包括涉及非理性的直觀（Anschauung）一起來做決定。其中非理性實隱含地指向著理性，故直觀的地位反而更為重要，它演變成為生活世界的問題。[37]

2. 生活世界的幾個科學性層次

　　針對生活世界的問題，胡塞爾區別了部分問題（Teilproblem）與普全問題（Universalproblem）兩種。當對生活世界做科學論題處理時，若它放在一般客觀科學的視野，並在於役使後者來看，那麼屬於部分問題；若生活世界的存有方式在與為己地（an und für sich）被視作問題而提出，而不論及客觀科學問題，那麼就屬於普全問題。[38]鑑於此，胡塞爾提到針對生活世界自身所發展的認識論、知識論、謂說、真理、先天規範的邏輯等，它們皆將以嶄新的面貌呈現。而原先的客觀科學反成為生活世界之普全問題的部分問題。[39]

　　在《危機》35節以後，胡塞爾就在處理生活世界的科學性。它雖是主觀──相對的（subjektiv-relativ），但仍被揭示出其固有的先天性（*Aprioi*），譬如其具有普遍的結構（allgemeine Struktur），包含前科學而非精確的時空性、其中物體皆有的形體（Körper）性質、事件之間的因果性（Kausalität）。這些皆不是理論的觀念化、幾何學與物理學家所假設的基礎結構，但是客觀──邏輯（objektiv-logisch）層次的普全先天性卻是奠基在就發生學

37　同前註，S. 13, 137。

38　同前註，S. 124-125。

39　同前註，S. 137-138。

而言更早的、另一個普全的生活世界的先天性之上。[40]

　　將生活世界做科學性的處理，當然是對原先我們直接地生活（hineinleben）在世界中，經過「興趣的轉變」（Interessenwendung），而讓世界的「前被給定性」（Vorgegebensein）──包括世界的顯現方式、給定方式、價值樣態等等──一方面呈現著主觀─相對的變化，另一方面也帶出了對於原先直接存在於世界所具的統合性意識。但這尚是在世界的基礎上所做的興趣轉變與反思，因而所形成的生活世界的科學──如上述先天的生活世界普遍結構──尚是第一個階段的。[41]胡塞爾要展開的是「在前給定的生活世界回溯中通往現象學的超驗哲學之路」，[42]而在39節後所處理的，一方面表示出世界生活最終由超驗的主體所承擔其價值或有效性，另一方面卻也凸顯了生活世界的科學性應以超驗主體的科學性為基礎，故生活世界普全問題的科學性尚需往作為其基礎的超越主體的科學性去延伸。

　　生活世界因此扮演兩個角色：一是作為人類世界生命的基石（Boden），[43]另一是作為往超驗現象學去開展的引線（Leitfaden）；[44]就此而言，生活世界具有兩個功能：基石功能與引線功能。此外，針對前者的基石功能或前說的生活世界科學第一個階段，胡塞爾提出了生活世界存有論（Ontologie der Lebenswelt）。若從後者的引線功能，從而揭示了超驗主體之階段來看，先前的生活世界或稱作超驗的現象（transzendentales Phänomen），或稱作具體

40　同前註，S. 142-144。
41　同前註，S. 149。
42　同前註，S. 105。
43　同前註，S. 158。
44　同前註，S. 175, 177。

的超驗主體性的成分（Komponente），其先天性也可被視為超驗性所具普全先天性中的一個層次（Schichte）。但要注意的是，生活世界已成為超驗主體的對應項（Korrelation），其意義已從我們直接所介入的、作為什麼（Was; what）的生活世界，轉為它如何（Wie; how）必然與普遍地顯現給作為超驗主體的我們。[45] 生活世界科學性也從它是「什麼」更深入成為它是「如何」的內涵。

生活世界的兩層科學性，以及它與超驗現象學間的關係，可否轉嫁到技藝的多層意義，以及它與哲學間的關係呢？又胡塞爾的技藝概念是否也扮演著從人為到自發再到自然生成的角色？首先我們回到胡塞爾早期提出的技藝三層意義，下一節再討論技藝之往自然生成過渡的可能性。

3. 胡塞爾之技藝學與生活世界幾個層次間的關係

我們在前面談到胡塞爾早期已提出純粹邏輯學與倫理學是否為一種技藝學的問題。胡塞爾在《邏輯研究》第一卷的「純粹邏輯學導引」中簡單將具規範性的學門（normative Disziplin）稱為技藝學，並表示「在基本規範是一種目的或能夠成為一種目的之處，且在經由這基本規範任務的明顯擴展之下，技藝學就從中產生了。」[46]「在經由這基本規範任務的明顯擴展之下」，所朝向的目的擴大，隨之達到目的之方法的深廣度也會擴大。我們以為這應該是個重點，因為「技藝學」會隨之有不同的層次。

---

45 同前註，S. 176-177。

46 Husserl, Edmund. *Logische Untersuchungen. Erster Band: Prolegomena zur reinen Logik*, Text der 1. und 2. Auflage, Hrsg.: E. Holenstein, Hua XVIII, Hague/Boston/Lancaster: Martinus Nijhoff Publishers, 1975, B 27.

　　胡塞爾曾經在「純粹邏輯學導引」指出較狹隘的技藝學，「如只是就繪畫講究如何握筆和用筆，唱歌講究如何用胸及用嗓，騎馬如何收放韁及夾腿」，乃至於「增強我們記憶的方式」等等。[47]他在1920年代的《倫理學導引》中指出的建立目的設定與方法規定等行動的實踐性判斷與論述，[48]呈現的是對實踐活動的建議、指示、規定，它們各司不同活動的實踐性功能，呼應上述的較狹隘技藝學，可被規定為第一層的技藝學意義。[49]他接著指出這些技藝可自成體系，形成了實在的（wirkliche）科學學門，但不構成連成整體真理的、屬理論科學的系統；這尚在理論科學實踐地應用，或實踐命題的理論化的階段，可歸為第二層次的技藝學。[50]值得注意的是胡塞爾最終的說法：若不來到純粹與自由（擺脫）於實踐的科學形態，理論就會去服務實踐；過去常看到一種半吊子（Halbheiten）的態度，即在理論中並不超越出何者能對實踐者有用的考慮；相反的，正是剛開始不顧及實踐要求的純粹科學，在後來才足以有最大的實踐成就。[51]這實表示技藝學的第三個層次，鑑於此，胡塞爾所訴諸的純粹邏輯學與純粹倫理學應該是第三層次的技藝學。[52]

　　技藝學的三個層次反映著生活世界科學性的兩個階段，技藝

47　同前註，B 28 及該頁註腳1。

48　Husserl, Edmund. *Einleitung in die Ethik: Vorlesungen Sommersemester 1920/1924*, Hrsg.: H. Peucker, Hua. XXXVII, Dordrecht/Boston/London.: Kluwer Academic Publishers, 2004, S. 4.

49　同前註，S. 21。

50　同前註，S. 21-22。

51　同前註，S. 25-26。

52　同前註，S. 30-32。

學的前兩個層次尚在生活世界的基礎上所觀察得來，它們不脫離實踐的個別活動或已建立體系之實踐的科學形態。技藝學的第三個層次，最終是在超驗現象學的階段，讓純粹邏輯學或純粹倫理學展現出來，這是人在生活世界的認識與行動深入到從超驗主體性來建立其「如何」的科學性內涵。

4. 胡塞爾之技藝概念扮演著從人為到自然生成的角色

我們在前面強調亞里斯多德視技藝為具有從人為到自發，再到自然生成的特性，胡塞爾的技藝學所具的深刻意義，實也蘊含著技藝雖來自人為，但卻以自然的生成為依歸的義涵。問題是，技藝學的第三義或生活世界通往超驗現象學的科學性如何顯示其根本上是自然的生成呢？這個問題要從超驗主體的靜態分析過渡到發生學的說明來解決。

在屬於靜態現象學時期的《觀念二》，胡塞爾一方面主張純粹我（das reine Ich）奠定與構成最終的精神或人格世界，另一方面卻將純粹我和精神或人格我（das personale Ich）混為一談。[53] 從

---

[53] 參考Sommer, Manfred. "Einleitung in Husserls Göttinger Lebenswelt," in: *Die Konstitution der geistigen Welt,* herausgegeben und eingeleitet von Manfred Sommer,（Hamburg: Mainer, 1984), S. IX-XLII，他提出了數個理由質疑胡塞爾在《觀念二》將純粹我與精神或人格的混為一談：1. 主動與被動的我究是純粹我或人格我（Husserl, Edmund. *Ideen zu einer reinen Phänomenologie und Phänomenologischen Philosophie. Zweites Buch: Phänomenologische Untersuchungen zur Konstitution*, Hrsg.: M. Biemel, Hua. IV, Den Haag: Nijhoff, 1952, S. 97-99, 212-215）、2. 純粹我的意向性與人格我的動機性是否相同（S. 215-216）、3. 人格我像純粹我一樣是反思的產物還是在自然態度下為不自覺的（S. 182, 223, 247-252）、4. 具備個別性的絕對性究竟為精神我或純粹我所有（S. 297-302）諸問題（XXXVI-XXXVII）。而他以為根本的原因在於胡塞

前者來看，純粹我的超驗層次和人格我的被構成層次固然有別，但若我們鑑於胡塞爾的現象學力求除去人為干擾或扭曲事物對我們的呈現，以「回到實事本身」，「實事」包括世界與超驗主體，而「回到實事本身」意味著回到世界與超驗主體未被人為干擾，也就是依其自然本性顯現，那麼精神世界與純粹我皆屬於我們在自然態度中的世界，如是純粹我也可隸屬於更廣義的精神或人格的概念，這豈不讓超驗主體的技藝活動顯示為具有自然生成的性質嗎？胡塞爾雖在《觀念二》以為純粹我與人格我皆是「反思的自我統覺的對象」，[54]但這不表示在反思前它們不以自然態度的方式存在。胡塞爾強調的：「我原本不是來自經驗（……），而是來自生活。」（Das Ich ist ursprünglich nicht aus Erfahrung（...），sondern aus Leben.）[55]完全適用於它們兩者在前反思階段，未受人為干擾，以其自然本性存在的狀態。

　　而當胡塞爾表示精神的我受制於昏暗的基底（dunkler Untergrund）時，[56]此基底時或指著屬「無意識」（unbewußt）、

爾的精神或人格的概念實繼承著阿凡納留斯（R. Avenarius）「自然世界概念」（natürlicher Weltbegriff）的理念；但這個世界對阿凡納留斯是哲學的起點，對胡塞爾而言卻是現象學構成的終點，純粹意識即是構成的起點。故純粹意識與精神世界的層次不一樣，後者才屬於自然的態度，純粹意識則屬於超驗的態度。阿凡納留斯的理念是在超克笛卡兒二元論，他在起點即建立了一元論的理念。胡塞爾受之影響，但從笛卡兒的二元論出發，在終點處才建立起心物合一的世界理念，以超克笛卡兒的二元論。桑姆以為胡塞爾未區別其世界理念與純粹意識是終點與起點的不同，才導致二者的混淆。（XVIII-XX）

[54] Husserl, Edmund. *Ideen zu einer reinen Phänomenologie und Phänomenologischen Philosophie. Zweites Buch*, S. 247.

[55] 同前註，S. 248, 252。

[56] 同前註，S. 276。

「隱藏的我」（verborgenes Ich）的形態，[57]而以昏睡（schlafendes）、沉濁的（dumpfes）方式表現出來的純粹我。[58]正因為純粹我與精神我混為一談，胡塞爾未明確表示該「基底」即是超驗主體，桑姆指出這在後來的《危機》被視為「潛伏的深度生活」（latentes Tiefenleben），是屬於超驗主體性的。[59]或許在《觀念二》時期，胡塞爾對於純粹我已知其有深度的發生學層次，但明確的是，《危機》時期的深度超驗主體性以成熟的發生學方法被揭示出來。這裡舉出兩點來看發生學的方法，並連接到我們關心的技藝過渡到自發、自然生成的問題。

　　首先，胡塞爾從發生現象學的觀點處理生活世界通往超驗現象學之路，此因他發覺回到純粹我本身的過程不是一蹴可幾的，要擱置的還包括歷史習性的積澱，這是造成前述深度生活的根本因素，而歷史的概念即被納入到他晚期生活世界概念來討論的問題之內。

　　其實在《觀念二》已有「生活世界」的概念，且有兩個義涵：一是不論自然科學者或精神（人文）科學者所共處的世界，[60]另一是精神科學者所處的世界。[61]自然科學具自然主義的（naturalistisch）態度，以因果性（Kausalität）解釋世界；精神科學是具純粹意識構成的自然的（natürlich）態度，以人格的動機（Motivation）[62]

57　同前註，S. 100。

58　同前註，S. 107。

59　Husserl, Edmund. *Die Krisis der europäischen Wissenschaften und die transzendentale Phänomenologie*, S. 122; Sommer, Manfred. "Einleitung in Husserls Göttinger Lebenswelt," S. XXXVIII.

60　同前註，S. 288。

61　同前註，S. 374-375。

62　同前註，S. 189。

來解釋世界。上述第一個生活世界義涵只顯示為各個科學家以不同態度生活其中的世界，雖對於各個科學沒有價值的評價，但已透露了晚期在《危機》中經由「生活世界的擱置」（lebensweltliche epoché）[63] 所產生的生活世界義涵：讓自然科學家自覺到除了科學研究的生活世界之外，尚有處在家庭中、大自然界、娛樂場所等等的不同生活世界，以及察覺與尊重從事其他的科學領域者的生活世界。[64] 第二個生活世界的義涵較具理想性，這是各個主體在彼此溝通交流中構成的社群主體聯盟（soziale Subjektverbände），這是理想的精神世界（Gesiteswelt）。[65] 它要以純粹我為構成的基礎，讓構成活動以動機而非因果性為根據。

　　但如前述，要還原到純粹我非一蹴可幾，《危機》所做的「生活世界的擱置」與「普全的擱置」（universale epoché）[66] 實是將《觀念二》那兩個生活世界結合起來，讓自然科學家如何鑑於精神世界作為現象學構成的終點，而將自己的自然科學研究納入此歷程中。發生學的分析顯示了：自然科學的生活世界是源於歷史上伽利略作為代表人物的新發明，他將前近代人們建立在經驗上對於世界相對性的理解，轉變成建立在數學思維上的絕對性理解；[67] 從而自然科學家（也包括現代人類）能對於這些歷史習性

63　Husserl, Edmund. *Die Krisis der europäischen Wissenschaften und die transzendentale Phänomenologie*, S. 140.

64　Husserl, Edmund. *Ideen zu einer reinen Phänomenologie und Phänomenologischen Philosophie. Zweites Buch*, S. 138ff.

65　同前註，S. 196。

66　Husserl, Edmund. *Die Krisis der europäischen Wissenschaften und die transzendentale Phänomenologie*, S. 157.

67　同前註，S. 20ff。

的積澱有所察覺，讓為自然科學影響的生活世界更有效的脫離科學所絕對化的理解，以納入到更宏觀的生活世界裡。

其次，發生學的分析也顯示了《觀念二》裡的作為理想的精神世界的社群主體聯盟已蘊含在比純粹我更深層的領域：內在時間意識討論中出現的「原我」（das Ur-Ich）概念，被視為具有內在社群化（innere Vergemeinschaftung）的意義；[68]被動綜合解析裡出現的前我（das Vor-Ich）概念，被視為自始即與他者處於共在的狀態。[69]這其實有著亞里斯多德往自然目的生成的質形論思想背景。

因此，前者對於歷史習性的發生學分析，讓我們更確實地以自然態度活在精神世界裡。後者的對於超驗主體的發生學分析，顯示了個體生命本著自然目的性進行自然的生成活動，它說明了我們在自然態度下從事技藝的精神生活具有著自然生成性的意義。

三、海德格的技藝概念

（一）具嚴肅性的技藝概念

海德格在〈形上學是什麼？〉裡鑑於近代科技的影響，指出各種科學對象皆並列而毫無上下軒輊，特別是對各種對象的處理方式是千篇一律的。他一方面說，數學知識並不比語言與歷史知

68　同前註，S. 188；Held, Klaus. *Lebendige Gegenwart. Die Frage nach der Seinsweise des transzendentalen Ich bei E. Husserl, entwickelt am Leitfaden der Zeitproblematik*, Den Haag: Nijhoff, 1966, S. 156-160.

69　Husserl, Edmund. *Zur Phänomenologie der Intersubjektivität. Texte aus dem Nachlaß. Dritter Teil: 1929-1935*, Hrsg.: I. Kern, Hua Bd. XIV, Den Haag: Nijhoff, 1973, S. 172-173, 604.

識來得更嚴格（strenger）；另一方面說，語言與歷史知識也是被要求具精確性（Exaktheit）而已，而和嚴格性無關。他繼續說，這違背了精神（人文）科學追求嚴格性的理念。[70]原因在於科技影響下的科學對世界的關係導致了它們以存有者為探求對象，對科學奠基的規定性以存有者來呈現。海德格認為這影響到整個人類存在的意義。[71]

海德格在1929年〈形上學是什麼？〉討論無的問題，關聯到在「無無化」（Das Nicht nichtet.）中同時發生「存有本質化」（Das Sein west.）之狀態。針對前者他對存有者整體溜滑我們而去的描述，就是鑑於近代科學以存有者為奠基規定的對象而做的對策，其中他緊扣我們存在的情韻（Stimmung）來談的，主要是對於死亡之畏懼（Angst），這對應著面對整體存有者離我們而去的無化狀態。在無無化中反而有存有的本質化發生，如此以建立一以存有為主題的真正形上學就和人本身的存在緊密相關。在此脈絡下，海德格謂：「形上學是此在（Dasein）本身，因為形上學的真理棲息在深淵的根據（abgründiger Grund）裡，故它一直有著近在眉睫之最大失誤的可能性。因而科學的嚴格性達不到形上學的嚴肅性（Ernst），哲學永遠不能按照科學理念的尺度被衡量著。」[72]

其實海德格所批評的也包括胡塞爾要求的嚴格性哲學，此在於「存有者如是」的問題更要從我們個人的存在問題來看，而這是個嚴肅的課題。胡塞爾以為從純粹意識來取得的哲學嚴格性能

---

[70] Heidegger, Martin. *Was ist Metaphysik?* Frankfurt a.M.: Klostermann, 1986, S. 25.

[71] 同前註，S. 25-26。

[72] 同前註，S. 41。

保存亞里斯多德對於技藝性知識所留存的非精確性,以及科學與智慧的精確性;它也可保留近代科學的理念,雖這已復原為永不能達到的極。它們皆可納入以純粹意識為最終基礎的訴求。

海德格批評科技取代了古希臘的技藝,讓人們忽略了技藝的不求精確性,但較胡塞爾更根本地以為這源於科技時代人對於存有者關係態度的改變。因而海德格所欲恢復的態度從胡塞爾要求的嚴格性更轉為嚴肅性。胡塞爾因為對於近代與希臘的理念皆有所保留,故凸顯了再對它們較包容的態度來處理回到實事本身,海德格則以另個態度來面對近代與希臘的理念。

海德格指出,古希臘的技藝是在自然材質之上再賦予人為的形式,由於形式是針對不同人的需求,故技藝不要求普遍的形式。但古希臘人對於質料本身生成形式的自然物予以尊重,他們一方面了解人的思想頗難參透自然物的形式,另一方面對於大自然最普遍的第一原理冀望於有智慧的人來掌握,雖這些人是稀有的,甚至是神性的。惟這個第一原理畢竟仍是技藝知識的指標,故技藝不只是製造,更是揭露大自然透過技藝可生產(herstellen; bring about)出什麼東西來。這裡生產的概念區別於製造(Produkt; product)的概念,製造尚僅限於對於器物的製造,而「生產」則較廣義地指形成出什麼而言。海德格用在表示揭示出什麼東西,這呼應他對於 *téchne* 的本義理解為對於某某東西的揭示。但技藝隨時保留著對於大自然的不可知,大自然也始終對於技藝保持著遮蔽的一面。

科技時代人們的態度如何轉變呢?他們對於存有者有著一種圖像(Bild)的概念。海德格在1938年〈世界圖像的時代〉對圖像有詳細的解釋。基本上他認為將存有者視為圖像是近代才有的現象,它既非中世紀時代視存有者為被創造物,也非古

希臘時代視存有者為湧現者（das Aufgehende）與開放者（das Sichöffnende），當人在領攝／思維（Vernehmen）時，存有者就作為一在場者（das Anwesende）來到人之為另一在場者，向他開放。反之當存有者為圖像時，人對存有者直觀，形成表象（Vorstellung; representation）的意義，即是以主體的覺知方式來進行的。[73]存有者從本應主動地對人開放，轉為人主動地設定出一幅被表象的範圍（Umkreis），這即是一幅圖像。人進而從剛開始主動地設定自己進入此圖像的舞台（Szene），轉為自己本身成為此圖像的舞台，以至於存有者從被人表象，轉為表象自身，存有者本身也成為圖像了。因為存有者的存在，決定於人之圖像化、表象化、對象化的活動，故海德格更進一步說，人成了存有者的代理人（Repräsentant）了。[74]海德格更尖銳地表示說，這是人以表象活動對某某的攫取（Ergreifen）與掌握（Begreifen），在這裡充斥著一種侵犯（Angriff）的行為，是一種前進的、具支配性的對象化活動，在所謂的自由下前進到被自己所確定的區域（Bezirk）去。[75]當然這時人對於存有者的態度，不只異於希臘人對於自然物的態度，也異於他們對於技藝之產品的態度。[76]

其次圖像的生成更由於人模仿著基督宗教上帝創造自然的理

73　Heidegger, Martin. "Die Zeit des Weltbildes"（in: *Holzwege*, Frankfurt a.M.: Klostermann, 1980, S. 73-110），S. 87-88.

74　同前註，S. 89。

75　同前註，S. 106。

76　這裡再補充一點，在古希臘時代，人既是一個被存有者聚集到它對人的開放性中的東西（das Versammelte），人反過來又對存有者之具開放性聚集（sammelt）、拯救、保護著。其中人的對存有者聚集即是人言談（legein）的本義。但要注意的是，柏拉圖對海德格言因視存有者為一種相（eidos），他反成了開近代圖像的先河。（同前註，S. 88-89。）

念，以為所生產的不只是技藝產品，更包括自然物的形式。於此，海德格以為在對存有者表象化、對象化之下，人們從被自然與上帝的引領中解放出來，從原先啟示真理所賦予人的心靈救贖的確定，轉為人對於自己所知的去確定，這基於人自己本身就決定了對他能確定的東西。對上帝的解放表現在讓此解放得以確定的自我規定性（Selbstbestimmung）上面，所謂自由的義涵也成為自我確定性（Selbstgewissheit）本身。典型的笛卡兒「我思，我在」（*ego cogito* [*ergo*] *sum*），即被海德格解釋為：在人思想的同時，他本身不容置疑地也共同在場。[77]

　　從上面可知，近代的人阻斷了存有者對自己敞開的通路，而去臆想著一個讓自己確定的圖像，這臆想支配著對象，而對存有者具體的支配性表現在主體對它的計算活動上。計算是一個簡單的確定化方式，可被計算的存有者就成為主體所確定的對象。[78]

　　針對海德格所洞察到的科技時代人們對於存有者關係態度的改變，就其分析最後的結果來看，也就是主體對於存有者以計算的方式去思維，似乎和胡塞爾所說的方式一致，也就是人們進行著「單單的技術」活動。胡塞爾和海德格皆從古希臘到近代的人們對存有者態度關係的改變，來看這單單技術的形成。胡塞爾著眼於古希臘的技藝被數學理念化了，海德格著眼於古希臘存有者對我開放的思維轉為我去計算它的圖像式的思維。胡塞爾呼籲近代科學家返回生活世界，是對於近代已被數學理念化的自然，重返回希臘所視為永遠達不到的極，但胡塞爾亦展現出有重返希臘科學之具精確性的色彩。海德格不只要我們重返科技前身的技

77　同前註，S. 104-106。
78　同前註，S. 106。

藝，更要我們回到古希臘原先的思維方式，甚且還回到原始基督教的某些生命形態去。這些皆顯示了其對科學嚴肅性的要求。

　　前面我們已略述及海德格在〈形上學是什麼？〉提出嚴肅性的要求。他在這裡就無與畏的此在基本情韻，闡釋出存有者整體溜滑我們而去的本質可能性，而以為形上學就是對於在這種溜滑中存有者整體被超越而出的追問，以求回過來握持住存有者之為存有者以及存有者整體，並從而真正掌握它。[79]如此，故形上學就是屬於人的本性，而非學院哲學的專利，也非人任意臆想的領域。它是「此在」的基本事件，也就是「此在」本身的事。[80]而鑑於此，當海德格言「此在」之棲於深淵、最可能犯錯，這不只顯示其非精確，更非胡塞爾要求的嚴格性所致。其在錯與對之間的彈性更遠較技藝所允許的彈性為大，但這卻屬於人的嚴肅問題。

　　1943年的〈形上學是什麼？〉「後記」（Nachwort）似乎正好在某些段落，將我們在前提到的嚴肅的形上學與近代人計算的思維關聯在一起來談。包括對形上學的近代科學研究是人們以意志讓存有者成為無條件的可通達性（Machbarkeit; attainability），近代的科學追求的不是真理本身，它簡直就是對於存有者計算的對象化方式，它被人的意志設定了一個境況（Bedingung），在這裡卻可確保它作為近代人的統治心態。[81]

　　其次，鑑於在就職演講中對於「無」的討論擺開了邏輯的進路，而引起一些尚謹守精確思想與行動確定性人們的質疑，[82]海德

79　Heidegger, Martin. *Was ist Metaphysik?* S. 38.

80　同前註，S. 41。

81　同前註，S. 43。

82　同前註，S. 45。

格的回答更顯尖銳。他以為時人所認為的邏輯只是對於思想本質
的其中一種、但非根本的詮釋而已。這種邏輯本當源於對於思想
的真知，這個知是對存有真理的經驗，而非對於存有者對象的觀
察而已。在這裡他也做了嚴格性與精確性的區別。他說，如果最
嚴格的思維（das strengste Denken）之獲得其名，是因以艱辛努
力（Anstrengung）的方式讓知保有對於存有者的本質關聯，那麼
精確的（exakt）思想只是聯繫到對存有者的計算中，且為存有者
而服務。[83]顯然的，雖名為嚴格性，但這艱辛努力是人在無與畏中
超越存有者整體又返回存有者作為存有者的嚴肅歷程，這不是胡
塞爾所要求的嚴格性。

　　海德格在「後記」的後半部實對於計算存有者與思維存有
做了頗詳細的區別。當對存有者計算地思維時，存有者只是以
一被計算與可被計算的形態出現。的確在對個別存有者計算中
生活，而不能從存有處來談生命的意義時，這種生活實在只是
對生命的消耗（Sichverzehren），它隱藏在計算是具一種生產性
（Produktivität）的假象之後。反之，要能有先對整體存有者的告
別（Abschied），或即海德格所說的犧牲（Opfer），存有就能讓
渡（sich übereignet）到人的本質處。這種關係也讓真正的思維發
生。在這裡呈現著人對存有的感恩（Dank），也呈現了人對存有
的守護（Wächterschaft）關係。最後，海德格將語言與思維的關
係引進，他以原初思維是對存有眷顧的回響（Widerhall），是人
對於存有無言之聲（lautlose Stimme）的回應，並且是人再發展
出有聲語詞的來源。[84]

83　同前註，S. 48。
84　同前註，S. 48-50。

　　我們且回到《存有與時間》做個補充：海德格當時針對死亡也有討論確定性的問題。海德格以為，若對作為最屬己的（das eigenste）可能性的死亡有所確定（gewiß zu sein），那麼這不是像對現成物（Vorhandenes）一樣地對所遭遇到的一件死亡事件確認（Feststellung）而已，它要比對於「內存於世」（innerweltlich）的存有者的確定性更為原初；它是對「在世存有」（in-der-Welt-sein）的確定。故「此在」的一種（eine）態度不足以為之，「此在」的整個存在（Existenz）的本真性被要求著，從而只有在先行（Vorlaufen）中，「此在」才能對於它之不可逾越的（unüberholbar）整體中的最屬己的存有有所確定。反之，從體驗（Erlebnis）、自我（das Ich）、意識（Bewußtsein）所直接給定的明證性（Evidenz）完全落在這裡所要求的確定性之後。有趣的是，海德格這裡也說，這些之所以不合乎確定性，不是因為它們不嚴格（streng），實因為它們不能先行地對「此在」當作具揭示性意義之真理來看待（für wahr [erschlossen] halten）。[85]

　　如果在前面就海德格較晚期著作的討論，顯示了近代要求的精確性也表現在確定性上，那麼在1927年海德格雖針對死亡仍以確定性與否做討論了，但真正的確定性是涉及尚未決定、但有最大可能性的「此在」。雖然如此，海德格在《存有與時間》對於涉及到屬你我皆有的、人生嚴肅的死亡確定性的問題，尚做了更深入的討論。重要的是提出了因個人良知與罪責的證成（Bezeugung）問題，從原先只在存有論與存在論（ontologisch/existenzial）層次的討論，轉到存有者與存在狀態（onisch/existenziell）的層次。也就是將原先只一般地體認此在從非本真脫離到本真屬己的可能

85　Heidegger, Martin. *Sein und Zeit*, Tübingen: Niemeyer, 1979, S. 264-265.

性，轉為個人實際上如何從常人進展為本真的存有可能。將存有
論與存有者狀態綜合起來的討論死亡確定性，由此所得的決斷
（Entschlossenheit）態度，更凸顯了此攸關人生的嚴肅性問題。[86]

　　鑑於非精確的技藝，我們進一步就海德格和胡塞爾對於嚴肅
性與嚴格性的不同要求，來將他們彼此的立場區別開。在此節的
討論中，我們涉及到類似胡塞爾所關切之以「實踐的技術」為本
的生活世界被「單單的技術」所凌駕的問題。海德格更深入主
張，當處於後者所依據的計算性思維中，我們必須引進真正的思
維，而這種思維和語言的本質問題息息相關。因而我們仍在回到
生活世界這個架構為前提之下，來深入看海德格的語言問題。語
言可直接被視為海德格核心的技藝概念，因它關聯到真正的思
維，關聯到具嚴肅性的技藝方式。

（二）海德格對語言作為一種技藝的重視

1. 語言出自人對於人處境不安的回應

　　早於1920年代前後，海德格在弗萊堡時期大費心思的探討生
命的原初「處境」（Situation），在這個關聯下所使用的不同術語
表示著他對之有不同的體認。當時海德格試著將這原初生命處境
的意義揭示出來。我們可看見在處境的涵義裡已包含有原初語言
的生成現象，在此也顯示出詮釋學的本義。

　　1919年在「戰時緊迫學期」（Kriegsnotsemester）開設的《哲
學理念與世界觀問題》（*Die Idee der Philosophie und das
Weltanschauungsproblem*）將「生命」一詞作為講課的關鍵概念，
而生命是和作為一種「元科學」（Urwissenschaft）的哲學不可分

86　同前註，§§ 50-60。

割。生命是屬於每個人的存在，皆有它自己的歷史。我們可從個別處境中揭示生命體驗是什麼，生命體驗的揭示伴隨著語言概念的形成，於是元科學漸次構成出來。這種元科學不會和生命本身的存在脫節。當時海德格反對保羅‧納托普（Paul Natorp）所主張的認識論方法，因納托普在主體反思之下去認識生命體驗，以至於生命體驗的現實性（Aktualität）不復存在，海德格認為這是以一種去除生命（Entlebung）的方法來把握生命。[87]

這個生命處境的概念也在1919/20年冬的《現象學基本問題》出現。同樣的在處境中開始了表述，海德格並直接以為「處境是作為自我的表述」（Situation als Ausdruck des Selbst），[88]將處境本身即擁有表述稱為「處境之合於表述的烙印」（ausdruckmäßige Ausprägung der Situation）。[89]針對這個表述，他也提出一個「原始科學」（Ursprungswissenschaft）的概念。其中的問題是：我們如何從「在己的生命」（Leben an sich）發展到「在己與為己的生命」（Leben an und für sich），如何獲致「生命的原始科學」？[90]據喬治‧伊達（George Imdahl）的看法，狄爾泰（Wilhelm Dilthey）所強調的「生命自行解釋出意義」對海德格有著頗大的啟發。[91]為

87　Imdahl, Georg. *Das Leben Verstehen. Heideggers fornale anzeigende Hermeneutik in den frühren Freiburger Vorlesungen（1990 bis 1923）*, Wurzburg: Könighausen & Neumann, 1994, S. 49-54.

88　Heidegger, Martin. *Grundprobleme der Phänomenologie, Frühre Freiburger Vorlesung Wintersemester 1919/20*, Hrsg.: H.-H. Gander, GA 58, Frankfurt a.M.: Klostermann, 1993, S. 258.

89　同前註，S. 259。

90　同前註，S. 108-110；Heidegger, Martin. *Grundprobleme der Phänomenologie*, Hrsg.: F.-W. v. Hermann, GA 24, Frankfurt. a.M.: Klostermann, 1898, S. 1-2.

91　Imdahl, Georg. *Das Leben Verstehen*, S. 93, 107;並參照他所引高達美的觀點。

何這即顯示了詮釋學本義呢？

　　事實上「詮釋學」是海德格整個哲學的核心，它從早期作為人生命本身的自我解釋，到晚期存有自身的自行解釋意義，有著不同的強調。早期的詮釋學如何從生命自行解釋意義來了解呢？

　　我們每個人的生命既處於大自然宇宙的洪流，這意味著生命感應著變遷的宇宙萬物，它自己也隸屬於這變遷的萬物。每個人的生命自身是什麼，這個問題即是上面所稱的：我們如何從「在己的生命」發展到「在與為己的生命」的問題。海德格早期已了解生命本身有它的生命史，是具備歷史性的；狄爾泰所謂「生命自行解釋出意義」即自行地將生命本身所蘊含的歷史意義解析出來，這可說是早期詮釋學的根本義涵。

　　但我們會問：為什麼「生命自行解釋出意義」呢？海德格的回答是這是生命的趨勢（Tendenze），人基本上在此活動中想求得充實，求得自我滿足。更根本的說，生命的主題／動機（Motiv）是對於不安（Beunruhigung）處境的牽掛（Sorge）；[92] 生命在牽掛中以呼求與回應來釋懷，因此而求得對於原先不滿足的充實，雖然在生命的歷程中這個趨勢永遠無法達到盡頭。[93] 生命是以呼求與回應方式解釋出意義，這也即是語言的濫觴。

　　在這裡借用海德格的幾句話來說明上述的意義：

　　「生命始終以其固有的語言去呼求與回應。」[94]

　　「它〔案：指生命〕結構性地負載著（……）為它自己所需

92　Imdahl, Georg. *Das Leben Verstehen*, S. 119; Heidegger, Martin, *Phänomenologie der Anschauung und des Ausdrucks. Theorie der Philosophischen Begriffbildung*, Hrsg.: C. Strube, GA 59, Frankfurt a.M.: Klostermann, 1993, S. 167.

93　Heidegger, Martin. *Grundprobleme der Phänomenologie*, S. 41.

94　同前註，S. 42。

的可支配性於自身，是作為對從自己超出的趨勢去充實的可能性。」[95]

生命的結構主要指的是語言本身，它也被海德格視為生命所預先標示的基本特性，故我們是以語言的方式去克服生命的界限與不完整。[96]

生命處境的不安與不完整，雖不盡然和人生命運等同，但海德格自早即對此敏感，並以語言作為出口。這和晚期人以自己的語言去回應存有的語言，並嵌入在存有命運中，語言以另一種方式來應對人生困頓的方式是殊途同歸的。但我們固然了解語言的目的，在海德格早期語言如何出自生命呢？

他說我們應擺脫既有概念的隸屬關係與固定公式，去對一個所面對的事物去發聲。[97]例如當我們看到一座教堂，常納入到「教堂、棕色、顏色、感覺與料」等層級之約束關係（Stufengebundenheit）去規定這教堂。如此我們會失去本以原始的生命對於該物的體驗。我們應跳脫出上述的規定習慣，對於物體的「某某」（etwas; something）做直接的體驗。在生命透過語言概念自行解釋的趨勢下，我們以生成出來的概念為線索，持續往最終的生命體驗去指引。海德格區別了「前世界的」（vorweltlich）與「世界性的」（welthaft）某某，以為後者是已被體驗的，前者是尚未被體驗的，而後者始終向前者去指引。他又稱前者為「生命最高潛能的索引」（Index für die höchste Potentialität des Lebens），其「將『**尚未**，也就是尚未爆發為真正

95　同前註，S. 42。

96　同前註，S. 31。

97　參考 Imdahl, Georg. *Das Leben Verstehen,* S. 31-35.

生命的東西』之可能性藏於自身」。[98] 由之，「前世界的」某某也僅是通往「真正生命的東西」之索引。

上面所顯示的語言表達過程，即是在早期對海德格頗種要的「形式指引」方法，其根本意義在於從被體驗到的以及生成概念的某某，持續地往尚未被體驗到的，且始終只是往「尚未爆發為真正生命的東西之可能性藏於自身」的某某去指引。綜言之，「生命自行解釋出意義」即是對於生命本身漸次做體驗而以讓語言概念生成出來，這是以「形式指引」的方式持續進行著。這也意味著從「在己的生命」發展到「在己與為己的生命」的過程是持續進行的。

上述表示生命自身的「某某」，稍後在海德格的著作裡被「原初的事實」（Ur-Faktum）、事實性（Faktizität）或「事實性生命」（faktisches Leben）等等概念所取代。《存有與時間》的「此在」一詞也是對於生命本身的稱謂，故「此在」只是個通往生命本身的指引性概念，而在《存有與時間》裡對於「此在」所解析出的諸如現身情態（Befindlichkeit）、理解（Verstehen）、詮釋（Auslegung）、陳述（Aussage）等等對於「此在」的「存在性徵」（Existenzialien; existentialin）則是對於「此在」的指引性概念。

2. 重視語言的「修辭學」是對於「生命自行解釋出意義」的深化

在弗來堡時期，海德格已經密集地講授亞里斯多德哲學。他於1924年轉至馬堡（Marburg）任教，當年夏季授課講義是《亞里斯多德哲學的基本概念》。這在2002年由馬克·米夏勒斯基（Mark Michalski）編在海德格全集第十八卷，其中第一部分的第

98　同前註，S. 54-55, 59-60。

三章即是關於亞里斯多德「修辭學」的詮釋，標題為「以修辭學為引線從人互相交談的基本可能性來對人的此在做解析」（Die Auslegung des Daseins des Menschen hinsichtlich der Grundmöglichkeit des Miteinandersprechens am Leitfaden der Rhetorik）。顧名思義，海德格企圖從修辭學中注重的人與人交談，對「此在」的意義做更深刻的探討。

　　海德格講授亞里斯多德的企圖，是將亞里斯多德的一些概念從「此在」裡取得意義的來源。據泰爾德‧克齊爾（Theodore Kisiel）的看法，我們要了解海德格處於探討概念如何形成的問題脈絡裡。如果亞里斯多德的概念深植在「此在」的「土壤」（Boden）中，那麼表示「此在」自身必先行具有概念性，即使這概念性仍為隱性的。也因為如此，或許我們可反過來理解，對於亞里斯多德概念的詮釋，未嘗不是對於「此在」本身做更可見與可理解的概念化工作。[99]同樣的，因為亞里斯多德的概念和「此在」的概念彼此詮釋與明晰化，故對於亞里斯多德《修辭學》的概念的詮釋，也讓「此在」的深刻義涵顯示出來。

　　既然亞里斯多德的不少概念皆從人的「此在」，也就是基本概念所生長的土壤意義來了解，[100]那麼修辭學就不只是一門說話的技術，它更是「首部針對相互交流存有狀態的日常生活所做的系統詮釋學」（die erste systematische Hermeneutik der Alltäglichkeit

---

99　Kisiel, Theodore. *The Genesis of Heidegger's Being and Time*, Berkeley/Los Angeles/London: University of California Press, 1995, p. 293.

100　Heidegger, Martin. *Grundbegriffe der Aristotelischen Philosophie*, Hrsg.: M. Michalski, GA 18, Frankfurt. a.M.: Klostermann, 2002, S. 4; Robling, Franz Hubert. "Der Boden der Rhetorik"(in *Heideggel Über Rhetorik*, Hrsg.: Josef Kopperschmidt, München: Fink, 2009, S. 197-221), S. 201.

des Miteinanderseins），如海德格如此所推崇的。[101]

在本章前面，我們已指出亞里斯多德在《修辭學》對憑藉修辭所達成的說服性提出了三種方式：演說者的品格、聽者的處境、論證本身。海德格主要詮釋的是前面這兩種方式。因亞里斯多德處理的不只是人與人之間如何交談以讓人信服的方式，他更針對交談以外讓人信服的可能性條件去討論。海德格對此詮釋為從「此在」的解析來探究此可能性，或從人和人之間交流的存有狀態（Miteinandersein）來看人和人之間交談（Miteinandersprechen）的可能性來源。

前已述及的「首部針對相互交流存有狀態的日常生活所做的系統詮釋學」事實上出自海德格在《存有與時間》的語句，當時他對於此在的第一個存在性徵（Existenzialien）「置身所在」或「現身情態」（Befindlichkeit）就日常所熟悉的情韻來闡明時，提到了亞里斯多德的「修辭學」，強調它並不是個「教學科目」（Lehrfach），而是如上所述的一門系統詮釋學；在相關處海德格並表示：言說者「需要對於情韻可能性做體會，以便用正確的方式對它去喚起與引導」，這實是對於前述亞里斯多德列為讓修辭具信服力的方式之一的「使聽者處於某種處境」之一種詮釋。[102]而演說者的品格，也未嘗不是他在《存有與時間》中對於此在所闡釋的牽掛（Sorge）與最屬己的存有可能（das eigenste Seinkönnen）。

---

101 同前註。

102 Dilcher, Roman. "Die erste systematische Hermeneutik der Alltäglichkeit des Miteinanderseins"(in: *Heidegger Über Rhetorik,* S. 89-111), S. 89; Heidegger, Martin. *Sein und Zeit,* S. 138-139.

在著眼 *Ethos* 與 *Pathos* 之下，*Logos* 可以廣義來了解。當海德格指出亞里斯多德《政治學》裡對人定義為「言談的動物」（ξῶον λόγον ἔχον）時，此時的言談即是具廣義的 *Logos*。他說：

「人完全固有的、基本的存有方式為『人和人之間交流的存有狀態』。與世界交談的存有者是和**他者共同存有**的存有者。」（"eine ganze eingentümliche, fundamentale Weise des Seins des Menschen, charakterisiert als 'Miteinandersein', κοινωνία. Dieses Seiende, das mit der Welt spricht, ist ein solches, das im *Sein-mit-anderen* ist."）[103]

這裡海德格就亞里斯多德對人的定義詮釋：作為言談的動物，「人和人之間的交談」遂是作為人的本義，「人和人之間交流的存有狀態」等則是包括了「人和人之間的交談」。這個言談（*Logos*）應被廣義地理解為包括 *Ethos* 與 *Pathos* 了，它們對於海德格而言構成了「此在」的整體。我們在前面強調的，人因不安的處境而自行解釋意義，產生出語言；在這裡，「此在」的詮釋學更在揭示人如何與他人彼此信服，這因而也成為「此在」本身的重要涵義。

我們觀察修辭學將一廣義的 *Logos*，也就是從理論擴延到實踐的語言層次揭示出來，從而「此在」也可被廣義的 *Logos* 所顯示，也就是以修辭的方式來明晰化。但在《存有與時間》裡，海德格仍以論理的方式，將廣義的 *Logos* 分解到不同「存在性徵」裡，像 Befindlichkeit 呼應著 *Pathos*，Sorge 呼應著 *Ethos*，*Logos* 則保留在狹義的言談（Rede）裡。「修辭學」不只表示「言談」的特定功能，也強調屬廣義 *Logos* 的固有能力。修辭學應讓文字本身直接產生說服的力量，詩性的文字即是一例，或許這是晚期海德格

---

103 同前註，S. 46。

轉向詩性語言的原因，而未嘗不是對於早期重視修辭學的實踐。

保羅・呂格爾（Paul Ricoeur）在《活的隱喻》（La métaphore vive）裡認為，隱喻（metaphor）是和亞里斯多德在《詩學》中的模仿（mimesis）意義有些相近；模仿不是只對理型世界（如柏拉圖）或自然的模仿（imitation），而是對於情節（plot）的模仿，以至於對於行動（action）的模仿。隱喻的語言讓在每一存有者所潛在的行動力茁生出來。[104]他並以為隱喻所表現的是詩性的語言，而詩性的語言是一種最為豐富的語言。[105]因詩性的語言讓我們產生啟發性的虛構／小說（heuristic fiction），導致我們去發現世界中某實在物的神祕性，對它重做描述（redescription）。[106]詩性語言的模糊性讓文字產生了一種力量，它呈現的是上面所指出的廣義的 Logos。

3. 海德格的詩性語言

我們現在回到海德格對於詩性語言的立場。除了 1924 年的著作顯示出海德格對於包括以詩之形式展現之修辭學的重視外，在《存有與時間》也曾提到「在世存有」的表明在言談中時，它的語言特性表現在「音調高低、轉調、節奏、說的方式」，故對於「此在」的解析可成為「詩性」語言本有的目的。[107]或許哲學文本

---

104 Ricoeur, Paul. *The Rule of Metaphor: Multi-Disciplinary Studies of the Creation of Meaning in Language*, trans. Robert Czerny with Kathleen McLaughlin and John Costello, Toronto and Buffalo: University of Toronto Press, 1977, pp. 42-43, 244-245; 參考 Simms, Karl. *Paul Ricoeur*, pp. 61-64.

105 Simms, Karl. *Paul Ricoeur*, p. 74.

106 Ricoeur, Paul. *The Rule of Metaphor*, p. 247.

107 Heidegger, Martin. *Sein und Zeit*, S, 162.

不是言談，它無法顯示音調、轉調與節奏，故在早期弗萊堡與馬堡的論著裡，文本並不直接表現出修辭或詩的作用。

　　在後來的著作中，我們漸讀到詩是作為揭蔽的真理安置之處。較系統的論述是在1936年《藝術作品起源》裡。原來詩是藝術的本質，藝術作品既開放一個世界，也回歸到大地，並反映了它們之間的爭執（Streit; strife），[108]這反映著既揭蔽又遮蔽的真理。真理是自化地發生（Geschehen）在藝術作品中，[109]藝術不是建立在主體性的美感基礎上，故海德格懷疑主體之想像力是藝術產生的動力。[110]相反的，藝術作品是在一種非主體性的方式讓真理安置其中的，這是對藝術創造的本義。

　　海德格在1920/30年代後已漸體會到語言根本上不是個人主體的產物，此義涵可由「語言是存有之家」這句話適當地表示出來。真正的語言反映著存有／真理的開顯與遮蔽。即使語言是對於存有者命名，但命名根本上來自存有，讓存有者歸往存有；故而命名的同時也伴隨著昏暗的迷惘，在這種明暗相間的澄明（Lichtung; clearing）中，語言可稱為「道說」（Sagen; saying）。[111]這才是語言的本質。其實「道說」對於海德格有兩個層次，一是從人的角度來看的，另一則從存有而出發。在後者的實體名詞則以Sage[112]來表示。

　　詩性語言之被海德格所重視，即歸功於具有這種道說性的語

108　Heidegger, Martin. "Der Ursprung des Kunstwerkes," S. 31, 34.

109　同前註，S. 43。

110　同前註，S. 59。

111　同前註，S. 59-60。

112　耐人尋味的是，Sage亦是「傳說」的意思，是否佚名的傳說更在失去作者主體性的意義下，更顯得來自存有的授予呢？

言。同樣的，藝術作品如繪畫、雕刻、音樂等等之所以能讓真理
安置其中，根本上也歸功於語言的這種道說性質。[113] 此外，海德
格並指出藝術作品或詩性語言是歷史人類及諸神安置之處所，[114]
當然這也歸功於語言的道說性質。

海德格不只是對於詩的意義闡釋，並常表明詩是真理、人類
歷史或神明的安置處。《藝術作品起源》的〈羅馬溫泉〉即是一
例。[115] 在其他的著作裡更是不勝枚舉。配合著對於以詩為真理發
生處的詮釋，海德格的文風亦顯得頗有詩意。海德格對於藝術作
品即在強調它所反映之在爭執中的大地與世界為真理之張顯與遮
蔽，也反映了民族、文化、歷史、神明的世界。藝術品具這種反
映或開放的啟發性已為我們強調，語言的本質或詩性的語言即具
有此啟發性，海德格是否有談到這種啟發性呢？

海德格在對一日本人的談話中顯示了語言的本質，這可以呼
應我們所強調的啟發性。他談道要避免一種「對語言言說」（ein
Sprechen *über* die Sprache）表現方式，因如此所針對的語言被說
成了一個對象；他轉向一種「從語言（而來）的言說」（ein
Sprechen *von* der Sprache），是「從語言的本質呼喚而來又導向於
它」（von ihrem Wesen *her* gerufen und *dahin* geleitet）的言說，從
而才能從語言轉進「道說」的根本處。[116]

這些其實是海德格早期未充分自覺的，以至於在弗萊堡與馬
堡期間，他雖了解修辭與詩的特定作用，但仍以一種「對語言言

---

113 同前註，S. 60。

114 同前註，S. 61-64。

115 同前註，S. 19。

116 Heidegger, Martin. "Aus einem Gespräche von der Sprache"（in: *Unterwegs zur
Sprache*, Tübingen: Neske, 1990, S. 83-155），S. 147-150.

說」，而非「從語言而來的言說」方式來表述。的確「對語言言說」可以對於修辭學的功能去談論，對於語言的本質為「道說」去談論，以及對於詩性語言的啟發性去談論，而讀者尚在知性的理解層次上閱讀這些語言。但是「從語言而來的言說」卻讓語言能以隱喻、道說或詩性的方式呈現，這是修辭學的功能直接落實在語言中，以對讀者具體地產生實踐、行動與啟發的作用。

　　語言的本質究竟是什麼？海德格在〈語言〉的文章先指出傳統上有兩種解釋：一是以為語言是人對思想的表達，另一是語言是始於上帝，後者因而強調出語言的圖像與象徵意義。[117]海德格要重新尋找語言是什麼，就從被說出的東西去尋找，且更從他稱為純粹的被說出的東西，也就是詩中去尋找。在這裡言說已完成了，但又開放了什麼。[118]它不是目的，而更往其他東西去指引。

　　詩之指稱名字是在召喚（rufen）著物，而物扮演著聚集天、地、神性、人的角色。我們知道在《聖經》裡「命名」有兩個層次，一是上帝給天、地、日、夜與伊甸園流出的河道命名，上帝並授權亞當為飛禽走獸命名，而亞當在被趕出伊甸園後也為他的妻子夏娃命名。命名表示權柄，命名也顯示物的特性或物所反映的環境事件。海德格針對人對物的命名，割捨了人具權柄的意義表示，而將權柄歸於存有，從而命名所顯示之物的特性與環境事件也為存有所決定，甚至命定。

　　對海德格言，詩人為物命名，並讓天、地、神性、人聚集，這是命名所具的賦予物特性、環境事件的意義。海德格將它們本

---

117 Heidegger, Martin. "Die Sprache"（in: *Unterwegs zur Sprache*, Pfullingen: Neske, 1990, S. 9-33）, S. 14-15.

118 同前註，S. 16。

質化與結構化為天、地、神性、人的「四大」（das Geviert; the fourfold）。海德格並將四大統稱為世界，以為詩正是在指稱名字時使物物化（dingen），進而讓世界開展（ent-falten; unfold），讓世界分娩（aus-tragen; carry full term）出來。用分娩一詞頗耐人尋味，因為海德格正想表示物與世界如同母子般的關係，既連結又分開，它們之間有個中介（Mitte; Zwischen），是一種統合的（einige），更有內在的（innig）關係；它並是一種割捨的關係，故夾雜著一種疼痛（Schmerz），惟這種疼痛是分與合的平衡，是在嵌合（fügen）撕裂（Riß; riss）的東西，但始終在分與合的過程中。[119]這個Riß在下面將和剖面與田地作為語言的本質連接在一起解釋，其根本要溯源到這裡來了解。

　　我們要知道，上面所述是海德格對於詩人為物命名而賦予意義之過程的描述，物與世界皆是在命名的關係中顯示其義，它們不被實體化地了解，而是在與我們作為人的關係中作為物與世界。他們之間的分娩關係也是呈現在人的體會中。而體會是以命名的方式為之，雖然命名的權柄不來自詩人本身，命名則讓物與世界以「誰」（who）而非以「什麼」（what）的形態呈現給我，「誰」較「什麼」能更根本地顯現它的整體性意義，即使它尚不是人而只是個物。

　　但為什麼海德格以為對於這種「誰」與「誰」的內在性關係之指稱是本真的，且以之為「言說的本質」（das Wesen des Sprechens），或說是「言說本質化」（das Sprechen west.）？因為物在這處於世界的關係中寧靜下來了，所呈現的寂靜之聲（das Geläute der Stille）卻由於在分與合的平衡中，內含著最大的運動

---

119 同前註，S. 21-27。

與激動的能量。據海德格的解釋，這寂靜之聲是所有語言之母體，它已聚集著將顯示出的所有語言。但它不在世界的一邊，也非在物的一邊，而是在這兩者之間。由於二者的內在性關係，而成為語言之母體。作為「從語言而來的言說」的語言本質，不是人的語言，但它需要（braucht）人的言說，而是為了人的傾聽之故。只因人歸屬於靜寂之聲，也傾聽靜寂之聲，他才能以自己的方式去言說。人傾聽著物與世界的內在關係所聚集的召喚，人跟隨著此召喚，從召喚中去領取所言說的東西，去應和（entsprechen）它，以及去做肯認的回應（anerkennendes Entgegnen）。傾聽與應和在將道說（Sagen; saying）固持（sich halten）起來。[120]

　　其中值得注意的是，海德格指出，在人的言說中純粹被說出的即是詩所說出的，即使日常的語言也本具有詩性，只不過已被遺忘或是被濫用了。又對於人的言說而言，不論言談或文字書寫，皆表示原先的寂靜之聲破裂而出了。[121]

　　若我們從另一篇〈語言的本質〉文章來看，這些皆表示，我們真正以語言去經驗對象時，所經驗的事物就是前述的物，他們已和世界成立了那特殊的內在關係，經驗之物主動地向我們襲來，我們承受著、接受著它，也向它嵌合著。[122]故我們和語言的關係絕不是造成將語言技術化的形上學，也就是造成所謂的「後設語言學」（Metalinguistik）。他甚至說後設語言學和火箭的技術是同一回事。[123]語言之物向我們襲來，語言就是語言自己所帶出

120　同前註，S. 30-32。

121　同前註，S. 31。

122　Heidegger, Martin. "Das Wesen der Sprache"（in: *Unterwegs zur Sprache*, Pfullingen: Neske, 1990, S. 159-216），S. 159.

123　同前註，S. 160。

來的，這是海德格所說的die Sprache spricht。在日常生活裡當語言停止帶出語言了，我們就去操弄著語言。但要真讓語言自己說出，卻在我們受某某的撕裂、壓迫與煽動，而無法找到適當語言之時。[124]基於這個原因，海德格就提出了這句話：「在語詞破碎處無物存有。」（Kein Ding sei, wo das Wort gebricht.）換言之，他借助詩人提醒我們：只有在適當的語詞下，某物才真正地存有。而詩人的確以語詞去經驗物、經驗物的存有。[125]這裡顯示兩個議題：首先，似乎呼應著海德格在《形上學是什麼？》從無之無化來看存有之本質化的關係，當詞窮時，反而有真正語詞的出現——前者類似無之無化，後者類似存有的本質化。其次，海德格以為在對語詞與存有關係的體會前有著悲傷（traurig）的情境；雖然海德格說真正的悲傷是被定調／被產出情韻（gestimmt）在與最喜悅的事之關係中，因為最愉快的事自行隱退、躊躇與克制著。[126]悲傷實和前述作為分與合平衡的疼痛有關，但如果合充滿喜悅的話，那麼分就有著悲傷，而從分到合或從合到分的過程卻是有著疼痛。

　　我們在前面的〈語言〉那篇文章裡，已見到詩如何以語詞讓物為人所經驗。詩的作用，就像思想在海德格晚期之成為嵌合於存有的特性一樣。的確，詩和思想是臨近的。[127]思想與詩是道說（Sagen）的不同方式，而道說是以一種既澄明又遮蔽的方式讓世界去顯現的方式。[128]我們不宜忘記思想本身對於歷史命運的虔敬

---

124 同前註，S. 161。

125 同前註，S. 163-168。

126 同前註，S. 169。

127 同前註，S. 173, 188。

128 同前註，S. 199；海德格另外說Sage是將思想與詩帶到鄰近的東西，這應是就存有層次的道說來講。

態度。[129]這又回到在科技世代思想的扭曲變形問題，而在下面的章節會指出海德格以為面對科技問題，我們要以虔敬的態度來面對隸屬於存有命運的科技時代。

在科技重視計算與精確性的影響下，道說被偽造，人們轉以訊息（Information）作為語言來彼此溝通。資訊是人們為自己預訂而形式化的語言，在彼此通報中人們固可對語言的進行有確定感，但本身也被形式化於科技性計算的語言本質中。[130]如前所述，海德格不從人為語言主體出發，卻從大自然的寂靜之聲來看語言究竟是什麼。這個來自大自然的道說是人所應歸本的，人們應靜聽此道說，回應此道說，接著再有由人發聲的道說。

但這裡具體的說明是，從存有層次的道說轉為人的道說言語是透過大地的湧現，讓人的語言既不脫離物質性的情境，也不失其本來所具的、聚集所有語言的統合性。海德格在此時即將撕裂Riß以另個意義來詮釋，因德文方言的犁溝有以Riß來表示者，它開闢著田畝與播撒著種子。而當Riß進一步擴展為具「剖面」意義的德文字Aufriß時，海德格理所當然地更將之發展為「田地」的意義，並以具「田地」意義的剖面來表示語言本質之被勾勒出來。故「田地」是所有能以描繪勾勒（Zeichnung）的方式，去貫穿且嵌合著（durchfügt）語言之開放與自由的東西之總稱。[131]這表示原先聚集著所有語言的寂靜之聲的語言本質被表述出來，並成為人的言說。「語言是存有之家。」這句話在這裡更表示為將存有的道說轉為人的道說、人的語言。

---

129 同前註，S. 175-176。

130 Heidegger, Martin. "Der Weg zur Sprache," S. 263-264.

131 同前註，S. 251-252。

4. 語言與原初理性

　　理性一詞在英文為 reason，其字根為拉丁字 *ratio*，一般被指為和 recon，calculate 有關，海德格對此即有所表示。[132] 在一些哲學問題脈絡中如表示 *ratio essendi* 與 *ratio cognoscendi* 的述語在中文常被譯為本質根據與認識根據，這個「根據」仍有西方傳統形上學的義涵，海德格曾在晚期《同一與差異》將「理性」回溯 *logos* 的希臘字來談其原初意義，曾謂 *logos* 的本義是「聚集地讓（某某）呈現」（versammelndes Vorliegenlassen），[133] 並以為若「思想向存有聚集且讓存有呈現」，那麼 *logos* 就在這裡形成。事實上，當海德格指出：「存有」「在被 *logos* 的烙印中」（im Gepräge des *logos*）展現為「思想」，以及「存有」要求「思想」給出根據與理由，並落實於「存有」「在被 *logos* 的烙印中」。[134] 這裡呈現出海德格對於思想與 *logos* 交替生成的看法，表示了 *logos* 是讓思想給出根據與理由的展現方式，從而 *logos* 本身即在給出理據。這即符合了希臘 *logon didonai* 的詞義。

　　海德格對於傳統形上學之起源做了如下的說明：一般科學字尾掛上 logie/logy 的 *logos* 意義尚在表示在命題層次去分類與保障科學的知識，或在整體性的論證中去表象科學對象的根據。但在隸屬形上學的存有論及神學所顯示的 *logos* 本義，就在表示對於一切與任何的存有者去給出最一般的根據或給出最高的理由；它

132 Heidegger, Martin. "Der Ursprung des Kunstwerkes"（in: *Holzweg*, Framkfurt a.M.: Klostermann, 1980, S. 1-72），S. 9; Heidegger. *Die Grundprobleme der Phänomenologie*, Hrsg.: F.-W. von Herrmann, GA 24, Frankfurt. a.M.: Klostermann, 1898, S. 318.

133 Heidegger, Martin. *Identität und Differenz*, Pfullingen: Neske, 1982, S. 48.

134 同前註，S. 49。

們「賦予作為存有者根據之存有的理據」（geben vom Sein als dem Grund des Seienden Rechenschaft）。[135]這些仍是在形上學意義下的 *logos* 意義，它們分別從個別科學與整體科學來看 *logon didonai* 的運作。

海德格在這晚期對於 *logos* 與給出理據，以至於與理性結合的剖析，事實上即是他早期在重視從生命體驗中生成語言以及元科學之下，所欲克服的傳統語言概念形成的根本原理與過程。早期的形式指引方法是讓「在己的生命」如何成為「在己與為己的生命」，因而生命處境是作為自我的表述，處境已受到合於表述的烙印。這樣的處理方式皆是在讓語言及科學不至因語言受到固定的理據表述，而失去原有的生命性。而對具流動性的生命本身需要流動性的語言相符應的看法，海德格也在晚期有更清楚的表示：對自身顫動的存有之「本有」（Ereignis）去思，要借助於對之去構築所用的工具，也就是本身也為流動的「語言」，因語言不能僵化這顫動的本性，故語言本身也必須是顫動的；而對於「本有」構築的語言，仍可表示為存有在被語言的烙印（Prägung）中。[136]這晚期的說法也可沿用在思想與語言相互生成，它強調出從給予理由與根據的論證意義返回到生命自行解釋與表述時語言的顫動或流動性。

如果我們更進一步探究 *logos* 的意義，那麼在1944/51海德格對赫拉克利特（Heraklit）斷簡殘篇的解讀中可給予些啟示。赫拉克利特強調了因人之會死的有限性，人的 *logos* 所展現的智慧、巧思（weise, geschickt; *sophon*）是與命運（geschicklich）交錯

---

135 同前註，S. 49-50。

136 Heidegger, Martin. *Identität und Differenz*, Pfullingen: Neske, 1982, S. 49.

的，因而 *logos* 是在揭蔽（Entbergen）與遮蔽（Verbergen）中去
思考「一切是一」（*en panta*），而「一」是以日與夜、冬與夏、
醒與睡、戰爭與和平等方式展現出來。如此當以 *logos* 為原初的
理性時，它和人習於將理性視為聯繫、結合及統合的能力截然不
同。[137]其實在生命體驗中固然可生成語言，但此語言所面對的生
命是處在被揭蔽與遮蔽的狀態中。故 *logos* 之作為原初語言，它
的揭蔽與遮蔽雙重性也是對於前說語言之具流動性的另一種觀察
方式。

　　但這裡要強調的是，我們從晚期較明確的說法，去了解在早
期從生命出發所生成的原初語言，實是 *logos* 所具有先於給出理
據的一種具顫動或流動性的語言，而生命本源所呈現的原初理
性，實是 *logos* 所具有先於聯繫與結合及統合的理性能力。這樣
的了解是在我們暫不論海德格前後期─從生命（或後來的此
在），另一從存有之本有出發的不同方式，也就是經歷了所謂轉
向（Kehre; turning）期的不同進路，來對於其畢生對於存有揭示
做一貫性之探討計畫的理解。

5. 詩性語言表現技藝從人為轉變到自然生成的特性

　　海德格早期視每個人的生命處於大自然宇宙的洪流中，感應
變遷的宇宙萬物，也在解釋個人的生命自身是什麼。從「在己的
生命」發展到「在己與為己的生命」的語言，這早期詮釋學的根
本義涵可說在企圖擺除人為設定的語言，讓屬自然的生命體自行
說話。這顯示語言作為技藝最終在朝向雖出自於人的口中，但實

---

137 Heidegger, Martin. "Logos (Heraklit, Fragment 50)" (in: *Vorträge und Aufsätze,*
　　Teil III, Tübingen: Neske, 1967, S. 3-25), S. 13-17.

為自然生成的意義。

　　早期海德格已視語言出自人對於處境不安的回應，人的處境已受到命運的衝擊，而語言不乏具有對於命運作挑戰的義涵。晚期詩性語言所具的意義則是對於處於命運醞釀出的時機來回應。而詩人的作者性成了處於能動與被動間的角色。詩人作為技藝的施作者最後讓詩成為自然生成，但這個自然已包含了在亞里斯多德的機運義涵。

　　海德格在《關於人文主義的書信》（*A Brief über den Humanismus*）的書信的結尾處提到亞里斯多德在其《詩學》中所說鮮為人注意的話語，也就是「作詩比對存有者的探查更為真實」（daß das Dichten sei wahrer als das Erkunden von Seiendem）。[138]事實上，海德格此句話在詮釋亞里斯多德在《詩學》第九章裡所做詩人與「對存有者探查」的歷史學家的區別：「詩人的職責不在描述已經發生的事，而在描述可能發生的事，即根據可然與必然的原則可能發生的事。」真正歷史學家與詩人的差別在於「前者描述已經發生的事，後者描述可能發生的事。」而「詩是一種比歷史更富哲學性、更嚴肅的藝術，因為詩傾向於表現帶普遍性的事，而歷史卻傾向於記載具體事件。」又「帶普遍性的事只根據可然或必然的原則，某一類人可能會說的話或會做的事。」[139]

　　威爾・麥克乃爾（Will McNeill）也對此做了詮釋：詩意味著既非對過去的探討，也非對於偉大行動的保留，而是指向普遍性的東西。但這些普遍的東西不能像被「哲學的理論活動」揭示為

---

138 Heidegger, Martin. *Über den Humanismus*, Frankfurt a.M.: Klostermann, 1981 （1949）, S. 53.

139 亞里士多德，陳中梅譯注，《詩學》，北京：商務印書館，1996，頁81。

具同一性的，以至於可藉之規定未來的東西，而是像被悲劇所揭示的東西一樣：在悲劇中「被神話所編織的整體東西不能夠被悲劇英雄所預見」。[140]

約和《關於人文主義》（1947）同時間發表的〈詩人何為？〉（1946）係海德格紀念呂爾克（Rainer M. Rilke）逝世二十週年的演講文。該文先舉出過去的賀德齡（J. Ch. Friedrich Hölderlin）謂在貧困（dürftige）時代的詩人要走向與到達存有的敞開狀態（die Offenheit des Seins）；這屬於存有命運的敞開狀態則是「從此（命運）而來為詩人所思」（aus diesem her dem Dichter zugedacht wird）。[141] 惟該文最主要在傳達呂爾克自命具有「冒險」（Wagnis, adventure）特徵的詩人；但詩人不是本身在冒險，而是被存有所指使而冒險。作為冒險的存有把作為被指使的冒險者往其中心去吸引；這呼應了賀德齡所謂：詩人為時代命運所差遣，因而可到達存有的敞開狀態。[142]

在《詩學》中亞里斯多德稱許詩所富的哲學性非麥克乃爾所指的「哲學的理論活動」所具備。亞里斯多德對於詩所秉持的可然性與必然性原則，包括了不為人所決定的命運，這是麥克乃爾所詮釋的「不能夠被悲劇英雄所預見」的東西。這個為悲劇英雄

---

140 McNeill, Will. "A 'scarcely pondered word'. The place of tragedy: Heidegger, Aristotle, Sophocles" (in: *Philosophy and Tragedy*, Miguel de Beistegui & Simon Sparks（eds.）, Minneapolis & Oxford: University of Minnesota Press, 2000, pp. 169-189）, pp. 178-182.

141 Heidegger, Martin. "Wozu Dichter?"（in: *Holzwege,* Frankfurt a.M.: Klostermann, 1980, S. 265-316）, S. 269；這個「從此（命運）而來」可更明確地表示為詩人「被時代的命運所差遣」（sich in das Geschick des Weltalts schickt）, 也就是順著時代的命運的意思。（同前註，S. 268。）

142 同前註，S. 273ff。

所未預見，因而需要冒險以面對的命運，今被海德格藉著亞里斯多德的《詩學》強調出來：詩之成為詩，正在於其所具的「冒險」特徵，但它的冒險是被存有命運所指使，因而詩人本身嵌合著存有命運，故他不是真正的冒險家。

事實上，海德格在這裡提到了詩，旨在回答讓波弗勒（Jean Beaufret）寫給海德格信裡的一個問題：「我們如何能保留所有研究包含的冒險元素，而不簡單地將哲學轉為冒險家？」[143] 海德格以為：真正的哲學思維就像詩一樣，它面對的整體東西是不可預期的未來，但如何在對未來不可預期，而對之懷冒險的心態下，哲學思維的作為不是冒險之舉呢？

海德格的回答是：

「思維是關係於到來的存有。思維作為思維是往存有的到來、作為到來的存有去連接的。存有已經將自己差遣到思維，存有作為思維的命運而**存有**。但是命運在其自身是歷史的，其歷史已經在思維的道說中來到語言上來。」[144]

海德格將思維的意義擴展到不只對過去的揭示，就像以後要再詳論的鄂蘭所理解的思維一樣；它更對於未來揭示，也像鄂蘭所刻畫的意志一樣，面對著不可預期的未來，企圖讓其中的不確定性能得到化解。[145] 今對海德格而言，未來的不可預期與不確定性要能夠化解，卻是思維迎合著存有命運的到來。

存有是歷史的，也是命運的，思維是向歷史的命運去迎合。

---

[143] Heidegger, Martin. *Über den Humanismus*, S. 53.

[144] 同前註。

[145] Arendt, Hannah, *The Life of the Mind. Two/Willing*, San Diego/New York/London: A Harvest Book Harcourt, Inc., 1978, pp. 13-14.

海德格不是以意志，反而以非意志的思維去迎合著存有命運。詩和思維的等同性，顯示海德格企圖讓這兩者所表示的技藝去向命運嵌合（fügen），而命運呈現在存有的「到來」或「差遣」裡。

　　如前所論，製作者如何避免以一種「對語言而言說」的方式去創作，繪畫、雕刻、音樂以及詩等作品即要以製作者的主體性退位的方式來呈現，主體性的設定要讓渡給存有的決定或命定。以海德格的立場，製作者是在迎合存有的方式下來創作的。「對語言而言說」的對象化與認知性態度，是受到近代形上學甚至科技化的影響，思想或語言乃對於物採取攫取與支配的立場，而這也反映在以技藝去克服命運的態度上。反之，以海德格的「從語言而來的言說」立場，製作者即抱持著其作品不在克服著命運，而是在迎合著命運的態度。

　　但這迎合的態度不是純然被動的。製作者感觸於世界與物之間的撕裂，在人間詞話窮盡之際去傾聽大地世界寂靜之聲，致使這來自存有命運的聲音讓製作者能敏察時機、[146] 洞燭先機（*phronēsis, prodentia*, prudence）。這樣的製作者讓其作品反映著存有的命運，更反映著如何回應命運。這樣的製作者擔負著重責大任，但他是被存有的命運所差遣；他讓自己成為存有的代言人，讓自己的作品成為存有的發聲器；讀者通過他的作品也可聆聽到存有的聲音。

　　當製作者成為海德格所說的詩人時，這樣的製作者是藝術家，但不因為他創造了造型或非造型的藝術作品，而在他以虔敬

---

146 鄧恩即將命運（túche）和「時機」（kairós）放在同一個層次，因而對命運作一種技巧性的回應根本是如何掌握時機的問題，參考 Dunne, Joseph. *Back to the Rough Ground*, p. 256.

心境面對存有命運，讓存有的命運授予我們其生成變化的真正面相——一種具揭蔽性的真理；[147]而這是製作者的作品要傳達的真正訊息。

　　的確，當一些佚名的作品久久相傳，如果借用海德格的說法，它們的「持續」（währen）或「繼續持續」（fortwähren），就是存有命運以真相「繼續授予」（fortgewähren）我們。[148]在存有的道說轉為人的道說（Sagen）中，它更以傳說（Sage）的形式被授予以持續下來。不論它以神話或詩歌的樣貌被傳頌開來，它所賦予人們的啟示與影響力，卻是來自於超越整體先民之上穹蒼宇宙。

　　當製作者成為海德格所說的詩人時，其作品不只是藝術，也要被施以一定的技術。亞里斯多德的《修辭學》與《詩學》始終賦予了我們如何張顯語言力量的能力與方式。而若如前所述，海德格在早期視「基礎存有論」的「此在」為讓修辭的方法滋養成長的「土壤」，[149]那麼晚期是以具「田地」意義的剖面來表示語言本質之被勾勒出來。二者固彼此呼應，惟後者更多了「存有層次的道說轉為人的道說」的涵義。這理也反映海德從早期「對語言而言說」的立場，轉為晚期從「從語言而來的言說」的立場，來凸顯出其處理修辭學的轉變。

---

147 Heidegger, Martin. "Die Frage nach der Technik," S. 34-35.

148 Heidegger, Martin. "Die Frage nach der Technik," S. 30-31.

149 這涉及早期海德格對《修辭學》的詮釋問題，參考 Heidegger, Martin. *Grundbegriffe der Aristotelischen Philosophie*, Hrsg.: M. Michalski, GA 18, Frankfurt. a.M.: Klostermann, 2002, S. 4; Robling, Franz Hubert. "Der Boden der Rhetorik"（in: *Heidegger Über Rhetorik*, Hrsg.: Josef Kopperschmidt, München: Fink, 2009, S. 197-221）, S. 201，以及 Kisiel, Theodore. *The Genesis of Heidegger's Being and Time*, Berkeley/Los Angeles/London: University of California Press, 1995, p. 293.

鑑於語言和真正思維有著密切關係，在這節裡我們從海德格早期之生命自行解釋出意義並加以表述的語言，討論到晚期思維如何是對於存有的回響，從而存有的道說生成為人的道說及其語言。我們回顧這樣處理作為技藝的語言，乃在深入去解決我們陷於科技的困境。這在胡塞爾那裡是回到生活世界，海德格則是回到存有本身。在鄂蘭那裡又是如何？「世界」的概念占其思想的核心地位，她的技藝概念可說是不在返回既有的生活世界，而在對於所開創的世界維護其持續性，下面我們即就這個問題來討論鄂蘭的技藝概念。

四、鄂蘭的技藝概念

（一）鄂蘭的現象學義涵

首先鄂蘭是否可納入現象學家倒值得先做說明。在鄂蘭的著作中至少有兩處提到了現象是何義，一是在《人的境況》，另一是在《精神生活》中。《人的境況》第七節「公共領域：共同性」以為在公共所呈現的事物是實在的。換言之，「現象──凡是正被他人與我們自己看到或聽到的事物── 構成實在性。」（appearance—something that is being seen and heard by others as well as by ourselves—constitutes reality.）[150]反之，譬如人的私有感覺、感情沒有呈現出來的就沒有實在性。[151]現象就是公共性，才

---

[150] Arendt, Hannah. *The Human Condition*, Chicago: The University of Chicago Press, 1958, p. 50.

[151] 同前註，pp. 50-51。

是實在的。故鄂蘭的現象學是研究政治的現象，且只有政治的現象才是現象學的主題。進言之，這種政治的現象或公共領域就是世界。世界也可說是現象學的主題。

胡塞爾以「回到實事本身」為現象學的基本要求，現象學家理解這個以複數形式表示的「諸實事」（Sachen）應以「世界」本身為其總稱。若鄂蘭也致力於「回到實事本身」，而「實事」也是「世界」的話，那麼這是以公共性為其特殊的義涵。另外，就像胡塞爾以現象學方法──透過擱置對於現象做描述或說明，讓世界如其本身呈現一樣，鄂蘭也以現象學方法讓世界呈現。這個方法是成就公共性的方法，對鄂蘭來說根本上是言說與行動，但基於人的個別性（individuality）與新生性（natality）。由於前者，每個人立足於不同的空間與時間點，以自己的視角去聽、去看某事物，他知道同一事物以多樣的面貌呈現給各世界中的不同個人，世界因此而具有實在性。[152] 其實，要能確保每個人的不同視角，正是胡塞爾現象學擱置的工作；在鄂蘭這裡多出的方法是，每個人採取為公共領域所要求的行動生活。或許對於鄂蘭而言，胡塞爾的方法是哲學家的沉思生活，她更著墨於具複多性（plurality）人的行動生活，才能構成世界的現象，而不去討論現象學擱置之方法為確保這種具多樣性行動生活的先決條件。

另外，鄂蘭在《精神生活》第一部「思維」的第一節開始，即在說明她所理解的現象是什麼。基本上她是延續著《人的境況》的說法，但對於公共性所致的實在性更徹底的以「存有」（Being）來表示，故她說「**存有與顯現是重合的**」（*Being and Appearing coincide.*）或「若物與人的存有不以一個**旁觀者**為先決

條件，他們就不存在於世界中。」（Nothing and nobody exists in this world whose very being does not presuppose a *spectator*.）後者表示單獨的人或物是不存在於世界中的，人是以複多性生活在世界上。[153]

鄂蘭對於現象的理解導致了主體主義的翻轉：若主體不是客體，就不成為主體，因為主體的實在性在於它要先顯現給他人。[154]以主體為實體的近代思想固已被打破，傳統的形上學思想——以真實的存有和單單的現象二分，前者凌駕於後者之上的思想——也為鄂蘭所翻轉。鄂蘭以瑞士動物學與生物學家阿道夫‧波特曼（Adolf Portmann）的主張為例，他以生物的外表不是為了服務自我保存與物種保存，相反的，內部的、非顯現的器官卻為了產生與維持外表而存在。[155]

鄂蘭的基本觀點是，非顯現在外的內部器官對每個人或每個物種是相同的，顯現於世界的外表則是不相同的。外表不只是外觀而已，而是對於在世界中不同觀察者所呈現的多樣性現象，這才是真正實在的。鄂蘭對於現象為實在的了解是，它必須在外被顯現而能為複多性的觀察者取得共識並能維持長久。內部的感覺一旦在心靈生活（Seelenleben）中表現，它直接地可能形成人的表情、姿態或尚非語言表述的發聲，原則上這些對每個人或物種無甚差別。但內部的感覺或思想一旦處在精神生活（Leben des Geistes）中，則是經過反思以語言與行動來表現。前者的心靈生

---

153 Arendt, Hannah. *The Life of the Mind—The groundbreaking investigation of how we think*. One/Thinking, San Diego/New York/London: Harcourt inc., 1976, p. 19.

154 同前註，p. 19。

155 同前註，p. 27。

活做了自我呈現（Selbstdarstellung; self-display），後者精神生活做了自我表現（Selbstpräsentation; self-presentation）。前者自然直接地顯現，後者則在反思中去展現，但有假象的可能。譬如每個人皆有內在害怕的感覺，它在心靈生活中呈現出驚恐的表情，但勇敢是經過對害怕之反思後做了克制或克服，屬於精神生活的表現。惟勇敢可能是偽裝的，因為人或許不願意去展露真正的內在自我。但當這種假象在世界上持續了一段時間，可被揭發或被矯正，就可讓原先的假象轉化成為真實的現象。[156]

鄂蘭所主張這種顯示在外的實在性是經由如此形成的，這樣才能真正決定一個人或物的存有或本質。其實這樣的說法亦有陷入本質較現象優位的立場之嫌，故鄂蘭在《人的境況》中寧願談一個物的實在性（reality），並以為：「只有在同一的物體能被多數人以多樣的角度去看到，致使環繞著物體的人知道他們多元地在看相同物之處，世界的實在性才能真實與可靠地顯現出來。」[157]反之，傳統形上學所提的存有或本質概念只是私有的主張。哲學家面對於人的生死問題，雖在其自我對話與沉思中找到超越流逝的永恆性存有，但它因為不是顯現於公共的，故不是實的。而顯現限於公共的現象卻可真正解決生死的問題，這要往人在公共領域中如何建立不朽性去找答案。故我們一方面了解了鄂蘭何以可被視為現象學家，另一方面則要從上面這個脈絡來開展鄂蘭的技藝概念。

---

[156] 同前註，pp. 29-30, 36-37。

[157] Arendt, Hannah. *The Human Condition*, p. 57.

（二）以行動生活為旨的技藝概念

在《人的境況》裡鄂蘭指出人在地球上的生活行為：勞動、工作與行動，這三種活動可歸為廣義的技藝，因它們皆是人為的。[158]然而勞動者受制於自然，面對大自然必要之束縛的作為，男性為供養而努力，女性為生育而辛勞，這些生產活動是人在生物性的層次的作為，而生命被納入新陳代謝的循環裡。[159]工作開始去超越大自然的束縛，製造物也超越勞動生產所具的消耗性而能持久，以至於開始構成世界。但人在工作的層次欲超越自然而企圖達到的自由是相對主觀的，因受制於自然的勞動可能讓人覺得比受制於規則化的工作更為自由。[160]我們回憶技藝旨在形成人的自由，今對鄂蘭而言，真正讓人自由與幸福的技藝是屬於政治領域的行動生活。我們要知道，鄂蘭重視的是在政治領域裡複多數大眾的自由，對於少數人如哲學家在沉思生活裡的自由或許更為純粹，也未為鄂蘭所否定，但卻不是她的主題。

換言之，勞動的生產與消耗受制於大自然生滅規則，固可

---

[158] 在《人的境況》裡，鄂蘭避免從主體的製作來分辨勞動、工作與行動，而從這三種製作所具的世界性與否，以及在世界所保留的時間長短來區分，故從主體的製作來看三者皆具有製作性（workmanship），它們又必須從動態的製作轉為靜態或被描寫為死的作品，才能被我們知道或見到。故不論是勞動的消耗物品（consume goods）、工作的被使用物品（use goods），以及行動的功績（deeds）與事件（facts），在作為動詞的製作的角度言，或作為名詞的作品言皆是技藝，這也是為什麼鄂蘭在這裡皆以作品（work）來表示之故。但這種廣義的技藝畢竟要從前述的世界性來分辨出勞動、工作與行動這三種不同的境況。（pp. 93-96）

[159] Arendt, Hannah. *The Human Condition*, p. 30.

[160] 同前註，p. 31。

訴諸於生命的循環以求物種的延續，但所付的代價是無世界性（worldliness）。工作的製造固然開創了世界，但受制於手段——目的之無限鎖鏈關係，以至於真正的目的無從而得。[161] 據鄂蘭的分析，更嚴重的是，因幾個階段的工業革命發展，讓工作的層次宛如勞動一樣，工作隨著自動化機械的操作有著勞動的律動與節奏，讓自然的層次介入世界層次；[162] 而工業化革命從模仿自然，順著以及運用自然力，到支配自然力，更到支配包括原子能之宇宙力量，這顯示了人本是尊重自然而與自然有些距離，到因支配與設定自然及宇宙，對後者不再尊重，將它們的強行介入於世界，將產生更嚴重的後果。[163] 總言之，生活的無意義性（meaninglessness）似乎是人雖開放了世界，但又讓自然介入了世界所產生的。鄂蘭之將自然與世界劃分遂是頗為核心的思想。

在工作層次的技藝對鄂蘭有個值得注意的階段，那就是藝術，藝術作品形成一種特殊的世界性。她指出藝術品不是使用物，它的內在目的不是為了使用而被創作，它有純粹的持久性，展露其獨特的光輝；它來自人性的思維能力，不是如動物性的感情欲望而已，因後者始終是隱密的、私有的，但也屬於種族一般性的。當思想仍在人的心靈中時，它也只具個別私有性，當它轉化為具

---

161 工具與目的的連鎖關係在於工具是具一個「為了什麼」（in orde r to）的意義，而目的本應是「為什麼之故」（for the sake of）而告終，這對鄂蘭而言特別顯示在為主體之故，即主體作為最終目的而讓工具與目的之鎖鏈關係停止，但在工作的層次「為了什麼」與「為什麼之故」並未明顯劃分，以至於產生工具與目的無限後退的關係，也造成無意義的結果。同前註，pp. 154-155。

162 同前註，pp. 145-147。

163 同前註，pp. 147-151。

象之物，即成為具世界性的藝術作品。藝術與思想是鄰居，藝術品雖有死沉的性質，因它畢竟已從存於生命的活潑思想轉化為物，而從物也可以並需要再活化為思想。屬特殊藝術作品的音樂與詩較繪畫、雕刻、建築等更能表現出人的生命性而非只是世界性。藝術品的最核心地位是，它一方面是工作產品，另一方面卻在思想為前提之下，而可從工作層次過渡到行動層次。因為行動層次的言語與行動也透過藝術品而成為具象的故事，這推導出在政治領域中的行動作為技藝，然後再體現為藝術品的義涵。[164]而從藝術品與思想的關係，也可推導出行動層次的意義應該來自生命中已有的思想能力，讓藝術品本身有其固有目的，有純粹持久性。藝術品連接著工作的世界性與行動的意義性，是讓意義得以在世界中保留的一種媒介，而說故事或敘事是其中一種藝術作品。

　　鄂蘭重視的政治領域的行動雖開放了有意義的生活，但它的代價是過去的生活不可逆（irreversibility）以及對未來的生活不可預期（unpredictability）。[165]如果我們視行動生活為鄂蘭的主要技藝概念，那麼它付出的代價意味著什麼？這如何顯示技藝的固有意義呢？

　　這個意義顯示在鄂蘭鑑於實踐領域而討論的意志問題上。對鄂蘭而言，意志指涉到未來，未來的主要特性是不確定的，[166]故對她而言，亞里斯多德還沒有開展出意志的概念，因他本著自然

---

164 同前註，pp. 167-174。

165 同前註，p. 236。

166 Arendt, Hannah. *The Life of the Mind. Two/Willing*, San Diego/New York/London: A Harvest Book Harcourt, Inc., 1978, pp. 13-14.

目的論的理念，致使未來的事已潛在於質料裡，未來已經從現在投射出去了。特別因為亞里斯多德的循環與持續的時間概念，讓他整個思想落在鄂蘭視為無世界的生命循環層次，但根本上是以沉思生活為尚而超越了世界性。鄂蘭的技藝概念從這裡可更得其如下所示的深意。

　　鄂蘭提到了亞里斯多德所使用的希臘字 *kata symbébekos*，它意味著偶然的（accidental）或偶發的（contingent），偶發的是未被意志行動執行的。鄂蘭強調意志總是自由的意志，除非它只是「對於不論是欲望或理性所提出的，一個輔助的執行機關」[167] 而已。就此來看，欲望讓我們順著自然的趨力，理性讓我們本著自己的道德律（康德）或培養成第二自然（亞里斯多德）以行動，它們皆非意志的行動。令人質疑的是，為何後者也非意志行動呢？

　　我們先從亞里斯多德來看，如前所示，他以為倫理德行之產生雖非依於自然，但卻非相反於自然。這固然基於前面強調之技藝可轉為自然生成的理念，但醫生治病的例子尚可沿用到個人的實踐行為，達到如孔子所謂「從心所欲不逾矩」的境界，但並不能順理成章地延伸到複多數人的行動生活裡，讓整個社群成為由理性所推動，但歸為自然目的論所導致的國度。無怪乎亞里斯多德在實踐哲學的論述中仍以沉思生活為最終的幸福，而沉思生活卻是個人的事。

　　同樣的，若理性是康德的實踐理性，他還是以個人的服從道德命令為主，雖然其理想是在目的王國（Reich der Zwecke）裡以上帝為首腦，將一切有理性者結合成一個團體，遵從在自我立法

下的道德律而生活，特別是每一位理性者彼此視為目的而非手
段。[168]值得注意的是，康德將道德律類比為自然律，旨在要求前
者像後者一樣的具有必然性與普遍性，讓所有目的王國的成員受
制於普遍的道德律，像自然對象受制於普遍的自然律一樣，因而
目的王國成為自然王國（Reich der Natur）。[169]目的王國與自然王
國僅是類比，因前者仍在實踐理性範疇裡應然地克服自然對於感
性的觸動（Affektion），後者在理論理性中實然地接受感性扮演
著自然律可能的條件之一。康德旨在表示，自然律實然的普遍性
為道德律應然的普遍性的理想，這理想在現象界是難以達成的。

　　故不論是亞里斯多德最終以個人的沉思生活，或康德以具團
體性的目的王國為理性最終所致力的理想，他們皆是站在個人作
為哲學家的立場來談實踐行為，以對於不確定的未來做決定。這
樣的理性不足以成就鄂蘭意義下的意志行動，因為她所關心的是
社群生活的未來如何被決定，這是屬於政治的自由，而非哲學的
自由問題。

　　對於哲學自由的關鍵問題在於，即使哲學家開始面對不確定
的未來，他們不以行動，只用思維去克服未來。他們根本上不在
對於世界裡不確定的未來尋求確定之道，而只是對世界做超越，
以思維撤離、逃離世界。[170]亞里斯多德的沉思生活與康德的目的
王國皆超越出了世界，在世界之外找其理想。鄂蘭嚴格地批判哲
學思維只運作在哲學家與他自己的對話，哲學家只是實行了一種

---

168 Kant, Immanuel. *Grundlegung zur Metaphysik der Sitten*, Hamburg: Meiner, 1965,
　　S. 56-57.
169 同前註，S. 60, 62。
170 Arendt, Hannah. *The Life of the Mind. Two/Willing*, p. 195.

自我反思活動。[171] 她真正批判的要點是，哲學家長期以來與自己對話，尋求的是自己思想論述或體系的一致性，忽視了複多數大眾的思想與作為是否能與他自己思想的一致，她所謂的超越世界表示哲學家常忽略「一個無限的『他們』（they）——作為個人的我所**不**是的所有他者」。[172] 這個為鄂蘭所強調的「不」字應更表示忽視、排斥、不一致的意思。

　　基本上，亞里斯多德與康德的實踐哲學皆已超越在製作（*poiein*）層次的手段、目的範疇，也就是將行動或行動者本身視為目的，這是鄂蘭所要求的人在世界的意義性。但亞里斯多德與康德皆以超越世界為代價，雖然他們以個人的思想一致為主，而易於讓自己的未來有著可預期性，亞里斯多德的循環時間概念更可導致過去為可逆的結果。反之，鄂蘭就必須因兼顧世界與意義，而面對不可逆與不可預期的挑戰。從這個角度而言，她所提出的行動必須面對與技藝對應的機運而做頗大的挑戰。

　　鄂蘭將機運 *tychai* 譯為「偶然的情勢」（accidental circumstances），去解讀亞里斯多德在《尼各馬可倫理學》裡「幸福是永恆的事物而不輕易變化，然而機運之輪子經常對同樣的人造成顛倒。」（1100b 2-4）這段話，以為機運固然可逃脫了自然（*physis*）與技藝（*téchne*）的生成範圍，但鑑於德行因其卓越之故值得被回憶，以至於永恆的幸福仍有凌駕於機運之上的可能。[173] 偶發的機運最後接受目的論的指導，相對於此，鄂蘭強調真正意志行動是始終面對著偶然情勢。

---

171 同前註，p. 200。

172 同前註，p. 195。

173 同前註，p. 17。

　　對鄂蘭而言，這偶然情勢的意義要從眾人的個別性與新生性來理解，意志為面對不確定之未來，即是面對眾人所帶來的偶然情勢所做的抉擇或決斷。對這些問題將在之後討論鄂蘭的實踐的哲學時處理。此節的重點在將鄂蘭的技藝概念放在以意志為出發點的行動生活來理解，它旨在滿足讓工作已開創的世界更具意義性，以至於世界得以保有持續性。我們也將看到因為行動與言說的相結合，繼而讓說故事或敘事成為行動生活的特色。此外，意志的概念最後發展為一種判斷的概念，敘事也恰而成為形如判斷的一種表述方式。

五、結論

　　我們從亞里斯多德對於技藝更具體的說明出發，先論及胡塞爾的生活世界乃呼應亞里斯多德的技藝概念，以及其將技藝視為從人為到自然生成之過渡的主張。接著在海德格方面，我們見到他對於胡塞爾因近代科學的危機所返回的生活世界，更發展為存有本身，而真正的思維在對存有回響，以能更徹底地超克計算性的思維。惟這裡正因為將海德格早期即重視的語言議題更提升到詩性的語言層次，以至於語言成了我們去闡釋海德格技藝概念的主軸。最後鄂蘭作為一位政治的現象學家，她關心眾人如何以意志作為來面對不確定的未來，因世界是眾人的載體，對於眾人的談論要憑藉世界這個概念，故人類必須從勞動生活進展為工作生活以開創世界；但為了顧及世界的更具有意義性而得以持續留存，行動生活也成了必要。如果我們視鄂蘭的技藝概念以行動生活為主旨，那麼勞動、工作、行動、言說，以及敘事皆可稱為技藝。鄂蘭因為較胡塞爾與海德格更關注社群的眾人行動生活，故

較偏於重返希臘的自然與技藝概念的生活世界就不為鄂蘭所屬意，她毋寧更在開創與發展希臘的實踐概念，從而必須建立在人為性的世界成為了主題。這裡要強調的是，各家的技藝概念仍是以自由技藝的理念為前提來開展，故我們看到他們如何提出不同的人為方式來促成自由。在前言所揭示的實踐本質意義正是經由技藝的概念來落實。

第三章

胡塞爾現象學作為實踐哲學

一、前言

　　我們已就技藝的概念做了歷史回顧，並對於此概念及技藝學一詞在胡塞爾的地位與意義做了討論。在此前提之下，我們再來看其實踐哲學的內容，分別就倫理、政治與宗教的領域來探討。其實在這三個領域皆會涉及到倫理的議題，因為胡塞爾將其整個現象學視為具實踐性的。在倫理學部分我們將集中於胡塞爾如何將傳統的經驗倫理學與知性倫理理學做一結合，這是將感情與判斷形成道德判斷的討論。我們將區別靜態現象學與發生現象學對此的不同討論，提出的問題是，相較於靜態現象學的意向性作為其中介，發生現象學的意向性已作用於感情中，這要如何理解？而從前謂詞如何發生為道德判斷的表述？至於在政治與宗教兩領域分別將涉及愛的議題，其中在政治領域的討論中最後會以愛的社群為依歸，在宗教領域也將是以愛的幾個概念來探討胡塞爾具有關聯到希臘的與基督宗教的宗教思維。

二、胡塞爾的倫理學

　　我們在前面看到技藝學一詞在《邏輯研究》與倫理學的著作裡皆有討論；的確，胡塞爾早期對於倫理學的處理也放在與邏輯學類比的關係上來進行。鑑於此，胡塞爾指出邏輯學起源於對抗希臘的懷疑主義，當時亞里斯多德建立邏輯學為科學認識的方法學，可稱為科學認識的技藝學。而在這個觀點歷經數千年當中，學者們一直在尋找所有對於促進實踐的認識成果與科學的認識成果的規範與實踐的律則。胡塞爾觀察到其時代有不少學者將此實

踐的規範求之於心理學，[1]以為他們實不知過去亞里斯多德的（形式）邏輯雖獨立於所有實踐與心理等學科，但卻可作為實踐技藝學的理論基礎，因為形式邏輯（formale Logik）和形式存有論（formal Ontologie）不能分割，後者即和對象的應用性有關。[2]

　　在類比之下，胡塞爾先說對於生活中行為涉及善與幸福的反思導致實踐學科的倫理學，他並以為近代以來學者致力於既具經驗人類學的特性，又可提供先天的原理的倫理學，以期它可對人類行為賦予絕對的規範標準，但他們的努力似乎並未成功。胡塞爾認為我們不必否認倫理學作為技藝學的需要，但它的基礎不在認識與感情功能的心理學，而在某些先天的規則與理論中。[3]對於這個基礎胡塞爾認為屬觀念主義的知性倫理學（Verstandesethik）不能提供，經驗倫理學（empirische Ethik）也不能賦予，只有純粹倫理學才可為理性人類行為之為技藝學的基礎。值得注意的是，他認為倫理經驗論將先天主義者所要求為純粹原理的東西，關聯到人之感情與意志的特殊性，將倫理學視為依賴心理學與生物學的技術（Technologie）；這是胡塞爾對於當時這種經驗倫理學的批評。「技術」是我們過去解釋過技藝的一種層次，但顯然未合乎胡塞爾所要求的純粹倫理學，至少未以純粹倫理學為基礎。胡塞爾說純粹倫理學為技藝學的基礎，但似乎未表明它即是技藝學本身。[4]其實，按照前面的分析與說明，我們應可將純粹倫

1　Husserl, Edmund. *Vorlesungen über Ethik und Wertlehre, 1908-1914*, Hrsg.: U. Melle, Hua. XXVIII, Dordrecht/Boston/London: Kluwer Academic Publishers, 1988, S. 4-5.

2　同前註，S. 8-9。

3　同前註，S. 11-12。

4　同前註，S. 13。但在此書〈補充文本〉（Ergänzende Texte）Nr. 1內，胡塞

理學歸為屬第三層次的技藝學，下面要對此做解釋。

在倫理學部分我們首先看胡塞爾與亞里斯多德倫理學的關係，然後對於胡塞爾早期靜態現象學與晚期發生現象學的倫理學做一探討。

（一）胡塞爾論價值判斷起源於感情與亞里斯多德思想的關係

我們在前面已指出：胡塞爾要求的倫理學先天性原理不為知性倫理學所提供，當然它也不能為經驗倫理學所賦予，但經驗倫理學有其可取的一面。他的理由是，經驗倫理學欲以感情要素取代知性作為價值判斷的條件，但這個條件仍應求之於知性，至於價值判斷的來源則必須求之於感情。在解釋這裡所謂的條件與來源之不同與關聯之前，我們先來看亞里斯多德在其《尼各馬可倫理學》中相關的問題與論述。

爾有提到他贊成一些人將倫理學界定為：對正確行動──也就是有正確目標甚至終極目的之行動──的技藝學（Kunstlehre），他將倫理學確立為作為技藝學之科學的（wissenschaftlich）或實踐的學門（S. 384）。針對這個議題 Melle, Ullrich（*Edmund Husserl: From Reason to Love*. In Drummond, J. J. and L. Embree（Eds.）: *Phenomenological Approach to Moral Philosophy: A Handbook*, Dordrecht/Boston/London: Kluwer Academic Publishers, 2002, pp. 229-248）也提及（p. 230），但可惜未繼續做發揮。另外在新近的 Husserl, Edmund. *Grenzprobleme der Phänomenologie: Analysen des Unbewußtseins und der Instinkte. Metaphysik, Späte Ethik. Texte aud dem Nachlass*（1908-1937），Hrsg.: Rochus Sowa und Thomas Vongehr, Hua XLII, Dordrecht/Heidelberg/New York/London: Springer, 2014. 在文本 Nr. 32 標題中有 Universale Kunstlehre 一詞（S. 451），而該節顯示胡塞爾企圖將倫理學作為技藝學從個別技術性的自我訓練（Selbstdressur）（S. 451）擴展到更普全性的生命界域（universaler Lebenshorizont）去（S. 456）。

　　亞里斯多德在其中第二卷討論「道德之善」（moral goodness）的問題前即指出道德德行（moral virtue）不是天生於自然的（engendered by nature），因若是天生的，那麼人的行為不可能因習慣而導致不同的結果，如同石頭被拋在空中後即天生地會往下掉，而不會因習慣往上升。因我們知道人的行為雖有天生的原因，但更來自人為習慣的養成，故它不是天生於自然的。亞里斯多德又說這個現象不是相反於自然（contrary to nature），理由是德行所依賴的習慣養成，卻是真正將人作為理性動物的天性發展出來。[5] 其實這裡表現出人為活動如何經過自發，再到自然生成的過程，亞里斯多德的技藝概念所具有的這種特性也反映在倫理學中。

　　從這裡我們可知德行是從天生的潛能中所實現出來的，但它不能像自然物一樣，所實現出來的形式已潛存於該物的質料裡；德行經由習慣所發展出來的歷程卻必須有自然性外之人為性的介入，這即是上述它不是天生自然的原因。但這個人為性的介入又不是相反於自然的，其箇中意義我們認為是整個亞里斯多德倫理學的核心，當然也被我們視為蘊含於胡塞爾早期的倫理學說裡。在此我們要集中於以下問題的討論：對亞里斯多德而言，天生自然與德行以習慣為中介，對胡塞爾而言，感情與知性則以何者為關聯呢？

　　亞里斯多德說道德之善是習慣（habit）導致的結果。習慣的希臘字是 *ethos*，德行所涉及之人的品格（character）的希臘字則為具同樣字源關係，但表不同意義的 *êthos*。也就是說我們一般所

5　Aristotle. *The Nicomachean Ethics*, translated by J.A.K. Thomson, England: Penguin, 2004, 1103a 20-26.

說的倫理（ethics; 字源 *êthos*），是從習慣（字源 *ethos*）所發展導致的結果。[6]習慣和天生自然的有所不同，和習性（disposition）亦有差別。習性的希臘字為 *hexis*，湯姆森（A. K. Thomson）解釋 *hexis* 為積澱下來的（settled）或完全已發展成形的狀態（state）或習慣（habit）。[7]亞里斯多德將習性和感情（feeling；*páthos*）與潛能（faculties；*dýnamis*）視為人類心靈的三種樣態，就它們來討論德行的歸屬性；習性表示人不只有能力生出感情（*dýnamis*），且在面對所生出的感情時（*páthos*），傾向於做出好的或不好的行為，故德行屬於習性的範疇。亞里斯多德續指出善或惡的德行和不同的習性有關，這端視如何從習慣過渡成習性的養成途徑而定。[8]

　　習性的養成是教化與修煉的事，亞里斯多德雖給予了修煉的總原則方向為「中庸之道」，但更重要的是，它如何被具備善的品質與智慧的人落實到特殊的環境中去。[9]針對於此我們可分成兩點來討論，首先亞里斯多德強調德行的獲得要靠修煉，如同發生在技藝的行為裡。以為若對任何事我們有所成就的話（如成為建築師或成為正義的人），就必須在實際的操作中去學習（如實際去建築或行正義之事）。這些不是靠天生的，故我們也需要老師。[10]就此而言，亞里斯多德實表示出德行的養成是一種技藝學的事了。其次，感情與感情的能力屬於人的質料層次，亞里斯多德將人與自然物區別，即顯示在人所發展出的德行不是單單從質料

6　同前註，1103 a 16-20。

7　同前註，p. 311。

8　同前註，1105 b 20-1106 a 25。

9　同前註，p. 24n.1。

10　同前註，1103 a 32-1103 b 14。

實現生成，而是經過理性的審度（deliberation）與選擇（choice）而來的。

　　當亞里斯多德在《尼各馬可倫理學》第三卷討論「道德責任」問題時，指出許多來自感情或欲望之自發自願的（voluntary）行為，如小孩或動物所為，與出自選擇的自願行為是兩回事，只有後者才蘊含了德行。[11]主要的原因在於前者的自願是從人的質料層次生成出來的，就此而言人宛如自然物一樣；後者的自願是從人的介入而來，這當然是指人之理性的介入。亞里斯多德以為選擇不是欲望、性情、願望與意見，而是基於我們的力量（lie in our power）。[12]審度和選擇的對象皆是一樣的，不過後者多出了面對此對象有了在審度後再做決定的作為。[13]我們要注意的是，亞里斯多德以為審度與選擇的是人為技藝活動的領域，而不是自然科學的領域，這固然因為前者的活動因人因事而定，確切的路程頗難界定所致；[14]但也反映了當人之理性介入了由質料層次的感情來決定德行時，如何讓善的習性培養出來，或者說如何讓習慣發展為善良的人格，並且表現出它雖不是出於自然，但仍不相反於自然的特性，這是頗需要學習與修煉的。

　　在〈倫理學與價值論的基本問題〉中胡塞爾曾說：儘管有《尼各馬可倫理學》，但亞里斯多德未如對邏輯建立分析學一樣，為倫理學建立形式實踐學作為典範。[15]一種較廣的領域被胡塞爾稱為價值學（Axiologie），它包含倫理學、美學與愉悅之學等，其

11　同前註，1111 b 5-10。

12　同前註，1111 b 5-35; 1113 a 11-12。

13　同前註，1113 a 2-4。

14　同前註，1112 a 31; 1112 b 4-10。

15　Husserl, Edmund. *Vorlesungen über Ethik und Wertlehre, 1908-1914*, S. 37.

中也分形式與質料價值學，而形式者乃處理最普遍的價值或價值一般（Wert überhaupt; value in general）。[16] 價值是規範倫理被自然理論去吸收的中介。相照之下，人們首先對於生活中的行為涉及善與幸福等作反省，先出現了質料倫理學後，更進一步去對最普遍的、適合所有情形之下的善或至善去反省，就有了形式倫理學。胡塞爾以為這是人類行為之最高理性的目標。[17] 胡塞爾對於形式實踐學的過於強調，招致了讀者的批評，認為他在早期的倫理學論著過於與邏輯學的形式規則做類比，而忽略了質料倫理學或價值學的討論。一些學者指出胡塞爾本人亦強調質料價值學的重要，但在晚期仍未將它發展開來，繼而討論胡塞爾中晚期重視人的天職、社會倫理與愛的倫理學，[18] 以及區別於早期靜態分析的發生現象學處理立場，[19] 並企圖補充屬於質料層次的倫理學。我們則

16　同前註，S. 48。

17　同前註，S. 39-40。

18　Melle 在 Husserl, Edmund. *From Reason to Love.* 闡釋胡塞爾早晚期的倫理學思想：早期將價值（涉及感受）、實踐（涉及意志）與理論理性（涉及展現［presenting］與思維）結合在一起，前二者獲得被覺知、設定及範疇化，而往形式價值學與實踐學去發展，建立類比於形式邏輯的價值關係律則——這其實即是普遍的價值學，但梅勒未予以指出，如類似康德的假言令式、價值的傳遞律、矛盾律或排中律等，承續了其師布倫塔諾的價值吸收原則（principle of absorption）與改良的定言令式（das kategorische Imperative）；中期雖加入了定言令式具絕對性的考量，但逐漸放棄此定言令式，而注意到主觀個人的愛與召喚的重要，並漸開展出社群倫理學；晚期則在個人境遇與費希特影響下，對於愛的觀念繼續擴展到目的論的、神聖的以及社群文化的領域。其實梅勒對於胡塞爾倫理學發展的闡釋正包括了我們討論其實踐哲學的倫理、政治與宗教三部分。

19　Donohoe, Janet 在 *Husserl on Ethics and Intersubjectivity: From Static to Genetic Phenomenology.* New York: Humanity Books, 2004, p. 127ff 即是採取這種方式

要特別提出以胡塞爾的立場而言，形式倫理學即為純粹倫理學，而這是屬於技藝學的第三義，質料倫理學則為技藝學第二義。而從技藝學的義涵來看，往純粹或形式倫理學的發展是理所當然的事。但胡塞爾倫理學之別於知性倫理學的地方，即在於其亦接收了經驗倫理學重視人的感情的部分；而感情如何與知性綜合起來，即是在這裡要討論的一個重點，這也是攸關於技藝學如何從第一義經第二義，再往第三義發展的課題。我們與其批評胡塞爾在早期倫理學著作未對質料倫理學多著墨，不如從中更去發掘質料與形式方面的結合問題，如此我們才有理由去主張亞里斯多德之倫理作為技藝學的思想蘊含於其中。

在此我們簡單地看在〈倫理學與價值論的基本問題〉中，譬如胡塞爾表示注重實然情境與善的落實之意願（will）就和單單的願望（wish）不同，意願在現在做了未來可實現的意志決定，惟這裡必須在時間中構成，實蘊含了亞里斯多德的實踐智與所關聯之對時機的掌握能力。[20] 再譬如他承續布倫塔諾（Franz Brentano），一方面提出了價值的吸收原則，[21] 另一方面將康德的定言令式改良為：「在可達到下做最好的！」（Tue das beste unter dem Erreichbaren! Do the best that is attainable!）[22] 我們也可在《倫理學導引》裡讀到胡塞爾在反省西方倫理學史之下，企圖結合情感與知性倫理學。[23] 譬如他對於休謨的情感倫理與康德的知性倫理學就分別對應質料與形式倫理學，再嘗試去結合二者。

補充質料倫理學，我們在下面即要對此論述。

[20]　Husserl, Edmund. *Vorlesungen über Ethik und Wertlehre 1908-1914*, S. 102ff.

[21]　同前註，S. 136。

[22]　同前註，S. 153。

[23]　Husserl, Edmund. *Einleitung in die Ethik*, S. 125ff.

　　我們以為胡塞爾倫理學的本質是將情感與知性倫理學做一結合，就像他的現象學本質是從個人的主觀性如何構成超越個人的客觀性（嚴格說為主體際性）一樣，當然他也要面對在這主、客觀兩方面皆要求下的緊張性。這種結合要從胡塞爾早期談起，當他將價值、實踐與理論結合以成立普遍的價值學時，其實即是做感性與知性倫理學的結合。但這背後的深意要做個說明：

　　胡塞爾所要求的不只是情感方面譬如美的感受，更要求美有其負載的對象，而非只存於感覺中。當美的感受與其存在對象結合時，對胡塞爾而言就是善的。[24]這個以善為考量的想法其實來自亞里斯多德，他在《形上學》第七卷裡強調某物自身和該物的本質不可分，故善之物和善的本質是分不開的；這是反對柏拉圖將理型與個別物分開的主張。從美到善的要求顯示了亞里斯多德及胡塞爾對於物存在的重視；對胡塞爾而言，也表現於理論理性對於價值與實踐之感情或意志的設定，以及所產生的對象化。胡塞爾說這不是心理學的要求，而是基於理性的歸結性（Konsequenz），即是基於理智行動對價值行動奠基的結果，[25]但其背後應有上述亞里斯多德物本身與物本質不分離的想法。而就其質形論而言，物本質潛在於該物的質料當中，故物本質至少以潛在的方式和物本身不分離，而實現後的本質與物的結合就是善，這是自然目的論發展的結果。胡塞爾理論理性的設定對象雖不必然是當下在場的對象，因可能是回憶或想像的對象，但後二者是當下在場的再現，此表示當下在場是原始的，回憶或想像是其衍生或變形。從亞里斯多德的角度言，回憶或想像可視為作為實現

24　Husserl, Edmund. *Vorlesungen über Ethik und Wertlehre 1908-1914*, S. 74.

25　同前註，S. 73。

的當下在場之展現的潛在方式。但對於胡塞爾而言，當下在場的實現雖是情感與意志的奠基，但這個作為奠基具開端的意義也表示終極目的之意。它是我們個人首先對於情感與意志做設定，開始做表述後，經與他人交流溝通，以共同構成之物的實事。故感性與知性倫理的結合在滿足現象學的「回到實事本身」的要求。這應是感受和意志奠基在展現或思考之上的深意。[26]這也可說是質料與形式倫理學的結合的歷程，讓原先個人的情感與意志在透過理論理性的奠基後可獲證實原先的情感或意志是否為真實的或實事的，如此而形成普遍的價值學。但這樣胡塞爾早期較單純的奠基關係在晚期有了改變，從而造成倫理學義涵的變化。在下面我們將針對胡塞爾早晚期的靜態與發生現象學階段，來看質料與形式倫理學的結合問題。

（二）胡塞爾早期靜態與晚期發生現象學的倫理學

1. 胡塞爾對於道德判斷靜態現象學的描述

　　1920年代討論邏輯命題與倫理命題間的平行問題時，胡塞爾基本上是以靜態非發生學的取向來討論的。1913年《觀念一》曾以為感覺雖為一個具體意向經驗意識內的一個實項環節（reelles Moment），但它本身不具備意向性質。意向的對象是要被把捉（erfaßt）與關注（bemerkt），也就是被表象（vorgestellt）。[27]對這個感覺，延伸到價值之物從非意向對象轉為意向對象的討論，在

26　Melle, Ullrich. *Edmund Husserl: From Reason to Love*, p. 232，見前註，S. 234。

27　Husserl, Edmund. *Ideen zu einer reinen Phänomenologie und phänomenologischen Philosophie. Erstes Buch: Allgemeine Einführung in die reine Phänomenologie*, Hrsg.: K. Schumann, Hua Bd. III/1, Den Haag: Nijhoff, 1976, S. 74-77.

倫理學講義裡有較仔細的分析。

　　在1914年對於價值之物的意向，較仔細地闡明為價值或實踐理性與邏輯或理論理性的結合。胡塞爾跟從布倫塔諾之見，一方面以為康德的定言令式為假象而對之做了修正，另一方面贊成休姆以感情為倫理的基礎；但倫理的基礎（Grundlegung）與倫理原理（Prinzipien）要區別開，感情只能是倫理的基礎，知識或判斷才是倫理的原理；後者對於前者設定、賦予意義。[28]故胡塞爾說，因為「在最廣字義下邏輯的、意見／設定的範域的活動」（Akte der im weitesten Wortsinn logischen, der doxischen Sphäre）和價值理性結合之故，以至於「價值的活動為『有意指的』，視（某某）為好的、善的，而且價值活動處於正當與不正當的謂詞之下等等」。（daß wertende Akte "vermeinende", für schön, für gut haltende sind, dann weiter, daß sie unter idealen Prädikaten der Rechtheit und Unrechtheit stehen usw.）[29]故邏輯理性是讓意向性成立的根源，而意向性是讓價值活動有意義（Sinn; meaning）；活動的有意義與否，更是為了它能被述說成為命題句。

　　胡塞爾的其他表示皆同樣可在這個義涵下去了解：意志需要邏輯活動（Akte），邏輯理性必須對實踐理性的場域去注視，給予它智力之眼。[30]評價與實踐的理性是啞的、瞎的。已有的在或較狹與較廣意義下，以及作為「洞察」（Einsehen）意義下的「視見」（Sehen），是一種「設定的」（doxischer）活動。[31]邏輯理性之

28　參考Melle在Husserl, Edmund. *Vorlesungen über Ethik und Wertlehre, 1908-1914* 導論所言（XVI-XVIII）。

29　Husserl, Edmund. *Vorlesungen über Ethik und Wertlehre 1908-1914*, S. 69.

30　同前註，S. 64。

31　同前註，S. 68。

火炬必須被舉起，以至於原先在情感與意志領域的形式與規範中所隱藏的，可出現在光明中。邏輯活動只構成邏輯形式，但不構成以形式所理解的本來屬於實踐理性的內容。[32]

　　邏輯理性是讓意向性成立的根源，這裡的「邏輯」是具包含意見／設定層次的最廣意義，故我們實可從意見／設定來了解意向性的根本意義對於胡塞爾究竟為何。在1920年倫理學講課期間，胡塞爾從意見的層次，從設定（setzen; positing）的概念來談意向性。設定是主體對於一個對象的設定。胡塞爾從區別自然科學為「實事性科學」（Sachwissenschaften）與精神／人文科學為「規範性科學」（normative Wissenschaften）出發對此解釋。他解釋實事性科學是以實事或客觀的方式被處理或被判斷，這其實是將判斷的主體歸化為既定的自然對象中，主體對它的認知實以自然法則為指標，猶如亞里斯多德的科學一樣。但人文科學之所以需要主體對於對象設定，因主體開始從主體體驗的明證性、確定性出發，胡塞爾因而說這裡所操作的不是「實事性概念」（Sachbegriffe），而是「理性概念」（Vernunftbegriffe），並就此而定義「規範概念」（normative Begriffe），以為如此可獲得對象的「意義」（Sinne; meanings）。胡塞爾續說明意義是觀念性的（ideal），而非實在性的（real），例如「地球是圓的」是一個意義，但「地球」卻非意義。主體設定對象而形成句子，因而具有意義。故意向性和主體的設定活動緊緊關聯在一起；如此而形成的判斷、知覺與回憶皆是主體設定的、意向的或建立意義的活動。胡塞爾認為評價活動也是這種活動，但這並不表示知覺等理論的活動與評價的實踐活動只是性質上的平行而已，而是因為前

32　同前註，S. 69。

者奠基後者，前者使後者的意向性成為可能。[33]

　　這種分析的說法也可從胡塞爾早期對於感覺是否具意向性的討論來看，《邏輯研究》裡即表示：一個感覺，如「愉快不是一個具體的為己的活動，且判斷也不是一個在旁的活動，判斷是對愉快奠基的活動，它規定了其內容（……），因為沒有這種奠基，愉快就根本不存在。」[34] 感覺之成為意向的要歸功於「立基於它下面的表象（Vorstellung）」；[35] 感覺仍可成為意向的經驗，原先它被刻畫為「未確定方向的意向」（unbestimmt gerichtete Intentionen），[36] 前提是需要邏輯的判斷，或這裡所說的「表象」來做規定。

　　若亞里斯多德以習慣為聯繫感情與德行的中介，那麼胡塞爾在做靜態現象學的描述下，則以意向性作為連接感情與知性判斷的中介。當然在亞里斯多德那裡主要表示從情慾過渡到理性的德行，在胡塞爾這裡主要表示感情如何成為有意義的，「有意義的」表示這個感情成為確切的，成為普遍認知的概念。早在《邏輯研究》第一研究：「表述與涵義」（Ausdruck und Bedeutung），胡塞爾以為對於我們的內在感情，以及直接將感情傳達到表情或手勢以外顯時，我們並不能真正傳達出意義來，因為我們自己的體驗以及這種外顯對他人而言只是「外在的」，他人不能體驗到它，他人常常對我們自己的體驗做了自以為是的掌握（vermeintliches erfassen）。唯透過反思，借助語言文字的表述以傳達出我們的感

33　Husserl, Edmund. *Einleitung in die Ethik*, S. 259-261.

34　Husserl, Edmund. *Logische Untersuchungen. Zweiter Teil. Untersuchungen zur Phänomenologie und Theorie der Erkenntnis*, Hrsg.: U. Panzer, Hua XIX, The Hague, Netherlands: Martinus Nijhoff, 1984, S. 405.

35　同前註，S. 404。

36　同前註，S. 405。

情，他人才能領受我們內在感情真正的意義。[37]

　　至於感情如何表述出來呢？我們可從表情、手勢，接著有胡塞爾說的「機遇性表述」（okkasionelle Ausdrücke）[38]開始，漸去形成具有涵義的表述。羅柏·索可洛夫斯基（Robert Sokolowski）曾指出言說的四個過程：1.驚叫（cries），指受到刺激而叫；2.呼叫（exclamations），指警告他人而喊叫，例如「小心！」；3.帶展示性語詞（demonstratives）的語句，如說出「這個房子如何如何」，可明確將聽者的興趣轉到所指引的對象「房子」去；4.加定冠詞（definite article）的語句，通常是我對於不在場的特定對象去報導，如「買了我的車的老張如何如何」。[39]在索可洛夫斯基的分析裡，前二者已從無聲的表情與手勢進而為機遇性表述，後二者則是具有涵義的表述。

　　聲音與語詞如何成為具有涵義的表述呢？胡塞爾視字音為一種記號（Zeichen），以區別於圖像式的信號（Anzeichen）；本為空洞的字音要成為被意義激活（sinnbelebt）的表述，[40]在於字音所指涉的對象可被使用者察覺。字音只讓我們有示義（Deuten）的理解，故它還需要進行描繪（Illustrieren）的直觀，將僅作為感

37　Husserl, Edmund. *Logische Untersuchungen II/1: Untersuchungen zur Phänomenologie und Theorie der Erkenntnis*, Tübingen: Niemeyer, 1980, S. 34.

38　Husserl, Edmund. *Logische Untersuchungen. Zweiter Teil. Untersuchungen zur Phänomenologie und Theorie der Erkenntnis*, S. 81;胡塞爾曾說明機遇性表述為日常生活的實踐需求（praktische Bedürfnisse）而服務。

39　Sokolowski, Robert. *Presence and Absence: A Philosophical Investigation of Language and Being*, Bloomington & London: Indiana University Press, 1978, pp. 33-40.

40　Husserl, Edmund. *Logische Untersuchungen II/1: Untersuchungen zur Phänomenologie und Theorie der Erkenntnis*, S. 37.

覺材料的字音轉變為連接到所指涉的對象，以至於成為建立對象性的建築材料，讓感覺成為感知的意識行為，也就是往對象性去意指（Bedeuten）之行為。[41]

在《邏輯研究》第五研究胡塞爾指出，在感知中對象是「自身」（selbst）顯現出來，感知可讓事物顯示自身而保持同一，這是基於實事同一性的綜和（Synthesis der sachliche Identität）活動。[42]記號表述藉著語言文字傳達與溝通，讓對象不只以感覺對象呈現，更以整體的涵義呈現，所謂實事本身顯現給我們指的是其涵義本身。現象學要求回到實事本身的過程需要感知，因為感知隨著實事對我們開放的視域向著實事本身去逼近。

理智行動對於價值行動奠基的意義及是讓個人親自感受的感情與意志經過意向性，產生表述賦予意義的過程，與他人溝通，一方面讓他人了解自己的感受，另一方面可對於自己的感受做修正，以朝向主體際或客觀性的意義，這也是回到某事物價值性的實事本身的過程。

2. 胡塞爾對於道德判斷發生現象學的說明

但這種分析的說法卻在胡塞爾晚期的發生現象學裡受到挑戰，因為在前面實踐理性本身沒有意向性，但在這裡卻出現了「實踐的意向性」（practical intentionality）。實踐活動本身即具意向性，但這要如何解釋呢？原來胡塞爾對於主體設定下的感知活動做了從觸動（Affektion）經注意（Aufmerksamkeit）[43]再到興趣

41　同前註，S. 76。

42　Husserl, Edmund. *Logische Untersuchungen II/2: Elemente einer phänomenologischen Aufklärung der Erkenntnis*, Tübingen: Niemeyer, 1980, S. 56.

43　Husserl, Edmund. *Analysen zur passiven Synthesis. Aus Vorlesungs—und*

（Interest）[44]的發生學說明，使我們知道感知活動已被感覺／情所浸淫，感知本身就蘊含著價值的內涵。類似格式塔（Gestalt）心理學所說明的前景乃從與背景之對比中形成，[45]胡塞爾比喻前景為一種「具觸動力的浮雕」（Affektives Relief），[46]而我們的「主體」處在這種讓我們被觸動的浮雕環境中，已有了一種被動的意向性，也即是一種實踐的意向性，[47]因為在尚未為主動的「主體」所支配的一種被動意向性先已「構成」了一個具感情或價值的「對象」。它不是被主體所設定，「主體」卻作為「主體極」（Ichpol）[48]

Forschungsmanuskripten 1918-1926, Hrsg.: Margot Fleischer, Hua XI, Den Haag: Martinus Nijhoff, 1966, S. 151.

44 同前註，S. 166, 178。

45 同前註，S. 149。

46 同前註，S. 168。

47 Ferrarello, Susi（"Practical Intentionality: A Balance Between Practical and Theoretical Acts," in *Humana. Mente*-Issue 15-2011, 1, pp. 237-250），Crowell, Steven（"Reason and Will. Husserl and Heidegger on the Intentionality on Action," in *Heidegger-Jahrbuch 6 Jahrbuch 6—Heidegger und Husserl*, Freiburg/München: Karl Albert, 2012, pp. 249-268），Peucker, Henning（"Die Grundlagen der praktischen Intentionalität. Ein Beitrag zu Husserls Phänomenologie des Willens," in *Lebenswelt und Wissenschaft*, XXI. Deutscher Kongress für Philosophie, Sammlung der Sektionsbeiträge, Essen, CD, 2008），Lee, Nam-In（"Practical Intentionality and Transcendental Phenomenology as a Practical Philosophy," in *Husserl Studies* 17:49-63, 2000）等皆提出此概念而做討論，其中Nam-In Lee就《邏輯研究》相關章節顯示實踐意向性的義涵，並表示當時胡塞爾有對實踐意向性反對與贊成的不一致立場（pp. 51-53），但在1920年後企圖解決此不一致性，所提出的「實踐意向性」（praktische Intention）概念可見Hua VIII, S. 34, Hua XI, S. 61, Hua XIV, S. 172, 及手稿A VII S. 34（pp. 54, 61 [note 6]）。

48 同前註，S. 166, 167。

被它觸動而激出本能式的衝動；這是在一切經由主體設定對象而謂說前的階段。

　　實踐的活動包括了意志活動，在早期胡塞爾主張意志需要邏輯活動，始能說出「它應是如此」的命題。[49]但當時胡塞爾實已注意到於意志的不同種類或層次，重要的有「決定意志」（Entschlusswille）與「行動意志」（Handlungswille）的區別。前者是在考慮後所做的意志表現，後者則是在行動中進行的意志，它可能是未經考慮，而受到一時的刺激的。胡塞爾曾說不是每一個意志皆是一種決定，它可能來自一種刺激（Reiz），如我突然受到某家店面美味的刺激而進去吃早餐，這不是出自考慮的，它沒有經過在猶豫不決中的決定。[50]這早期的對於決定意志與行動意志的區分已顯示出（行動）意志本身已為「觸動」，也就是從發生學角度來看的實踐意向所支配。

　　發生學的立場所談的實踐意向性成了在靜態現象學所談的意志的前提，甚至胡塞爾將意志的概念延伸到發生學的領域去，稱它為「衝動意向性」（Triebintentionalität）、「意志的較低層形式」（eine niedere Form des Willens）或「意志的被動性」（Willenspassivität）。[51]故上述1914年的「行動意志」被更仔細分

49　Husserl, Edmund. *Vorlesungen über Ethik und Wertlehre 1908-1914*, S. 64.

50　同前註，S. 111-112；另外參考Crowell, Steven. "Reason and Will. Husserl and Heidegger on the Intentionality on Action," pp. 251-252.

51　有數位現象學者引用這些概念，如Ferrarello, Susi. "Practical Intentionality" 指出後二概念出自胡塞爾手稿Ms. MIII 3 102f（p. 245）; Peucker, Henning. "Die Grundlagen der praktischen Intentionalität. Ein Beitrag zu Husserls Phänomenologie des Willens", 未指明出處（網路PDF檔 p. 5）; Lee, Nam-In. *Edmund Husserls Phänomenologie der Instinkte*, 1993（S. 184）與Smith, A.

析為經常由更低層的意志所支配。對胡塞爾整個學說來說，意志隸屬於意向性的一部分，他常言「理論生活是實踐理性的一支」，「理智服役於意志」，故實踐的意向性貫穿作為整個胡塞爾現象學重心的意識領域，「整個意識流轉而成為實踐意向性的統一單元」。[52]

　　實踐的意向性可由低層往高層去涵蓋，我們與其說它涵蓋整個意識領域，不如說人在自然世界中即是以實踐的意向性與事物相對待，人在世界中以整體的意向性面對事物即表現出實踐的義涵。但作為一個人，我們面對與處理實踐對象時到底是主動的理性決定被動之受觸動的衝動，或是反過來被後者所決定，這或許才是真正的問題所在，而已為一些現象學者所反省。[53]這涉及的是我們究竟是個應自我負責的自律人，還是為環境與背景所影響的他律者。

　　根據胡塞爾的發生現象學分析說明，本來聯繫感情與知性判斷之間的意向性已更深入在感情之中。觸動、感情與意向性的連結，表示道德判斷與行動的人為性是本於自然生成的。如果我們借用亞里斯多德自然生成的質形論來說明，那麼感情如何成為道

D. *Routledge Philosophy Guide Book to Husserl and the Cartesian Meditations*, 2003, 指出 Triebintentionalität 出自手稿 A VII 13, 20; C 8 II, 1（p. 149）, Willenspassivität 出自手稿 M III 3 III 1 II 103（p. 151）; Ubiali, Marta. *Wille, Unbewusstheit, Motivation: der ethische Horizont des Husserlschen Ich-Begriffs*, Studien zur Phänomenologie und Praktischen Philosophie, 31. Würzburg: Ergon Verlag, 2012（p. 43）亦提及 Willenspassivität 出處。

52　參考 Lee, Nam-In. "Practical Intentionality and Transcendental Phenomenology as a Practical Philosophy," p. 55, 及所引的 Hua VIII, S. 201, 203.

53　如 Peucker, Henning. "Die Grundlagen der praktischen Intentionalität. Ein Beitrag zu Husserls Phänomenologie des Willens," S. 7-10.

德的助力而非阻力，似乎也可借用亞里斯多德之感情要經由習慣發展為德行，也就是從原先的第一自然經過理性的介入後成為第二自然的主張來解釋。《觀念二》處理三個被構成的區域（konstituierte Regionen）：自然（Natur）、身心（Leib-Seele）與精神（Geist），將身心作為一種「轉折位置」（Umschlagstelle），這指的是現實的我們處在一個一方面受到屬自然層次的昏暗之基底的影響，另一方面受到屬精神層次的理性的支配。[54]胡塞爾以我們在前者處於自然主義的態度，在後者處於自然的態度，這可被理解為從亞里斯多德的第一自然轉到第二自然。

3. 對於感情與判斷結合的一種新的解讀

　　經過胡塞爾靜態與發生學或動態的現象學分析後，我們得出人在自然世界中即是以實踐的意向性與事物相對待的結論。先前「啞的」與「瞎的」實踐理性必須與邏輯理性結合而有意向性的說法即受到修正。因感情之事已浸淫在邏輯理性的發生處，故若我們仍堅持道德判斷的形成需要感情與判斷句的結合，但認為它們的結合已在形成知識層次判斷前的信念或意見的層次進行。那麼我們可解讀為判斷語言被還原到《邏輯研究》已指出的「機遇性表述」，還原到客觀與理論的表述前之範域，在這裡我們實已和感情關聯的自然態度與事物相對待。

　　這種解讀蘊含著亞里斯多德的質形論思想：當我們從邏輯判斷的形式面回到屬於質料的層次時，會讓前謂詞之所對與感情之

54　Husserl, Edmund. *Ideen zu einer reinen Phänomenologie und Phänomenologischen Philosophie. Zweites Buch: Phänomenologische Untersuchungen zur Konstitution*, S. 284-286.

所對展現為同一的或是彼此相關聯的狀態，然後發展為結合起來的形式，共構成道德的判斷句。亞里斯多德討論何謂定義時，就曾指出這是對該物的質料所生成的形式去表述。[55]但在對一物下定義時畢竟是人賦予該物的形式，故我們就要注意到人所賦予的形式是否符合該物質料自身所生成的形式，是否符合該物「在己」所生成之「為己」的概念。胡塞爾對於道德判斷的發生過程，實可做如此的解讀。在這種解讀下，先前靜態階段的理論奠基價值行動，乃借用對價值的表述以構成客觀意義的人為活動，但這個活動可能會扭曲從質料生成形式的自然目的論。

（三）小結

　　將胡塞爾倫理學定位為技藝學是本章節的主軸，它特別表現在價值判斷之源於感情，但必須成於知性中；也表現在意願是意志的進一步落實；又表現在對於應然令式的配合情境，以致有往實然去過渡的可能。後者顯示，胡塞爾和亞里斯多德一樣，以為德行雖來自理性的介入，但彷彿是自然的生成。

　　如果早期的靜態現象學對於倫理學主要立基於質料與形式倫理學的結合，而知性在賦予感情意向性以及意義，那麼晚期的發生現象學則以為感情的事也有意向性，故原先感情與知性的結合，從意向性以取得意義，就必須做修正。

　　因而我們對於情感與知性的結合從已蘊含《邏輯研究》裡指出的「機遇性表述」來解讀，以之可呼應亞里斯多德從質形論對於包括自然物與人為物或技藝對象的定義問題。意義已不是人主

55　特別在《形上學》（Aristotle, *Metaphysica*, trans. by Joe Sachs, *Aristotle's Metaphysics*, Santa Fe, NM: Green Lion Press, 1999）1030b-1031a部分。

動的設定以至於形成規範而形成，它已存在於人的設定之前。它本身是具內存的目的性的，我們作為人只不過將它配合著情境脈絡表述出來而已。故設定的意向性是次要的、衍生出來的。我們要將此設定盡量配合原先已存在的意義，因此這裡又顯示我們強調的技藝作為人為但彷彿是自然的義涵。

三、胡塞爾的政治哲學

（一）前言

　　胡塞爾的政治哲學對於胡塞爾來說是個隱含在其哲學裡的未被系統化的哲學議題。它所涉及的問題不是單純的政治實務，而更涉及到倫理、主體際／互為主體性（Intersubjektivität）、人／位格（Person）、社群（Gemeinschaft）、文化等議題。在胡塞爾對這些議題的討論中時或涉及到有關屬一般政治的概念，例如在1920年第一次的「倫理學導論」（Einleitung in die Ethik）講義裡指出，主體的意向性開放並發展人格形態，包括個別的與「更高階的位格」（Personalitäten höherer Ordung）。後者即有社群（Gemeinschaften）、社團（Vereine）、社區（Gemeinde）、民族（Volk）、國家（Staat）等。[56] 又如在《觀念二》與《論主體際現象學》第二卷也論及這「更高階的位格」概念，包括社會主體性（soziale Subjektivitäten）、社會性位格（soziale Personalitäten）與國

56　Husserl, Edmund. *Einleitung in die Ethik. Vorlssungen Sommersemester 1920 und 1924*, Hrsg.: Henning Peucker, Hua Bd. XXXVII, Dordrecht/Boston/London: Kluwer Academic Publishers, 2004, S. 105.

家性社群（nationale Gemeinschaften）[57]概念，以及作為意志社群（Willensgemeinschaft）的國家，和由共同習俗形成之社群不同的「國家統一體」（Staatliche Einheit）等概念的出現。[58]再如收錄在《危機》的維也納演講：「歐洲人危機的哲學」論及到各個文化的不同生活樣式造成了不同的生活態度（Einstellung），從而人類生活於不同的社群如民族（Nation）、部落（Stamm）裡面。[59]

　　胡塞爾雖提到一些政治實務的概念，但是主要將它們放在人格形態發展的脈絡中，作為通往更高的文化形態來釋義與定位。對於這方面的討論在現象學界已有二十多年，除了本章節所涉及的文獻外，他如菲利普・柏克萊（Philip Buckley）、[60]約翰・莊夢德（John Drummond）、[61]詹姆斯・哈特（James G. Hart）、[62]

---

[57] Husserl, Edmund. *Ideen zu einer reinen Phänomenologie und phänomenologischen Philosophie. Zweites Buch: Phänomenologische Untersuchung zur Konstitution*, Hrsg.: M. Biemel, Hua Bd. IV, Den Haag: Nijhoff, 1953, S. 197-199, 316.

[58] Husserl, Edmund. *Zur Phänomenologie der Intersubjektivität. Texte aus dem Nachlaß. Zweiter Teil: 1921-1928*, Hrsg.: I. Kern, Hua Bd. XIV, Den Haag: Nijhoff, 1973, S. 182-183.

[59] Husserl, Edmund. *Die Krisis der europäischen Wissenschaften und die transzendentale Phänomenologie. Eine Einleitung in die phänomenologische Philosophie*, Hrsg.: W. Biemal, Hua Bd. VI, Den Haag: Nijhoff, 1954, S. 326.

[60] Buckley, Philip. "Political aspect of Husserl's call for renewal," in A. Dallery & S. Waston（Eds.）, *Transitions in continental philosophy*, Albany: State University of New York Press, 1994, pp. 3-20.

[61] Drummond, John. "Political community," in K. Thompson & L. Embree（Eds.）, Phenomenology of the political, Dordrecht: Kluwer Academic Publishers, 2000, pp. 29-53.

[62] Hart, James G. *The person and the common life: Studies in a Husserlian social ethics*, Dordrecht: Kluwer Academic Publishers, 1992.

莫利‧弗萊恩（Molly B. Flynn）[63]等皆有專文處理。惟本書在下面所選取的文獻得以讓我們從具體的政治事務開始反省，這乃是從政治管理技術化（technization）的問題，以及包括對戰爭立場的現實政治決策問題開始切入，進而去探討背後的政治理性問題，繼續再連接到人格形態的發展與朝向理想社群（community; Gemeinschaft）的建立問題。

　　我們探討胡塞爾的政治哲學即涉及上述這幾個問題，採取的步驟是首先對三部具代表性的二手文獻作一詮釋與整理，再對這些論述做一評論。在凸顯了政治的實務與理性，以及理想社群的層次下，我們根本上以下面的問題貫穿著所論的議題就更具有意義：胡塞爾以現象學為嚴格的科學，主要在發展出純粹的現象學，而作為一種實務科學的政治學是否在胡塞爾現象學中具一席之地？如同其他學科像倫理學一樣，它又如何與純粹的現象學有著適當的關係？我們試著將此放在胡塞爾現象學的一個關鍵問題來解決：超驗的態度和自然的態度如何協調？是否現象學的擱置方法對此在因應之道？鑑於此，我們也將看到，胡塞爾的這種超驗和自然態度間的關係也發生在鄂蘭的政治哲學裡，這表示鄂蘭也在其政治思想裡採用了擱置的方法。然而，若我們鑑於胡塞爾的政治哲學仍落於鄂蘭所批評的忽略大眾公民的哲學，就應該重新思考現象學的還原方法如何不僅屬於哲學家小眾自己精神人格轉化的事。這將是我們最後提出而有待學界繼續追問與回應的課題。

63　Flynn, Molly B. "The cultural community: A Husserlian Approach and Reproach," in: *Husserl Stidies*, 28: 25-47, 2012, Netherlands: Kluwer Academic Publishers.

（二）處理「政治」所牽涉的問題

1. 胡塞爾對技術化的反省所揭示的政治理性問題

　　誠如前面所提的問題：胡塞爾的嚴格科學理念是否排除了對於實務科學如政治領域的討論？這個問題已在彼得・沃勒（Peter Woelert）的〈科技、知識、管理〉論文裡有所論述。[64]沃勒先質疑：「如果胡塞爾明顯的目標在發展一門純粹的現象學，並重建哲學為嚴格的科學，它顯然將排除任何政治的考慮，因為這將貿然地將哲學思維導向一個意識形態的與特殊的世界觀哲學。」但在就胡塞爾整體的哲學來看，其嚴格科學是為了對人類文化做奠基，而政治也是文化的一支。[65]故沃勒將胡塞爾對歐洲近代文化危機的反省與重建的討論，延伸到對於政治領域的反省與建立。我們知道，胡塞爾在對近代歐洲科學危機的反省中，認為近代自然科學出自於對自然披上數學的觀念化外衣；這是對於原本的生活世界，也就是人們以不講究精確的技藝（Kunst; *téchne*）生活的世界，用數學化的思維去計算它，以至於原本的技藝生活轉為「單單的技術」生活。[66]這個生活世界技術化的發生過程被遺忘，導致了理性思維的機械化與膚淺化。今這個問題也發生在當代政治理性與政治技術，以及相關的政治管理問題上，故值得我們對此作進一步反思。

64　Woelert, Peter. "Technology, Knowledge, Governance: The political relevance of Husserl's critique of the epistemic effects of formalization," in: *Continental Philosophical Review*（2013）46: 487-507.

65　同前註，pp. 494-495。

66　Husserl, Edmund. *Die Krisis der europäischen Wissenschaften und die transzendentale Phänomenologie*, S. 46.

　　仔細而言，沃勒認為一般將政治理性視為對政府管理的方法與目的做概念化表述的基礎，將政治技術視為理性被付諸實踐的機制、步驟，也就是將思維轉譯到實際領域的結果；胡塞爾對於技術化的反省正可啟示著政治理性本身的技術化構成與功能化的過程。故政治技術與理性不是呈現兩個對立的概念，理性應該構成了技術化的發生過程。此外，沃勒並為胡塞爾辯護著，以為他對於技術化的反省不只是基於認識論的動機，也非片面地對於工具理性批評與否定而已。[67]

　　遺忘了技術化的發生過程，就導致了對於真正科學思維的喪失。故真正的科學思維是對生活世界作為科學意義的來源，以及對科學形成的發生過程能確實的理解。具體而言，對技術化發生過程遺忘所造成的形式化（formalization）、符號化，首先導致的是意義的外在化（externalization of meaning），因意義脫離了與內容脈絡及操作者觀點的關係，而只要在既定的規則下與符號的正確操作有關即可；其次它導致了理所當然作為客觀事實的一種方法的形成，因為形式化的技術使用愈發被覺得可靠與有效。[68]

　　由於胡塞爾對於技術化的反省不只是反省到真正科學思維的喪失，更反省到西方文化的危機；故這涉及到的不只是認識論的課題，更關乎到人類的生存問題與存有論的形上學問題。對於沃勒與更早即已強調技術化之存有論問題的菲利普‧柏克萊而言，[69]將此問題延伸到政治的領域去是順理成章的事。[70]又既然技術

67　同前註，pp. 488-489。

68　同前註，pp. 491-492。

69　Buckely, Philip. *Husserl, Heidegger and the Crisis of Philosophical Responsibility*, Dordrecht: Kluwer Academic Publishers, 1992.

70　Woelert, Peter. "Technology, Knowledge, Governance," pp. 495-496.

化造成的工具理性是技術化發生構成的結果，對此遺忘也會導致理性理所當然地被視為客觀的事實，理性只被視為工具理性。而和實際生活世界有關的技術化過程反被視為工具理性去連接到經驗的橋梁，而忽略了在經驗底層已有一更原始的理性來源。這些若放在政治的領域來看，也會形成了這種政治理性與政治技術間的錯置關係。

　　胡塞爾不否定技術化或形式化的結果，他只警告我們不要遺忘此結果的發生過程。技術化後的科學思維畢竟有其必要性與合法性，其優勢在於脫離了特定主觀傾向而產生標準的流程，讓方法具有可靠性、可複製性以及精確性。這些當然也發生在政治管理的事務上面。[71] 但不否定工具理性的前提是能反省到這個工具理性更源於原初理性發生過程。其實胡塞爾在《危機》裡提到的從生活世界的擱置到超驗的擱置方法的過渡，[72] 就在讓人們能在較大的視野下，從在某個文化領域的生活自由轉換到在另個文化領域的生活，而不被某個特定文化領域所需的特定態度（如自然科學的態度）所宰制。這個命題將在後面更仔細地開展，以作為我們對胡塞爾政治問題做總結的依據。

　　這裡再引用沃勒討論胡塞爾現象學和當代政治管理間的關係：當今的管理體系已從階級的與中央集權的官僚體系轉為去權威的中心化，從而強調各組織單位的自主性。各單位為了達成自己的目的起見，使用著一些量度（metrics），它們構成形式化的理性思維與知識。這個發生過程可比擬於胡塞爾對於技術化的發

71　同前註，pp. 496-498。

72　參考 Husserl, Edmund. *Die Krisis der europäischen Wissenschaften und die transzendentale Phänomenologie*, S. 138以後。

生學討論。沃勒也提到「第一序的測量」（first-order measurement）與「第二序的測量」（second-order measurement）兩個概念。前者啟動了分類與計數，後者在對前者做更精密的操作，產生了計算與參照性之類的工具理性運作。這發生在政策與管理上的概念也呼應胡塞爾對於技術化的發生學討論。沃勒要指出的是，這兩種發生在當代政治管理上涉及到技術化構成的現象，未被發生現象學地處理與反省。形式化管理機制的功能性常被視為理所當然，致使功能性可從發生學溯源到的更原初理性意義被遺忘了。[73]

　　最後，我們看到沃勒批評了胡塞爾對技術化反省的不足，主要在於胡塞爾對於「技術化過程中具體的、在歷史中逐漸形成的符號科技所附屬的事物」沒有做太多的反省，對於「促進形式之方法使用的實際科技的流程，與刻畫此使用的技術性習慣」也未做考慮；換言之，他忽略了「形式化與技術化過程中的具體物質的科技基礎建設」。但不論如何，胡塞爾之對於技術化的反省揭示了張顯在外的理性內在擁有的是科技的維度，這不只針對科學知識的產生，也針對政治管理的理性。若我們能對這種工具理性往其原始的理性去溯源，那麼就會助於我們在面對一個被技術化的政治力量時，鑑於其常有的功能障礙而反省出其根本的原因是什麼。[74]

2. 胡塞爾現象學的超驗性所揭示的政治根本意義

　　其實沃勒並未在對技術化的反省中，將胡塞爾在發生現象學所揭示的意義展現在政治的領域裡。更早娜塔利‧德佩蕾（Natalie

---

73　Woelert, Peter. "Technology, Knowledge, Governance," pp. 500-503.

74　同前註，pp. 503-505。

Depraz）在其文〈現象學還原與政治之物〉所處理的就是此項問題。[75]

胡塞爾不否認自己仍然走著傳統重理性的路線，但面對於歷史的偶然性與政治行為的必然性時，他不是被動地作個束手無策的反應者，卻更較一般的革命者與激進者更具革命性與更為徹底。因為他了解的理性具廣泛的意義：理性要立基在以感性為根據的本質直觀（Wesensschau）上，理性不能局限於國族主義與意識形態，理性是對意義作無盡的探究。胡塞爾是在這盡可能求其深刻與求其嚴格的態度下，去面對涉及實務的歷史與政治領域，以一種旁觀者的態度對它們做考察。[76]此時即從自然經驗的態度轉為超驗的態度。故我們可從這裡去開展胡塞爾現象學的超驗性（transcendentality），以及去開展政治的根本意義。

德佩蕾以為基於這種旁觀者的立場，胡塞爾遠離了「政治的舞台」（political scene），免於自己陷入「戰魂的陰暗力量」（obscure forces of war-spirit）。胡塞爾面對於政治之物，是站在其現象學的立場，「政治之物」作為一種現象，必須有一種現象學方法將它還原出來。[77]

近來倪梁康在〈愛德蒙胡賽爾在第一次世界大戰的政治實踐與理論反思〉，[78]根據胡塞爾早年的手稿與通信，指出胡塞爾本人在第一次戰爭前與期間也曾陷入愛國主義與奧援戰爭的熱情；但

75　Depraz, Natalie. "Phenomenological Reduction and the Political," in: *Husserl Studies* 12: 1-17, 1995, Netherlands: Kluwer Academic Publishers.

76　同前註，pp. 1-2。

77　同前註，pp. 2-3。

78　Ni, Liang Kang. "Edmund Husserl's Political Praxis and Theoretical Reflections during World War I," in: *Frontiers of Philosophy in China*, 2014, 9（2）: 241-253.

他卻非盲目的國家狂熱主義者，此因他以戰爭可帶來「文化的改造」（renewal of culture）。[79]雖然如此，在心懷國家理念與戰爭理想，和嚮往超越個人、國家，乃至具普遍性的哲學理念、倫理、世界精神（world spirit; Weltgeist）這兩者的衝突下，胡塞爾終捨棄了直接對政治的建議與影響，而致力於哲學理論的研究。[80]這顯示胡塞爾對於政治之物的心路歷程，而他作為旁觀者的超驗態度並非理所當然已經存在的。

　　德佩蕾則確認政治之物不是像一般了解的政治學（politics）一樣，屬於一種區域性的存有論；「它更隸屬於寬廣的存有論，一種社會的（social），或更仔細的說，一種社群（community; Gemeinschaft）的存有論。」[81]因為胡塞爾對於主體際的（intersubjective）社群更有興趣，故若社群是現象（phenomenon）的話，那麼被其包含的「政治之物」可說是一個「附帶的現象」（epiphenomenon）。不論如何，對胡塞爾而言社群或公民社會（civil society）位居於國家（state）之上，後者被包含於前者之內。惟現象學本身的意義與方法並非一成不變的，它不是以一原理自居而應用到政治的現象去，卻反過來基於對政治社會的考察而被注入更豐富的意義與方法。[82]德佩蕾即在這種前提下，展開對於導向「政治之物」之現象學還原方法進行探討。

　　德佩蕾順著胡塞爾在《危機》裡，以生活世界與心理學的擱置為過渡以通往超驗現象學之路，來反省對於還原到政治之物的

79　同前註，p. 247。

80　同前註，pp. 248-251。

81　Depraz, Natalie. "Phenomenological Reduction and the Political," pp. 3-4.

82　同前註，p. 4。

具體步驟是如何進行的。首先在進入生活世界的擱置之前，他先
對笛卡兒方法做反省與補充。根植於自我論（egology），而作為
超驗論雛形的笛卡兒方法若運用在主體際的社群，是否同樣可作
為其必然的基礎呢？德佩蕾表示笛卡兒方法不能真正處理政治社
群的構成問題，它面對的只是一個猶如超我（super-ego）的、已
客觀化的終端層次（end-stratum），而不能對於客觀化的過程，
也就是主體際的構成做說明。[83] 其實胡塞爾在《危機》裡的論述可
更充實德佩蕾的論證。他以為笛卡兒實將主體也視為世界的一部
分，因為笛卡兒對於主體還原得不夠徹底，不能讓主體呈現純粹
的性質；故而主體與被奠基的客觀實體之間不是意向性的關係，
而是有如物與物之間的因果關係，致使笛卡兒不能處理現象學構
成的問題。[84] 胡塞爾在《危機》裡反省自己在《觀念一》中所走的
笛卡兒之路，固非笛卡兒方法本身，而是少了對於生活世界反省
的過程；但他知道要處理主體際的問題，非要從早期的靜態現象
學轉為動態的發生現象學階段不可。[85] 在這個動機下，德佩蕾就走
向生活世界過渡到超驗現象學之路。

　　政治社群屬於人類存在的較高階位格（personalities），當我
們從這些社群的本質形式出發，回溯到它們超驗與絕對的義涵，
這對於胡塞爾而言是處理世代性（Generativität）或超驗歷史性的
問題。這些包括生、死、無意識、性、語言等事實性的問題，屬
於所謂的邊界問題（borderline-problems; Grenzprobleme），它們

83　同前註，pp. 4-5。

84　參考 Husserl, Edmund. *Die Krisis der europäischen Wissenschaften und die
transzendentale Phänomenologie*, S. 81-85, 218-219.

85　參考同前註，S. 157-158。

的超驗意義要從事實資料出發往超驗層次去回溯。在這種觀點下，當我們從政治的事實出發回溯政治之物時，超驗還原方法就有其特定的具體步驟與內涵。[86]

　　生活世界被反思以顯題化，那麼就產生我們對世界以及對於人的意識，「連同所有他們之人的行為與策動、施作與承當，以其各自的社會聯繫，共同生活在世界界域（world-horizon）裡，並也對此有所自覺」。[87]對於政治領域而言，它們的經驗事實被反思為在世界界域裡「如何被主體給予的方式」（how of their subjective manner of giveness; Wie der subjektiven Gegebenheitsweise），這即是對於原初社會或原初政治之物之回溯。[88]

　　德佩蕾特別取材於胡塞爾全集第十四卷，注意到其中對於「世代性社群創建」（Urstiftung der generativen Gemeinschaft）的討論，[89]以及胡塞爾提出的「共同精神一」（Gemeingeist I）與「共同精神二」（Gemeingeist II）的概念。簡言之，「共同精神一」是最初構成的社群，它尚在「我與你關係」（Ich-Du Beziehung）的階段，從父母的愛延伸到對他者的移情（Einfühlung），彼此間以直接的接觸及間接的溝通為聯繫的方式；意志、愛、倫理之愛、愛的社群漸為主題；值得注意的是，自我論在此沒有地位，交互的（wechselseitige）關係為討論的出發點。[90]「共同精神二」

86　Depraz, Natalie. "Phenomenological Reduction and the Political," p. 6.

87　同前註，p. 7；Husserl, Edmund. *Die Krisis der europäischen Wissenschaften und die transzendentale Phänomenologie*, S. 149.

88　Depraz, Natalie. "Phenomenological Reduction and the Political," p. 7.

89　同前註，pp. 7-8；Husserl. Edmund. *Zur Phänomenologie der Intersubjektivität. Texte aus dem Nachlass. Zweiter Teil. 1921-28*, Beilage XXVIII, S. 222-225.

90　Husserl, Edmund. *Zur Phänomenologie der Intersubjektivität. Texte aus dem*

是較高階的位格單元（personale Einheiten höherer Ordnung），它的構成是經過我與他者彼此的確信、評價、決定、行動等取得協調一致後所形成的社群，在此移情與溝通扮演著重要角色，而不只是本能與習性的活動而已；所構成的社群成就社群的作品（Gemeinschaftswerken），包括國家、宗教、語言、文學、藝術等等；溝通以成就社群或社群作品有單方的（einseitige）與交互的（wechselseitige）兩種方式，前者如我們繼承歷史傳統的科學、哲學，後者是我們與共在的他者合作的方式。[91]

據德佩蕾之見，在「共同精神一」的社群創建階段社群並非真正的被創建（gestiftet），它是社會的「萌芽狀態」（status nascendi），是真正「政治之物」之所在。而「共同精神二」的社群才是真正被建立的。但是誠如胡塞爾在《危機》§38裡強調了生活世界顯題化的雙重方式：一是直接地生活於世界界域中，另一是對於生活世界界域被主體給予有所自覺；而這兩種方式是交互地呈現的。[92]這種雙重方式發生在「共同精神一」與「共同精神二」兩種社群形式裡，故德佩蕾言：「『共同精神一』與『共同精神二』確實擺動在原始—超驗的（original-transcendental）與自然—屬世的（natural-mundane）生活世界中，或者是在事實性（facticity）與現實性（factuality）之間。」[93]從它們被反思的觀點

Nachlass. Zweiter Teil. 1921-28, Nr. 9, S. 165ff.

[91]　同前註，Nr. 10, S. 192ff.

[92]　Husserl, Edmund. *Die Krisis der europäischen Wissenschaften und die transzendentale Phänomenologie*, S. 146-151.

[93]　Depraz, Natalie. "Phenomenological Reduction and the Political," p. 8；由此可見事實性（facticity）是涉及超驗結構的，現實性（factuality）是涉及經驗實在的。

來看，生活世界乃通往超驗的立場；但從直接生活的觀點來看，生活世界從創建到被建立有著目的性，但我們常在此自然態度中忘了去反思，以至於讓真正政治之物──原初的政治社群或複多性（plurality）──被隱藏了。[94] 其實這裡最重要的是，生活世界顯題化的雙重基本方式之間的交替，需要有自由轉換的能力；此自由轉換的能力發生在超驗態度與生活世界的自然態度、生活世界中的不同世界，以及在生活世界中直接生活與意識生活的態度之間。

德佩蕾面對這樣的雙重性所產生的難題，卻試著從胡塞爾在《危機》裡提供的另一條路，也就是經由心理學通往超驗現象學之路來解決。故德佩蕾提出的問題是：「一門被超驗還原的心理學提供給我們通往超驗複多性的最佳之路是到怎樣的程度？」[95] 她注意到《第一哲學》（*Erste Philosophie*）（1923-1924）[96] 裡對時間、想像與意識做反思分析的文本，賦予了對於「自我複多化原初圖式之起源的方法學步驟」，可讓我們了解「複多性的超驗發生學」；[97] 她又強調超驗還原更發生學地源於主體際的還原（inter-subjective reduction），自我與他者彼此以活生生的主體性（living subjectivity）向對方的超驗生命（transcendental life）去開放。[98]

94　同前註，pp. 8-9。

95　同前註，p. 9。

96　《第一哲學》第二冊：「現象學還原理論」（Hua VIII），此外他也提到 Hua XIII 內的「現象學基本問題」與 Hua XXV 內的「現象學與認識論」兩篇論文有相關討論（同前註，p. 16，註腳35-37）。

97　Depraz, Natalie. "Phenomenological Reduction and the Political," pp. 9-10.

98　同前註，p. 10；若這裡與以後要討論的鄂蘭公共空間相對照實饒有趣味，「共同精神一」對照無形的公共空間，「共同精神二」對照有形的公共空間，前者賦予後者意義的來源，當然在鄂蘭那裡沒有強調出超驗主體際性的義涵。

　　德佩蕾所注意的主體際還原是從主體的心理生活出發，這是對能識的（noetisch）心理狀態做進一步的發生學探討，探得每個人能識的可能性是基於其內在「超驗行為特質的普遍社群性」（universal community of the transcendental act-character）。故複多性不是指所識的（noematisch）對象方面，而是指心理行動方面。從而真正「政治之物」也不是指在社會中所構成的層次，而是指行動中（acting）的超驗現象學單子（transcendental phenomenological monads）。[99]

　　在這底層的超驗現象學行動即是我們對於政治事務旁觀的作為：不直接參與就讓我們沒有成見，一個不去做的行動才是真正的超驗態度。德佩蕾繼續開展出的真正政治之物更往倫理的領域去邁進，故政治之物不講究權力（power）的問題，而以權威（authority）取代之；它似乎也和宗教性接軌，特別是「愛的社群」（Liebesgemeinschaft）概念似沾有基督宗教信徒社群的色彩。[100]事實上這愛的社群更早已為卡爾·舒曼（Karl Schuhmann）作為胡塞爾的國家概念所歸趨的理念，我們再看這具體的意義為何。

3. 國家作為個人通往「愛的社群」的過渡階段

　　舒曼在1988年出版的《胡塞爾的國家哲學》[101]是整個現象學界首部對於胡塞爾政治哲學探討的專書。該書可被定調為在闡釋「國家作為個人通往『愛的社群』的過渡階段」這個根本命題。

　　個體的主體性單子（Monade）與單子的結合展現主體際的構

99　同前註，pp. 10-11。

100　同前註，pp. 11-12。

101　Schuhmann, Karl. *Husserls Staatsphilosophie*, Freiburg/München: Albert, 1988.

成，在萊布尼茲那裡無窗戶的單子，今在胡塞爾這裡卻是彼此開放交流的。自我的內在時間意識以及自我與他者的身體是這交流的基礎。此因自我的生活已被內在時間意識綜合起來而構成具同一性的主體，自我內在的「結社」（Vergemenischaftung）成為往外結社的前提；但最原初被結社的自我（原我[Ur-Ich]）是從前我（Vor-Ich）在目的論的引導下所成就的。另一方面，作為共同性的自然，自我與他者的身體，是構成主體際性的出發點，它產生了移情（Einfühlung）的附現（appräsentierende）能力；它進一步形成更高階的人與人溝通（Kommunikation），以至於成群結社的條件。[102]

舒曼提出胡塞爾的論題是，人與人不是為了個人有計畫的去征服邪惡的自然而成群結社，而是被動地傾向於結社，這反而是合乎自然天性的；此可以父母與孩子結合成家庭為例來說明。[103]但這樣自然本能的結合尚不足以形成人格或位格（Person）的概念；作為人格是要以價值與意志的定向、並自覺地表意給他者，以形成有共同意志的單位作為前提，並依據語言的表達與溝通讓真正的社會性構成出來。[104]

在從個人過渡到國家的社會性概念之前，如社團（Verein/Verband）、[105]協會（Gesellschaft）[106]等皆以共同的意志與目的為宗旨而成立。在社會性的構成中漸有文化與風俗規範的形成；一個種族（Volk）即是某共同風俗的承載者，它建立出有共同文化起

---

102 同前註，S. 48-54。

103 同前註，S. 57-58。

104 同前註，S. 58-61。

105 同前註，S. 66。

106 同前註，S. 67。

源的歷史。胡塞爾時或稱民族為 Nation，但不放在與國際（Internationalität）對立的觀點，而是就歷史中被決定的社會構成來理解其意義。[107] 在以禮俗、習慣為宗的社會，有著漸經過以法為規範的種族，以發展為層次較高的民族；其中也有著從鄉村（Dorf）經過城市（Stadt），發展到國家（Staat）的具體的政治形態。胡塞爾對如此的發展皆置於目的論的觀點來看。這個目的論不只讓社會的發展成為量的擴張，更讓質的強度方面進展開來。[108]

從這裡就關聯到胡塞爾最終要求的「愛的社群」。原來在目的論引導下，所有單子向單子大全（Monadenall）去發展。在發展中各單子彼此認識，彼此交換意願，最根本即以愛作為連接的橋梁。單子進化的終極目的是「愛貫穿分離的人以凝聚成一個社群的人格」。胡塞爾曾大體上區分愛有本能方面如性愛以及同情（Sympathie）的愛，它們分別成就婚姻與友誼的社會形態。愛的社群是真實的、理想的自我，也是真實的存有。[109]

在從個人到「愛的社群」的目的論發展中，國家到底是自然所發展出的社會形態，或者是人為的組織架構？[110] 人為指的是群體的主動意識與意志一面，自然指的是前人所傳遞下來的被動給予一面。舒曼以為雖然簡單來說，自然的因素可漸發展成人為的因素，如一未成熟的成員可漸受教育與國家意識的影響，而最後成為成熟的決定國家意志的成員。但這裡實有個循環（Zirkel）關係：一方面每個國家成員面對的是個已先給予的國家，另一方面國家是什麼來自每個成員的累積習慣，而這累積習慣具體表現

---

107 同前註，S. 69-71。

108 同前註，S. 71-77。

109 同前註，S. 78-85。

110 同前註，S. 89-90。

在他們在每個歷史情境如何體驗國家與認知國家方面。[111]

　　事實上這裡關鍵的問題是，普遍的本質可能性（allgemeine Wesensmöglichkeit）與特定的事實實在性（bestimmte faktische Wirklichkeit）呈現交互影響的關係。[112]二者以循環、互相關聯（Korrelation）的方式展現為構成國家的環節。[113]「國家」作為一種「現象」（Phänomen），以這兩個環節循環地被給予方式呈現給意識。如果只強調事實實在性，則是非現象學的；若是只從經驗事實，經過本質變形以求得本質，這對舒曼言是有問題的。[114]舒曼的這種解釋，對於我們思考如何將靜態與發生現象學的互動與綜合頗有一些啟發。

　　這根本在顯示國家是個有機體，而從有機體的個人單子開始，它就具體地作為有限的事實存在（faktische Existenz），蘊含了無限的本質可能性（Wesensmöglichkeit），即單子持續地往新的界域發展。舒曼曾強調，事實性（das Faktische）概念與經驗性（das Empirische）概念不同，後者是偶然的事實（zufällige Tatsache），它的對立概念是本質（Wesen）；前者卻是「合於本質之理性之物存在的根據」（Grund für das Dasein von Wesensmäßig-Rationalem），因它固然相對於理性而言是非理性的，然若沒有它，理性之物卻不可能。[115]事實與本質循環地構成現象，表現在

111　同前註，S. 93-94。

112　同前註，S. 95。與註腳93那裡的factual相比較，這裡的faktisch表示一方面具現實性，但另一方面卻蘊含本質性；而factual卻和接著要說的經驗性（das Empirische）概念一樣。

113　同前註，S. 101。

114　同前註，S. 95-96。

115　同前註，S. 101-102；腳註19, 20。

包括國家、倫理、宗教、歷史哲學、形上學目的論、生死、性等等對胡塞爾屬於邊界的問題（Rand-/Grenzprobleme）裡。[116]

所以國家的意義不能只以理想本質的「愛的社群」來了解，也要包括不和諧的一面。這個常具有悲劇衝突的有限性卻屬於在目的論之下往無限性去發展的內涵，舒曼說得好：悲劇衝突的可能性不是發生在已過去的紀元，而是在「目的論本身的所有當下的陰影」之中。[117]

目的論當然依舊有效，國家在事實與本質雙重性下仍以朝向各個單子處於和諧之本質一面為目的，故國家所扮演的消極性角色是消弭戰爭、維繫和平，所用的策略有多樣性，[118]這就表現在警察國家、社會國家、憲法國家等不同的形態上。[119]律法（das Recht）也成了對國家構成不可或缺之物。[120]

上述是將國家作為現象的意義揭發出來，至於它和現象學的關係如何呢？舒曼鑑於單子往「愛的社群」發展的過程中，國家要對爭執與命運克服，以求得和諧與統一，而這是在自我認識（Selbsterkenntnis）中進行的。[121]國家處於往理想的無限界域發展過程中，在這裡存在著衝突的可能性，故國家是單子大全的目的在現實發展的階段，其組成分子是特定的人群，而非普遍的人類。要從前者往後者去超越，就需要對整體目的論的意識作為引

---

116 同前註，S. 103-106；國家這個概念究竟是否為邊界問題，胡塞爾本人的立場似未有定論，參考Schuhmann在這裡，特別是腳註30的解說。

117 同前註，S. 106-108。

118 同前註，S. 114-116。

119 同前註，S. 116-118。

120 同前註，S. 118-122。

121 同前註，S. 135。

導，這個對單子世界的自我意識就是超驗現象學。[122]

　　舒曼認為超驗現象學之不同於國家，即在於「國家的記憶不延伸到整體人類，它的預期為特定的興趣所引導，它的現在也因為個體對特定範圍內的影響而有所局限」。[123]對此他引證了胡塞爾的手稿，而謂一個國家畢竟以保障人民的和平為主，以至於可能對外宣戰，而和平條約或超越國家的法律對此亦難以改變。現象學在國家之上，它超越國家，國家雖因以現象學為根據，受制於現象學的規範，但國家仍限於現實法律規範的層面，現象學則位居絕對的理想與先天規範的倫理層面。[124]

　　現象學之能夠超越於國家之上，因現象學者執行了擱置的方法，以至於能脫離傳統習俗，能從沉落於此習俗中的倦惰的理性（ignava ratio; lazy reason）超拔而出，換得的是對於著眼於全人類旨趣的絕對目的追求的意識主體。[125]胡塞爾對國家的討論，旨在從現象學出發去理解國家、去批判現實的國家、去揚棄（aufheben）國家。換言之，他從現象學取得人類目的之徹底意義，以作為國家合法性的前提。[126]

　　國家作為一個往理想的社群去過渡的現實性社群，若它因現象學取得合法性，應該是指在現實性中打開了往理想去發展的可能性。在歷史上我們卻常見到一些國家形態對於此是封閉的。關於理想的社群是愛的社群，胡塞爾也指出現象學者構成的社群居

122　同前註，S. 142。

123　同前註，S. 148。

124　同前註，S. 149-150。

125　同前註，S. 157-158；lazy reason為舒曼比之於海德格所說的das Man。

126　同前註，S. 159-160；科學知識之凌駕於國家之上為舒曼比之於費希特的同樣立場。

於最終理性的地位。[127] 但另一方面，國家的概念又有一理想性的意義，誠如胡塞爾所言：「超驗主體群的絕對普世性將自身組織成一個絕對的『國家』（……）。」（"Das absolute Universum der transzendentalen Subjekte organisiert sich zu einem absoluten 'Staat' [...]."）[128] 這個「國家」成為包容所有整體人類個體的統一體，包容的力量即是愛，而現象學者似乎組成了這個「國家」，現象學者似乎也活在愛的和諧當中。這個「國家」從現象學那裡取得的合法性最為直接。

（三）對胡塞爾有關政治論述的評論

在上面第一篇論文，沃勒提出當代技術性的政治管理，應藉胡塞爾現象學去反省技術的發生學意義。這個意義的起源在德佩蕾的論文中被視為原初「政治之物」，它需要經由現象學的還原獲得，而具體表現在向他者開放的超驗現象學單子之行動作為中。德佩蕾所提的愛的社群作為政治發展的理想，往其過渡的國家作為一種現實的社群則為舒曼所闡釋。

作為一位哲學理論的探討者，胡塞爾難免被沃勒批評對於技術化的探究有所不足。又胡塞爾將政治或國家的意義奠基在現象學之上，這不免讓人質疑其是否過於理想性，這包括對於理性過於信任，過於依賴人性的自我反思與自我教育能力，以及對於現象學社群的形成亦太一廂情願。對於此舒曼也做了批評，以為胡塞爾忽略了社會的運作機制，其國家概念仍為一種形上學所束縛，因他對國家的理解是基於對於普遍的與統治一切之理性的信

---

127 同前註，S. 168-169。
128 同前註，S. 170-171；胡塞爾之言源自手稿 Ms. E III3/6b。

念，而理性又被捲入推動所有存有者運動之目的論的洪流裡，以至於現實性所含有的理性只在未來可能兌現，故胡塞爾的國家理論只建立在信念與希望之中。[129]

但是胡塞爾現象學是否對於政治的層面仍有一些貢獻呢？這應該在於其現象學還原或擱置的方法可讓我們成為超越政治實務的旁觀者。如果技術化也屬於政治實務的一部分，那麼回溯技術化前的真正政治之物即需要現象學還原；如果政治是有關社群事務的事，那麼現象學還原讓我們體認到成群結社的原始動力，既不在於個人的政治權力野心，也不基於國家主義的意識形態，而是在於我們對政治的了解向倫理、宗教、普世的價值領域去開放化。我們藉著政治實務到理想的討論，將現象學方法的重要性烘托出來。這個連接到我們文化傳統中對於外王與內聖間關係的討論，這個關聯到我們文化傳統裡討論內聖與外王關係的問題似乎也可回到現象學的方法來討論。

的確，胡塞爾這種國家的概念，讓我們聯想起儒家哲學的國家與天下理念；我們這一套格物、致知、修身、齊家、治國、平天下的政治哲學，豈不是如同胡塞爾言之從單子向理想的愛的社群去擴展？儒家與胡塞爾皆對於理性與自我教育過於自信，寧願信任政治事務建立在以德服人的王道基礎上。這種從屬於小眾的哲學來論述屬於大眾的政治之作法，當然不限於儒家與胡塞爾現象學，它們皆屬於以後進一步要談的鄂蘭對於傳統上只重視小眾的哲學思維而批評之對象一二而已。但胡塞爾是否在受此批評之餘，仍有一些積極可開發出的政治思維向度呢？其中我們以為重要的仍是現象學的還原方法，而即使鄂蘭本人思想裡也蘊含著這

---

129 同前註，S. 187-189。

種現象學方法。

在《人的境況》裡，鄂蘭凸顯行動生活，以對照沉思生活，並以行動才足以保障人在世界中的意義；這對於以反思來建立的哲學思維，以及胡塞爾以無興趣的旁觀者對於直接的生活做描述或解釋的現象學，似乎做了當頭棒喝。但當我們仔細研讀該書內容，就會發現鄂蘭重視的行動與言語編織著每個人在世界舞台中自己的故事，不論他人對此故事的敘事，或自己對於過去自己以及他人故事的記憶，卻形成了另一種思維的模式。這種思維不單純是事後的回顧，卻在重建敘事內容過程中同時建構著意義，讓讀者或自己得以產生行動的力量。說故事或敘事的一種態度已經超越了單單的自然態度。[130] 不久後1961年的一篇文章明確地強調了一種旁觀者態度之重要：要能夠作為旁觀者，才能做鑑賞（Geschmack; taste）[131] 判斷與政治判斷。依鄂蘭之見，當我們有著哲學的智慧所帶來的勇氣，就可斬斷陷入在美與政治事務上利益算計的軟弱之氣，才可真正的愛美與做正確的政治判斷。這是鄂蘭引用雅典的政治家佩利克勒斯（Pericles）的一段話的意思：「我們在政治判斷的範圍內愛著美，並且我們從事哲學而沒有野蠻人的軟弱之惡。」（We love beauty within the limits of political judgment, and we philosophize without the barbarian vice of effeminacy.）[132] 對鄂蘭而言，不論是根據康德哲學從規定判斷

---

130 Arendt, Hannah. *The Human Condition*, pp. 175ff,特別是當鄂蘭以亞里斯多德的戲劇來說明表演與敘說劇情是讓觀眾能模仿其行動（pp. 187-188），更能顯示敘事作為一種思維與行動結合的意義。

131 本書將對於Geschmack或taste視脈絡而譯為鑑賞或品味，一般將aesthetic judgment譯為審美或美學的判斷，也譯為鑑賞判斷。

132 Arendt, Hannah. "The Crisis in Culture: Its Social and Its Political Significance"

（bestimmendes Urteil; determinate judgment）轉為反思判斷（reflektierendes Urtel; reflective judgment）以成為鑑賞或政治判斷，或從工作（work）進一步成為行動（action），或她對於時下具實利主義（philistinism）的大眾文化批評以回歸有教養的心靈（cultured mind），[133]可說皆是對於社會的商品化與人的工具化做了超越的工作。[134]前述鄂蘭的思想階段既重視超越自然態度的旁觀者態度，但又不失行動的力量，以致能保障大眾公民於世界中的意義的論述，更具體呈現在她晚期在1973至1975年先後發表之《精神生活》的「思考」（das Denken）與「意願」（das Wollen）兩卷，[135]以及未完成的「判斷」（das Urteilen）[136]著作裡。我們見到在這早晚期間，鄂蘭實已運用了現象學擱置或還原的方法於其思想論述中。

　　不論在胡塞爾政治哲學那裡欲將實務與理想兼顧，或在鄂蘭這裡將思維與行動做一結合，現象學還原方法對它們的貢獻究竟在哪裡呢？從胡塞爾的角度來看，旁觀者處在超驗的態度，行動

（in: *Judgment, Imagination, and Politics: Themes from Kant and Arendt*, New York, Oxford etc.: Roman &Littlefield Publishers INC., 2001, pp. 3-25）, p. 15, 希臘原文是：*"Philokaloumeute gar met euteleias kai philosophoumen aneu malakias."*

133 同前註，pp. 9-10。

134 Arendt, Hannah. *The Human Condition*, pp. 38, 44-45, 156-157.

135 Arendt, Hannah. *Vom Leben des Geistes. Das Denken/das Wollen*, Herausgegeben von Mary McCarthy, München/Zürich: Piper, 1989.

136 見近來羅納・貝諾（Ronald Beiner）就〈論康德的政治哲學〉與〈想像力〉所編著的《判斷》一書。（Arendt, Hannah. *Das Urteilen. Texte zu Kants Politischer Philosophie*. Dritter Teil zu *Vom Leben des Geistes*. Aus dem Nachlass herausgegeben und mit einem Essay von Ronald Beiner, München/Zürich: Piper, 2012.）

者處於自然的態度。對他來說，重要的是超驗的態度和自然的態度可以自由轉換，但這個轉換不是理所當然的，而是需基於一種經過培養的精神能力。如他在《觀念一》表示過擱置可自由地（freely）被實行；[137] 他在《大英百科全書》裡強調超驗的自我經驗可在任何時間（at any time）經過態度的轉換，轉變為自然的或心理學的自我經驗。[138]

　　另外在《危機》裡胡塞爾除了對於超驗擱置之外，又指出了一種生活世界的擱置。後者是將自然科學的世界還原到生活世界，讓具精確性的近代自然科學返回到日常生活所經驗之不精確的技藝層次。我們在同樣的日常生活層次下，可成就自然科學，而成為科學家，也可成就人文科學，成為人文學家，或成為藝術家、工程師、醫生等等不同的職業，或擁有工作之餘的休閒時間。[139] 以至於自然科學不至於宰制人類全部的生活，造成胡塞爾所批評的歐洲科學與文化危機。當我們運用了生活世界的擱置方法，我們可了解到在日常生活的技藝層次基礎上，可成就不同的職業與生活樣態，故我們即擁有將它們自由轉換的能力。然而現實上由於才能與習性的影響，這種轉換並不是理所當然的，它必須經過一番人生存在方式的巨大改變；針對此他曾在《危機》裡說過：「現象學態度與所屬的擱置首先本質上被招致影響一整個

---

137 Husserl, Edmund. *Ideen zu einer reinen Phänomenologie und Phänomenologischen Philosophie, Erstes Buch*, §§ 31, 32.

138 Husserl, Edmund. "Encyclopaedia Britannica-Artikel", aus *Phänomenologische Psychologie. Vorlasungen Sommersemester 1925,* Hrsg.: W. Biemel, Hua IX, Den Haag: Nijhoff, 1962, S. 277-301, § 9.

139 Husserl, Edmund. *Die Krisis der europäischen Wissenschaften und die transzendentale Phänomenologie*, S. 139-140.

人格的轉化，在開始如同對宗教的皈依，它進而包含了最大存在轉化的意義，這是被賦予在人身上的一項使命的。」[140]

然而，不論如本章節所引介的文獻曾評論了胡塞爾過於重視理性，以至於其政治哲學或國家理念只能建立在信念與希望之中，或是從鄂蘭對於包括胡塞爾的傳統哲學思維批評的觀點來看——雖然這裡對於思維與行動的結合如何延伸到大眾僅做了簡短的提示；既然最後我們強調現象學還原方法在胡塞爾與鄂蘭皆起作用，那麼是否這裡就有重新思考其義涵與方法的必要，以至於讓胡塞爾的政治哲學從鄂蘭的政治思維那裡得到一些補充？我們發現，最根本處在於現象學方法的自由轉換能力若是在於人格的巨大改變，即類似宗教皈依的精神性轉變所產生的人格轉化的話，那麼人格對於鄂蘭而言不再是人的內在精神特質而已，更是在人格一詞回到拉丁字的本義 persona 後去拓展其義。

在一篇收錄在《責任與判斷》的「序言」，本為鄂蘭接受丹麥松寧獎（Sonning Prize）的演講辭裡，她對於人格一詞從其字源來做深入的闡釋。Person 的拉丁字 *persona* 指的是遮蓋演員私人（personal）的臉孔（face），並向觀眾表明他在戲中的角色與作用的面具（mask）。面具的嘴部位有個大開口，讓演員個人的、未被掩飾的聲音得以傳達出來，故「經由⋯⋯傳聲」（*per-sona*; to

---

[140] 同前註，S. 140；英文：The total phenomenological attitude and the *epoché* belonging to it are destined in essence to effect…a complete personal transformation, comparable in the beginning to a religious conversion, which then, however, over and above this, bears within itself the significance of the greatest existential transformation which is assigned as a task to mankind as such。譯自 Husserl, Edmund. *The Crisis of European sciences and transcendental phenomenology: an introduction to phenomenological philosophy*, translation: D. Carr, Evanston: Northwestern University Press, 1970, p. 137.

sound through）是 *persona* 作為「面具」之外進一步表示的意義。鄂蘭就 person 的字源顯示了屬於私人的臉孔，以及屬於戲劇舞台的面具；前者表示個人的人格特質，後者表示個人介入世界或公共事務的角色。依她的闡釋，個人的人格特質必須通過在世界中可能扮演的不同角色而張顯，讓個人的聲音傳達出來。故這經鄂蘭拓展後的人格的意義是：真正的自我必須為了不同的公共事務，自由地作為不同的公共人物而發言；另一方面，當我們戴上面具，在公共的舞台上宛如扮演一場戲劇的角色時，也需要能「自由地從戲劇進入到赤裸的『這個』（thisness）」──「這個」指的是真正獨特的人格自我。故我們一方面要能夠在不同的角色或面具之間有自由轉換的能力，另一方面又能自由地從在獨特的自我與公共角色之間來去自如。自我人格不能被任何形式的身分所誘惑而忘了自己，自我人格卻又必須透過公共性的活動而發聲出來。[141]

　　上述自由轉換於公共角色之間，以及私有與公共領域間的來去自如，似乎是現象學還原方法建立在人格轉化上的嶄新義涵，這由於人格的意義已被鄂蘭拓展開了。胡塞爾從自我論向他我的拓展，尚限於在主體意向性下個人人格形態發展成社群之位格。鄂蘭則以人格在開始時即是在公共領域中的，故當它作為旁觀者在思考或判斷事務時，已在考慮「我們已經和其他人一起做的事情是什麼」，以及「每個特殊的行動如何適應在我們生活的整體脈絡中」。[142]當然這樣對於現象學還原方法的進一步思考尚是個開

---

141 Arendt, Hannah. *Responsibility and Judgment*, ed. and with an Introduction by Jerome Kohn, New York: Schocken, 2003, pp. 12-14.

142 同前註，p. 129。

始，還有待學界對此繼續的追問與回應。

（四）小結

如果我們回到胡塞爾的技藝學問題來，沃勒提出當代技術性的政治管理正好是技藝學的第一與第二個層次，它們要以德佩蕾所揭發之技藝學的第三層次為基礎。這是由現象學還原所獲得的「政治之物」，它是向他者開放的超驗現象學單子之行動。基於這第三層次的技藝學，才能將第一與第二層次的技藝學通往「愛的社群」作為政治發展的理想。然後基於這個理想，舒曼所闡釋胡塞爾的現實之國家概念則亦可被視為較低層次的技藝學，因為它關聯到特殊的制度與作為，但可通往具普遍性之理想的國家概念，也就是愛的社群。

前面對於胡塞爾的批評，以為其忽略了社會的運作機制，仍讓國家概念為一種形上學所束縛，這個批評依然是指胡塞爾過於強調形式意義的第三層次的技藝學，雖然他未抹殺第一與第二層次的技藝學，而沃勒所提的正好可補充胡塞爾在這方面的不足。但上面強調了現象學還原或擱置可讓超驗態度與自然態度自由轉換，即是讓這幾個層次的技藝學有彼此補充與會通的可能，且具體的政治運作機制即要在生活世界裡去討論，這是胡塞爾留待我們對此去充實之處。

從胡塞爾到鄂蘭所談的自由轉換，表示著這幾種層次的會通是屬於人格之轉化，而正因為鄂蘭重視個人人格的公共性，以至於人格的轉換，從而技藝層次的彼此會通更能涉及到公共領域。這呼應我們在前面指出的鄂蘭之技藝概念，也就是以行動生活所開展出的意志以及判斷活動，這是我們面對在世界的社群所具備之不確定未來而做出的抉擇。

四、胡塞爾的宗教哲學

（一）前言

在胡塞爾的政治思想裡，我們看到愛的社群是政治發展的理想。事實上，愛的概念和公共領域的結合有其宗教的背景，我們可從愛的歧義性出發，先指出宗教性的愛，再看胡塞爾對於愛的概念是否有其不同階段的體會，以及這是否影響其宗教的思維。我們在胡塞爾的倫理學討論中已提到有所謂愛的倫理學，這是一些學者試圖揭示以關聯到補充形式倫理學的質料倫理學部分。愛的概念之歧義，正反映在倫理與宗教的不同範疇中，但胡塞爾最終的宗教思想卻是和倫理結合在一起的。故我們針對胡塞爾的宗教觀點，將以如下順序討論：愛的不同概念、胡塞爾之愛的概念之發展與轉變、胡塞爾如何從倫理轉為基督教，以及最終再將二者做結合的進展。

（二）愛的不同概念與義涵

一般來說，在希臘將男女之間（也包括對於男童或同志間）的性愛稱為 *eros*，但針對於家庭即以 *philia* 來稱包括父母間關係的愛。第一種愛呼應了男女之間以愛結合的純然私有關係。第二種愛則呼應了因家庭世代生活的環境，父母之間以及其與子女間，有著如亞里斯多德所描述的友誼關係，而此關係實以尊重之德行為其核心；故 *philia* 是作為希臘人進入公共領域的前置條件。至於 *eros* 本身是否為德行，而其中究竟以性或無性為有德者，或究竟以同性與異性之愛為更合乎德行，以至於在家庭建立的 *philia* 與 *eros* 是否並行不悖等等的一些爭議，在希臘到羅馬時

代為不少哲學學派所討論。這是環繞著 *eros—philia—arete* 是否關聯在一起的問題，在此不為我們深入處理。[143]

就基督教而言，人存在的目的即在對上帝、對鄰人以及對自己的愛。在不同的福音書裡，有的強調對教會裡兄弟間的愛，有的強調對於任何階層，不論教徒或異教徒的愛不等。[144]基督教對於上帝所施的愛稱為 *agape*，它特別表現在新約聖經裡，和希臘的 *eros* 與 *philia* 對立。因在早期的教會性愛與虔誠性尚不分開，當時激情的愛與性愛猶被重視，但不歸屬於愛的神學，故性愛的強調似在討論其是否包含於家庭之愛的 *philia* 以內，而非 *agape*。[145]

對於 *eros—philia—arete* 是否關聯的一些希臘羅馬時期學者討論中，普魯塔克（Plutarch）是持贊成的，但前提是在希臘眾神中的性愛之神可讓人導往德行，故性愛與家庭的建立對他而言可以並存，也值得提倡；此時即使是神的愛，仍以 *eros* 來表示。與之相對，在一神論的基督教裡，上帝本身即是愛，以 *agape* 來表示，它也常被視為超越了性愛，只具精神性的愛來理解。一般來

---

143 進一步參考 Görgemanns, Herwig. "Einführung," in Plutarch: *Dialog über die Liebe. Amatorius*, eingeleitet, übersetzt und mit interpretierenden Essays versehen von H. Görgemanns, B. Feichtitinger, F. Graf, W. Jeanrond und J. Opsomar, Tübingen: Mohr Siebeck, 2006, S. 3-38,其中 S. 20-27; Jeanrond, Werner G. "Der Gott der Liebe", in:同前註，S. 274-293,其中 S. 274-278；其實即便柏拉圖《饗宴》（*Symposium*）的對話主題 *eros* 亦有包括德行與形上學層次的愛的義涵。

144 如〈約翰福音〉以愛在維持與促進教會的統一與和諧，〈路加福音〉中撒瑪利亞人是愛異教徒的例子，保羅在〈哥林多書〉與〈羅馬書〉裡以愛不產生教會的和諧，更是去強化與證實人之不同處，但引導人們超越所有不同處，進入人之存在中最神祕之處，也就是上帝在末世的啟示，故愛出自上帝並導向上帝。見 Jeanrond, W. G. "Der Gott der Liebe", S. 279-282.

145 參考同前註，S. 282-283。

說，基督教的愛從不以 *eros* 來表示，它主要沿用 *agape* 的概念，但偶爾會被視為 *philia* 的愛，此因家庭生活亦常為基督教所重視，故博愛與鄰人之愛可納入 *philia* 的範圍內。[146]

　　但畢竟 *eros* 始終未被納入基督神學的領域。奧古斯丁曾被批評將柏拉圖的 *eros* 的形態注入於其所理解的愛上帝之中，因他視至善的上帝是我們所渴望追求者，以為我們為上帝之故，而不是為鄰人之故，去愛鄰人以及上帝。他特別稱此種對永恆者的愛為 *caritas*，以別於對世間易消逝之物去追求的 *cupiditas*。[147] 對於 *eros* 的要求，似乎更在實際面對人世間的問題，也似乎是從重視生命的永恆性轉為不朽性所產生的結果。故公共性與世界性的建立，更似乎是基督教不只重視 *agape* 與 *philia*，也將 *eros* 納入後所致力

---

146 要補充的是，Plutarch 重視家庭建立，因為其強調愛的施與受是平等的，男童之愛過於被動，男女的結合則是展現愛的平等性，因而子女倒不是家庭建立的目的。基督教則有父權主義的色彩，女之隸屬於男，如同教會之隸屬於耶穌一樣，至於家庭的建立與傳宗接代、性愛皆有關係。參考同前註，S. 283-285, 289-292。

147 奧古斯丁強調人去渴望追求上帝，曾被 Anders Nygren（1890-1978）批評類似柏拉圖的 *eros* 一樣，太過於注重自我之通往上帝之路，忽略了耶穌的為世人贖罪的愛首先為人所經歷，人才能與上帝接近，他們不視耶穌為上帝之 *agape* 與人的 *eros* 之間的媒介地位，人之直接通往上帝是具神祕主義的色彩；這個批評固反映了奧古斯丁與新柏拉圖主義的關係，但也顯示奧古斯丁從人之心靈能力去探討對上帝的經驗。我們以為，若不甚借助耶穌的地位，以至於達於彼岸的永恆性，而較強調人的能力，就只能談人在世間的不朽性，從這個觀點來看，鄂蘭重視就此觀點的奧古斯丁愛之概念，是否即發展其後來的政治思想，這倒是值得進一步探討的課題。參考同前註，S. 287-288 以及 Arendt, Hannah. *Love and Saint Augustine*, edited and with an interpretative essays by J. V. Scott and J. Ch. Stark, Chicago & London: The University of Chicago Press, 1996, pp. 18-21.

的哲學任務。

（三）胡塞爾之愛的概念之發展與轉變

　　胡塞爾於第一次世界大戰前的倫理學思想主要受其師布倫塔諾的影響，已收集於《倫理學與價值學講義》（*Vorlesungen über Ethik und Wertlehre, 1908-1914*）之內。我們曾關聯到亞里斯多德的倫理學來論述胡塞爾倫理學，根據這種建立於*philia*之上而重視智慧的進路，胡塞爾在不少文獻出現的上帝概念，可說皆接近於希臘式的上帝。[148]但因為作為一戰的受害者之一，胡塞爾於戰後的倫理學受到費希特（Johann Gottlieb Fichte）的影響鉅深。他先後於1917與1918年間三個時期，發表了各有三次的系列演講，題目是：「費希特的人性理想」（Fichtes Menschheitsideal），它們已收錄於1987年出版的《論文與演講集》（*Aufsätze und Vorträge*（*1912-1921*））內。它直接影響1919/20年胡塞爾的冬季授課講義「哲學導論」（*Einführung in die Philosophie*）。這些皆被視為從早期到晚期倫理學的過渡思想，最主要表現在：1）將愛的問題提出，2）從個人倫理學向社群倫理學移動的主題上。[149]

　　《倫理學導論──夏季授課講義1920/1924》著作出現不少以

---

148 可參考Lo, Lee Chun. *Die Gottesauffassung in Husserls Phänomenologie*. Frankfurt a.M.: Peter Lang, 2008, S. 159-162,羅麗君指出胡塞爾在不少出版與未出版之文獻顯示，上帝之作為目的論的原始起源，雖與柏拉圖或亞里斯多德所理解的相近，但又不完全等同。

149 參考Melle, Ullrich. "Edmund Husserl: From Reason to Love," （in: *Phenomenological Approaches to Moral Philosophy. A Handbook*, edited by J. J. Drummond and L. Embree. Dordrecht/Boston/London: Kluwer Academic Publishers, 2002, pp. 229-248), pp. 237-241；其資料來自胡塞爾手稿Ms F I 40。

愛的概念作為課題的討論，如提出以愛去懷抱之物才是善的，或以為自愛、鄰人之愛、上帝之愛、愛藝術或科學，皆是我的愛，但我所追求的不單單是愛的感覺與愛的知識，談論愛的目的是為了幫助他人的快樂……等等。[150]

在1922至1924年間，胡塞爾在日本《改造》（*The Kaizo*）期刊，發表三篇與期刊名相符的論文〈改造〉（Erneuerung; Renewal），另外有兩篇未在該期刊出版的相關論文，以及一些附錄文章皆已收錄於1989年出版的《論文與演講集》（*Aufsätze und Vorträge（1922-1937）*）內。它們皆呼應了費希特講座的內容。

在1930至1935年間胡塞爾書寫了大量研究手稿，則涉及倫理學形上學間的關係。[151]這裡有著胡塞爾最終對於宗教的定論。

我們並不將上述文獻在倫理學章節，卻置於此處探討，因為所涉及的道德或愛的議題和胡塞爾的宗教思維頗為密切。今從費希特講座、探討〈改造〉與晚期手稿就可見胡塞爾對於宗教觀點的發展，我們現在將它們分述如下：

1. 費希特講座中愛的問題

胡塞爾在費希特講座中指出，費希特所談的絕對我是這種主體性：即它的部分即是世界的肢節（Glieder der Welt），現象世界（phänomenale Welt）與所有人類皆在此絕對我中，世界是絕對我按照目的論所產生出來的：目的論的原因得自於絕對我在運動中

---

150 Husserl, Edmund. *Einleitung in die Ethik: Vorlesungen Sommersemester 1920/1924*, Hua. XXXVII, Hrsg.: H. Peucker, Dordrecht, The Netherlands/Boston, Mass.: Kluwer Academic Publishers, 2004, S. 71, 88-89；另外參考 Melle, Ullrich. "Edmund Husserl: From Reason to Love," 同前註，p. 240。

151 見 Melle, Ullrich. "Edmund Husserl: From Reason to Love," 同前註，p. 231。

的行動表現，目的論落腳於絕對我之道德行動所產生的世界，也包括世界的人群；人們處於道德的關聯中，落實著道德的世界秩序。費希特又以為自然以及人類共同體必須存在，才能讓道德的人類共同體存在；反之，道德的世界秩序又必須以絕對的價值或世界的目的為根據，因為它們才是世界實在性存在的理由。胡塞爾更強調，費希特將道德的世界秩序視為上帝，上帝內在於絕對的我當中，故自然的絕對我是毫無決定力的，世界與自然被觀念主義式地設定──但從道德與宗教二而一的觀點出發。這種宗教是費希特所認為的真正基督教，它反對獨斷地將世界絕對化、實體化，它反對彼岸的天堂，而專注於由道德的自由行動所賦予的此岸意義。故費希特重視的也是人生命的不朽性，而非永恆性。

胡塞爾續以為，上帝的意義在費希特 1800 年的《人的天職》（*Die Bestimmung des Menschen*）以後有了轉變，祂從世界秩序轉為具無限意志的造物者，上帝猶如新柏拉圖主義之「太一」（*en*），從中流出和上帝異化的世界；與之類似，費希特認為上帝在絕對我中顯示，且在絕對我的一連串系列行動下，讓物質世界與精神世界被構造成為現象。反過來說，人可從物質世界提升到與上帝合一的境界。固然在 1800 年前後期，費希特對於宗教與道德的關係，有從完全合一到分開的不同看法，但後期仍以人與上帝的合一為可上達的理想。[152]

就胡塞爾來看，費希特在 1800 年以前明顯地將道德與宗教結合在一起，絕對我擁有最大的主導權，他設定作為世界秩序的上

---

152 參考 Husserl, Edmund. "Fichtes Menschheitsideal"（in: *Aufsätze und Vorträge*（*1912-1921*），Hrsg.: Th. Nenon und H. R, Sepp, Husserl XXV, Dordrecht: Martinus Nijhoff, 1987 S. 267-293），S. 277-284.

帝，故費希特當時是典型的觀念論者，上帝或世界是在此岸被絕對我所產生出來。這是費希特當時的公共性，但可為絕對我所設定的公共性，世界完全出自於人的道德。1800年以後，費希特強化了上帝對人的超越性，祂不是從人的道德所產生，人以另個因素去上達上帝，這個因素就是「愛」；但其中是否仍顯示出一些公共性的意義呢？

費希特以為人往上帝合一提升，具體而言，即是人努力與追求著生命的理想，一旦達到目的，人滿足了，即處於福祉（Seligkeit）當中。處於此生命的福祉，人們擁有最終被追求者，人與這被追求的合而為一，費希特稱這即是愛。未滿足的或只有表面滿足的生命，實是一表面的生命，是空洞的與自我否定的生命。愈為真實的生命，即有愈多的愛與福祉。在一切的福祉裡，皆有上帝的愛與上帝的福祉，上帝的愛是完美的；若生命是完全的福祉，只因為人能毫無遮攔地獻身於上帝，與上帝合一。人往上帝合一的提升是有幾個階段：1）被遮蔽的階段，完全受感性誘惑；2）被稱為倫理性（Sittlichkeit）的人性階段，如斯多噶對抗著感性，但只表現出形式的，卻沒有內容與熱情的愛；3）具較高道德性（Moralität）的人性階段，上帝以理型之樣式照射在經驗物中，以表示其顯現在世，包括藝術、科技、政治之領域，在職掌各領域者以完全的愛投入；4）宗教性的階段，上帝直接顯現在人裡，而非在不同領域的產物中，人感受上帝之愛而愛上帝，以及鄰人；5）神知（Gott-Wissen）的階段，是在哲學洞見上的宗教意識，原本單純的信仰提升為一種觀視（Schauen）。[153]

從這幾個階段來看，第三個屬較高道德的階段為愛與世間各

---

153 參考同前註，S. 285-292。

行業領域的結合，其中包含了政治領域，這明顯是屬公共性建立的階段。第四個宗教性階段可超越公共性，第五個則可稱為宗教藉由哲學復歸於具公共性意義的階段。這些層級在後來的〈改造〉論文再度呈現出來。[154]

　　無論就發表時間與內容而言，費希特講座呈現了胡塞爾從早期重理性的倫理學向非理性的基督宗教之轉化，以及又往重視神知的智慧去過渡。這反映了胡塞爾在一次大戰後接受基督宗教之具位格性、道成肉身、餽贈其愛的上帝概念，祂展現的是從上對下的贈予，可讓人在對上帝或基督耶穌的敬畏，且透過一種顯靈的愛，去上達於善。惟再往神知之具哲學性的宗教意識過渡，該講座又揭開了基督宗教與希臘哲學綜合的序幕。故其後的《倫理學導論》出現諸如鄰人之愛、上帝之愛的概念，但位格性的聖父或聖子已轉為純粹的理念，成為被觀視的對象。其後胡塞爾雖保留了諸如懺悔、祈禱等的表達，但畢竟已轉化成哲學式的神學的用語。[155]

---

154 此處所論述的費希特觀點出自胡塞爾，而非來自費希特本人，因我們主要在呈現胡塞爾於此階段受費希特的影響所產生的倫理與宗教的思想，其中出現了消弭哲學（希臘哲學）與宗教（基督宗教）對立的企圖，但胡塞爾之一段時間曾以基督宗教的非理性信仰或愛為所託付也是我們所欲凸顯出來的。在本章節所處理的範圍內，確實顯示胡塞爾終以希臘哲學來包容基督教的非理性部分，這個努力是否為胡塞爾個人生命所滿足，或可成為歐洲人之生命，乃至普世人類的生命所滿足，當然可成為我們最後去檢驗與思考的課題。惟胡塞爾本人究以何立場來綜合哲學與宗教，其理由又為何，這個立場與理由能否成普世性的，則是我們在做最後檢驗與思考前宜先掌握的。

155 在此也參考 Lo, Lee Chun. *Die Gottesauffassung in Husserls Phänomenologie*, S. 192-195，其談及胡塞爾也視上帝為具位格性者，也有上帝之愛、上帝之慈悲等說法，胡塞爾本人雖個人信仰基督教，但不將自己定位為啟示神學的哲學家，或基督教的哲學家。

2.〈改造〉論文中愛的問題

1）從文化反省到倫理學的建立

針對一戰帶來的苦難，胡塞爾從文化來反省，他首先提出了人文科學重建的問題：自然科學在數學應用到自然的事實性中，對經驗的東西進行理性化，而成就了不少先天的原理法則；但在精神（Geist）或人文性（Humanität）的領域，當時卻只有對應著事實性的一些經驗性的科學，尚未有具原理法則性的理性去成就先天的科學。胡塞爾在這裡對於自然科學與人文科學的方法學作區分的觀點，如同在《觀念二》一樣，以為自然科學以理性的說明（Erklärung）方式，針對物體時空形式的外在性尋求因果法則；人文科學根據普遍性的規範，對於事實性作規範的判斷，而這普遍的規範性是屬於人的先天本質的；人文科學針對內在之人的意識生活，尋找意識行動是在什麼動機（Motivation）下進行的，而動機必須經由先天規範構作出一些科學性，如此才能形成人文科學。先天規範來自於人，故人到底是什麼，就成為胡塞爾要探討的對象。

真正的「人性」（Menschheit）之客觀理念將成為文化改造的依據，但如何落實此理念，且在合乎人文性的理念下，何種規範形態是可能的與必要的，這些皆是在建立人文科學時要去思考的。胡塞爾對於人文性的理念，實表示人這個概念是理性的，它固屬於一個社群，包括家庭、民族、國家，它更屬於文化、科學、藝術與宗教。這些社群與文化、科學等皆須被規範，以求其真實性。由此可見，胡塞爾在此論文中先確認要改造的文化，即是對於人文理念的改造；人文義涵的喪失實為歐洲苦難的主要原因。

若社群與文化等形態的真實性要建立在先天性上，以構成真實的人文科學，則需要各個人以本質的方式，不再以個別經驗的

方式去觀察它們。胡塞爾將文化、人文，以及人文科學的改造，就方法上來看回溯到每個人去觀察各個精神形態的改造，這即是以現象學的本質直觀去面對精神各形態的作為。[156]

胡塞爾續指出此作為即是純粹想像或自由聯想的方法。在自然方面，面對數學家的純粹想像，某特殊自然物則是具先天性之本質可能物的現實例子而已；於精神方面，在自由想像變形下，原本屬於經驗事實的人可轉變為動物的、也就是身心合一之生靈的純粹理念，這是對於人性或人文的本質研究。但為何可進而求得對於人之先天與普遍的規範，探究出具倫理性的人之本質呢？[157]

胡塞爾已認定從精神層面來看的人，就是一個具倫理性的人，故對於人的改造問題，即是所有倫理學中的最大問題。前述的自由聯想方法，便是對於只從經驗層面討論的倫理學，提升到具先天性的純粹倫理學。胡塞爾也不認為這種倫理學是依照愛鄰人（Nächstenliebe）的理念，[158]去規約自己對於他人去行善的道德哲學，因這種道德哲學尚缺乏自主性。真正的倫理學不只是個人倫理學，也包括社會（群）倫理學，因而其所要求的更是一種具人（文）性的文化（humane Kultur）。他首先對個人的行為、動

---

[156] Husserl, Edmund. "Fünf Aufsätze über Erneuerung," in: *Aufsätze und Vorträge* (*1922-1937*), Hrsg.: Th. Nenon und H. R. Sepp, Husserliana XXVII, S. 3-124, Dordrecht: Kluwer Academic Publishers, 1989,其中第一篇論文："Erneuerung: Ihr Problem und ihre Methode"（發表於 1923, Heft 3, S. 84-92〔德文〕, S. 68-83〔日譯文〕）, S. 3-13.

[157] 參考同前註，第二篇論文："Die Methode der Wesensforschung"（發表於 1924, Heft 4, S. 107-116〔日譯文〕）, S. 13-20。

[158] 這種觀點亦和前在費希特講座中最後指出的類似，即人邁往上帝合一的幾個階段中，宗教性更需發展到建立在哲學見解上的宗教性，故僅憑愛鄰人的理念行事尚不自主，哲學提供了純粹倫理學，去領導包括宗教的文化形態。

機、方法、目的之實在性與可能性皆做自我的評價，包括對自己的特質、積習，去反省應從被動不自由，轉為主動自由的行動。這即是前述方法之運用在人的本質之探討，它建立了一些具普遍性的正面價值。人的這種自我評價與自我規約，是對於在各文化形態中求取真正的規範，以建立人文科學的第一步。[159]

由於這裡主要就胡塞爾對於「愛」的概念來談論，我們發現即使在自我評價之初，針對個人僅對自己的事業偏好作選擇時，胡塞爾即評以是否能用整個心靈（mit ganzer Seele），投其全身於其所愛。故倫理之生活形式為主要所反省與評價的對象。[160]

胡塞爾以為人最大追求的，是確定在整個生命裡維持滿足感的最大可能，這是建立在理性上的，人因此對於自己的生命有出自理性的責任感，或是倫理的良知（das ethische Gewissen）。理性不是偶然地規約自己，而是基於原則，能普遍地對人做自我決定，此時真正的人文性（echte Humanität）就開始成長。人成長的極致，是萬能的、有無上權力的，人所追求的是上帝的理念，但胡塞爾認為人無限地去渴望與愛祂，卻始終知道離祂無限遙遠；由之，在人文性的成長中，上帝成為遙不可及的理想；上帝作為人的理想既是絕對的，又是相對的，胡塞爾概在強調人持續不斷地渴望與追求理想。而之所以持續不斷，因為人始終為罪所負荷。真正的人文生活是在始終不斷的自我教育（Selbsterziehung）中，胡塞爾稱為「通往理想人文性之路（方法）的生活」（ein

---

159 參考第三篇論文："Erneuerung als individualethisches Problem"（發表於 1924, Heft 2, S. 2-31〔日譯文〕），S. 20-43，其中 S. 20-26。

160 參考同前註，S. 27-29；倫理生活為最重要的，此見胡塞爾說：真正的藝術家尚不是真正的人之最高意義，但真正的人可成為真正的藝術家，只因為倫理的自我規約對他作如此要求。（S. 29）

Leben der Methode zur idealen Humanität）。[161]

2）科學本身也是文化形式、人文科學

但真正文化或社群生活的條件是什麼，是胡塞爾最後要討論的。胡塞爾強調從個人到社群的生活不是集合累進出來的，而是有一整體性貫通的，它已奠基於個人主體中，並有一屬於社群的共同主體性，這個整體性人格的自由要被探求出來。對之掌握，則需以一先天形式的科學研究去進行。人類生命共同體的理念，所屬的各種個人、共同的環境概念，以及各個不論是有限或無限開放的社會形態，如家庭、朋友、國家、民族、教會、國家等的區別與建立，以及對它們去尋找倫理性的規範，這皆是科學研究的對象。事實上，科學也是一種文化的形式，是一種共同生活的領域，倫理（科）學亦如此，由於它本身可帶領社群往人文的理想去發展，倫理學就具備較高的價值。而在倫理學中，胡塞爾要求群體的意志統一性，他視一個意志的共同體為倫理性的共同精神（Gemeingeist）所發展開來，它追求著共同體的理念，此理念有權威性，但來自在原創活動中成長的哲學之文化形態，而不來自如中世紀以素樸性及由傳統所增生出來的宗教性社群。[162]胡塞爾在此的看法，實預示了之後要討論的，即當胡塞爾轉入宗教性的階段後，又以哲學來包容之立場。

但僅就哲學作為嚴格科學本身來看，因它促成了往人文理念之邁進，故其本身亦具實踐性，胡塞爾甚至說哲學是「真正人文性自我實現的技藝」（Technik der Selbstverwirklichung echter

---

161　參考同前註，S. 32-43。

162　參考第四篇論文：“Erneuerung und Wissenschaft”（1922/23年未出版），S. 48-
　　53。

Humanität）。故哲學是這真正的人文科學，並扮演倫理化的角色，去規範各個文化形態，如民族、國家，或甚至有所謂超國家的文化形態，當然也包括哲學本身。[163]

3）真正的基督教是什麼？

宗教性的規範為胡塞爾在最後一篇論文所討論，在這裡我們將見到希伯來文化的「愛」將成為一種「規範」，但它最後又訴諸於哲學來規範，故形成了希臘與希伯來文化的綜合體。這是最後要提出來討論的。

胡塞爾先大略以為宗教是較高的神祕文化，在其中所有的超越性本質皆被絕對化於上帝，成為絕對規範的設定者；宗教包含普遍的世界觀與救贖秩序，而為信仰所維繫與擔負。顯然對於胡塞爾言，巴比倫與猶太文化過於素樸，其宗教性難免具不自由的性質，因它們缺乏了自我批判性，而批判性所得的自由表現在1）宗教的自由運動與2）科學的自由發展上。簡言之，宗教不針對特定民族的救贖而設定，要依照各民族對上帝的不同關係，而有不同的救贖需求，以發展成世界性宗教。在正常文化發展下的宗教表象之所以成熟，在於其能夠於持續進展與可區別化的共同生活中，以不同的具體形態，藉直觀去凸顯出各個不同價值與規範的類型，並將之反映在宗教的領域內。故在宗教內容中包含了為直觀所理解，為明見所洞察之持續被充實的價值內容核心，雖然其外表為非理性所包裝。因此直觀的洞察性與非理性二者被歸結為宗教信仰的綜合體。胡塞爾對於基督耶穌的事蹟，與諸如彌賽亞

---

163 參考同前註，S. 55-59；值得注意的是，胡塞爾指出哲學一方面在純粹可能性之本質觀察中，另一方面在具體事實的觀察中可去考量（S. 57）；顯示哲學既為純粹性，又為實務性，其具備真正的技藝性質。

的顯靈，皆要回到去理解原初的經驗層次去，企圖求得原初的力量與完整的動機。如胡塞爾的強調：從原初的宗教直觀才能真正取得對於基督與經由祂對於上帝的個人關係。這或許可稱為對胡塞爾而言的宗教「改造」。[164]

　　這種新宗教的發展來源不在信仰，而在於知，在哲學與科學的層次。這種自律的理論理性功能遠來自希臘國家，現今一種普世之自由文化生命的精神亦從這種希臘文化發展而來。胡塞爾的確區分了歷史上兩大文化的發展擴張，一是希臘的、由科學所形塑的文化，它由具實事性的（sachlich）的精神所刻畫，基於理論的興趣；另一是基督宗教，它基於信仰、因人生苦難而需求救贖的情感而來。如前所述，胡塞爾要求的是這兩大發展運動的自由。[165]

　　4）愛的意義

　　第一次世界大戰讓胡塞爾自己深感人生苦難，基督教文化的關注未嘗不是他本人情感的需求。我們企圖揭示他對於非理性之愛的感情轉向，以對照胡塞爾之前以希臘文化為其思想背景。但我們不要忘了，雖然胡塞爾先前對於哲學的建立視為純理論的，但其中也蘊含著一種愛，它也為胡塞爾稱為對於客觀知識之純粹的愛（reine Liebe zur sachlichen Erkenntnis），是智慧的愛（Weisheitsliebe）。[166]這種愛是我們前面所已解釋過的 *philia*。但胡塞爾本人如何對於基督教中的愛，其特別以 *agape* 來表示的愛作

---

164 見第五篇論文：“Formale Typen der Kultur in der Menschheitsentwicklung”（1922/23 年未出版），S. 60-66。

165 參考同前註，S. 68-72。

166 同前註，S. 84-85。

些論述呢？

在一篇針對基督生命的附文（Beilage）裡，胡塞爾有如下的觀點：他不為福音書的神蹟所震撼，但為基督的形象所感動，他明見到，基督的行為乃純粹的善，如是可被其所愛與最純粹的愛所感動；基督自身在那裡為一完美的善，在純粹的愛中轉向世人，作為無所不為的知者與寬恕者，胡塞爾視之為純粹的品質、理想的人之化身。胡塞爾理解一些信徒對於耶穌的歷史傳奇性個人的信仰，或福音書對於復活之見證等等。但他認為所信仰的宗教真理，除了事實性真理（Tatsachenwahrheit）之外，尚有救贖性真理（Heilswahrheit），而救贖的力量應直接從自己的體驗、理念而來，從而去賦予建立在事實真理之歷史性宗教的力量。胡塞爾說，就事實內涵而言，那位猶太人耶穌的存在，不只是作為歷史傳奇的來源，更是為了上帝的存在，為了聖父與聖子的關係。胡塞爾毋寧視耶穌為一在苦難中掙扎的人，其感覺到天職在身，而往純粹的理念形態去觀視，並去實踐它。若我們如此去看耶穌，就可被其愛所感動與召喚。故對胡塞爾而言，人需要去觀視一位值得被尊重的、具純粹善的人；人需有一模仿的對象，才使自己能夠超越、提升；特別是透過一種顯靈的愛，人才能成為善。人之獲得倫理經驗，並不是透過對他人錯處的批評，而是透過對於善的品質之具體的愛的觀視，可明見與了解到即使愛具有理想性，但愛的意向性仍可獲得充實與滿足。[167]

這裡的論點，將前述胡塞爾之費希特講座裡，人通往上帝的第五個階段——神知，做了仔細的說明，即是將宗教意識建立在

---

[167] 見 Beilage IV: "Religiöse Wirkung von Legenden, dichterischen Gebilden"（1922/23），S. 100-123.

哲學的洞見或觀視之上，將宗教與哲學的自由性做了結合，也是對於胡塞爾因為一次大戰，重回希伯來宗教文化之後，再以希臘重哲學與科學性的文化去加以綜合的具體呈現。胡塞爾在該附文中提到這是一種以現象學的態度，去執行宗教的直觀活動。有趣的是，這在1922/23年的觀點和海德格在1918/19年已執筆，正式在1920/21年授課的早期弗萊堡講義：《宗教的現象學導論》[168]中，重視事實性生活經驗（faktische Lebenserfahrung）有異曲同工之處。二者對於宗教現象學的理解頗值得被進一步比較。

3. 胡塞爾30年代對於倫理學與宗教的論述

我們這裡將以德國科隆大學（Universität zu Köln）胡塞爾文獻中心（Husserl Archiv）[169]的手稿為依據，呈現胡塞爾晚期1930年代的宗教思想，其是從倫理思想發展出來的。目前已大部分被選錄於胡塞爾全集卷42（XLII）：《現象學的邊界問題》內。

1）普世的倫理學（A V 22，1931年）[170]

編號A V 22，標題為「普世的倫理學」（Universale Ethik）手稿絕大部分來自1931年。顧名思義，胡塞爾保持著建立普世的科學理念，倫理學也被如此要求。這是一個理論學家的工作，但或

---

168 Heidegger, Martin. "Einleitung in die Phänomenologie der Religion," in: *Phänomenologie des religiösen Lebens*, Hrsg.: M. Jung, Th. Regehly. et C. Strube, GA 60, Frankfurt a.M.: Klostermann, 1995, S. 3-65.

169 在此感謝資料中心負責人狄特・洛馬（Dieter Lohmar）教授慨允本人於2006年停留期間的借閱。

170 此表示胡塞爾手稿的年代及標號，後面括號內如2a-2b表示手稿的頁碼。在 Husserl, Edmund. *Grenzprobleme der Phänomenologie*則是 S. 472-490（A V 22 10-23）。

出於職業所需，或出於純粹之對科學的愛，也或出於致力人民福祉的動機。但理論是超越個人、社群、世代，在無限歷程中以求實現的理念。（2a-2b）倫理學雖關涉實踐生活，但若著眼於人的整體與普遍的生命，則這個思維就將成為一種理論的態度，實踐的興趣成為一種建立普世的科學的興趣；（10b-11b）這當然涉及到每個人亦對他人負責，人與人交流，成群結社，以至於倫理學涵攝了整體人類。（12a-13b）換言之，每一個規範性問題被統合在問及世界的存有之屬世界科學的普遍性問題，而不只是事實性問題。（18a）胡塞爾以理性為主宰的力量，它讓人整個生命可能和諧一致，即使有個別與一時的懺悔（Reue）、罪惡（Sünde），但仍可被克服。但在手稿中亦見到胡塞爾對於絕望（Verzweiflung）的反思，相對於一種非本真的絕望——只是無意義的畏懼、意志的麻痺、無所適從的逃避、時或放棄生命，更有本真的絕望，它是整個意志的放棄，對整個生命有意的全盤否定；（3b-4a, 5b）這裡已透露出胡塞爾對於整個生命由理性意志做主的信念問題。然而，事實性世界雖常帶來命運、災難、老化、疾病、死亡，胡塞爾畢竟仍強調生命繼續走著（Das Leben geht fort.），他以為即使這一切的非理性，我們仍可肯定一個統一的生命，理性唯在往無限存在的世界中去展現。（22a-22b）

我們見到胡塞爾對於倫理學的理論性理念仍抱持著希臘重視科學性的立場，雖然這種以理性為本位的態度似乎漸有些動搖。值得注意的是，雖胡塞爾強調世界的存有始終針對人類以及一種目的論為旨向，雖也強調對於這種旨向人應有所信仰，譬如對於上帝的信仰，而這上帝是創造世界與人類的上帝。故胡塞爾將倫理學與上帝信仰，以及對上帝信仰的教育關聯在一起。特別是，他提到人的信仰雖因個人動機有其正當性，但正當性的證實還是

要經過以科學所呈現出來的自由理性，它超越一切歷史的、地域的相對性，一種放之四海皆準的倫理既與信仰結合，信仰本身也必須放之四海皆準，它也必須奠基在理性上。以理論興趣為基礎的倫理在態度轉變下就可成為落實於個人生活的技藝之學（Kunstlehre）或規範之學（Normenlehre）。（18b-19b）由此見，胡塞爾此時仍持續在將希伯來與希臘文化作綜合的路徑上。上帝一方面是創世的，另一方面被視為蘊藏於單子全體（Monadenall）內之朝目的發展的能力（*entelechie*）、理念（Idee），祂是絕對的理性，每個人在個別單子之運作於身體中，受祂的激發而逐漸發展，成為人類全體、世界全體。靈魂不朽的課題也被理性化，因個別人參與著上帝的實現發展過程，個體中蘊藏著整個遺傳性（Erbschaft）；胡塞爾也稱這個進展是真的（echt）與善的（gut）。（25b-26a）他在另處也稱涉及世界全體的真理是美的（schön），因為這個最終的真理讓我們在一種心靈（Gemüt）、一種評價的（wertend）意識中感覺到滿足。（28a）

2）普世的上帝（A VII 9，約1930年）

將希臘與希伯來文化做一綜合，胡塞爾企圖視上帝為屬人類全體、世界全體的，祂不屬於個別的人、個別的家庭、民族，祂歷經了歷史上神話與多神的階段。對於這種普世宗教的要求出自普世之宗教倫理的要求，這個倫理屬於每個人、所有民族、甚至超越了地球人，屬於宇宙眾星球的。這樣的主張在A VII 9手稿裡更為清楚。胡塞爾並以為，隸屬於不同民族家園的具體人類，地域性地有著各自的倫理或宗教，各自的具體人類行為類型，例如古時的猶太人，或在歐洲世界的猶太與基督徒等，它們透過對歷史人物的啟示而發展開。胡塞爾欲建立的是一獨一無二的上帝，祂屬於普世人類，但這個上帝亦可對原先的地域性信徒，甚至對

原先的無神論者有所啟示。惟另個角度看，普世性的科學不以啟示為先決條件，因為它不必然和相關於啟示的事實性連接在一起，這是從無神論的立場（出發）來看之邁往上帝之途徑。（13a-13b）

3）從事實性到普世性的要求（E III 7，1934年）

胡塞爾以「處於命運、宗教與科學的人類」（Der Mensch in Schicksal, Religion und Wissenschaft）為標題的手稿，對於人從地域性、事實性的宗教、倫理乃至政治，應該與為何成為具普世性者，也就具普世的科學理論性質，有著仔細的刻畫與解釋。

在各個地域與歷史上的不同宗教，曾賦予了神祕的精靈力量，同為人與一般動物所依賴而生存，人曾以贈予、犧牲、敬拜、祈禱等服侍著神靈，它們曾屬於個人或一個社群，譬如希臘羅馬人，胡塞爾對這種宗教的作為稱為宗教技術（Religiontechnik）。（3a）

胡塞爾描述了在從家族到種族，在家族與族群政治人物的治理上表現出理性的發展，一些規則漸源於哲學的洞見，而不再取之於神靈。（4a）隸屬於不同種族的宗教技術也漸被理性化，接受哲學的思義（philosophische Besinnung）。不論是自己的或其他人的宗教要被自由地批判，它是以自由地對自我與世界的思義為條件，也就是要跳脫傳統帶給我們自然而然生活的土壤，以自律的理性去建立一種具普世性的信念。我們應該注意胡塞爾所刻畫的哲學之思義歷程：它成長於在眾多的族群、層級中具同樣動機的要素，（5a）這究竟是什麼？到底何者形成了出於自律理性、擺脫地域與種族性傳統的科學理論？何者讓傳統內日常生活的人下的判斷，從意見（doxa）的層次提升至知識（epistéme）的層次？雖然這種屬於哲學性的科學是在無限的成長中的。何者奠定著哲學的天職乃明確地在治理整體人類的發展，以及整體人類的

實踐行為？（5b-6a）

　　這即是問：何者隱藏在種族歷史的傳統中，如在盲目之習慣與激情的傳統中？胡塞爾提出了驚訝（*thaumázo*）一詞，說明驚訝不是一般的好奇，而是對於整體生命的普世性表象被顛覆的驚訝，並是針對於研究取得的真實存有的尊嚴中所透顯出來的驚訝。（6b）如果胡塞爾指的驚訝是讓各地域或種族的人衝破傳統束縛的必要手段，他必定承認驚訝在每個人身上均可發生，故驚訝不失為讓哲學思義成長出來，為眾多族群所共有的動機要素；但對於何者驚訝應為更根本的動機要素，而對此胡塞爾又有何說明？

　　為每個人理所當然所理解，有共同興趣，且可形成共同性者，即以理論（*theoria*）為稱號。它首先表現為數學的數與量，譬如它們所規定的空間擴延及時間綿延性即是去除自然的神祕性（entgöttert），這是第一個理論的主題。（6b）胡塞爾似乎更關切的是人本身到底是什麼。他以為就其真實的存有言，人開放地思維、感受、行動，致力於人生整體的滿足。這所謂的追求幸福在傳統生活中固也存在，但一旦脫離傳統，實更能展現，因人類服膺理性，甚或有時服膺於理性的領導者。不論人跟隨具理性的自己或他人，這皆需要知識／認識，因為知識能保障持續的理性行為風格。（7a）而往無限時間進展的純粹理論與包攝世界總體的哲學科學更應為人所擁有，因為這個最原初意義的 *theoria*，在自由毫無成見之下所進行的觀視（Schau），喚起了讓真實的被觀視者與被解析者成為確定不移的要求，並且希望每再做一次的觀視，皆能習慣地支配這個確定性。若能如此，為建立明見性理據的理論性要求就能實現。（7b）

　　我們以為從傳統束縛的事實性到普世性科學理論的要求，胡塞爾根本上還是為了自然界能走出神祕的深邃性成為明見的。在

回到這裡的主題本為對於倫理與宗教也以普世性、明見性來面對以前，我們先看胡塞爾在此手稿一般來談關於從神祕到明見的過程。

原先在敬畏中被視為神靈者，透過驚訝轉為除去神祕化後實事的連接關係物（sachliche Konnex），並成為主題；在此先是世界的統一體被理論地縱觀（überschauen），進了意識，但它必須在開放的視域性中才能被直觀地（anschaulich）構成，這是在步步為營的過程中綜合地進行的構成，從而本質結構實事地（sachlich）凸顯出來。胡塞爾舉例，譬如無限的空間是無限的位置系統（Ortssystem），它作為所有形態（Gestalten）普世的溫床（universales Bett），讓所有形態的改變與運動得以進行。這即表示無限的空間本可被理論地縱觀，但直觀與構成是要從個別的形態出發。（7b）

胡塞爾對普世性科學理論形成的過程實分成幾個階段：驚訝是科學形成的源頭，但它只開放了意願，尚需落實的方法，但在不知方法，急於從事實過渡到一般知識時，就易止於素樸經驗的一般性，而未達絕對的一般性。前者為自然知識（Naturerkenntnis），雖包含所有人的周遭世界，人也屬於自然的一部分。絕對的一般性已蘊含在經驗的一般性中，問題是如何揭發出來。（8a）

對照於上面所說，驚訝讓世界的整體被觀視，但可能人急於求得一般知識，而止於素樸經驗的世界整體。方法應是針對如何讓此素樸的整體分解在開放的視域中，如何經由人的直觀漸次構成其本質的結構；這即是現象學的擱置、還原，以及構成等的步驟。它們在此手稿中未表明出來。

但值得注意的是，針對一般人對於純粹理論提出異議，質疑

它是否失去了實踐的面相，胡塞爾回應著：哲學，也就是在自由態度下的思維行為可成為實踐的，人在擺除成見後可教育成為一位成功的政治家，自由態度所造成的興趣轉向正為原先不負責的行為開放了大門。胡塞爾續談古希臘的辯士似提出了一套方式，賦予了哲學實踐的義涵，責任的認知也被喚起了；但蘇格拉底與柏拉圖建立的理論更具實踐性，因它雖解除了周遭世界的實踐性，但理論確是人存在的理論，是政治存在的理論，故理論成為政治實踐的基礎。因而真正理論的倫理（Ethos）是作為一位實踐的人之哲學家的倫理，理論的 *epistéme* 是實踐的 *epistéme* 中的要素，理論理性是對於實踐理性的理論，其本身就是實踐理性的成分。（8b）

　　綜言之，哲學思義的共同動機要素是驚訝，以及被驚訝的世界整體，但要能驚訝不失其驚訝，就要施行現象學的方法步驟，讓原先在驚訝中乍現的世界整體一方面不立即消失，另一方面不滑轉為素樸經驗的自然，而穩定的從下向上去構成世界整體，包括普世的科學理論。更深入來看，胡塞爾的擱置方法實適用於理論與實踐，擱置是智慧（無限智心）先下放於人類經驗，再透過人的意識或行動上達於智慧的方式或過程。胡塞爾在手稿強調普世性的科學理論不脫離實踐性，因自律理性而是有責任的。我們以為理論不離實踐，主要還是在於理論最後以上達無限智心為目的，至於責任心也可歸為哲學思義的共同動機要素之一。

　　若我們回到倫理、宗教的問題來看，原先屬於宗教技術層面，包括餽贈、犧牲、敬拜、祈禱等服侍活動，以及與事實性相連的啟示、愛（*agape*）等等，皆在驚訝與負責之情韻（Stimmung）轉化為被觀視的對象，它們要被胡塞爾檢驗是否合乎普世性、明見性。當然這裡已至少預設了，胡塞爾認為驚訝、負責與其中扮

演重要角色的對智慧追求的愛——*philia*——是具普世性的。

4）從世界的事實性現象學分析出發（E III 8，1934年）[171]

此手稿分成兩個部分，分別以「宇宙論的世界思義」（Kosmologische Weltbesinnung）以及「倫理實踐人格的世界與自我的思義」（Ethisch-praktische personale Welt-und Selbstbesinnung）為標題。

第二部分像 E III 7 的手稿一樣，主要在對於做一普世性的倫理與宗教的強調，如有民族宗教（Volksreligion）及世界宗教（Weltreligion）（19a）的區別。以人在需求中進行普世的實踐性思義時，世界是對於實踐行為所需之實在的與可能的物質處境，而實踐是為了全體的生命滿足。（18b）在對德行與理性的生活下倫理的抉擇，並致力於滿足的最高目的時，需要去思義生活如何關係著實踐的可能性與必然性。（16b）宇宙論的科學是關於存在的世界與其中事實之人的科學，其上更有對於本質與人之實踐可能性條件的科學。（16a）

第一部分對於人在世間的感情做了分析，我們認為正可歸為上述的在對世界整體驚訝後，透過現象學方法從下而上的重構，這是對於原先束縛與傳統事實性的感情，進行往其本質結構去發展的分析。我們看到此手稿前幾頁仍在做一綜述，強調一全面的人格性自我思義的重要，這是對整體生命——個人與群體——的回觀（Rückschau），這將形成往無限與整體發展的意志生命，所有個別的努力皆將隸屬其下，如此也將造就一個完全理性的我……。（2a-3b）

---

171 參考 Husserl, Edmund. *Grenzprobleme der Phänomenologie*, S. 502-519（E III 2-14, 15-19）.

　　之後，由下而上的分析，胡塞爾從反思人不是單獨生活，是與他者共存，（4a）以及何謂幸福生活出發。（5b）因而自己與他人的命運皆造成自己的幸福與否。（7a）他者，特別是所愛的他者死亡，是不可避免的不幸，甚至造成我們的絕望；胡塞爾分析了自我如何因為所愛的人死亡而跟著毀滅，但如何繼續可開始新的生活。（8a-8b）他進一步分析愛的意義，例如個人間彼此以整個生命的界域共同生活即是愛，每個有意願地進入他人與跟著他人的生活即是愛，每個在同理心的（einfühlend）關係中與他人實際所過的和諧生活即是愛……等等（8b-9a）胡塞爾並從體諒人心（sympatisch）的分析過渡到負面的無情（antipathisch），乃至於群體間的不和諧、敵對、爭執等。（9b-10a）但掌權人亦有因能排除敵對、貫徹權力而浸淫於權力欲者。（11b）在以愛做結合的群體中，胡塞爾特別指出家庭，它是一群世代的生存者的統一單位、和諧的共同生活者的統一單位，它並是鄰人之愛的原始形式（Urform der Nächstenliebe）。（12a）而在群體生活中往往有利己（egoistisch）與利他的（altruistisch）行為，後者是自我將他人的存有與意願收納為自己的，並在行動之不相容下為了滿足他人而否定自己；前者就以自己的滿足為優先。（12b）胡塞爾又分析利己主義有分輕重，前者在選擇中排擠了本有的利他動機；後者則屬於惡意的（böswillig）、無限上綱的（schrankenlos）、完全不體恤他人的（rücksichtslos）利己（以至於人害怕著跟蹤監聽，顧忌國家法律與權力——案：胡塞爾在此手稿中多次透露當時的政治環境，這只是一例而已）。（13b）但也正因為常有這種自以為擁有絕對價值的利己主義，不知自己陷於錯誤中（也包括自以為在絕對信仰、真理中的不同宗教），故我們就需要哲學對世界與人類進行了解，以建立科學理論，保障客觀的真理，以及對每個人

言絕對一般的有效性。（14b）

　　我們以為在此手稿，雖然從下而上的分析表現在對於諸如絕望、愛、利己、利他等做了本質意義的闡釋，但尚未見如何構成更一般的本質結構，以穩定地上達原先在驚訝中已乍現的世界整體。胡塞爾所分析的是傳統上皆有的概念，套用前面宗教技術的概念，我們可稱這些仍被傳統事實性束縛的一些倫理性概念為倫理技術。但對現象學分析之求取本質結構，以致上達具普世性的純粹理論而言，倫理技術就轉化為一種為理論理性所規定的倫理義涵。這也呼應前已述之胡塞爾的要求：理論理性是對於實踐理性的理論，其本身就是實踐理性的成分，以及更具體的一句話：以理論興趣為基礎的倫理在態度轉變下就可成為落實於個人生活的技藝之學。

　　另外，在對這些倫理性概念的分析中，愛實為核心概念。在群體中我與他者間的愛在希臘字為 *philia*，當然也不排斥 *eros* 的性愛概念。當胡塞爾以家庭是鄰人之愛的原始形式，即是將原先基督教所重視的 *agape* 概念轉化為以 *philia* 概念為根基，因為後者更具有普世性及明見性。我們記得1930年代前胡塞爾曾將耶穌基督之為歷史傳統具啟示性的人物，轉為被觀視的人物，由之 *agape* 轉為對智慧之愛 *philia*。今他更企圖從具體生活中的 *philia* 來奠定基督宗教，實乃將原本屬傳統種族性的基督教轉為世界性的宗教。

　　5）從本能來看信仰的問題（E III 9，1931-1933年）[172]

　　在標題為「本能、價值、善、目的論、人格性的規範結構」

---

[172] 參考 Husserl, Edmund. *Grenzprobleme der Phänomenologie*, S. 246-247（E III 9 22），458-468（E III 9 27-34）.

（Instinkte, Wert, Gut, Teleologie, Normstruktur der Personalität）的手稿中，我們可見到胡塞爾從本能的觀點來看上帝相關的課題，這是他從更底層出發，去分析宗教事實的本質結構，對它們的普世性與明見性做更深入的探討，我們在此舉出幾個例子來說明。

針對過去被視為宗教技術的祈禱，胡塞爾認為真正的祈禱是指向人的內在的，因為和上帝真正現實的關係是內在的。相反的，在宗教祭祀中所呈現的圖像，或是將上帝視為聖父，以及宗教的象徵等等，它（祂）們均是世界的、實在的。但內在性是所有實在之關係的基礎。所謂內在性即是非直觀的、原初的、本能的一種對於內在上帝的預知（ahnen）。胡塞爾說這是以本能來表示的宗教意識的共同之處。（22a-22b）

若我們理解胡塞爾對於本能的定義，將更能體會這種意識的深意。本能有一個意向方向，但是在一個完全未成形之空的視域內，以至於所朝向的目標並沒有先前可指示出的熟悉結構。（22a）胡塞爾又說，在所有本能中，本能雖充實自身，及透過充實指示目標，但這種呈現只是相對的，因為所呈現的繼續指示而有新的呈現……。但在哲學現象學活動的最高形式中，在最後意義下的真實者，讓無限意義建立中的相對性的整體呈現。（22b）我們以為，本能所意向的未成形者，猶如過去所述驚訝後所乍現的世界整體，它需要去穩定、規定，相對的呈現即是從下向上漸次的去對本質結構的構成，最後則是哲學活動的最高形式，讓世界整體得以呈現。若胡塞爾另外說，人活在無限的生命視域中，他超越出本能，持續地創造價值，致力於建立對自己與對人類全體的價值世界，（39b）似乎應就這個漸去構成出穩定的世界整體而言。今哲學對於祈禱之內向性（Innenwendung）所告知的賦予了明確性，類似對於本能原先所預知的賦予了明確規定一樣。故胡塞爾

說，宗教、祈禱者、上帝的找尋者，以及祈禱的社群等的內向性意味著，不是往自我私有的內在，而是和現象學的內向性平行著。在此，一條路穿越我的內在，通往他者（也是內在的他者，非時空的實在所界定的他者），繼而通往世界。（22b）

在 E III 8 手稿中有家庭是鄰人之愛的原始形式的說法，在 E III 9 則有更詳細的解釋。胡塞爾區別一般價值與個別價值，前者如在對快樂的價值選擇時，往往次要的價值可被吸收至主要的價值內，即在所謂價值的吸收（Wertabsorption）原則下，所考慮的價值皆可或多或少被一般的滿足。個別的價值往往會發生彼此價值的衝突，以至於某個別價值必須被犧牲。胡塞爾舉典型的例子是聖經裡的亞伯拉罕的故事，犧牲不會帶來快樂，即使有時快樂之情會過度渲染在某犧牲之舉上（如亞伯拉罕果真犧牲了自己的兒子或當自己的親人為國犧牲時）。相反的，若一位母親為了自己的孩子必須犧牲其他人，她如何面對鄰人之愛的問題呢？但這裡顯示出，對一位母親言最鄰近的是孩子，然後是其丈夫。故胡塞爾仍以家庭為出發點，來描述或說明鄰人之愛是將他者的感受、評價、努力等視為己有，這種視為己有或甚至獻身（Hingegebensein）於他者的態度，即是將他者納入自己愛的界域之內。胡塞爾也強調鄰人之愛不是我對於一般人之愛，而是屬於我對於個別人的愛，故難免有不同價值間的衝突與犧牲的可能。（33b-34a）

之所以有衝突或犧牲，我們以為因為價值的關注點一為享樂，另一為生存／存在。胡塞爾區別快樂主義（hedonisch）的與精神的兩種價值，前者源於享受（Genuss），後者即源於愛；他並以為後者的落實不必然在快樂／興致（Lust），這只是精神的愛附帶的可能結果而已。（40a-40b）精神的或愛的價值是涉及個

人／人格（Person）的，它關乎生存（死亡、命運等），（40a）但亦涉及對於藝術的追求。（40b）故我們以為，僅享樂的層次尚能有不同價值的吸收，而能顧及一般的價值滿足；反之在生存或存在的層次，則常因不能彼此遷就妥協，而有衝突或犧牲的可能。[173]

　　如果上帝往往在基督教被視為具絕對意志的主宰者，胡塞爾仍保持此看法，但他將上帝和超驗主體際性關聯在一起，在此手稿中並以下列諸字句來表示：上帝的意志是普世絕對的意志，它活於所有的超驗主體內，讓超驗的整全主體性之個別具體的存有得以可能，它以整個主體際性為預設，但作為預設的意義不是指它出現在上帝之前先有，而是指它是讓上帝的意志具體落實的結構層次。（44b）鑑於此，我們以為胡塞爾一方面不否定上帝為意志主體，是個別具體的，乃至有可能先在；另一方面卻似乎將一種具理想性位格性質的上帝，安置於人的主體內─從個別往群體，以至於往人類（乃至包括其他生靈）去構成的整全主體內。惟胡塞爾更強調這個整全性已潛在於新生的嬰兒，（47a）甚至於說：原質料（Urhyle）帶著原動覺（Urkinästhese）、原感受（Urgefühle）、原本能（Urinstinkte）等，或原物質（Urmaterial）皆以統一的形式行進發展著，那是以普全的世界為目標；換言之，整個世界的構成即在是本能地被先指引著。這即是目的論；這個目的論固然回溯到那些原事實性（Urfaktizität），胡塞爾卻又提問：這個目的論之本原（Grund）是存於上帝中嗎？（51a-51b）

---

173 這裡就是梅勒所指出胡塞爾後來注意個人的愛而放棄了的價值吸收原則，否則會遇到不可解的犧牲問題。他也提到胡塞爾裡以快樂為主的非倫理性價值和愛的倫理性價值間可能的衝突（Melle, Ullrich. "Edmund Husserl: From Reason to Love," pp. 244-245）。亦可參考 Husserl, Edmund. *Grenzprobleme der Phänomenologie*, S. 410-422（A V 21 78-86）。

綜言之，若我們回到胡塞爾欲建立普世性宗教的立場，他一方面刻畫上帝是有意志的，另一方面以祂可本能地被預知，但這個預知更表示，人原初本能地即在合乎目的論下，往可具體落實上帝意志的世界整體去發展，去構成。不論是預知也好，或目的論的發展構成，應為胡塞爾認為是明見的與普世的。祈禱的內向性表示人和潛在於自己，能落實上帝意志的整全的主體（際）性對話。由此看來人皆承擔著去讓此潛在性實現的責任，但若未能盡責，就出現懺悔（Reue），因此胡塞爾在此手稿中也出現幾次談論懺悔的課題，這原先也被視為宗教技術的懺悔，就和倫理的自我負責課題置於一起來理解，（58a, 59b, 66b）似也可增加些普世性的義涵。

6）哲學與神學的相合（E III 10, 1930-1934年）[174]

最後我們藉此手稿的後半部，胡塞爾以「哲學與神學：其關係作為哲學問題」（Philosophie und Theologie: ihr Verhältnis als philosophisches Problem）為標題的幾頁反思，來作為他對於宗教看法的總結。

「哲學的神學作為哲學與信仰神學（konfessionale Theologie）結合而發展的最高點，它是要跟隨哲學，使用哲學的。」（14a）胡塞爾表示了應是他自己對於宗教的最後定論後，即花了數頁來思索，間或提出了一些理由來表示。

他以亞里斯多德曾開出了這種哲學的神學之典範，是一種自律的、具目的論的哲學。它不是以信仰的進路通往上帝，但卻可一方面提供人類所居住所仰賴的世界，另一方面提供在不同歷史

174　參考 Husserl, Edmund. *Grenzprobleme der Phänomenologie*, S. 259-263（E III 10 14-17）.

與不同形態的宗教中生存的人類，提供這兩方面之本質必然性的理據。針對後者另一個說法是，哲學的神學讓歷史上具體的宗教，在一種最終發展的宗教形態裡去承擔永恆的必然性；故哲學的神學反而有立基於信仰神學的義涵。（14a-14b）

　　或許胡塞爾是以兩個不同觀點來思索的：一方面從已成形的哲學的神學來談理據的基礎，另一方面從尚未成形的哲學的神學，來談之前在各種信仰宗教已潛在的哲學的神學，故歷史上具體的宗教反亦蘊含著永恆必然性。故胡塞爾又以亞里斯多德的哲學的神學或永恆哲學（*philosophia perennis*）為範，其往永恆性邁進是需無限的發展歷程。今胡塞爾指出的真正之宗教神學，雖源於啟示，但在發展歷程中從哲學獲取其精神意義，更能增加其具生命性的信仰，神學更具哲學性，以至於神學與哲學漸為相合，惟這是在無限歷程中發展的。（14b）

　　這些論點即如過去所說的，不論是世界知識、最終的之真理，皆是從開始的歷史事實、所牽涉的文化去發展。從宗教的角度來看，就會從地域性、種族性的宗教往超民族的、屬全人類的宗教去進展。（15a）在動物界、人類、神祕世界等充滿了各種力量，有精神的、超人類的、次人類的等等，但其中有一位上帝統治著它們，在它們之上，決定著普世的善。（16a）故我們回過頭來看啟示、教會、救贖等意義，它們皆也被看成有不同的發展，向著最終的宗教形態去進展。（17a）

（四）小結

　　我們透過西方不同愛的概念，來看胡塞爾早期基於希臘哲學理念的倫理學，以及其中蘊含的宗教思維，而可以判定此時他具有著建立在*philia*之上的宗教性。但在歷經一次大戰，胡塞爾在

費希特講座裡呈現出他曾往 *agape* 為本的基督宗教去尋求精神的寄託，但同時也顯示他不忘初衷地從重視理性、智慧、神知的希臘哲學，來賦予對於基督宗教做超越地域的、更具普全性的詮釋，這就表現在〈改造〉的五篇論文以及更晚期的手稿裡。值得強調的是，原先屬於基督宗教技術層面，包括餽贈、犧牲、敬拜、祈禱等服侍活動，以及與事實性相連的啟示、愛（*agape*）等等，皆在驚訝與負責之情韻轉化為被哲學性觀視的對象，它們要被胡塞爾要求因此能更合乎普世性、明見性。若從技藝的觀點來看，這豈不表示胡塞爾所區別的技藝層次的轉化？是否我們因此可宣稱胡塞爾要發展出一種純粹的宗教學，類似於純粹邏輯與純粹倫理學一樣，它是超越了事實性的，而屬於哲學層次的技藝學，其所依據的毋寧是 *philia* 而非 *agape* 的愛，或至少是將 *agape* 涵攝於內的 *philia*？

五、結論

　　胡塞爾的實踐哲學以倫理、政治與宗教來表現。在倫理學方面我們企圖將胡塞爾的構思連接到亞里斯多德的倫理學內容，並且也強調了胡塞爾倫理學在對於情感與理智倫理學做結合，我們察其論述的重點為情感如何用理智來表述，以建立道德判斷句，進而與他人溝通而能共構價值或實踐的倫理學意義，讓原先個人的感情與意志能更真實，或因能與存在的呼應而能回到倫理之物的實事本身，這也被我們關聯到亞里斯多德對於至善的要求。但胡塞爾將理論理性去奠基價值行動的企圖類比於形式邏輯的律則，給予後人有形式倫理學的印象。胡塞爾逐漸察覺，理智並非與感情截然二分，故早期以建立判斷句來與他人溝通的意向性，

在晚期就轉為具實踐性、以至於具感情性的意向性。這一方面呼應了胡塞爾主張的「理論服役於實踐」的說法，以顯示其倫理學並非絕然的形式主義；另一方面意向性代表人的意識活動，它在蘊含觸動與感情的意義下，顯示了人的意識活動不是與屬於自然性的感情分離，它是已蘊含自然性的人為活動。如我們將此活動有著自然目的論，那麼此時具實踐意向性的意識活動可視為人為與自然中介的技藝。

我們將梅勒所介紹的中後期胡塞爾倫理學與本章節所展開的政治與宗教兩領域相呼應，後者可說是將倫理的質料部分展開出來，並往社群倫理去發展。我們在政治領域中揭示出愛之倫理終將成為理想社群的基礎，但如何落實在政治的管理當中，仍不脫離技藝各層次皆要顧及的問題。在宗教領域中，我們也藉著愛的不同義涵，試圖從希臘與基督宗教的愛來看胡塞爾對於宗教的歸屬性，這也表現在他從早期到晚期的相關著作裡。我們的論點是胡塞爾最後將 *agape* 的愛融涉在 *philia* 的愛當中，從而哲學性的神學或更為普遍性的宗教性是其所屬意者。此外，相較於具地域性與歷史性的基督宗教所進行的宗教活動，哲學的神學性的宗教活動則屬較高層次的技藝。

最後我們要強調，宗教哲學以愛的概念出發來討論，它卻是先前倫理與政治哲學的歸趨，故也包含了從個人倫理學向社群倫理學過渡的議題。其中胡塞爾反省著個人是否受到積習而不自由，整體性人格的自由如何被探求出來，以及宗教要如何能自我批判，以至於要和哲學的自由相結合，才符合宗教層面的自由。因而我們在前面以自由為主題的實踐本質在此章的討論有具體的落實。

第四章

海德格現象學作為實踐哲學

一、前言

在海德格的倫理學部分，我們要強調其原初的倫理學，這在其《存有與時間》與《關於人文主義的書信》有充分地顯露出來。其政治哲學部分，我們要強調其原初的polis意義，以至於讓我們了解其政治思想是建立在人在世界中的地位問題之上的，從而可以從根本處去了解海德格為何纏繞在頗受爭議的納粹問題裡頭。至於其對於宗教的見解，我們一方面將從海德格早晚期的思維來釐清，另一方面要找出他對於宗教是否有一統合性的把握。

二、海德格的倫理學

倫理學（ethics）一詞來自希臘的 *ethos*；更仔細地說，希臘人稱共同習慣的整體為 *êthos*（由短音的 *éthos* ——習慣——所衍生），它尚不至於為有普遍規範力的道德（morality），但仍具約束人類社群的實踐標準；它以前對象、前顯題的方式為社群成員所熟悉，可稱為良好習俗或習俗倫理，希臘人稱之為德行（*aretai*; virtues）；但對於 *êthos* 一詞，海德格卻詮解為居留或棲所。另外，我們在前面提到海德格詮釋了亞里斯多德修辭學，將該修辭學放在「此在」的土壤裡來了解。針對修辭學的三大要素：*Pathos*，*Ethos* 與 *Logos*，在《存有與時間》，海德格以論理的方式，先將被我們視為廣義的 *Logos* 分析至不同的「存在性徵」（Existenzialien）裡，像Befindlichkeit呼應著 *Pathos*，Sorge呼應著 *Ethos*，狹義的 *Logos* 則保留在狹義的言談（Rede）中。故倫理在海德格即可從「此在」所具的牽掛（Sorge）來發揮，但它也必須和Befindlichkeit關聯在一起，並且唯透過 *Logos* 才能建立倫理學。牽掛進一步和

照料（Besorge）與照顧（Fürsorge）關聯在一起，故倫理可就對他人的照顧來顯示，這譬如展現在照顧病人的討論上。此外，一般會將倫理學與責任放在一起來談，海德格的原初倫理學將顯示什麼責任的意義，但責任是否也有個原初的意義？在下面我們可就「此在」的居留性、照顧性與責任性的三種意義來顯示海德格的倫理學。

（一）倫理與「此在」及其居留性

海德格在《關於人文主義的書信》裡解釋了真正的「人文主義」（Humanismus）要擺開傳統形上學的意義，特別擺開將人視為「動物的人」（*homo animalis*）[1]的意義：不論將此動物設定為理性的（*animal rationale*）、具 *logos* 的（*logon echon*），或是主體、人格、精神等等，[2]這種來自形上學的設定皆不能窺見人真正的本質，不能賦予「人文」一詞適當的義涵；真正的人文是「人文的人」（*homo humanus*），或由人文之人來了解的人性（*humanitas*），[3]而「人文的人」正基於其存在性，也就是說：「人就其本質而言乃綻出地進入存有的開顯裡」（der Mernsch ist in seinem Wesen

---

1　*Homo* 為人之屬概念，*animalis* 意義為有氣的、有生命的，時或指動物（animal），這裡用孫周興譯為動物的人時，動物一詞就表示廣義有生命的生靈，雖包括人，但它畢竟從一種傳統形上學觀點對世界總體做一區域性劃分後所規定的意義。

2　Heidegger, Martin. *Über den Humanismus*, S. 14-15.

3　區別 *homo animalis* 與 *homo humanus* 見 Heidegger, Martin. *Über den Humanismus*, S. 42-43; *humanus* 的意義簡單說即為人，而 *humanitas* 指人性，孫周興皆譯為「人道」。無論從人來說人性，或從此人道來說彼人道，各種譯法皆要以對 *homo humanus* 的理解為前提。

eksistent in die Offenheit des Seins）。[4]在人進入存有的開顯中原初的倫理性產生了。下面即要對此作解釋。

「人文」之本質意義是人在存在中讓存有開顯，故人文或人性是為存有的真理而效力，這導致「對存有真理去思同時是對人文的人之人性去思。」（Die Wahrheit des Seins denken, heißt zugleich: die humanitas des homo humanus denken.）海德格卻問：既然「人性如此本質地為存有的思維而現於前」（die Humanitas［steht］so wesenhaft für das Denken des Seins in Blick.），那麼探討存有的「存有學」是否需要被討論人性的「倫理學」所補充呢？

海德格其實是站在一般人的立場而提問的，因為他接著指出將倫理學、邏輯學與物理學（自然學）三分是從柏拉圖開始的，此時原先在希臘的思想轉為哲學，又轉為「科學」（epistéme），但真正的思想消失了。思想本身雖不認識後來的倫理學、邏輯學與物理學，但它絕不是非邏輯的與非道德的。思想是去思存有，去思存有的真理到底是什麼。存有的真理是綻出的（eksistierende）人之原始要素，綻出表示一種具超越性的開放，當人有這種綻出性時，表示其本身為存有者，但已開始讓存有開顯了，存有的真理即是存有揭蔽之義，它關係到人「居留」於世的本義。

海德格指出赫拉克利特（Heraklit）的箴言：「因為即使這裡諸神也在場。」（einai gar kai entautha.）以及「居留對人來說就是為神之在場而敞開的東西。」[5]（ethos anthropo daimon.）他詮釋

4　Heidegger, Martin. *Über den Humanismus*, S. 40-41.

5　見Heidegger, Martin. *Über den Humanismus*, S. 45；如果將 *êthos* 轉為以「善良風俗」為其本義時，那麼這句話可譯為「人的善良風俗就是他的守護神靈。」或「當我們內化習慣於一種善良風俗時，就可影響神靈對我們的喜好。」（Held, Klaus. "Power of Judgment and Ethos", in: *Phenomenology of the Political* *ethos*為人的居留之所，*ethos*因神的在場而敞開。他續解說：人在此時居於存有揭蔽之處，而當赫拉克利特對訪客說出此話時，即表示對這個居留的思，對於存有真理的思，他也希望訪客跟著思，而對存有真理的思維就構成了倫理學。[6]海德格進而言之，思維所以超越所有一般的實踐意義，但滲透在「行動」（Handeln）裡，在於它所做的是一微不足道的東西：只不過將存有未被說出的詞語帶向語言。[7]既然對存有真理的思維就是倫理學，而這可思及一般人未察覺與未說出的東西，因此重要的是，存有真理，以及與之關聯的人之居留，為何含有原初的倫理義涵？我們要回到《存有與時間》來討論：

作為在世存有的「此在」，是在對世間人物之牽掛當中，作自我超越以讓存有真理顯露；這原初人與世界之處境所構成的「基礎存有論」題目，是先於其他一切存有論與形上學的，傳統的倫理學正屬於後者中的一個學門；而真正的倫理學需在「基礎存有學」裡尋其意義。進言之，原初的「此在」和世界的關係以

World, National Chengchi University, 2004），而句中將習慣轉為倫理，即需要如亞里斯多德所重的德行自我塑造。

6　直接有關的句子是：「對作為存在的人之原初元素的存有真理去思維之活動本身已是原初的倫理學。」（dasjenige Denken, das die Wahrheit des Seins als das anfängliche Element des Menschen als eines eksistieremden denkt, [ist] in sich schon die ursprüngliche Ethik.）（Heidegger, Martin. *Über den Humanismus*, S. 45）。另外相關的有：「惟當人存在地進入存有的真理中並屬於此存有，從存有本身才能得到必然對人之律令與規則有所指示的授予。」（Nur sofern der Mensch, in die Wahrheit des Seins ek-sistierend, diesem gehört, kann aus diesem Sein selbst die Zuweisung derjenigen Weisungen kommen, die für den Menschen Gesetz und Regel werden müssen.）（S. 51）

7　見Heidegger, Martin. *Über den Humanismus*, S. 51-52.

及所呈現的基礎存有論課題，表示人原初和世界所處之領域先於傳統哲學裡所談的「理論」（theory）與「實踐」（praxis）已區別的領域，也先於和它們相應的「自然」（*physis*）與「倫理」（*ethos*）區別下的領域，這裡需要做些解釋：

原來我們在前面所強調的牽掛（包括對事物的照料、自己的病痛或死亡的畏懼，與對他人的照顧）是海德格所認為的*praxis*本義，這個希臘字*praxis*和後來一般所用的 Praxis，為我們常翻譯為「實踐」的不能等同。後者的 Praxis 和「理論」（Theorie; theory）對立。海德格在《存有與時間》裡就說過：不論是人們「『首先』局限在一『理論的主體』，以便然後『就實踐方面』以一附加的『倫理學』去對之補充」，還是人們「設定『實踐』的照料為事實的『此在』之原初與重要的存有方式」，且認為「理論之存有論可能性歸於實踐的闕如」，在這兩種情形中，顯示在牽掛中不可分解而統一的東西被人為地分開了。[8]牽掛的對象既包括事物、他人與自己，故「自然」——除包含及手與現成之物裡的自然成分外，當然更包括森林、高山、河流、風等[9]——為牽掛或本義之*praxis*所涉及。如果我們就牽掛中對人之照顧為原初倫理的一種意義的話，是否可說只有這種倫理為*praxis*所涉？但若如此，這仍會造成*praxis*對人，而*physis*對物的區別，即使二者已在基礎存有論的層次來談了。海德格更探索著倫理的字源*ethos*並非只針對人，它更還原到與*physis*等同的地位，甚至為*physis*

8　參考 Chiereghin, Franco. "Physis und Ethos: Die Phänomenologie des Handelns bei Heidegger"（in: *Heidegger—Technik—Ethik—Politik*, Hrsg.: Reinhard Margreiter/Karl Leidlmair, Würzburg: Könighausen und Neumann, 1991, S. 115-132), S. 116; Heidegger, Martin. *Sein und Zeit*, S. 316, 357.

9　如 Heidegger, Martin. *Sein und Zeit*, S. 70 所強調的。

所包容，而凸顯 *physis* 之較 *ethos* 更具原初性。

我們不要忘了在《存有與時間》裡，海德格對「此在」之「在世存有」（das in-der-Welt-sein）做「在……之存有」（Sein-in...）的分析釋義時，已強調這個「在某某之中」的這個「in 的存有」（In-Sein）不是一「範疇」（Kategorie），而是一「存在性徵」，這可追溯於 in 的用法源於「居住、棲住、逗留」（innar-, wohnen, habitare, sich aufhalten），故居住是在世存有的本質。[10] 故「此在」的居留性意義已在此先被表示出來。

反之，一般人在傳統的倫理學理解下，不識得關聯「此在」居留性的存有真理具原初倫理義涵，就更被海德格認為他們處於《存有與時間》所指出的「常人」（das Man）地位，在沉淪中指望著一個可被客觀化的現成價值，以確保其生活的立足與安全。海德格續認為沉淪於世之「此在」對世界有一定的領會，但當它回過頭來做自我解釋時，會產生這種結果：「『此在』按照一個可規則化之經營過程的典範被解釋著，它被當作一個及手之物，被照料，即被掌控與被算計著。」（[...] daß das Dasein nach Paradigma eines regelbaren Geschäftsganges ausgelegt wird, als ein Zuhandenes, das besorgt, d. h. Verwaltet und verrechnet wird.）這個典範是現成的價值，是被設定為一個應該的標準，因此所謂的罪責（Schuld）也被視為「應該是之某某的缺乏或短少」（als Mangel, als Fehlen von etwas, was sein soll），而缺乏是「所應該的不在（或：現成存有之否定），是對於現成物之存有的規定」（als Nichtvorhandensein eines Gesollten ist eine Seinsbestimmung des

---

10 見 Heidegger, Martin. *Über den Humanismus*, S. 49 與 Heidegger, Martin. *Sein und Zeit*, S. 54。

Vorhandenen）。[11]

　　鑑於此，海德格是將傳統的倫理學歸為「此在」沉淪於世所做之客觀化、宰制化與算計化的結果。因為人在此時認為應以超時間的規範或理性所導出之道德形式準則為取向，才足以讓自己的行動有所依循，但這個道德準則卻是人只在海德格所提出之「此在」沉淪時的產物。作為一個包含其他環節——被拋性（Geworfenheit; thrownness）與投企（Entwerfen; projection）——之整體「此在」的人而言，上面所示的牽掛才是倫理的本義。

　　海德格晚期的著作仍然顯示著這種原初倫理的義涵。〈建造‧居住‧思維〉（1951）一文中，海德格將居住與建造的義涵不分開，建造則具有「維護」（pflegen）與「保養」的功能；[12]並以為居住的本質要關注天、地、神性、人——「四大」（das Geviert）——的統一，此統一要以人為中心；但除此以外人需要一個第五者，讓居住本質之四大予以保持與實現，此即是「物」（Ding; thing），惟人對長成的物維護保養，對未長成的物做「建置」（Einrichtung），這才是人的居住與建造的根本義涵。[13]故原初的倫理性顯示在這種對於物的態度上。

　　在〈對科技追問〉（1953）一文裡，海德格將技藝（*téchne*）本義隸屬於「帶出來」（Her-vor-bringen）、[14] *poíesis*，以 *téchne* 是

11　Thurnher, Rainer. "Heideggers Denken als 'Fundamentalethik'"（in: *Heidegger—Technik—Ethik—Politik*, S. 133-141）, S. 134-135；Thurnher之論可參考Heidegger, Martin. *Sein und Zeit*, S. 16, 283, 289, 294.

12　見Heidegger, Martin. "Bauen‧Wohnen‧Denken," S. 22-23.

13　同前註，S. 25-26。

14　這裡將techne之為Her-vor-bringen所以譯為「帶出來」，而不譯為「生產」，乃試圖掌握aletheuein或entbergen針對尚未帶出自身之東西所進行的解蔽。

一種「解蔽」(*aletheuein*)的方式,故「科技本質化於解蔽與無蔽性,即真理發生之處」(Die Technik west in dem Bereich, wo Entbergen und Unverborgenheit, wo aletheia, wo Wahrheit geschieht)。[15] *Téchne*所隸屬的或「帶出來」不僅是「手工製造」(das handwerkliche Verfertigen),也不僅是「藝術與詩地呈現與帶入圖象」(das künstlerisch-dichtende zum-Scheinen und ins-Bild-Bringen)而已,甚至*physis*——所謂「由自身而來的湧現」(das von-sich-her Aufgehen)——也是一種*poiesis*,一種「帶出來」,*physis*甚至是「最高意義的*poiesis*」(*poiesis*, im höchsten Sinne),此因依*physis*所在者從其自身帶出而開放,如花從自己開花出來,不像被工匠與藝術家帶出來的不是從自己,卻經過一個他者。[16]這裡顯示*physis*具有最大的揭蔽性,因為存有真理或對存有的揭蔽含有原初倫理性,故原初倫理已在包含*physis*的場域活動中,*physis*把*ethos*包含於其中。

綜言之,*ethos*的本義是居留之所,居留一詞具有對物之維護與保養的根本意義,這居留一詞實已表現在「此在」在世之中的「在」裡面,故人的居留已面對著事物、他人與自己,而有前面我們所說的對物照料,對他人照顧,與對自己死亡畏懼的牽掛意義了。換言之,人居留於世充滿著牽掛之情,作為「此在」本質意義的牽掛表現著原初倫理性,甚至我們可說*ethos*與Dasein皆表示人在世牽掛的場域,二者的意義可等同起來。如果從我們前

---

15 見 Heidegger, Martin. "Die Frage nach der Technik", S. 13.

16 見同前註,S. 11;在 Heidegger, Martin. *Einführung in die Metaphysik*, Tübingen: Niemeyer, 1996, S. 17,亦對*physis*表示「為從自身開放者(如玫瑰花之開放)……」(das von sich aus Aufgehende [z.B. das Aufgehen einer Rose]...)。

面論述的已知牽掛在以自我超越讓存有顯露為極致，那麼人在面對自然物開始，即已走向這個途徑，這個途徑在後來被海德格強調是對存有真理做思維，並解釋這個思維先於理論與實踐活動的區分，因為思維中既有理論也有實踐行為的成分。因而就 *ethos* 為居留之所，為牽掛場域，為 Dasein，人在這裡讓存有真理顯露、或去思維真理等等而言，原初的倫理所進行的活動就是一種 *poiesis*，一種將隱而未顯的東西帶出來之活動。但就「帶出來」的意義而言，*ethos* 的場域若是 *physis* 的，那麼該活動更可達於極致。這是我們前面為什麼說倫理——或許說 *ethos* 更適當——可為 *physis* 所包容，以及 *physis* 較 *ethos* 更具原初性的理由。

　　海德格將倫理學立於基礎存有論，或就晚期言立於存有論的主張，在上面為我們透過將倫理還原到 *ethos*、Dasein、*physis* 的層次來說明；但這個 *physis* 是一種怎麼樣的自然呢？在《形上學導論》裡海德格甚至徹底地說：對希臘人言 *physis* 就是「存有本身，藉著它存有物才可被觀察且保留下來」（das Sein selbst, kraft dessen das Seiende erst beobachtbar wird und bleibt）。[17] 故倫理學立基於存有論的另一種表示方式為：「應該」（Sollen; ought to）被奠基在「存有」（Sein; Being）之上，存有就是 *physis*。*physis* 既是從自己帶出來的，故 *physis* 在自身的運動上是自己支配自己的，這裡即呈現了類似亞里斯多德對 *physis* 的看法，而海德格將 *physis* 關聯到倫理義涵似也源自於亞里斯多德。

　　我們在前面已闡釋了亞里斯多德的 *physis* 義涵，在這裡更要注意的是，這個 *physis* 是否也有實踐的意義。在《形上學》裡亞里斯多德曾區別了有實踐意義與無實踐意義的行為活動，這端視

17　見 Heidegger, Martin. *Einführung in die Metaphysik*, S. 17.

行為活動本身是否已包含了行為的目的，這指的是行為活動本身已是實現的（*energeia*）；因此實踐的意義是指以實踐活動的自身為目的，不是要以行動之外的某某為目的。（1048b 18-24）惟這個行為活動不只是人的實踐行動，它也包括星辰、動植物的活動；根本上「生命本身就是實踐的，而非製造。」（Das Leben is praxis, nicht *poíesis*; life is action and not production.）[18]這就在於生命是*physis*，它有其內在的目的性，而在活動時目的已被包含。進言之，生命的有機活動是按其功能與原理所進行的一步一步特殊活動，而每個特殊活動本身皆包含了個別的目的本身，每個特殊活動皆是實踐活動，每個整體生命是眾多實踐活動構成的一個整體實踐活動。[19]

值得我們繼續追問的是，人與其他生命體相較在實踐行動上有何突出之處？法朗科・紀瑞琴（Franco Chiereghin）從亞里斯多德的《論動物部分》對人與其他動植物的區別，進一步指出人不只直接順著生命而活，更可對直接的生命超越，對生命賦予某些價值，故生命就會按照行動的方式而出現彼此的特殊性。這可分成兩種方式。一是受到雙重的外在依賴性，既依賴於規範的結構，又依賴於行動的目的；另一是依賴於自我。前者是他律的，後者則形成自律的議題。[20]這是產生出一般實踐議題，包含了行為規範與自由概念的原由。

海德格承續亞里斯多德從*physis*導出*praxis*的原初義涵，以及

18　Aristotle. *Politics*, 1254a 7.

19　Aristotle. *On the Parts of Animal*, 645b 13-17；參考Chiereghin, Franco. "Physis und Ethos: Die Phänomenologie des Handelns bei Heidegger," S. 125-127.

20　Chiereghin, Franco. "Physis und Ethos: Die Phänomenologie des Handelns bei Heidegger," S. 127;他所依據的是 Aristotle. *On the Parts of Animal*, 656a 5-7.

自由的本義。他強調 *physis* 從自己帶出來，更可達存有的無蔽，也就是存有的真理。但無蔽是否真可無蔽？赫拉克利特的一段話始終啟示著海德格：「*physis* 喜歡自己隱藏自己。」（*kruptesthai philei.*）它反映了海德格晚期更強烈地以為人受存有的「差遣」、受制於存有而「天命地」活著的主張。[21] 若從其背後深厚的思路來了解，人果真有些被動無助之感歎，或是這背後更有深刻的意義呢？但我們不要忘了前面指出詩人以虔敬心境面對存有命運，讓存有的命運授予我們其生成變化的真正面相，人其實不是宿命地被動於命運之前的，虔敬則是人主動地面對天命的方式。

然而，我們在後面將在鄂蘭的部分見到她對西方長期以來哲學家以 *physis* 的顯示自身，並由此而對「沉思生活」（*vita contemplativa*）為極致，以追求永恆為理想做了根本的批判；她對包括海德格之將 *poiesis* 附屬於 *physis* 之下提出質疑，且更以「政治生活」（*bios politicos*）為最基本之「人的境況」，進而提升「行動生活」（*vita activa*）為人欲達到真正理想乃是「不朽性」（Immortality），而非「永恆性」（Eternity）的方式。[22]

---

21 Heidegger, Martin. *Über den Humanismus*, S. 18，在此海德格重新看《存有與時間》之 Da-sein 作為人的本質（Wesen）時說：此本質從此在的存在綻出性（Ek-statisches）而決定，此在就其「被拋擲性」（das geworfene）為其本質，而「它（按即「此在」）在作為差使的具天命性之存有的拋擲中成就其本質。」（Es west im Wurf des Seins als des schickend Gechicklichen.）至於晚期的其他著作更強調受制於天命的說法，已見於前關於詩性語言作為技藝，以及下後面關於政治與宗教方面的討論。

22 參考 Arendt, Hannah. *The Human Condition*, pp. 12-21，在這裡不朽性指人以言語、勞動（labor）、工作（work）、行動（action）等流傳後世造成綿延不絕，永恆性指人以沉思冥觀超越此世而企在彼岸（包括柏拉圖理型、基督教上帝天國等）所成就者；*bios politicos* 譯為政治生活，但此「政治」一詞

（二）從照顧的存在性來談的原初倫理

　　我們知道海德格以「存在」為人特有的一種「存有」方式，海德格曾以三個環節來解析存在的意義，以凸顯人是在一種艱辛的境域中欲挺立過活著；在這種方式下來談「牽掛」，我們實可體認箇中蘊含著人生的艱辛境遇，但仍存著一些期待，且需堅忍持久去承擔等等之內容。牽掛的對象包括事物、自己的病痛或死亡，以及他人的總總情事。牽掛一詞因而在所擔負的境域不同，而衍生出不同之對事物之「照料」、對自己會死亡之「畏懼」，以及對他人的「照顧」等意義。故我們所談的照顧隸屬於作為存在根本內涵的牽掛，這是我們欲就照顧的存在性來談的根本依據。又海德格對人以存在方式生活之存有本身稱為「此在」，它的意義就像我們可就組成此字之da-sein簡單說成「在那（da）之是（sein）」或「（某人）是（sein）在那（da）」一樣，指的正是一種場所、場域，這是我們上面所說的居留的意義。故海德格曾說「此在」是「凡應作為存有的真理被經驗到與相應地被思維到之位所者」（was als […] die Ortschaft der Wahrheit des Seins erfahren und dann entsprechend gedacht werden soll），[23] 以及人之「此在」是一「攝取／思維可能性的範圍」（ein Bereich von Vernehmen-können）。惟不論場所、場域、位所或範圍也好，這些表示空間性，事實上更表示時間性的概念只是「存在性徵」，而不是一般物理學或哲

屬於廣義，概指人出生即與群體共存，而以別於勞動、工作之行動為生活條件，前二者可說尚在食衣住行之基本生活與育樂的製作生活裡，尚可離群索居；後者則非與人共同生活不可，此即是 *bios politicos*。

23　Heidegger, Martin. *Was ist Metaphysik?* Frankfurt: Klostermann, 1981, S. 14.

學所視為規定物體之一種「範疇」，「此在」既不是認知的「現成對象」（vorhandener Gegenstand），它也不是認知其他事物所採用的計量單位。此因海德格強調「此在」「存在」、「生活」於世上，強調它擁有一種具體的生命性。[24]故「此在」是「每個屬己的」（Jemeiniges），它不是抽象的、具一般性的主體。當我們回到我對他人的照顧關係時，首先宜指出我們彼此有各自的「此在」，各自的存在「場所」；在我們建立的互動關係下，各自的「此在」成了「照顧關係的場域」。而在照顧存在性的意義下，各自的「此在」就成為在互動關係下「自我超越的場域」，且是「從時間來看的歷程」與「從空間來看的位所」了。

　　海德格在《存有與時間》裡區分了本真與非本真的照顧方式：如果在對他人的照顧時我奪走了他本身也應有的牽掛之能力與表現，使他受到依賴與宰制，那麼我所提供的只是一種非本真的照顧方式；反之，當我讓他保有牽掛之能力，並讓他清楚於所牽掛的東西，那麼這是一種本真的照顧方式。[25]顯而易見的，我們共處於自我超越的「此在」場域裡，故我要隨時警惕著所面對的是一個存在的人，而我亦有自己的存在性；照顧者需了解照顧不只在幫助他人身心的成長，照顧者本身亦在照顧的場域中學習著成長。

　　其實，若按照海德格將此在的牽掛結構所具之三個環節──「先行於自己」（Sich-vorweg-sein）、「基於已經在……而存有」

24　海德格在1921-1922年的課程《對亞里士多德之現象學解釋》（*Phänomenologische Interpretation zu Aristoteles*）中曾表示：「生命＝此在，在與透過生命的『存有』」（Leben=Dasein, in und durch Leben '*Sein*'; life=there-being, 'being' in und through life）（GA 61, p. 85）。

25　Heidegger, Martin. *Sein und Zeit*, S. 122.

（im-schon-sein-in）、「作為停留於⋯⋯的存有」（als Sein-bei...）
──仔細來了解，我們可知每個人的存在性是如何顯示在自我超
越、自我挺立及自我學習中的。牽掛結構這三個環節分別與海德
格在《存有與時間》所常談論的「被拋性」（Geworfenheit）、「沉
淪」（Verfallen）、「投企」（Entwurf）相對應：「先行於自己」對
應「投企」，「基於已經在⋯⋯而存有」對應「被拋性」，「作為停
留於⋯⋯的存有」對應「沉淪」。這牽掛結構的三個環節更相應著
三個時間環節：「過去」的我已在自己不能掌控的情勢下被拋於世
間，「現在」的我在與物和人的交流中往往去執著或人云亦云著而
沉淪於世裡，「未來」的我唯在畏懼於自己的處境（特別是針對人
會死這回事）中對生活做一番「抉擇」（Entschlossenheit）與投企
而重新過活，藉此在前二者仍為世俗或非本真的時間環節也因此
而轉化為本真的時間環節。簡而言之，當我在畏懼死亡，而在
「向死亡存有」（Sein zum Tode; Being towards the death）的態度
下，將世俗生活中憑以為靠的意義剗除，新的存有意義向我開
展，讓我也以新的態度與作為面對現在。因而，原本所體會世俗
意義的「未來」與「過去」向「現在」「融攝」，屬本真時間的
「瞬間當下」（Augenblick）被凸顯出來，在此時人們可以體驗生
活全部、整體生命或「存有」本身，人有如處於我們常說之「剎
那間的永恆」境界裡。[26]

　　照顧者與被照顧者二者實也以上述為彼此自我超越的歷程與
極致。而海德格曾表明本真的「此在」先不關涉他我，這一方面

---

[26] 典型的例子可在一癌症病患雖僅有短暫的生命期限，但因勇於面對死亡而做
　　了人生的抉擇，且對尚存活的時間做了最好的籌畫，以致從客觀來看之短暫
　　時間可充實著一般人長期裡才可能提煉出之本真的生活內容。

顯示在自我之被拋擲、死亡是我的事不可被取代等等之消極意義上；另一方面顯示在惟從個別的「此在」，自我才有可能不逃避於畏懼死亡，並對最屬己的存有可能做抉擇與投企的積極意義。一個非本真的自我雖也與他人有所關涉，但自我對最屬自己的存有可能進行投企後，人才得以在本真的「此在」中以另個面貌去對事物照料、對他人照顧。[27]這些觀點雖顯示一個完美的照顧者在以自身的本真存在性為前提，但在現實裡，照顧者與被照顧者二者處於共同的此在中，他們必須彼此磨練學習著，各邁往本真屬己的存在性。[28]

然而事實上，《存有與時間》裡海德格已視「此在」原初地就與他者「共在」（Mitsein），他者原初就以在世的「共同此在」（Mitdasein）的身分存在著。海德格並補充說：「他者只在（in）及為（für）一個共在之下才能有所匱乏（Fehlen）。獨在（Alleinsein）是共在匱乏（defizient）的模態，前者的可能性是對於後者的證明。」[29]他又說：「並不是『移情』（Einfühlung）先構成了共在，而是前者在後者的基礎之上才可能，並且在具支配性的共在匱乏的模態下，必要地被引發起來。」[30]甚至因為「此在」為與他人共

---

[27]　Heidegger, Martin. *Sein und Zeit*, S. 298.

[28]　「本真的」係德文eigentlich一字，本來即有「屬己」之義。又如一些宗教團體或志工團體在醫院對他人的服侍，理想上似應建立在對自身存在問題的超克（如對自身死亡問題的超克）為前提之上；但在現實上，服侍者與病患是在彼此磨練、學習與超拔的歷程中度過的；而這往往需要一團隊團員彼此間精神上的扶持，才有持續的可能。

[29]　Heidegger, Martin. *Sein und Zeit*, S. 120。海德格原以「共同此在」表示他者，但本書在後面有些擴大的將「共同此在」表示為我的「此在」與他者的「此在」一起存在，而強調這種一起存在較我的存在更為優先。

[30]　同前註，S. 125。

在，所以世中之物在因「此在」之故獲致本質意義的過程，實已蘊含著因他者之故。從「此在」的自我理解到對存有的一般理解過程，不可避免地也要從理解他人著手，因為在「此在」的存有理解中已有對他人的存有理解。[31]

　　既然「共同此在」比「此在」更來得早，那麼人與人間原初的關係不是愛，而是牽掛，且是照顧。照顧時人與人的態度是什麼？如前所述：照顧他人不是一切為他者越俎代庖，而是幫助他者在己的牽掛結構中透明且獲得自由。如此人與人的態度是互相尊重的。過去亞里斯多德認為友誼必須建立在自我與他人的自主性上，因我必須以他人為目的，不以他人為工具。[32]從形上學的角度來看，我尊重他人的質料在合乎自然目的下發展為形式。海德格《存有與時間》原則上以希臘思想為基礎，「共同此在」最原初即建立在彼此尊重的態度上，這是可以理解的。

　　綜上所述，從「照顧的存在性」討論中我們了解照顧乃針對照顧者與被照顧者本身之存在性。對於此海德格有兩個似為相對的說法，一是從個別的「此在」出發，據此，在現實層面的照顧是照顧者自身「此在」之牽掛，與被照顧者自身「此在」亦具有的牽掛，在其生命歷程中相遇而形成的「共同此在」場域中所落實出來的。另一是從「共在」或「共同此在」較個別的「此在」為先來看，它導出上述的落實不是現實的，卻是本質上就如此，因為要自我的「此在」理解，必須和理解他人的「此在」一起著

31　同前註，S. 123。

32　亞里斯多德以統治者是否視被統治有其自身之目的，或僅為統治者達其目的之工具，來說明友誼之存在與否。見 Aristotle. *The Nicomachean Ethics*, 1160b 22-1161a 35.

手。《存有與時間》裡的「基礎存有學」，要落實的是本真的「共同此在」，這也將最終建立於「共同存有」即「共在」的基礎。上節所論的倫理學屬於存有論的一個課題，在此得到具體的說明。

（三）從原初責任的意義來談的原初倫理

《存有與時間》裡，海德格分析「此在」的出發點則顯示幾個要點：1)「此在」的存有是各自屬己的（je meines），2)「此在」的存有基於其成為存有（Zu-sein），3)「此在」是被託付（überantwortet）給其自己的存有。[33] 第1)點對應局限於各自的「在那裡」，第2)點指出各自的「那裡」向或被存有開放的動態過程，第3)點則是這裡要所特別強調的，這將進一步開展出自我負責的原初意義。

我們知道，「此在」的基本結構為「在世存有／寓居於世」，作為整個《存有與時間》談論「此在」的核心，而它包括了上述的1)與2)兩點。因為「此」（Da）實是我們與事物周旋而產生了「這裡」（Hier）與「那裡」（Dort）的存在性空間的條件，「此」本質上表示這種開放性（Erschlossenheit），[34] 而「在世存有」即表示這個開放性的向度——從周遭的世界往世界性（Weltlichkeit）[35] 去開放，從僅含工具——目的意義（Bedeutung）的世界往人之生命意義（Sinn）世界去開放。「此在」從具開放性（Da）的存有（Sein）分開成 Da-sein 來看，就更能顯示其一方面是局限，

---

33 Heidegger, Martin. *Sein und Zeit*, S. 41-42.

34 同前註，S. 132。

35 同前註 S. 86。

一方面是開放的意義，故海德格說：「『此在』即是它的開放性（Das Dasein is seine Erschlossehnheit.）。」[36]我們讀到「具開放性的存有」（Da-sein）方式有現身情態（Befindlichkeit）、理解（Verstehen）、言說（Rede），而喋喋不休／人云亦云（Gerede; Idle talk）、好奇（Neugier）、模稜兩可（Zweideutigkeit）反成為阻礙開放的存有方式。[37]我們進一步了解以牽掛（Sorge）作為 Dasein 的存有，其所包含的三個環節也和上述的1）與2）點有關：一方面早期已提出的事實性（Faktizität）概念在狹義下指著各個人基於過去的局限性（表以被拋性：Geworfenheit），以及目前所在的局限性（表以沉淪性：Verfallenheit），存在性（Existenzialität）則狹義地指著往未來可能的開放性（表以投企：Entwerfen）。[38]畏懼弔詭地成為最具局限也最具開放性的存有方式，[39]與之關聯的「向死亡存有」（Sein zum Tode）看似「此在」的終結，但卻具有最能讓可能性可能的開放性。[40]要證成（Bezeugung）這具本真性的存有可能，就進入和上述第3）點相關係的託付或自我負責的問題。

　　這涉及到良知（Gewissen）與罪責（Schuld）的概念。「此在」自身即是有罪責的，因它尚未讓存有全面的展現，這是為什麼它以牽掛為其存有意義之原因。既然是罪責，它就是有所匱乏，這是「此在」在開放向度上的匱乏。有匱乏，就有復原的需求；但復原需要良知的召喚。有所匱乏的「此在」將自己召喚到

36　同前註，S. 133。

37　同前註，§§ 29-37。

38　同前註，§ 41。

39　同前註，§ 40。

40　同前註，§ 53。

最屬己的存有可能之前，故真正召喚自己的是匱乏而待復原的這個存有可能，這也就是良知。在日常生活沉淪的「此在」固然被良知所召喚，[41] 向死亡存有的「此在」更顯示出被良知召喚的絕佳契機。[42]

　　對於召喚理解（Anrufverstehen）即是「願有良知」（Gewissen-haben-wollen），「此在」唯有如此才是負責的。[43]「願有良知」配合著「此在」具開放性的存有方式，就形成了「沉靜的、願在畏懼中往最屬己的罪責存有去投企」的行動，這也就是「抉擇／決斷」（Entschlossenheit）。[44] 這是一種特別的開放性，由之「此在」最原初、本真的真理可以獲得。[45] 若有一種類似「這裡」或「那裡」的存在空間性來規定此時「此在」的話，那麼就以處境（Situation）來表示；這可說是「此」之為開放性，但絕不落入空洞的存在理想裡，而是認真嚴肅地面對自己，面對自己的向死亡存有。[46]

　　由「此在」的決斷性衍生了海德格具獨特意義的歷史性概念討論，他將德文的歷史性（Geschichtlichkeit）和命運（Schicksal）兩個字連接一起來談，而命運和差遣（schicken）的字根相同，我們就想從決斷（其前提是願有良知及理解良知召喚）來談和差遣的可能關係。[47]

41　同前註，S. 286-287。

42　同前註，S. 277。

43　同前註，S. 288。

44　同前註，S. 296-297。

45　同前註，S. 297。

46　同前註，S 299-301。

47　這在後來海德格的一些著作裡表達得更清楚，如寫於 1946 年的《人文主義書

因為決斷，故「此在」從其接收於歷史中的本真存在之各自事實的可能性就被開放，它並能清楚地挑選到其自己存在的可能性。它的最終目的是有限的盡頭，這種存在的有限性將許多我們生活中舒適、輕鬆、逃逸的可能性中斷了，將「此在」帶往其「命運」的簡單狀態去，這個命運根本上是指著在決斷中「此在」原始的「歷程／歷史化」（Geschehen）。[48]故海德格所理解的命運是做決斷的人才有的，它從世俗的享樂與輕率中超拔而出，勇於面對不論是幸運的環境或是偶發的悲慘世界。對個人來說命運要從這樣來理解，而和共在的他者一起有著社群與民族的「共命」（Geschick），也要放在一起做決斷來理解。[49]

在各自的「此在」向死亡存有中已開放了有限的、但本真的時間性，「此在」的命運及其歷史性即以本真的時間性為本源。在決斷中「此在」將傳承於過去的事實可能性向未來去開放，這被稱為「重複」（Wiederholung），但因為「重複」是起源於向未來投企的決斷，故「重複」根本在回應（erwidert）過去存在的可能性，以至於在取消（Widerruf）過去以及其對至今的影響，使之從事實性的局限中往存在性的可能去超越、去開放。因此「此在」的歷史重心不在於過去、現在，而在未來。[50]

「重複」一詞意義頗為深刻，就像祈克果以為人在世間的意

信》有云：「Dasein 本身但以『被拋的』進行本質化。它在存有之作為差遣之命定者投注中。」（Das Dasein selbst aber weset als "geworfene". Es west im Wurf des Seins als des schickend geschicklichen.）（Heidegger, Martin. *Über den Humanismus*, S. 18.）

48 同前註，S. 383-384。

49 Heidegger, Martin. *Sein und Zeit*, S. 384.

50 同前註，S. 385-386。

願——包括意願於作自己或不意願於作自己——瓦解後，[51] 經由絕望、罪責與畏懼不安產生信仰，[52] 而讓永恆的上帝臨現在人與之接壤的瞬間一樣。海德格以為「此在」特別在向死亡存有之中，決斷地取消過去以及現今的影響，以至於讓本真的存有臨現。故「重複」不是單單重複過去的某件事，而是上帝或存有在未來不預期下的臨現。如果這個不預期含有對「此在」是一種命運義涵的話，那麼這毋寧可被解釋為被上帝或存有的差遣，如此我們可更清楚決斷與命運的關係：因為決斷，本真的存有可能性臨現於我，這卻是存有對我的差遣或贈予，命運果真要和差遣關聯在一起來了解。

我們一方面可在希臘的思想基礎上，去說明「此在」蘊含著存有，並逐漸讓存有實現，且良知召喚是出自於「此在」潛在的本真存有。另一方面在基督教的思想背景下，去理解「此在」的決斷行動是「此在」受到存有的差遣或贈予，因而是「此在」的命運。在此兩個文化背景下，「此在」與存有皆可被視為共屬，但有不同的關係，並且它們之間仍無法避免有質的不同。海德格常說其間需經過跳躍（Sprung）而連接彼此，「重複」之為存有臨現於「此在」的意義，當然更顯示了二者之間不是從「此在」順暢連續地發展至存有，而是存有差遣或贈予「此在」的關係。我們在下面要就此基督教背景的面向來賦予「此在」的另一種倫理性的解讀，也就是放在原初的責任（Verantwortung;

51　Kierkegaard, Søren. *Die Krankheit zum Tode*, Gütersloh: Gütersloher Verlagshaus Mohr. 1982. S. 45ff.

52　Kierkegaard, Søren. *The Concept of Anxiety*, translated by R. Thomte, Princeton: Princeton University Pres, 1980. pp. 81, 87-88.

responsibility）意義來看。

　　海德格雖在1920/21年有宗教現象學的探討，其後淡化了基督宗教概念許多，這本也合乎他主要在探討一般性宗教意義的企圖。但海德格思想即使漸以希臘為基礎，其中仍保有原始基督宗教的內涵；它和祈克果思想對照時，更可反映這個現象。雖然祈克果直接將人的設定者歸為上帝，[53]而海德格將設定者歸為在「此在」中的存有；對祈克果言的上帝與海德格了解的存有一樣，駐於人的心中，但不是完全的自己，祂（它）甚至是我們的「鄰人」（neighbour; der Nächste）。

　　從基督宗教的觀點來看，上帝召喚著我們，讓我們回應，我們接受呼召，承領著差遣，這一方面是上帝的命定，另一方面是我們的命運。

　　從海德格的觀點來看，存有作為良知召喚著我們，讓我們回應，我們願有良知，做出決斷，本真的存有差遣我們，命定我們，我們因而被帶往命運去。

　　在這兩個觀點中皆出現了責任的課題，責任雖皆由我們所擔負，但它根本上意味著對於上帝或存有去回應（Antwortung; response）；回應只是整個責任結構的出發點，結構包括自我與上帝或存有，自我與他者的關係，這些都有待進一步說明。我們在這樣思考下欲將於海德格的「此在」和基督教的「我在這裡」兩概念關聯在一起討論。

　　在《聖經》裡有好幾處出現了「我在這裡」這句話：首先在〈創世記〉描述亞當吃了讓眼睛亮的善惡之果後，「那人和他妻子聽見神的聲音、就藏在園裡的樹木中、躲避耶和華神的面。耶和

53　Kierkegaard, Søren. *Die Krankheit zum Tode*, S. 8.

華神呼喚那人、對他說、你在那裡。他說、我在園中聽見你的聲音、我就害怕、因為我赤身露體、我便藏了。（……）」[54]其次，〈創世記〉對上帝試驗亞伯拉罕獻祭其子以撒的經過做了敘述，「這些事以後、神要試驗亞伯拉罕、就呼叫他說、亞伯拉罕、他說、我在這裡。（……）於是二人同行、以撒對他父親亞伯拉罕說、父親哪、亞伯拉罕說、我兒、我在這裡。（……）亞伯拉罕就伸手拿刀、要殺他的兒子。耶和華的使者從天上呼叫他說、亞伯拉罕、亞伯拉罕、他說、我在這裡。（……）」[55]接著，在〈撒母耳記上〉對撒母耳初得啟示的記載中，「耶和華呼喚撒母耳。撒母耳說、我在這裡。（……）」[56]而這個記載描述三次撒母耳聽到上帝的呼喚，皆以為其教父以利在呼喚，三次答以「我在這裡」，第四次聽到上帝的呼喚，則順其教父意答以：「請說、僕人敬聽。」[57]最後的例子見於以賽亞書：「我又聽見主的聲音、說、我可以差遣誰去呢、誰肯為我們去呢。我說、我在這裡、請差遣我。（……）」[58]

　　上帝：「你在哪裡？」當他們回應：「我在這裡！」或說：「我聽見你的聲音，我便藏了。」或說：「請說、僕人敬聽！」或說「請差遣我！」等等，基本上表示首先的回應是聆聽了上帝的呼召。這些聆聽並非不經心的，或為不得不的聆聽，或為等待著上帝繼續差遣的聆聽，這即造成上帝對人的整個命定，以及就人來看的整個命運。這包括了亞當之必受懲罰，或以撒之聽命於亞

54　《聖經》，〈創世記〉，第三章第8-10節。和合本，香港：香港聖經公會，1961。

55　同前註，第二十二章第1-11節。

56　同揭書，〈撒母耳記上〉，第三章第4節。

57　同前註，第5-11節。

58　同揭書，〈以賽亞書〉，第六章第8節。

伯拉罕，以及亞伯拉罕、撒母耳、以賽亞之聽命於上帝。聆聽召喚是責任的出發點，「我在這裡」是回應或負責的表示，雖然最後的命運支配權仍歸為上帝所擁有。

對列維納斯（Emmanuel Levinas）而言，對他者的能負責（responsible），這種倫理關係是不可化約的底線，故他表明一般對倫理關係的了解不如他所了解之原初。在這種負責、被召喚、被招惹之中，自我具有不可被取代性，它尚且取代了他者，成為一個人質（hostage），而這一切是為了他者（故自我不具自身的本質性）；但這些皆是由他者所指定的。自我對他者有充分的回應能力（responsible），因它是赤裸裸地暴露在外的，是充分具敏感性的。自我被放逐，居無棲所；自我被貶抑，只剩下保護自己的一層皮，因而暴露在傷害與暴力中。他者即是「鄰人」，但他對我的鄰近性（proximity）總是不夠。在對他者非漠不關心／非無差異（non-indefference）之下，對他負責的我是獨一無二的。在這種觀點下的自我不是超驗主體（胡塞爾），不是在世存有的「此在」（海德格）；因為這個自我走在任何世界之前（prior to any world），它身具完全暴露的被動性。[59]

列維納斯再指出在自我被指定中，無限者（the infinite）如謎般地被聽到，它是無人稱（impersonal）的、持續不斷的、喃喃無語的。[60]這個無限者到底是誰？當列維納斯說，能對這個指定做出回應，只有一個「我在這裡」（here I am; *me voici*）[61]這句話。

59　Levinas, Emmanuel. *Otherwise Than Being or Beyond Essence*, translated by Alphonso Lingis. Pittsburgh: Duquesne University Press, 2000, pp. 135-140.

60　同前註，p. 140。

61　同前註，p. 142。

列維納斯以「這裡的代名詞的『我』是個受格（accusative），（……）被他者所擁有，是病態的（sick）（……）」。此句話的深刻意義，我們可從列維納斯引自《聖經》〈雅歌〉「因我思愛成病。」（I am sick with love.）[62] 處進一步獲得了解。故針對我之被放逐、無棲所、只剩保護的皮、易受傷害、脆弱的、病態的等等，列維納斯強調「愛」成為我在回應時的心靈狀態，即使愛尚不見得是回應之原動力。

　　進一步來看，自我是受到啟發（inspiration）的，「我在這裡」的聲音是將自己交付出去，交給從四面八方皆鄰近的、緊靠著我的他者；但他者始終不和我交融在一起，以至於我永遠不停地為了他者。他者作為無限者又被尊為真摯（sincerity）與榮耀（glory），即使亞當想要從中遁逃也不可得，他必須聆聽其聲音而對之負責。而「我在這裡」表示這一切的見證；這種說出的（saying）見證不是揭蔽的真理（海德格），也非和所服從的榮耀間呈現能識與所識的意向性對應關係（胡塞爾）。自我與他者是不對等的，自我服從他者，聽命於他者，自我與他者間的關係不是對話，這也基於他者作為無限者對我的揀選（election）。[63] 但揀選我時，我之聆聽與接受差遣，在於承認自己比其他人的罪都來得更重。[64]

　　在猶太—基督宗教裡，「我在這裡」是對於上帝的回應與負

62　同前註，p. 198；注解的出處是 The Song of Songs，《聖經》之〈雅歌〉第一章第 1 節有「所羅門的歌，是歌中的雅歌（the song of songs）」，故列維納斯以此來表〈雅歌〉，注解謂出自第六章第 8 節，但一般英文譯為 I am sick of love，出自第二章第 5 節與第 5 章第 8 節，或許是列維納斯誤植了出處。

63　同前註，pp. 143-145。

64　同前註，p. 146。

責，因為上帝設定與規定了人的自我。也因為如此，在列維納斯的分析中，顯示了「我在這裡」的回答無法迴避（如亞當）。而在承認自己有罪下，當勇於做出「我在這裡」的回應，以至於再去承擔什麼（如撒母耳與以賽亞），這是列維納斯分析的另一重點。但是否人之回應是由於畏懼上帝？我們看到列維納斯分析的第三個重點是：「我在這裡」之回應是基於愛，這即顯示於亞伯拉罕回應其子以撒的故事裡；以撒固是亞伯拉罕的鄰人，上帝更是亞伯拉罕的鄰人，列維納斯即不厭其煩地描述他者對我的鄰近性。

　　上帝駐於心中，以至於愛上帝即如愛鄰人的說法是有根據的。在《聖經》〈以弗所書〉裡保羅強調：「使基督因你們的信，住在你們心裡，叫你們的愛心有根有基。」[65]或許果真在這種意義下，上帝成為與我最近的「鄰人」；因為它的最鄰近性，使我們的對它的愛成為無條件的。以至有：「你要盡心、盡性、盡力、盡意愛主你的神。」的誡律。就因為如此，祈克果將「愛鄰人如愛己」的誡律，反轉為「愛己如愛鄰人」，並謂：「你應愛自己如同愛你的鄰人，當你愛他如同愛自己一樣。」也因為如此，在《聖經》〈路加福音〉中著名的撒瑪利亞人故事裡，當一位法利賽人問耶穌「誰是我的鄰舍呢？」[66]耶穌反以撒瑪利亞人是落難者鄰人為例，去證明我們自己才是他者的鄰人；而愛己即是愛鄰人，是愛最鄰近於我的上帝，我對祂更有無條件的責任。[67]

<hr />

65　《聖經》，〈以弗所書〉第三章17節；另參考 Hadot, Pierre, *Philosophy as a Way of Life*, pp. 65-66.

66　《聖經》，〈路加福音〉第十章25-29節。和合本，1986。

67　Kierkegaard, Søren. *Works of Love: Some Christian Reflections in the Form of Discourses*, Translated by Howard and Edna Hong. New York, Hagerstone, San

其實將 Dasein 一詞譯成中文的「此在」，或英文譯為 Being of There 或 There-Being，這些皆無法顯示其背後的深刻意義；當然即使從德文本身亦無法獲知其背後可能的義涵。將《聖經》裡「我在這裡」的句子和海德格的 Dasein 連接在一起來理解，固是一種大膽之舉；尤其在列維納斯對「我在這裡」的分析中，不時出現一些與海德格思維概念對照甚至對反之言論。但若我們據列維納斯從「我在這裡」分析出的幾個要素：無法迴避、去承擔什麼、畏懼、愛（對象是上帝），以及深覺自己的罪惡——當然最根本是對於（上帝）呼召的回應，也就是責任——對照海德格的思想來看時，就發覺將上帝換以存有（Sein）——包括向死亡存有，特別是潛在的本真存有——一詞，這些要素卻幾乎同樣可從海德格對 Dasein 為良知召喚的描述中分析而得。

「此在」雖不是「我在這裡」的回應（聲音）本身，但聲音是「此在」具開放性的存有方式之一。如果人云亦云是逃避於本真存有的聲音，那麼決斷中的沉靜即是去承擔與畏懼（面對存有），以及對罪自覺的聲音。而在列維納斯所重視的愛（上帝）的要素，即因海德格主要在希臘的思想基礎上理解「此在」，而「退隱」（sich entziehen; withdraw）其後。海德格甚至認為過去奧古斯丁、巴斯卡（Blaise Pascal），以致被他們影響的謝勒（Max Scheler），皆看出人與世界的根本關係不是認知，而是愛；但「此在」更賦予了愛的存有論基礎。[68]這分別出現在 1925 與 1927 年

Francisco, London: Harper & Row Publishers. 1962. p. 38.

68　Heidegger, Martin. *Prolegomena zur Geschichte des Zeitbegriffs*, Hrsg.: Petra Jaeger, GA 20, Frankfurt a.M.: Klostermann, 1988, S. 222; Heidegger, Martin. *Sein und Zeit*, 139; 參考 Smith, James K. A. *Speech and Theolog*, p. 80.

的見解，顯然已區別於1920/21年《宗教現象學導論》尚以基督教的愛為構成普全的宗教意義之出發點。今則愛的存有論基礎即是牽掛（Sorge）。

在海德格與賓司汪格（Ludwig Binswanger）對於牽掛與愛孰較為原初的爭論中，我們見到海德格以為賓司汪格做的只是對「此在」的解析（Daseinsanalyse），他提出的愛只是人的存有者狀態（ontisch）其一方式；海德格自己進行的是「此在」的分析論（Daseinsanalytik），是探討各存有狀態之可能性條件，屬於存有論（ontologisch）的工作。牽掛被開展為「此在」的本質結構，故牽掛是愛的存有論基礎。[69]這來自1965年海德格的評論，重現其早年對「此在」概念的重視。從字裡行間我們讀到海德格強調「此在」的「在世存有」或開放性存有（Da-sein）與超越（Transzendenz）是二而一的，超越反而是駐留（sich aufhalten）於世上，是經過忍耐醞釀以趨成熟的過程（海德格以Austrag與Ausstehen表之），讓超越者留存於「此在」內（海德格以Innestehen表之），且對「此在」而開放。

因而從愛轉為牽掛，卻又顯示如前述，基督教的愛為亞里斯多德強調的尊重之德行所取代，[70]故似乎我們從「此在」被存有差遣而有回應，來看具原初負責意義的倫理學，它所以為背景的基督教文化又被希臘思想淡化下來。

69　Heidegger, Martin. *Zollikoner Seminare*, Hrsg.: M. Boss. Frankfurt a.M.: Klostermann, 1994, S. 236-241.

70　對亞里斯多德言，當然亦出現屬同個字*philia*之對智慧的愛與友愛，在其倫理學談論到衝動（passion; drive）出發的情感也會不排斥所謂的愛欲*eros*。這裡以及下面指出的基督教與希臘各強調愛與尊重，在基督教是指*agape*的愛，在希臘（亞里斯多德）則因為友愛的本質是尊重之故。

　　我們再回到命運與差遣的問題討論來。由於海德格以為「共同此在」較「此在」更為優先，故與他人共同的發生事件（Mitgeschehen）也比「此在」的發生事件為優先。共同的發生事件被稱為共命（Geschick），因而它不是由個別「此在」的命運所組成，卻以「此在」世代（Generation）交替的方式決定「此在」之命運。[71] 對照之下，「我在這裡」更以「我們在這裡」為優先。「共同此在」之共同聽命於「共在」所召喚的聲音。或許我們進行「共同決斷」（Mit-entschlossen）之舉：「共同的沉靜，願在共同的畏懼中往最屬我們自己的罪責存有去投企」，而其內的要素或許是：對於本真但潛在的「共在」無法迴避、畏懼但去共同地承擔，以及在深覺共同的罪責中彼此尊重。

　　原初的責任是「共同此在」對於「共在」的「共命」所做「我們在這裡」的回應，以及所做的「共同決斷」。我們所「共同」的範圍時有大有小，大者包括整個宇宙，小者包括二三好友，或一小家庭，而民族、國家被視為此共同範圍，就有著政治的議題。類似胡塞爾的政治議題是個人往愛的社群去過渡的一個階段，海德格的政治議題則是我們在共同存有的最大值所呈現的共命之下，對於民族、國家呈現的共命的關注與回應，但最終仍以對於最大值的共命做回應為目的。我們要從這個視野來探討海德格的政治哲學。

（四）小結

　　我們以居留性、照顧性與責任性的三種意義來顯示海德格的倫理學。首先我們從Dasein, *ethos*, *physis*, *poiesis*, *praxis* 諸概念討

71　Heidegger, Martin. *Sein und Zeit*, S. 384-385.

論出 *physis* 既為意味著居留的 Dasein, *ethos* 所歸屬的場域，亦為 *poiesis, praxis* 活動的最高意義或所衍生的來源。*Physis* 可說是我們所指的原初倫理性的根源，它包括對物的照料與對人的照顧，在晚期海德格強調的對於存有的思維即是原初倫理的，是先行於傳統上對於理論與實踐之二分的。對人的照顧的倫理性是在於照顧他人時要保留其牽掛的能力，而也要注意照顧者本人也在牽掛的「此在」中持續共同成長。因此當海德格針對本真的「此在」問題時，似先凸顯了不關涉他人的義涵，而在達到本真的「此在」後再回過頭來照顧他人，但在現實上應是人們彼此在互相照顧中發展的。更何況海德格的「此在」是以「共同此在」為前提，以尊重的倫理德行為根本。最後，原初的責任是從 Dasein 有著「我在這裡」的原初基督宗教的義涵來看，這可由列維納斯的論述為證。但顯然海德格由對上帝的呼喚轉為良知的呼喚而以「我在這裡」來回應，從而其將具歷史與地域性的基督宗教的愛亦轉化為更具存在性的牽掛，這將涉及後面所討論的宗教問題。我們也將原初責任從個人延伸到社群的層次去，這也和即要討論的政治問題相關。

三、海德格的政治哲學

我們從具作為原初責任的「共同此在」回應天命，進入到探討政治的議題。過去我們指出：對命運之時機的掌握是技藝面對機運所做的技巧性回應。故在面對民族、國家的共命時，如何做回應，如何做技巧性的回應，以能掌握該共命的時機，該是海德格的政治哲學所關心的課題。惟海德格本人亦實際上受到這種民族、國家共命的考驗。

這個關聯政治的國家、民族共命問題，在前章節是從個人的決斷擴展到社群成員一起做決斷，而被我們詮釋為受到「共同存有（共在）」差遣而有的共命來看的。此時本真的「共同此在」處境讓本真的「共在」臨現，「共同此在」將原先在非本真的處境所遭遇與面對的偶然機運，特別是以非屬己的可能性未來所呈現的機運，轉為最屬己的可能性未來，這個「未來」並向一起做決斷、向未來投企的「共同此在」到來或臨現，這是我們強調的機運轉為時機的意義。

這即是海德格對於技藝如何技巧地回應機運的問題的回答，從「此在」的決斷、命運到存有的臨現，主體的意志性仍扮演一些角色，我們將看到後期的海德格以無意志的意志來回應機運的問題。因而海德格本人對於政治的態度與作為就有些轉變。

我們將以希臘悲劇作為討論的引導性議題，因為悲劇是技藝對機運回應的一種結果。如果對亞里斯多德而言，悲劇來自技藝無力地對自然之外的機運對抗，那麼對於海德格，悲劇一度也來自無力的技藝對抗機運，但因機運是從存有之本有而來，歷史命運——包括西方形上學與科技——也整合在其中，故悲劇或許已轉換成另一種意義。下面我將檢驗海德格在1930年代與晚期，如何主張技藝在不同方式下回應機運的。

（一）機遇的偶然屬於自然

在檢驗以前，我們欲說明一下本章節將海德格關聯到亞里斯多德哲學的立場，這是將海德格針對技藝與機運的問題和前述的亞里斯多德論點做一連接。其實海德格探討亞里斯多德多在早期，雖其主旨用意和本章節問題沒有直接關係，但也可作為後面要談的公共領域或廣義政治的前置思想。他在早期弗萊堡與馬堡

時期對亞里斯多德哲學進行密集的詮釋，包括1921/22年冬季授課講義的《對亞里斯多德的現象學詮釋——現象學研究導論》，1922年夏季授課講義的《對亞里斯多德關於存有論和邏輯學的有關論文的現象學解釋》，1922年對任教於馬堡大學納托普的報告：《對亞里斯多德的現象學詮釋——詮釋學之處境的指引》，以及其後1924年至馬堡任教的1924年夏季授課講義：《亞里斯多德哲學的基本概念》，其中第一部分第三章是關於亞里斯多德「修辭學」的詮釋。

　　另外在20年代前後，海德格在早期弗萊堡大費心思的探討生命的原初「處境」（Situation），包括1919年在「戰時緊迫學期」（Kriegsnotsemester）開設的「哲學理念與世界觀問題」，1919/20年冬的「現象學基本問題」，1920/21年的「宗教現象學」等。他試著將這原初生命處境所隱含地關涉到自我、他者、世界、歷史、宗教、文化等的意義揭示出來，並藉以建立真正的哲學或科學。前述對於亞里斯多德著作的詮釋工作是和他對於哲學與科學回到我們自己的生命處境之研究平行進行的。

　　鑑於此，有多位學者對此做了評論。譬如克齊爾基本上認為海德格對亞里斯多德一些概念做詮釋，主要在將它們從海德格所關注的生命處境——包括漸發展出的「此在」——取得意義的來源。[72]根特・菲格爾（Günter Figal）強調了對生命處境表述的語言與建立哲學的關係，指出海德格早期在討論傳統對哲學的理解當中反思語言，對亞里斯多德的討論即以此為目的，但海德格同時

72　Kisiel, Theodore. *The Genesis of Heidegger's Being and Time*, Berkeley/Los Angeles/London: University of California Press, 1995, p. 293.

將亞里斯多德的邏輯納入到自己的事實性詮釋學之內。[73]邁可‧波勒（Michael Bowler）主張早期海德格理解的哲學就是活在生命與安置在生命中，而不只讓我們進入生命與生命經驗中；海德格認為亞里斯多德注意到形上學存於生命與為了生命之故，並將它的著作置於自己的詮釋學處境來解讀。[74]這裡要先強調的是，處境一詞未嘗不蘊含了後面被我們視為廣義政治的*pólis*義涵於內。

　　20年代以後海德格較少處理亞里斯多德，除了1931年夏開設「亞里斯多德形上學〈第九章〉」之外，收集在《路標》內1939年的〈論自然（*physis*）的本質和概念──亞里斯多德《物理學》第二卷第一章〉則和我們的討論直接較有關係。在這裡海德格強調了希臘的自然是高超於諸神，「其老更勝於時間的東西」，它是比任何存有者更早的「存有」。[75]故自然或存有實超越了以存有者呈現的命運物之上。又海德格曾舉例說一位醫生對自己的治療（技藝）（*téchne*）並不構成自己生病康復的真正始基（*arché*），而這始基是在作為人存有的、屬於自然（*physis*）的生命本身；作為醫生（以及其治療）是對作為人（以及回復為康復的人）的偶性（*symbébekós*; accidental）。[76]故技藝是附加在自然本性之上的

73　Figal, Günter. "Heidegger's Philosophy of Language in an Aristotelian Context: *Dynamis meta logou.*"（in: *Heidegger and the Greek.* Edited by Drew A. Hyland and John Panteleimon Manoussakis, Bloomington & Indianapolis: Indiana University Press, 2006, pp. 83-92）, pp. 82-83.

74　Bowler, Michael. *Heidegger and Aristotle. Philosophy as Praxis*, New York: Continuum International Publishing Group, 2008, pp. 4-5.

75　Heidegger, Martin. "Vom Wesen und Begriff der *Φύσις,* Aristoteles, Physik B, 1."（in: *Wegmarken.* GA Bd. 9, Frankfurt a.M.: Klostermann, 2004, S. 239-301）, S. 240.

76　同前註，S. 255-257。

偶性。此外，海德格指出亞里斯多德以「形態／形式」（form; *morphé*）是對個別者保留在外觀中、對個別者的稱呼，以及對它的言說（*légein*）；而根據形式我們可以找到合乎自然的東西，藝術作品即是典型作為這種形式的例子。[77]這裡當然區別了自然與人為技藝的形式，前述疾病的康復的例子即是人的自然生命邁向屬自然目的的形式，而醫生的治療即依著技藝的形式。惟海德格卻又將邁向具自然特徵的製作也稱為技藝。[78]將技藝的概念擴大為自然的意義，呼應了藝術作品為可找到合乎自然的東西，以至於它彷彿是自然之說法；而因為詩性語言是藝術本質，故一種詩的邏各斯更是一種邁向具自然特徵的製作或技藝。

　　和此文的意旨相呼應，華特・包若根（Walter A. Brogan）在自然與技藝交互關係一文裡提到在海德格對亞里斯多德著作的詮釋中，曾將存有者的偶性也歸為自然（*physis*），而非只歸為附加在存有者自然本性的技藝（*téchne*）而已。此因為當技藝表現在作為藝術本質的詩性語言時，藝術所激發或顯示（世界與大地）的爭執與分裂固然呼應了技藝本身的有限性，因它始終遭遇著反對與阻力；但因爭執是屬於世界與大地之間的，故藝術的技藝反可歸為自然。[79]

　　雖然藝術與詩在1939年的此文不是重點，但這裡海德格的詮釋已顯示了對於包括機運的自然去嵌合的這種種技藝，而這是我

77　同前註，S. 273-277。

78　同前註，S. 292。

79　Brogan, Walter A. "The Intractable Interrelationship of Physis and Techne"（in: *Heidegger and the Greek,* Edited by Drew A. Hyland and John Panteleimon Manoussakis, Bloomington & Indianapolis: Indiana University Press, 2006, pp. 43-56），pp. 50-54.

們在稍後要強調出來的。前面我們看到鄂蘭視偶性為機運發生的事，今這裡似乎顯示海德格更將屬機運的偶然事件納入自然之內。

（二）三〇年代的政治悲劇

我們再回到1930年代海德格如何以技藝回應當時政治處境的問題，這裡採取的論述策略是從海德格的有關著作去看兩位詮釋者的主張，再將之置於本章節所主張的技藝如何回應機運的討論視野內。

近來有不少學者，例如丹尼爾・史密特（Dennis J. Schmidt）、瑞那・史爾曼（Rainer Schürmann）、麥克乃爾，與大衛・塔貝希尼克（David E. Tabachnick）等，關聯到希臘悲劇來討論海德格的思想。

首先，根據史密特的研究，雖然在海德格的作品裡悲劇的議題已在1920年代出現，而首次談到希臘悲劇應更早在1919年。[80]1930年以後，「悲劇的議題變成海德格致力於表達歷史（……）、了解社群生命特性的中央舞台」。其中著名的校長就職演說：〈德國大學的自我主張〉根本上關係到悲劇議題的討論。

史密特強調海德格的校長演說（1933）企圖影響，或教育他當時的國家社會主義政權。像柏拉圖一樣，他相信「哲學的力量可讓政治意志屈服」。[81]這顯示他對於知識力量的信仰。

80　Schmidt, Dennis J. *On Germans & Other Greeks. Tragedy and Ethical Life*, Bloomington & Indianapolis: Indiana University Press, 2001, p. 227;這裡指出一些和悲劇有關的概念如：「事實性詮釋學」（hermeneutics of facticity），「毀壞」（ruin），「命運」（fate, destiny）等等。1919年涉及的是安提岡妮的合唱。

81　同前註，p. 233。

　　但為什麼在演說中海德格談到普羅米修斯（Prometheus）的悲劇角色呢？一方面他承認普羅米修斯是第一位哲學家，但另一方面他引用普羅米修斯的話：「然而知識遠遠不比必然性有權力。」[82]海德格本身也承認這兩面性，基於他認為哲學家必須知道其限制。故他說：「對於事物的所有知識停留在具壓倒性的命運之前，並在它面前付之闕如了。」[83]

　　事實上，在校長演說中海德格強調理論知識，且依然將原始希臘對 *theoria* 的理解詮釋為「對於真正實踐的最大實現」，因為「知識是（……）對整個人民與國家的存有最內在的決定中心」。[84]海德格之談到普羅米修斯乃企圖顯示知識為「我們作為人民之精神存有的基礎事件」。[85]然而知識的力量的確亞於表現在人民歷史命運的必然性，但海德格還是主張大學的教師與學生必須致力於知識，且對抗命運的力量，而非在命運之前只留下無力之嘆，即使對抗造成令人遺憾之悲劇也不反悔。

　　因此，強調對機運的奮鬥（Kampf; struggle）是海德格引述普羅米修斯的原因。他自覺到時代歷史的命運，但在校長演說裡仍然相信知識能夠對抗必然性，也就是技藝能克服機運。而除此

82　Heidegger, Martin. "Rectorship Address: The Self-Assertion of the German University"（in: Günter Figal［Ed.］. *The Heidegger's Reader.* Translated by Jerome Veith, Bloomington & Indianapolis: Indiana University Press, 2007, pp. 108-116）, p. 110. *"Téchne d'anágkes ásthenestéra makrῷ,"* 海德格翻譯 *téchne* 為知識，翻譯 *anágke* 為必然性或命運，這些源於西方科技，為我理解為區別技藝的機運。

83　同前註，p. 110。

84　同前註，p. 111。

85　同前註，p. 111。

以外海德格似乎別無他法。[86]

　　其實此實海德格態度與作為仍本著《存有與時間》以「此在」或「共同此在」做決斷，讓當時未測的可能性未來轉為本真的可能性，這是我們前說的命運，或是從機運轉成的時機；但事實證明其結果是未能成功的。或許我們就海德格晚期鑑於存有歷史與命運的視野，可更深入的說，這個時機在其任校長之時是未能到來的，因海德格當時的作為就整個存有歷來看仍是非本真的，這導致他從意志過渡到非意志的意志的態度去，這在下面會有所說明。

　　另一位學者史爾曼對於《哲學論稿（從本有而來）》（1936-1938）的著作的分析，是先將此書的主旨[87]歸為海德格本在恢復

86　這呼應海德格在1966年「明鏡雜誌訪談」（*Der Speigel* interview）所說：「在當時我看不出有什麼替代方案。（At that time I saw no alternative.）」"Heideggre, Martin. *Der Spiegel Interview* with Martin Heidegger," In: Supplement 1. Günter Figal（Ed.）, *The Heidegger's Reader*, 同前註，pp. 313-333, 316。

87　其實《哲學論稿》（Heidegger, Martin. *Beiträge zur Philosophie* [*vom Ereignis*], Hrsg.: Fr.-W. v. Hermann, GA 65, Frankfurt A.M.: Klostermann. 1989）主旨在探討哲學究竟是什麼，因海德格要避免以非真正哲學的語言來表達哲學，故開放了一種特殊的方法過程去呈報它，也對於存有應如何為語言所表達做了根本的討論。他在使哲學的語言以及語言本身「從本有而（生成出）來（vom Ereignis）」。這種方式是從原先的對哲學奠基的開端，走向另一個開端。在論述存有之從本有而來時，這就是對於「本有」、「存有的本質現身」（Wesen des Seyns）道說。這到底如何進行，才可避免使用非哲學的語言，以及只是「對於」本有做展現而已，而非從本有而來？但在書中海德格說，如此尚不能「從存有本身出發去嵌合存有真理自由自在的命運（自我支配）」（die freie Fuge der Wahrheit des Seyns aus diesem selbst zu fügen）。（Heidegger, 1989: 3-4）這顯示《哲學論稿》的限制，而一種由顫動狀態中的存有去決定思考的方式在海德格的晚期則較成功地展現出來（如在1957-1959年的《同

悲劇邏輯的立場下對於形上學邏輯批評而為之，但他在當時卻仍擺脫不開傳統形上學重視主體性的包袱，以至於仍捲入了政治的漩渦裡。[88]

　　他以為：海德格批評形上學奠基的理念為將個別性與他者皆臣服在一種鋪天蓋地的規範力量下，這種力量將存有轉換為存有者的幽靈。[89]鑑於對奠基之實體或主體的排斥，海德格刻畫「此─在」為「深淵無底的」（abysmal; abgründig），並表示：「對於深淵的握持屬於「此─在」的本質。」（The holding-fast to the abground [abyss] belongs what is ownmost to Da-sein.）[90]對海德格言，我們不只要復原個別性和他者性，也要復原存有的內在爭執（strife; Streit）。因而「此─在」爭執於自己之內，「本有」就可

　　一與差異》與1959年的《通向語言之路》）。在《哲學論稿》中的限制是否即因為海德格仍未擺脫技藝之具主動支配性的態度呢？

88　對於《哲學論稿》裡的論述，當然有不少學者直接指出海德格對於德國國家社會主義的批評，如馮・赫爾曼（Friedrich-Wilhelm v. Herrmann）在其著作 *Wege ins Ereignis: Zu Heideggers "Beiträgen zur Philosophie"*（Frankfurt: Klostermann, 1994, S. 100-104）即主要指出海德格鑑於國家社會主義對於存有遺忘而批評之。但這並不與史爾曼與我們提出海德格當時仍以偏重意志的技藝方式來對抗國家社會主義，以至於造成的缺憾的主張相矛盾。

89　Schürmann, Rainer. "Ein brutales Erwachen zur tragischen Bestimmung des Seins. Über Heidegger's *Beiträge zur Philosophie*"（in: *Martin Heidegger. Kunst-Politik-Technik*, Hrsg.: Christoph Jamme und Karsten Harris, München: Wilhelm Fink, 1992, S. 261-278）, S. 271-272.

90　"Dieses Festhalten des Abgrundes gehört zum Wesen des Da-seins（...）."（同前註，S. 276; Heidegger, Martin. *Beiträge zur Philosophie* [*vom Ereignis*], S. 460; Heidegger, Martin. *Contributions to Philosophy* [*from Enowning*], translated by Paris Eman and Kenneth Maly, Bloomington & Indianapolis: Indiana University Press, 1999, p. 324.）「此─在」一詞不再如《存有與時間》中以畏懼來開展「存有」，而直接表示與具深淵性之「存有」間的關係。

被了解為原始的爭執。「此—在」本有著（erowns itself; ereignet sich）並自我爭執著。如果存有仍可被時空來解釋其意義，那麼深淵是時空的原始單位。[91] 鑑於此，海德格喜歡使用另一個字表示存有：Seyn，[92] 它是本有、爭執，與時空的原始場所（tópos），誠如海德格所說的：「存—有」（Be-ing: enowning），「深淵：作為爭執的時—空」（Abyss: as time-space of the strife）。[93]

　　史爾曼將「此—在」的內在爭執連結到希臘悲劇的「此—在」，基於海德格在文本裡的問題：「究竟在希臘悲劇中的這個〔此—在〕如何〔本有〕呢？」[94] 史爾曼在其論文開始指出悲劇基於一種法理上無所遁逃的兩難（legal double-bind）。他提到安提岡妮、克里昂、歐底帕斯、阿加曼農、埃特歐克勒斯等必須活在遵守城市法律與家庭習俗的兩難下；但在對此無法承受之下，每一個英雄人物不得不選擇一條路。[95] 惟他們必須付上對此覺醒的代

91　Schürmann, Rainer. "Ein brutales Erwachen zur tragischen Bestimmung des Seins. Über Heidegger's *Beiträge zur Philosophie*",同前註，S. 273-274。

92　由於英文將 Seyn 譯為 Be-ing，故本書將之譯為「存—有」。

93　"Das Seyn: das Ereignis." "Abgrund: als Zeit-Raum des Streites." (Schürmann, Rainer. "Ein brutales Erwachen zur tragischen Bestimmung des Seins. Über Heidegger's *Beiträge zur Philosophie*," S. 276; Heidegger, Martin. *Beiträge zur Philosophie（vom Ereignis）*, S. 346; Heidegger, Martin. *Contributions to Philosophy〔from Enowning〕*, p. 242.)

94　"Inwiefern〔ereignet sich〕solches〔Da-sein〕in der griechischen Tragödie?" (Schürmann, Rainer. "Ein brutales Erwachen zur tragischen Bestimmung des Seins. Über Heidegger's *Beiträge zur Philosophie*," S. 277; Heidegger, Martin. *Beiträge zur Philosophie〔vom Ereignis〕*, S. 374; Heidegger, Martin. *Contributions to Philosophy〔from Enowning〕*, p. 261.)

95　Schürmann, Rainer. "Ein brutales Erwachen zur tragischen Bestimmung des Seins. Über Heidegger's *Beiträge zur Philosophie*," S. 261.

價，如同歐底帕斯雖解脫了心靈上混雜不清的盲目（hybrid blindness），但卻造成了視覺盲目（visional blindness）的結果。[96]

史爾曼看到海德格的這種連結是否合理？「此—在」的內在爭執發生在深淵無底性當中，這是海德格訴求的哲學的另一開端。而希臘悲劇的「此—在」的內在爭執是否反而淵源於對傳統形上學奠基的第一開端？這是否表示海德格仍未脫離後者的包袱？對於史爾曼來說的確如此。

海德格對形上學奠基之邏輯的批評，反映在他對於1930年代文化的批評上，時代文化被海德格標示為「計謀」（Machenschaft; Machination）[97]與「巨大性」（das Riesenhafte; the Gigantic），[98]體現在不只是西方的科技，也在對布爾什維克主義、美國主義、國家主義、猶太教與基督教的一視同仁當中。因為「所有它們的基準皆被霸權的『我思』所設定」。[99]海德格對於悲劇邏輯的恢復反映在他的兩難情境：一方面他對形上學的奠基邏輯保持距離，因它體現在第275節所顯示的「整體的存有者」、「作為自然科學的對象與科技所剝削的自然」[100]等等當中；另一方面他對於此邏輯說

96　Schürmann, Rainer. "Ein brutales Erwachen zur tragischen Bestimmung des Seins. Über Heidegger's *Beiträge zur Philosophie*," S. 277.

97　Heidegger, Martin. *Beiträge zur Philosophie（vom Ereignis）*, S. 126, etc.; Heidegger, Martin. *Contributions to Philosophy（from Enowning）*, p. 88, etc.

98　Heidegger, Martin. *Beiträge zur Philosophie（vom Ereignis）*, S. 135; Heidegger, Martin. *Contributions to Philosophy（from Enowning）*, p. 94.

99　Schürmann, Rainer. "Ein brutales Erwachen zur tragischen Bestimmung des Seins. Über Heidegger's *Beiträge zur Philosophie*," S. 264-265.

100　"Nature' als Gegenstand der Naturwissenschaft und als Ausbeutung der Technik." （Heidegger, Martin. *Beiträge zur Philosophie [vom Ereignis]*, S. 495-496; Heidegger, Martin. *Contributions to Philosophy [from Enowning]*, p. 449.）

「是」，以至於他捲入了政治運動裡。因為其主張浪漫主義的對於存有者的神性化（Verklärung; transfiguration）尚沒有終結：「這種神性化喚起文化的歷史更新，推動此更新在人民之中扎根，並努力於去溝通每一個人。」[101]而這似乎讓他捲入另一個奠基於國家社會主義的形上學邏輯之上。因此史爾曼評論：「並沒有將德國人民個別化，以呼應著希臘人，政黨反而讓人民支配於流行化，這並不比在美國或蘇聯裡的淺薄與遲鈍為少。覺醒是發生了，但結果是所有的東西都一錯再錯。」[102]

綜上所述，史密特對校長演說的評論是：「相信理論的力量能夠領導著文化出於其精神的困頓，這實是其傲慢的標誌。」[103]比之於此，史爾曼對海德格的批評更為嚴厲。但〈自我主張〉與《論稿》皆表示海德格察覺到時代命運體現在西方科技、布爾什維克主義、美國主義，甚至國家社會主義等等之內。海德格此時相信只有一積極的覺醒才能讓人民與大學去開創一個「新的開端」，[104]儘管他之捲入國家社會主義並不表示他的支持。

---

[101] "Zu dieser Verklärung wird die historische Erneuerung der 'Kulture' aufgerufen und ihre Verwurzelung im 'Volk' betrieben und die Mitteilung an alle angestrebt." （Heidegger, Martin. *Beiträge zur Philosophie* [*vom Ereignis*], S. 496; Heidegger, Martin. *Contributions to Philosophy* [*from Enowning*], p. 449.）

[102] "Statt das deutsche Volk zu vereinzeln, damit es dem griechischen entspreche, unterwarf die Partei es seiner 'Popularisierung,' die nicht weniger flach und öde war als die in Amerika oder in der Sowjetunion. Der Aufbruch hatte zwar stattgefunden, aber er hatte im Endeffekt alles verkehrt." （Schürmann, Rainer. "Ein brutales Erwachen zur tragischen Bestimmung des Seins. Über Heidegger's *Beiträge zur Philosophie*," S. 269.）

[103] Schmidt, Dennis J. *On Germans & Other Greeks. Tragedy and Ethical Life*, p. 236.

[104] Heidegger, Martin. "Rectorship Address: The Self-Assertion of the German

　　海德格要奮鬥的對象是歸於西方形上學與科技導致的政治環境。但是如果人們遺忘了「此―在」的深淵性，那麼他們用技藝去對抗科技帶來的命運，反而也在使用尚無法擺脫於形上學邏輯的另一種扭曲變形的技藝。因為遺忘與扭曲不可避免，所以人們陷入了悲劇的兩難律則裡。在此觀點下，海德格刻畫人生為無家可歸（Unheimlich; uncanny）。這個德文字是海德格從希臘字 *deinón* 所轉譯的，此為「索福克勒斯的安提岡妮的合唱」的主題，此合唱被海德格翻譯與詮釋在《形上學導論》（1935）裡。[105]

　　海德格注意到安提岡妮對人生描述為 *pantopóros ắporos* 與 *hypsípolis ắpolis*。前者被譯為：「在任何處旅遊，他都流於虛無中。」後者被譯為：「從其場所（Stätte; place）高起，他反而最後失去了場所。」[106]海德格企圖擴大這裡所提 *pólis* 的意義為場所，如他所說：「*Pólis* 一般翻譯為城市或城市國家，這並不把握到整個意義。*Pólis* 更意味著『場所』，它是歷史的『此―在』場所之處，它也作為歷史的『此―在』。*Pólis* 是歷史的場所，在這裡、從這裡，以及為了這裡歷史發生著。」[107]因此，海德格關切的根本上不是「政治的」事務，而是具歷史性之「此―在」的事務。

　　史密特說得好，海德格主張要奮鬥的，是「去達到另一個、非形上學的關於人類對某某關係的思維方式，從這個某某出發，

University," p. 116; 前已述及之海德格在「明鏡雜誌訪談」說道：「在當時我看不出有什麼替代方案。」就顯示了此言論。

105 Heidegger, Martin. *Einführung in die Metaphysik*, Tübingen: Niemeyer, 1996, S. 112-115; Heidegger, Martin. *An Introduction to Metaphysics*. Translated by Ralph Manheim, New Haven and London: Yale University Press, 1959, pp. 146-150.

106 同前註，pp. 147-148。

107 同前註，p. 152。

政府、法律、機關、人際關係能重生出來。」[108] 但是在 1930 年代以及第二次世界大戰期間，海德格採取了積極的思維方式，想去創造一個人們對於 *pólis* 的新關係。希臘式悲劇表現在他對於形上學與科技在 *pólis* 上影響的反動力量（counterforce），也就是較強烈的反應上，這反而讓他不能真正的擺脫形上學與科技對 *pólis* 的影響，這導致後來的海德格採取了較為「消極」的思維方式來應對。[109] 如果我們仍回到 *téchne* 與 *túche* 的主題來，那麼 *téchne* 將被發展為藝術與詩，讓「此─在」去面對關聯到 *pólis* 的 *túche*。下面我們將從晚期的三種著作來舉證出這種看法。

（三）晚期對於時機形成於政治場所的真正落實

　　首先，在〈藝術作品起源〉（1935/36）裡海德格理解人民為藝術作品的保存者。藝術作品的起源問題事實上是人民的、「人民歷史存有的」[110] 起源問題。「此─在」的內在爭執轉換為世界與大地之間的爭執，而這是「作品的作品存有」。[111] 因此，在爭執所呈現的既隱蔽又開放的性質不只為作品所表現，也為人民所表現。藝術作品與人民的關聯特別表現在語言與人民的關係上，因為人民保留了語言，語言則保留詩的原始本質，此本質同時是所

---

108 Schmidt, Dennis J. *On Germans & Other Greeks. Tragedy and Ethical Life*, p. 248.

109 Schmidt, Dennis J. *On Germans & Other Greeks. Tragedy and Ethical Life*, p. 240; Tabachnick, David E.（Fall 2007）. "Techne, Technology and Tragedy," Virginia Tech, Vol. 11, no. 1, Fall 2007.

110 Heidegger, Martin. "The Origin of the Work of Art"（in: *Basic Writings*,ibid., pp. 141-212）, p. 202.

111 同前註，p. 175；從海德格 Sein west 的表述可理解這裡的作品存有是作品之成其作品，表示作品創作的過程。

有藝術的本質。[112]人民在保留詩、語言與藝術作品當中，參與著大地與世界的爭執，參與著真理的隱蔽與開放。這是海德格所言人民「首度將存有者作為存有者〔也就是存有〕帶向開放性」之涵義。[113]人民如此處於世界與大地之中，這是從藝術作品觀點來看的歷史「此—在」所處的 *pólis* 起源。就此而言，海德格有名的諺語，它首次出現在〈人文主義書信〉的：「語言是存有之家。」[114]可引起我們進一步去思考：是否存有之家——也就是語言——是 *pólis* 的起源。但是詩與語言的意義究竟是什麼，需從其他著作再獲得解答。

　　我們其次要提出的即是〈人文主義書信〉（1946），在其中海德格對思考理解為一種「行動」（Tun; deed），並以為「它同時凌駕在所有的實踐之上」；但不是因為其「成就的偉大」，也不因為其「影響的結果」，卻是因為其「毫無成果之實行活動渺小不足為道。」這實呼應了我們道家所主張的無為而無所不為的義涵。他並以為思考的行動「只將對存有未說出的字詞說出來」，[115]此意義的深刻性正可由書信結尾一段話表示出來。我們在前面已就此文本闡釋了海德格提到之亞里斯多德在其《詩學》中所說鮮為人注意的話語，也就是「作詩比對存有者的探查更為真實」。[116]詩以及像詩一樣的哲學雖然面對未來不可預期的整體東西，但它們以向命運嵌合（Fügen）的態度，讓命運呈現在存有的「到來」或「差遣」裡，使得詩人與哲學家可掌握命運的時機。

112　同前註，pp. 198-199。

113　同前註，p. 198。

114　Heidegger, Martin. *Über den Humanismus*, S. 5.

115　同前註，S. 51-52。

116　同前註，S. 53。

　　最後我們簡述〈對科技追問〉（1953）裡海德格的看法，他以為作為技藝（*téchne*）的原始揭蔽（disclose）與作為科技（technology）的強求（herausfordern; challenge）揭蔽共同屬於我們歷史的命運。[117]然而，命運本身具有授予的力量，我們被要求去分享命運的授予能力，或「被歸屬在真理的本有（Ereignis; enowning）當中」。[118]海德格訴諸於對存有歷史命運的虔敬，所凸顯的藝術與詩的精神，作為藝術本質的詩可以讓「存有命運」授予我們力量去度過科技所造成的危機。[119]

　　從前述三點，我們了解到詩作為一種特殊的技藝與根本的藝術作品，不在對於機運對立，卻被嵌合在作為從存有本有的機運當中。海德格將機運具體化為西方形上學與科技的樣態，但它們被整合在存有本有自身。他將技藝的意義擴展到藝術與詩性語言。他對於技藝如何技巧地回應機運問題的回答，展現在技藝之被嵌合在機運當中。

　　這裡我們也對公共領域在海德格哲學脈絡下的根本意義做個總結說明。海德格真正關心的是歷史的「此─在」，以及其所處的場所到底是什麼，這被我們強調是*pólis*的本義。本節之初曾指出海德格在1920年代即致力於探討原初生命處境關涉到自我、他者、世界、歷史、宗教、文化等的意義之揭示，故早先的處境一詞未嘗不是*pólis*之義。意義的揭示關係著生命對於周遭環境的回應方式。海德格這樣的關注實伴隨著其整個哲學生涯，在1930年

---

117 Heidegger, Martin. "The Question Concerning Technology"（in: *Basic Writings*, ibid., pp. 307-341），pp. 330-332.

118 同前註，p. 337。

119 同前註，pp. 339-340。

代的政治生涯不過是在這種關注下探得了一種意義揭示後，所展現在對周遭環境的回應方式而已。而從早期經《存有與時間》到這個階段，皆仍在以意志性的主體如作決斷之下讓機運轉為具時機性的命運，在後來1930年代的政治氛圍的考驗下，這個理論顯然不足以讓機運轉為時機。後期海德格則強調思考作為一種技藝，它和詩，以及和以詩作為本質的藝術與語言等技藝一樣，皆迎向命運、嵌合於機運，讓存有歷史本身來授予我們力量，來回應周遭環境，包括政治、科技等等，以這種方式來面對機運，似乎時機的到來較為可能。我們曾說語言是*pólis*的起源；事實上我們在現實中作為某社群國家的人民，在揭示自己的歷史意義中，透過詩、藝術、語言所開啟的、為我們置身所在的世界與大地間的爭執，去向作為遮蔽與開顯的存有或真理去開放。因為人自始即與他人共處於世界之中、大地之上，[120] 故我們自始即處在這種從*pólis*來看的廣義的政治空間裡，當然這不合乎後來要再詳述之鄂蘭的政治空間理念。海德格致力的政治自由是對未來的存有可能性如何以時機而臨現，在早先以「此在」的決斷為條件，晚期則以語言嵌合或迎合存有命運。但當以「共同此在」的身分來做決斷以及共同以語言嵌合存有命運，就涉及一個民族共同體的問題，然而由於民族的成員差異性未為海德格所重視，就對鄂蘭而言有所不足，這在後面會再強調出來。

（四）小結

本節處理政治的問題顯然未涉入新近出版的四冊《黑皮

---

120 前面已指出海德格在《存有與時間》以前強調揭示個人生命處境之意義時，已將他者納入處境之中。

書》，[121]我們將在全書的總結處提及，會給予適當的補充。在這裡
是循著技藝面對命運而如何處置的脈絡，由前期海德格已敏感到
希臘悲劇的問題，進入到1930年代以及之後面對時代與德國政治
命運時，他從積極性地致力於克服與對抗，到消極性地讓命運呈
現在存有的「到來」或「差遣」裡，以至於命運的時機得以被掌
握。我們特別強調*pólis*是歷史的「此─在」場所之處，故政治對
海德格而言是個人或群族生命對於周遭環境的回應方式，當如何
以技藝做技巧性的回應，也考驗著海德格本人對於德國政治環境
的應對方式。

四、海德格的宗教哲學

　　在前面討論海德格的倫理學部分，我們已涉及到一些關於宗
教的問題，特別是將原初責任視為「此在」之「我在這裡」對於
對於存有的召喚所做的回應，對應著人對於上帝的召喚。其實這
裡即顯示了海德格對於上帝以另外個立場來面對，而今我們對其
宗教哲學的處理，即基於這個立場來開展。這個立場為我們稱為
海德格對於上帝做一種了體現的工作，特別是體現在存有裡，讓
我們能具體地掌握到上帝。

　　我們把「上帝的體現（embodiment）」理解為「上帝的顯
現」，這是就「神性」（Gottheit; divinity）、「神聖」（Heilig; holy）

---

121 Heidegger, Martin. *Überlegungen II-VI*（*Schwarze Hefte 1931-1938*），Hrsg.:
　　Peter Trawny, GA 94; *Überlegungen VII-XI*（*Schwarze Hefte 1938-1939*），GA
　　95; *Überlegungen XII-XV*（*Schwarze Hefte 1939-1941*），GA 96, Frankfurt:
　　Klostermann, 2014; *Anmerkungen I-V*（*Schwarze Hefte 1942-1948*），GA 97,
　　Frankfurt: Klostermann, 2015.

及「存有」（Sein）[122]而言的。海德格在《關於人文主義的書信》中說：「只有從存有的真理而來，才能思神聖者的本質。只有從神聖者的本質而來，才能思神性的本質。只有在神性之本質的光亮中，才能思或說『上帝』一詞所指的東西。」[123]這個說明基本上顯示了後面那層次，即上帝是如何顯現或體現在世界上的。這也表明了海德格是如何理解「存有—神學」（Onto-theologie）[124]的。《關於人文主義的書信》寫於1946年，在海德格早期的著作中，是否能找到這樣的存有學與神學的關係呢？海德格1946年後的立場是什麼？我們如何根據海德格涉及我們所謂「上帝的體現」的著作來理解他對上帝的立場？

（一）神學和存有學之關係的歷史背景

根據一些學者的研究，在早期希臘的宗教經驗中，「上帝在時間中出現（happen）於世界，且完全就在於這個出現中」，在這個意義上，「神性的事件（das göttliche Ereignis）介入（break in）」。因此，「『神性者』（to theion）的概念相對於特定的上帝或諸神（theos, theoi），便標誌了希臘思想早期階段哲學神學反思的開端。」[125]從諸神（theoi）到神性者（theion）的轉變開啟了關

---

122 這裡再強調為了區別Sein與Seyn，我們將前者譯為「存有」，後者譯為「存—有」。

123 Heidegger, Martin. *Über den Humanismus*, S. 43-44; "Letter on Humanism" (in *Basic Writing*, ibid., pp. 213-265), p. 253.

124 當然這裡將onto譯為存有，似有和Seyn所譯混淆之嫌，但為了與一般譯法一致起見，將諸如Ontologie也譯為存有學。

125 Prudhomme, Jeff Owen. *God and Being. Heidegger's Relation to Theology*, New Jersey: Humanities Press, 1997, pp. 20-21; he mentioned Kerényi's analysis.

於上帝或諸神的一個新面向，從對上帝本身的直接的、神祕的經驗，到對那種總是顯現在世界的神性的對象或事件的經驗，希臘人開始對神性者進行哲學反思。

如果早期希臘對神性者的反思開放了哲學—神學的思考，這種思考對存有學思考來說是模糊不清的，那麼亞里斯多德的《形上學》肯定對於首次清楚確認以及統一神學與存有學有所貢獻。對他來說，上帝本身是不可見的，神性卻屬於世界，且讓一切事物共同歸屬於世界，最終歸屬於上帝。[126] 海德格了解這個背景。在1928年的講座《從萊布尼茲出發的邏輯學之形上學始基》中，他說：「神性者意味著：全然的存在者，天：全在者與凌駕一切者，祂主宰我們、拋擲我們於其中、帶走我們、征服我們，祂是全能的。」[127]

對亞里斯多德和海德格而言，神性者展現了形上思維的雙重特性，後者統稱為「存有—神學」。不過海德格對「存有—神學」的獨特理解造成他對神性者有獨特的理解，這也涉及從諸神到神性者獨特的轉變過程。這些考量必然進一步決定我們後面從時間、空間、語言和詩來討論海德格所說的上帝體現。

因此，海德格不直接把其存有—神學式的形上學奠基在希臘形上學的歷史事實中。但他對基督教傳統的解釋又是如何呢？在1929年〈形上學是什麼？〉中，海德格強調出希臘形上學的立場

---

[126] Cf. McNeill, William. *The Glance of the Eye. Heidegger, Aristotle, and the Ends of Theory*, Albany: State University of New York Press, 1999, p. 257.

[127] Prudhomme, Jeff Owen. *God and Being*, p. 104, Prudhomme引海德格之文為："To theion meint: das Seiende schlecthin—der Himmel: das Umgreifende und Überwältigende, das, worunter und woran wir geworfen, wovon wir benommen und überfallen sind, das Übermächtige.（S. 13）"

是從無生無（*ex nihilo nihil fit*），而基督教的立場則是從無生一受造的存有者（*ex nihilo fit-ens creatum*）。[128] 對海德格而言，在希臘，某物作為存有者只來自於存有者，在基督教，某物作為存有者是由上帝從無或非存有所創造的。與它們不同，海德格的選擇是建立在其離開了無和存有者的對立之上。海德格如此陳述這兩者的新關係：「無不是存有者不確定的對立面，而是揭示自身為歸屬於存有者的存有」，且「在此在（Dasein）的無中，存有者整體才按其最本己的可能性達到自身，亦即才以有限的方式達到自身」。[129]

海德格透過「此在」的無來理解存有可以追溯到基督教傳統，但卻是建立在它離開了無和存有者的對立之上。如果從無生一受造的存有者作為基督教立場是一件「存在狀態─存有者的」（existentiell-ontical）事，海德格的立場就是以存有意義的存有論理解來規定它。在《存有與時間》中，「此在」的「存在論─存有學的」（existential-ontological）結構的分析工作涉及「此在」的無之問題，可能預設了海德格的神學概念。他對存有─神學的理解已展現為不同於希臘與基督教的立場。

然而，海德格對關乎上帝體現問題的存有─神學的獨特理解或許可追溯到基督教傳統的另一面，也就是基督教的道成肉身和三位一體的教義。在基督教神學中，拿撒勒人耶穌被視為「道成肉身的神」。上帝和耶穌的連結常意味著上帝和祂的象徵的連結。如傑夫·普若賀蒙（Jeff Owen Prudhomme）所提到的，基督作為被釘在十字架上處死的上帝是那個象徵的最終特性，因為它「有

---

128 Heidegger, Martin. "What is Metaphysics?" (in *Basic Writing*, pp. 89-110), p. 107.
129 同前註，p. 108。

助於說明道成肉身的神的象徵意味著上帝的存有為非上帝」。[130] 但海德格是否從這個基督教傳統獲得他存有—神學的材料？

重點是十字架的宗教象徵不只對基督教社群富有意義，它也對一種自由批判的反思開放，故原先神學局限在信仰的存在狀態領域，轉而成為一種關於「此在」本身之存在論與存有學的事。這個批判的，或更好說是自我批判的反思是由下面這點所顯示的：基督作為釘在十字架上之上帝宣告了，祂顯現在否定自身的神性之肉身化中。如果我們在狹義上使用「神性的」（divine）這個字，上帝的否定或肉身化是一個非神性的存有者。就此而言，甚至拿撒勒人耶穌也是一個非神性的存有者。

如海德格《宗教生活的現象學》所收集的 1920/21 年冬的「宗教現象學導論」在基督徒的「事實性生活經驗（faktische Lebenserfahrung; factical life experience）」中闡釋出「原初基督宗教性（urchristliche Religiosität; primordial christian religiosity）」，[131] 此象徵的角色不直接由耶穌扮演，而是由基督徒的事實性生活經驗扮演。對海德格來說，後者是一種非神性的存有者。在《存有與時間》，不是罪（Sünde; sin）的存有者——生存狀態概念，而是罪責（Schuld; guilty）的存有學概念成為議題。[132]「罪責」比

130　Prudhomme, Jeff Owen. *God and Being*, p. 159.

131　Heidegger, Martin. *Phänomenologie des religiösen Lebens*, S. 75-76.

132　Heidegger, Martin, *Sein und Zeit*, S. 280; Heidegger, Martin, *Being and Time*, translated by John Macquarrie & Edward Robison, New York: Harper & Row Publishers, 1962, p. 325. 這裡要提到海德格的一篇演講：「現象學與神學」（"Phenomenology and Theology," in: Martin Heidegger. *Pathmarks*, translated by James G. Hart and John C. Maraldo, edited by William McNeill, Cambridge/New York/Melbourne: Cambridge University Press, 1998, pp. 39-62, 先後發表於 1927 年 3 月 9 日與 1928 年 2 月 14 日。其中「罪」與「罪責」的關係作為一個例子

「罪」更少神的特性，對海德格是另一種非神性的存有者。

　　如果在廣義上使用「神性的」這個字，耶穌當然是一個神性的存有者，基督教徒的事實性生活經驗及海德格脈絡中的罪責概念也都是神性的存有者。對基督徒而言，耶穌作為上帝的否定，是一原初潛在的神性的存有者；他最後得到實現，因為聖靈流行且連結了上帝和耶穌。對海德格而言，此在的罪責或事實性生活經驗之所以具有神性的特徵，這要歸功於有限的人自己的自我超越。

　　在海德格這樣對神學與存有關係理解的前提下，我們先看其早期宗教現象學的思維，再看他晚期對於神性及從諸神到神性者的轉變的理解是什麼。

（二）海德格早期對原始基督教性的探討

　　在「宗教現象學導論」[133]中海德格的立場是：對於宗教做現

去顯示「我們如何存有論地揭示對於基督教性具構成性之基本概念的本質與其存在模式。」（50-51）對海德而言，「所有神學概念必然包含對存在的理解，而這是對於人的此在本身具備構成性的。」（51）因此「罪」的概念內容需要「返回到『罪責』的概念」，作為「一個對於此在生存的存有論規定」。（51）在這篇演講，海德格旨在連結哲學與神學，以便能概念地掌握屬於基督性之存有論脈絡的東西，包含建立在信仰上因此作為實證科學的神學。（50）然而，這樣的概念掌握不是一種基於客觀思維與言說的理性闡示，而是一種「形式指引的修正過程」。（52）因此海德格結論道：「哲學對於存有者式的論斷，譬如基本的神學概念的前基督教內容，具有形式指引與存有論的修正性能。」（52）在《存有與時間》裡「罪」的概念或許隱含地需要「罪責」的概念作形式指引的修正。

133 Heidegger, Martin. "Einleitung in die Phänomenologie der Religion," in: *Phänomenologie des religiösen Lebens*, S. 3-125.

象學的理解，是將任何的宗教歷史事實僅視為普世宗教之可能形式或類型的一個實例，原始的基督宗教性也只扮演著這樣一個實例的角色。[134] 但海德格普世性宗教的建立是否和胡塞爾有著類似的路徑？即建立一個如亞里斯多德式的哲學性神學？

據班傑明・克若韋（Benjamin Crowe）的研究，[135] 有不少詮釋者認為海德格欲拯救原始的基督宗教性，因這曾被中世紀教父以希臘形上學來詮釋所遮蔽了；後來包括愛克哈、路德、祈克果等因對於原始基督宗教性的復興有著頗大貢獻，故被海德格所重視；但當後來海德格轉向所謂的希臘日耳曼軸線（Greco-German axis），鎖定前蘇、尼采與賀德齡的思想時，是否意味著他放棄了早期復興原始基督宗教的計畫呢？[136]

克若韋認為海德格一生思想的發展仍以表達出原始（original）基督宗教性的理念與經驗為重。換言之，神學的起源（origin）推動著他的思想，雖然他後來的思想不必然是神學的。自早期海德格注意到對於人生命之直接的、前概念的意義去表述，雖對於這表述所開始面對的有不同的概念來表示，包括生命、事實性生活、事實性生活經驗、基本經驗、「此在」，但似乎顯示出最具體的基本經驗對於海德格言是宗教性的，並且具原始的基督宗教性的。這意味著原始基督教性是一種生活的典範（paradigm），甚至更可說是本真的生活方式之一種範例（example）。[137]

從事實性生活經驗具有歷史性來看，海德格重視自己所處的

---

134 Heidegger, Martin. *Phänomenologie des religiösen Lebens*, S. 75-76.

135 Crowe, Benjamin D. *Heidegger's Religious Origin: Destruction and Authenticity*
（Bloomington & Indianapolis: Indiana University Press, 2006）.

136 如 van Buren, Kisiel 等有這種看法，同前註，pp. 17-21。

137 同前註，pp. 29-33。

歷史是基督教的，也將自己定位為延續著19世紀以來，對於基督教性的文化與知性意義嚴肅以待的德國傳統。故而當這原始基督宗教性被亞里斯多德思想所遮蔽，就像愛克哈特、奧古斯丁、路德一樣，海德格也欲將原始基督宗教性揭發出來。在此克若韋強調將原始基督教的生活作為人的基本經驗生活，對於它的表述即是海德格哲學的詮釋學（hermeneutics）意義，這也是海德格哲學的方法一面。[138]

我們見到海德格在「宗教現象學導論」講課之初即討論方法的問題。他認為哲學的方法之所以異於科學方法，就在於哲學主要起源於事實性的生活經驗；他並將事實性生活經驗稱為一種現象（Phänomen），故從事實性生活經驗出發對於生命意義做表述，就是以現象學作為哲學的方法在處理。[139]

海德格以詮釋學或現象學的方式，視原始基督教性為普世宗教性的實例，以企圖從原始基督教性開展出普世宗教性。我們認為海德格最後開展出來的不只可歸為普世的宗教性，更是普世的生命性；而若海德格以為生命的概念尚落於人類學範疇的話，那麼存有可說是他最後要開展出來的。換言之，神的概念又由存有來顯現。傳統探討存有的形上學主題，之所以在海德格處有其特殊性，即在於他以詮釋學或現象學方法處理。故鑑於人的事實所在，以及其所肩負的歷史傳承，海德格視原始基督教性的基本經驗成為開展存有的出發點。海德格如此愈往基本經驗去回溯，卻愈能開展出生命的高度。[140]

---

138 同前註，pp. 33-37。

139 Heidegger, Martin. *Phänomenologie des religiösen Lebens*, S. 8-9, 63.

140 參考Nelson, Eric Sean. "Die formale Anzeige der Faktizitat als Frage der Logik,"

　　在這裡我們不擬對「宗教現象學導論」做詳細的分析處理，[141] 只欲做重點的提示，並將之和《存有與時間》的一些概念問題做一對照，從而說明宗教性的意義在海德格思想裡逐漸成為隱性的。

　　海德格借助保羅對於帖撒羅尼迦人的感同身受，將原始的基督宗教性揭發出來，故至少已顯示原始基督宗教性已共同活在保羅與帖撒羅尼迦人心中。感同身受的是二者的處境（Situation），是他們共同有之「我的」（das ichliche; like an I）處境，這是他們的「成為基督徒──成為存有」，以及他們「知道」自己「成為存有」的共同處境；具體的處境是「在痛苦中領受聖靈所降臨贈予的喜悅」，這是他們所共同知道的「如何接受基督徒生活態度」。[142]

　　海德格更將這種處境關聯到時間課題去，他描述保羅感同身受的急迫性，是他與帖撒羅尼迦人共同對於上帝再次降臨期待的急迫性；故在此更強調個人承受痛苦、堅持與接受呼召的處境。時間的課題主要指上帝臨在（parousia）於何時的問題，即使有不同的文獻記載其意義，但海德格將此答案訴諸於每個人自己的生命感受。[143]

　　前面指出，海德格從原始基督宗教性的基本經驗想要開展

---

in: *Heidegger und die Logik*, Hrsg.: Alfred Denker und Holger Zaborowski Amsterdam-New York: Rodipi, 2006, S. 31-48，特別是參考其中對於海德格之別於生命哲學，以及往徹底的基本經驗回溯是提升生命高度之討論，S. 34, 37。

141　其詳細分析處理請見拙著〈處於倫理內在性與宗教超越性之間：胡塞爾與海德格的宗教現象學之比較〉，《中央大學人文學報》，第43期，2010年7月，頁227-264。

142　Heidegger, Martin. *Phänomenologie des religiösen Lebens*, S. 93-95.

143　同前註，S. 98-99, 102-103。

的，不只是普世的宗教性，更是普世的生命性，也就是存有一般（das Sein überhaupt; the Being in general）。在後來《存有與時間》裡，原始基督宗教性並不明顯地被與事實性相關的「此在」所關連；但《存有與時間》和「宗教現象學導論」裡討論的問題卻是息息相關。除了「此在」和事實性或上述「我的」概念相關外，《存有與時間》裡的一些「存在性徵」如現身情態，以及如牽掛、畏懼等具關鍵性的情感詞義，皆是之前「宗教現象學導論」較注重如愛、謙卑、尊重、承擔、堅持等概念的轉化；另外《存有與時間》將「時間」視為存有意義，以之為對於存有本身的表述，其中也有呼應宗教現象學裡的「臨在」概念的討論，這也是將基督宗教性的時間更往普世的生命或存有的層次去轉化之結果。

　　從最後的討論來看，我們主張的是，海德格神學的起源推動著他的思想，雖然他後來的思想不必然是神學的。他將傳統形上學的存有概念作為最終開展的對象，故其思想的最終對象是哲學的，但其處理的方式卻仍是神學的。故而我們將其哲學思想視為一種神學性的哲學，即是視他對於最終的哲學做了神學式的處理。從「宗教現象學導論」往《存有與時間》的轉化是海德格將其較顯性的宗教討論轉為哲學性的一例，但其過程卻是神學式的。

　　克若韋與約翰・方比倫（John van Buren）皆指出，和胡塞爾以亞里斯多德的哲學性神學為典範不同，海德格視路德的基督新教與原始基督宗教性頗為接近，而對於亞里斯多德所影響的中世紀神學體系反較為排斥。[144] 在「宗教現象學導論」所附奧斯卡・貝克（Oskar Becker）之海德格奧古斯丁課程筆記裡即有類似的立場，其中海德格借用路德的話主張：真正的神學不是從所在的世

144　Crowe, Benjamin D. *Heidegger's Religious Origin*, pp. 41, 47.

界往不可見的上帝去觀視；從世界往上帝看的神學是建立在柏拉圖主義形上學的世界觀基礎上，它是一種榮耀神學（theologia gloriae），其信徒以一種美學的心態在對世界驚豔（Wunderbarkeit）下將自己也神靈化了。反之，海德格指出路德強調的十架神學（theologia crucis）才將基督教傳統之精神對於文化有著決定性的貢獻。[145] 柏拉圖主義與亞里斯多德哲學具有同樣的往不可見上之帝去觀視的路徑，將它們作為詮釋基督教的基礎皆為路德所反對。事實上對於路德的稱許，也在《存有與時間》裡可見其蹤跡。[146]

我們在前面討論了胡塞爾以驚訝（thaumázo）是讓哲學思義在各種族群成長出來的動機因素，它也讓宗教技術經過哲學意義充實而取得普世性。這在古希臘成為哲學起源的情韻（Stimmung; attunement）常與海德格在《存有與時間》所顯示的另一種，特別是經由「向死亡存有」的畏懼所呈現的情韻相比照，前者具備上揚性（Aufgang; ascent），後者具備著離逸性（Entzug; evasion）。[147]

---

[145] Heidegger, Martin. "Ergänzungen aus der Nachschrift von Oskar Becker"（in: *Phänomenologie des religiösen Lebens*, Anhang II, S. 270-299），S. 281-282.

[146] Heidegger, Martin. *Sein und Zeit*, S. 190.

[147] 這一組概念出 Held, Klaus. "Phänomenologie der Zeit nach Husserl"（in: *Perspektive Philosophie*［1981］7: 185-221），p. 208；孫周興也曾將後者稱為「低沉的情緒」（於第一屆兩岸三地現象學會議〈為什麼我們需要一種低沉的情緒？——海德格對於哲學基本情緒的歷史分析〉，臺灣中山大學哲學研究所，2003年11月8日）這是對照於「新生性」的欣欣向榮而顯示之對於「死」的別離所呈現出的生命情韻。而這組情韻概念也可比較於梅露龐迪在《知覺現象學》裡曾指出的上提的（gehobene）與下壓的（niedergedrückte）兩種情韻，乃至與中國哲學裡的陰與陽兩種氣來比較；進一步可參考拙著，〈有關「空間現象學」的經典詮釋〉，《哲學雜誌》第32期，2000年5月，頁48-79，主要為頁63-65部分。

　　海德格將哲學作為神學式過程的處理，他的哲學不具有古希臘以驚訝為情韻所開出的學術性質。驚訝的情韻所顯示的人往高處去上達的能力為海德格重視人的有限性而有所保留，這呼應著路德反對人以自身成就得以救贖自己的論點，而這個論點主要建立在將信仰視為亞里斯多德倫理學中的德性（virtue），它是人的一種潛能，可被實現出來；路德是在反對此論點的立場下去反對福音書以亞里斯多德理論來詮釋。[148]而若離逸性的基調形成另一類哲學形態的話，那它豈不是一種「元科學」（Urwissenschaft），其處理的是存在的原始意義，常以恩寵（Gnade; grace）、呼召（Berufung; vocation）、命定（Schicksal; fate）等具體經驗所表示。[149]另外，若前述海德格之對人驚訝上達之能力有所保留，以及路德之對於人的潛能實現理論詮釋福音的訊息抱持反對，這是在路德已出現，並對海德格造成影響的「解構」（destructio; Destruktion）概念的話，那麼一種基於離逸性的哲學是以解構為方法所建立出來的。[150]

　　在下一章關於鄂蘭的宗教思維中，我們將以隱喻性語言之具非圖像與圖像[151]雙重義涵，去詮釋鄂蘭的隱性神學具有著從哲學

148　Crowe, Benjamin D. *Heidegger's Religious Origin*, p. 47.

149　同前註 pp. 210-211；並見 Heidegger, Martin. *Grundprobleme der Phänomenologie* (*1919/1920*), Hrsg.: H.-H. Gander, GA 58, Frankfurt a.M.: Klostermann, 1993, S. 4, 167.

150　Crowe, Benjamin D. *Heidegger's Religious Origin*, pp. 234-235.

151　本書在前面曾使用的「圖像」一詞出自海德格所批評的具表象性思維世界的圖像，而它是來自柏拉圖 *eidos* 的傳統。這裡所使用的「圖像」一詞卻是和語言的圖像式與否有關，而它來自基督教的上帝之象（image），以及道成肉身，語言是「內在之詞」的傳統。之前胡塞爾之區別字音的記號與圖像的信號也屬於這種意義。

的神學往神學的哲學去發展的趨向。與之對照，海德格的神學性哲學是否即以圖像性語言為依據呢？此問題的重點應在：海德格認為精神能力是否可與圖像周旋，也就是說精神是否能具體地透過圖像以掌握完整的概念？

　　基於我們在前面對於圖像的雙重意義解釋，以及就奧古斯丁的《懺悔錄》已指出：人以自己的字詞去模仿上帝之道，以自己的圖像去模仿上帝之象，這名副其實的模仿是在於人面對上帝的告白、懺悔、祈禱與讚美，在領受上帝的贈與，被納入到一條從上而下，從完美到非完美下降的一條路途中所獲。海德格稱許路德對於原始基督宗教性的復興，接受其從榮耀神學轉為十架神學的立場，而自己的思想已從上揚性轉為離逸性為其基調，這些以不同形式來表現的原始基督宗教性是他所重視的基本生命經驗之典範，哲學的出發點是從這裡開始的。海德格的立場實顯示著，人所表達的字詞在模仿上帝之道。海德格也曾指出要達到名副其實的模仿，就需排除有如偶像性的字詞──「人云亦云」即是其中之一，以及其他具自欺性的偶像式圖像。克若韋即就此而詮釋解構（destruction; *de-struere*）是去掉（*de*）具自欺性的圖像（*struere*）。[152] 除去了偶像性的字詞，字詞即轉為一種聖像（icon），其目的即在邁向一真正的上帝之象。對整個海德格哲學而言，最具關鍵性的問題即是語言如何從事實性生活經驗中表述出來，他要做的即是以一種圖像式語言去模仿著上帝之象，雖然上帝之象為海德格以存有之概念來取代。

152　Crowe, Benjamin D. *Heidegger's Religious Origin*, pp. 234-235.

（三）海德格晚期對神性的理解

在《關於人文主義的書信》（1947）之前，《哲學論稿》（1936-1938）對於海德格從他早期到晚期的思考轉變以及對神性者的理解，當然是一個指標。儘管在《哲學論稿》中，「最後之神」[153]被強調為是「未來最長久的先―行」、「我們歷史不可估量的種種可能性的最深刻的另一開端」；[154]且「置身於那些由『一―神論』、『泛―神論』、『無―神論』之類的標籤所意指的可數性的規定之外」，[155]最後之神並非海德格對上帝的最後說明。最後之神如何過渡到一個神性的存有者，在《哲學論稿》中仍是一個重點，它從最後之神掠過（Vorbeigang; passing by）[156]的寂靜與「暗示（Wink;

---

153 根據 Vedder, Ben（*Heidegger's Philosophy of Religion: From God to the Gods*. Pittsburgh: Duquesne University Press, 2007），海德格最後之神的概念部分源自於賀德齡。此外，尼采的「最後之人」的想法也啟發了海德格。（p. 172）「最後」只有在先―行（*Vor-laufen*）中才能被經驗到。先―行是暫―時的（vor-läufig），因此它只作為已掠過才可理解（pp. 177-178）。

154 Heidegger, Martin. *Contributions to Philosophy（of the Event）*, translated by Richard Rojcewicz and Daniela Vallega-Neu, Bloomington an Indianapolis: Indiana University Press, 2012, pp. 321, 325.（S. 405, 411）

155 同前註，pp. 325-326（S. 411）。

156 同前註，p. 16（S. 17）。根據 Vedder（同前註，p. 171）和 Crownfield, David（"The Last God," in *Companion to Heidegger's Contributions to Philosophy*, edited by Charles E. Scott etc. Bloomington & Indianapolis: Indiana University Press, 2001, pp. 213-228, 223），海德格使用「掠過」這個字指的是在《舊約》〈出埃及記〉，第三十三章第22-23節，在那裡上帝對摩西說：「我的榮耀經過的時候，我必將你放在磐石穴中，用我的手遮掩你，等我過去；然後我要將我的手收回，你就得見我的背，卻不得見我的面。」Vedder 也注意到〈列王記上〉，第十九章第11節：「耶和華從那裡經過。在他經過時幾乎平安無

intimation）」[157]開始。

　　在海德格於《哲學論稿》對神性思維的闡述中，「中介／之間」（Zwischen; in-between）這個字基本上扮演重要的角色。「之間」是《哲學論稿》所探問的第一開端如何過渡到另一開端的路途。進行投企（Entwurf; projection）的人，以及「存—有」（Seyn; Be-ing）的問題都在「之間」的途中進行。就這點而言，「之間」一方面接近（如果不是等同的話[158]）「此—在」，[159]另一方面接近「存有的真理」。用海德格的話來說，「『此—在』的『之間』克服分離（……），這是由於它把存—有與存有者同時轉變入它們的同時性中。」[160]而存—有的真理是「對存—有之本現與存有者之存有狀態而言的之間」。[161]「之間」是存—有作為存—有的真理、「此—在」、意義和語言發生之處。海德格甚至說：「『此

事：沒有烈風大作，沒有崩山碎石；只有微小的聲音，然後是寂靜。」（同前註，p. 171。）

[157] 同前註，pp. 66, 326.（S. 82, 411）Figal, Günter（"Forgetfulness of God: Concerning the Center of Heidegger's *Contributions to Philosophy*," in *Companion to Heidegger's Contributions to Philosophy*, 同前註，pp. 198-121。）注意到「在1934-1935年的賀德齡講座中，海德格已把『暗示』當作諸神的『原初道說』。他和賀德齡視之為祂們的『語言』。」（p. 206）

[158] 海德格有時直接把此—在等同於「之間」，例如他說：「這個領域（……）是此—在，是那種首先為自身建基，使人與上帝分離、並存和相互居有的『之間』。」（Heidegger, Martin. *Contributions to Philosophy* [*of the Event*], pp. 24-25; S. 28-29.）

[159] 「此—在」（Da-sein）即直接意指存有的揭露狀態，而非由「此在」（Dasein）所意指的人本身。前註腳90處可經由這裡的脈絡更能清楚其意義。

[160] 同前註，pp. 13-14（S. 14）。

[161] 同前註，p. 13（S. 13）。

一在』是存—有真理本現的持存。」[162]

　　關於上帝的問題，我們讀到海德格的話：「『此—在』是之間：在人（作為歷史奠基）與諸神（在其歷史）之間。」[163]諸神是作為存—有發生在人類歷史中的那種存有者。如上述，「此—在」把存—有和諸神，而不是最後之神，轉變入其同時性。最後之神「退隱」，[164]「遠離我們」，[165]且「依然在逃遁中（bleibt auf der Flucht; continues to abscond）」，[166]是以「此—在」可以「使自身相稱於最後之神的掠過的寂靜」，[167]且「站立到最後之神的暗示面前」，[168]但這必須基於某些條件。

　　從最後之神到神性者的過渡確實始於最後之神的「掠過的寂靜」和「暗示」，因此「之間」「使人和神分離，朝向彼此，且相互居有（den Menschen und den God auseinander-und zueinander-

---

162 同前註，p. 246（S. 311）。

163 同前註，p. 247（S. 311）。Günter Figal 也強調海德格在《哲學論稿》的研究是關於尼采《查拉圖斯特拉如是說》及柏拉圖《饗宴篇》，「對在神與人『之間』的釐清。」（同前註，p. 210。）要注意的是，「諸神的複數形式並不能被量化，而是歸結在最後之神的閃現和遮蔽的時機之所中的根基與離基深淵的內在豐富性。」（Heidegger, Martin. *Contributions to Philosophy* [*of the Event*], p. 326; S. 411.）複數顯示諸神（無論是一或多）的存有的不確定性。在1966年〈明鏡訪談〉中，海德格談到諸神：「只有一個神可以拯救我們，一個在諸神之下，發生在歷史本有之下的神。這非算數已是更原初此在的結果，此在向作為本有事件的存有開放並專注在其上。」（Vedder. *Heidegger's Philosophy of Religion*, pp. 166-168.）

164 Heidegger, Martin. *Contributions to Philosophy* (*of the Event*), p. 18.（S. 20）

165 同前註，p. 20（S. 23）。

166 同前註，p. 22（S. 26）。

167 同前註，p. 16（S. 17）。

168 同前註，p. 66（S. 82）。

setzt und einander eignet; sets the human being and god apart, and toward each other, and appropriates each to the other）」。[169]但這些是在什麼條件之下？

　　人必須忍受靜默（Erschweigen; silence）以「使自身相稱於最後之神的掠過的寂靜」且「站立到最後之神的暗示面前」。然而，靜默（Erschweigung; reticence）是由三種情調所預備的：驚恐（Erschrecken; shock）、抑制（Verhaltenheit; restraint）和羞怯（Scheu; diffidence）。它們一起成為另一開端中的思想的基本情韻。[170]因此靜默產生於對如陳述、命題或原理那樣出自第一開端的語言之驚恐和羞怯的抑制。[171]

　　就我們對神的關注來說，要強調的是寂靜出自於人的沉默，且在寂靜中「最後之神的主宰地位才開放和構成存有者」。[172]此開放始於其暗示。它關聯到人類情韻的問題：「猜一度（Er-ahnen; foreboding）」是需要的，只要最後之神的暗示不是第一開端的驚奇（erstaunend; wondered），而是另一開端的預感。[173]然而，不是所有人對最後之神的暗示都有預感，而是將來者（die Zukünftigen; the future ones），亦即詩人和思想家，它們是無言地對最後之神的掠過的寂靜的見證者，透過基本情韻完全得到調諧（gestimmt; attuned）而被最後之神所定一調（be-stimmt; determined）。[174]

---

169 同前註，pp. 24-25（S. 28-29）。

170 同前註，p. 14（S. 14）。

171 同前註，p. 63（S. 80）。

172 同前註，p. 29（S. 34）。

173 同前註，p. 18（S. 20）。

174 同前註，pp. 313-314（S. 395-396）。

在《哲學論稿》中，海德格認為將來者顯然是詩人，其中賀德齡特別被尊為「最具將來性的，因為他從最遠處而來」。[175]賀德齡於是最接近最後之神，甚至是「將來者的真正先─行者」，他從最遠處回到我們這裡，並把他已預感到的神的暗示帶給我們。[176]雖然思想家並沒有直接被說成是將來者，在《哲學論稿》的章節中，海德格提出了「思之此在的偉大」，[177]以及「諸神需要對存有歷史性的思考，亦即祂們需要哲學」，因為「存─有是神所需要的，而存─有本身只有在創造性思考，即（另一開端）的哲學中發現其真理」。[178]

在〈形上學是什麼？〉的〈後記〉（1943）中，海德格清楚說明了詩人和思想家所扮演的角色：「思想家道說存有。詩人命名神聖者。」因此思想家扮演陳述存有的角色，而海德格其他著作更顯示詩人對於關連於神和人的事物命名，其扮演著神與人的中介角色，詩人的確鑑於四大命名其周遭的事物：地、天、有死者和有神性者（die Göttlichen）。

要注意的是，在〈藝術作品的起源〉（1935）中，海德格一些表述只蘊含但尚未明言「四大」，在1950年的晚期論文〈物〉和〈語言〉中，他明確說到「四大」。在《哲學論稿》中，詩人始於無言地朝向最後之神的寂靜；但無言「是一種原始的（作詩的）對存有命名，但在自行展開之可能性的原初條件」。[179]藉此，語言源於對於世界的回響的共鳴，世界的回響是對神之召喚的反

---

175 同前註，p. 318（S. 401）。

176 同前註，p. 325（S. 411）。

177 同前註，p. 341（S. 432）。

178 同前註，p. 346（S. 438-439）。

179 同前註，p. 30（S. 36）。

響；此外，語言也源於大地的發出聲響（Aufklang der Erde; resonance [of human being] with the echo of world）。[180]因此，原始的（作詩的）對存有命名顯然是依照有神性者、有死者、大地和世界而進行的。

在《哲學論稿》的背景下，我們就不會意外海德格在〈形上學的存有—神—邏輯學構造〉（1956/57）（收入在《同一與差異》）中曾說：「*theólogos*（神之言），*theología*（神之學）的字詞最初意指關於諸神的神話的—作詩的道說，與任何信條和教義無關。」[181]另外，在上述著作〈語言〉及其他在1950年代出版的著作，如〈語言的本質〉中，海德格本質上闡述了詩人如何鑑於「四大」來命名事物。在海德格晚期著作中，我們發現詩人如何沉默地站立在最後之神的寂靜前，預感祂的暗示，並開始命名神聖者。換言之，我們發現最後之神在存有者內藉著神聖者和存有顯現為本有。

（四）海德格由存有的切近性來理解上帝的顯現

前述的句子：「思想家道說存有。詩人命名神聖者」顯示神如何以存—有、神聖者和語言顯現在世界。本章節開頭的句子：「只有從存有的真理而來，才能思神聖者的本質。只有從神聖者的本質而來，才能思神性的本質。只有在神性之本質的光亮中，

180　同前註，p. 401（S. 510）。

181　Heidegger, Martin. *Identity and Difference*, translated with an introduction by Joan Stambaugh, Chicago and London: The University of Chicago Press, 2002, p. 54. In German: "Zunächst meint θεόλογος, θεολογία das mythisch-dichtende Sagen von den Göttern ohne Beziehung auf eine Glaubenslehre und eine kirchliche Doktrin." (*Identität und Differenz*, Pfullingen: Günther Neske, 1957, S. 44.)

才能思或說『上帝』一詞所指的東西。」為神顯現在世界鋪了路。現在要更明確來說明。

重點是，存有的真理是「神聖者、有神性者與神能顯現或退隱的空間」。[182]

但神聖者（the holy）一般是什麼？神聖者可被界定為有神性者自身、與一個神或一個宗教有關的某種東西，或是在善或公正之中完美的某個人。總之，「神聖」這個字意味著「整體（whole）、健康（healthy）、救贖（redeem）等」。[183] 在《對賀德齡詩的闡釋》（1934-35）[184] 中，海德格主張：「神聖是自然的本質」，而「自然是比人所計量的時間更原初的、更早的與更具時間的（……）」。海德格認為，神聖者是沉思達不到的。對神聖者的認知是預知（divination）。將來的詩人認識神聖者，但沒有能力直接命名神聖者。詩人需要諸神投射閃光進入其心靈。但他們在為神所占有下不能喪失自我，而要完全轉向神聖者。他們受到神聖者的開放而感到震驚，從而「震驚打破了寧靜；世界開始成為存有」。

我們在上面已把神性定義為神的顯現。divine 這個字的字面的意義是「神的」（godly），它源自於拉丁文 deus，而與希臘文的 zeus 有密切關係。對海德格來說：「神聖者之為神聖的，並不因為它是神性的；應該說有神性者之為神性的，因為它以神聖的

---

182 Vedder, Ben. *Heidegger's Philosophy of Religion: From God to the God*, p. 192.

183 古英文 *hālig* 類似 *hāl*，意為整體。德文 Heilig 與「整體」（Heil）有關，根據 Wikipedia 對 Heilig 的解釋：「表示赦免、解救、整體、健康與特別是宗教意義上的救贖。」

184 參考 Vedder 的摘要，*Heidegger's Philosophy of Religion: From God to the God*, pp. 216-219.

方式〔展現〕。」[185]而就「四大」而言，神聖者甚至是「四大的整體」。[186]它支配了神性者、神的顯現和退隱，所以我們在〈建造‧居住‧思維〉（1951）讀到：「諸神性者是有所暗示的神（Gottheit; godhead）的使者。從神那樣的神聖支配中，神顯現到其當前，或自行退隱到其遮蔽。（Die Göttlichen sind die winkenden Boten der Gottheit. Aus dem heiligen Walten dieser erscheint der Gott in seine Gegewart oder er entzieht sich in seine Verhüllung.）」[187]

神聖者作為「整體」，比神性和神在更高的層次上也更為全面。但對海德格來說，存有是最無所不包的。我們要注意的是，諸神是存─有發生在人歷史中的存有者。神需要存有意味著神從存─有的本質、或從存有真理的本現得其本質。[188]

因此，上述的最後之神的掠過或退隱也從存─有的退隱獲得其本質。並且，最後之神的暗示乃是從存有的切近性得到其起源。這表示，若且唯若存有一方面自身退隱，另一方面接近人，那麼神一方面逃遁，另一方面將在未來降臨。

是故海德格在《關於人文主義的書信》中說：「存有比一切存有者更遠，但仍比所有存有者更接近人。（……）存有是最切

---

[185] 同前註，p. 217。

[186] 同前註，p. 224。

[187] "The divinities are the beckoning messengers of the godhead. Out of the holy sway of the godhead, the god appears in his presence or withdraws into his concealment." Heidegger, Martin. "Building Dwelling Thinking"（in *Poetry, Language, Thought*, translations and introduction by Albert Hofstadter, New York, Hagerstown, San Francisco, London: Harper & Row, 1975, pp. 143-161），p. 150; "Bauen Wohnen Denken"（in *Vorträge und Aufsätze, Teil II*, Tübingen: Neske, S. 19-36），S. 24.

[188] Prudhomme, Jeff Owen. *God and Being*, pp. 193-194.

近者。但這種切近離人依然最遠。」[189]要注意的是，針對存有與人的綻出（存在）的關係，海德格視存有本身即是這種關係，因為它將綻出集結與擁抱到自身。再者，海德格認為存有是「在存有者中的存有真理的位所（Ortschaft; location）」[190]且作為「綻出之綻出狀態之〔本質〕維度，〔在其中〕一切空間性的東西和一切時—空成其本質。」[191]所以，存有的澄明（Lichtung; clearing），即在帶有遮蔽的解蔽意義上的存有的真理，發生在存有作為關係或位所中，而這指的是前述的「之間」之處。

在《哲學論稿》，「之間」是在人和諸神之間，且是存—有發生為存—有的真理以及「此—在」之處。在《關於人文主義的書信》，海德格甚至把他所指出的切近性、位所和關係與賀德齡所意指為「家鄉（Heimat; homeland）」的連結在一起。[192]就此而言，下面海德格所說的就更饒富意義：「切近作為語言本身而成其本質」，[193]而正因為「在思考中存有來到語言中」，所以「語言是存有之家」。[194]是故語言也成了上帝體現之處，語言為「內在之詞」的意義在此充分顯示出來。

（五）鑑於存有之場所學傾向的上帝體現以及其他延伸問題

針對海德格從早期到晚期使用的一些術語：處境、地帶（Gegend; primary domain）、四大、之—間、此—在，位所和切近

---

189 "Letter on Humanism," 同前註，p. 234。

190 同前註，p. 235。

191 同前註，p. 237。

192 同前註，p. 241。

193 同前註，p. 236。

194 同前註，p. 217。

等，我們有理由主張：海德格對於存有思考的經驗最終呈現出一種「場所學的傾向」，亦即「表示著等待、（……）接受存有的處所，作為存有發生的處所。」[195]故最後我們要闡明為何上帝體現的問題能與存有的場所學傾向有關。

本章第一節我們已闡明在海德格早期著作呈現了從神轉為神性，也就是在基督教背景下，上帝的存有者轉為作為非上帝的存有者的道成肉身的神性。鑑於此，我們已顯示海德格對存有—神學的理解。要表達透過神學的自我反思之海德格的存有—神學，可借用普若賀蒙的一個簡短說明：「上帝是作為存有的上帝：存有是作為上帝的存有。」在這裡「作為」意指示一種構建存有—神學的詮釋活動。也就是說，一方面，上帝在可被認知為在非上帝存有者的意義下顯現為存有；另一方面，存有可顯現為神性者，不過，是作為顯現在非神性者的上帝。對晚期海德格來說，因為他把存有「作為」語言來反思，尤其是在場所學傾向中，因此非神性者可以是語言，也可以是上述上帝能顯現在其中的 *tópos*。[196]我們在本章節試圖闡明上帝如何顯現在神性者、神聖者和存有，而最終發生為語言之意義上的海德格存有—神學。這就是我們所稱謂的「上帝的體現」之義。

最後，我們想提出一些關於海德格理解存有—神學為上帝的體現的一些延伸問題，特別是涉及到儂希（Jean-Luc Nancy）的「神的地形學」（theotopography）。

1）關於《哲學論稿》的整個計畫，從最後之神到神性者、神聖者的轉變，進展到詩人作為將來者對神聖者的命名（在其命名

---

195 Vedder, Ben. *Heidegger's Philosophy of Religion: From God to the God*, pp. 265-266.

196 參考Prudhomme, Jeff Owen. *God and Being*, pp. 162-164.

前需要神的光照）。另一方面，神需要思想家讓存有真理得到奠基，以至於神能滿足其對存有的需求，即從存有得到其本質。這個計畫持續到海德格晚期。因此，上帝的體現的想法應在此計畫下得到理解。

2）神性者一方面被海德格理解為全在者或凌駕於其他的天，另一方面，則像四大之一的天一樣；此外，諸神性者是神對人的使者。大體而言，由於神藉由神性者展現，故我們要問的是，對海德格來說神是否存在於神性者之後。

3）這個問題涉及到儂希的「解構基督教性」，它是由「解─蔽」的思維所實現的。對他來說，「『基督教性』是在這世界之外的世界中的生活。」[197]若理性對其真正屬於自己的理由開放，以至於世界的封閉性被打開，並且與外在無限者的關係發生在這世界上，那麼基督徒的生命就是活在世界中，但不自限於這個世界。根據儂希，這個世界是「天與地所屬的一個整體，它是人和諸神的居所（……）。」[198]這個世界作為「聖經中的『肉體』」必須重新被詮釋為一種「開放的身體」。[199]儂希起先提出一種「沒有上帝的宗教」或一種「無神論」，意思是「對於『神性者』的重鑄以傾向對『上帝』的去除（……）。」[200]上帝的去除或抹去對儂希而言是「去確認祂『在我們當中』（among us）」，甚至「祂『自

---

197 Nancy, Jean-Luc. "In the Midst of the World; or Why Deconstruct Christianity?"（in: *Re-treating Religion: Deconstructing Christianity with Jean-Luc Nancy*, edited by A. Alexandrova et al., New York: Fordham University Press, 2012, pp. 1-21），p. 2.

198 同前註，p. 6。

199 同前註，pp. 6-7。

200 同前註，p. 8。

身』就是**在當中**（*among*）：祂是**與我們一起**或**在我們之間**（*with or the between of us*）（……）。」所以上帝就意味著「關係」，它不能被當作一個存有者或主體。就此而言，儂希強調「這個別處（elsewhere），這個外在〔於上帝〕即是此處（here）——即**此處與當下**（*hic et nunc*）——正因為它是這個『此處』對自身的逾越（……）。」儂希的「解構基督教性」確實終止了神性者背後的一個神的存在。

4）儂希2010年對其〈基督教性的解構〉的自我詮釋，讓他在2005年的文章〈論一個神性的暗示〉[201]所表示的義涵更為清楚。在那裡他詮釋海德格在《哲學論稿》中最後之神的掠過和暗示。相應於上帝的去除或抹去。他研讀《哲學論稿》第256節而主張海德格「不是將其理念（……）神學化，而是要識別出**暗示**中的神性者（……）不同於神（……）。」[202]鑑於我們將神性者理解為最後之神掠過的**暗示**，並將此理解為這個神的顯現，那麼儂希所強調的無非是「（非）顯現的整個問題性為掠過的動力開了路（……）。這就不再是存有的或顯現的問題（……），而是在這裡現出了對掠過與掠過者的肯定之義。」[203]更仔細來說，「這個通過不能是神的通過」；「不存在神的通過，而是通過的通過活動」。[204]再者，若這是掠過[205]的神的態勢（gesture），甚至作為步伐（step）

---

201 Nancy, Jean-Luc. "On a Divine *Wink*"（in: *Dis-closure: The Deconstruction of Christianity*, translated by B. Bergo et al., New York: Fordham University Press, 2008），pp. 104-120.

202 同前註，p. 111。

203 同前註，p. 111。

204 同前註，p. 114。

205 同前註，p. 113。

自身，[206]儂希寧願說：「神是態勢」，[207]因為神「使自身在此態勢中成為神性」。[208]因為此步伐不只為了到來，也為了走開／退隱，它是真理的步伐或步伐的真理。[209]對儂希來說，此真理是「**暗示**的神性真理：它源自的事實是，沒有神的**暗示**，而神就**是暗示**。」[210]

　　5）根本上，儂希提出「是否依然有一個為了神性者，為了祂的經驗以及為了祂的『在場』而存在的場所，如果有的話在哪裡」的問題，而不是「上帝是什麼？」的問題。這已經是他更早的書《屬於神性的場所》（*Of Divine Places*）（1987）的主題。這書已為他後來在〈論一個神性的暗示〉和〈基督教性的解構〉[211]如上述的思想奠定了基礎。儂希在1997年的〈詩人的算計〉（The Calculation of the Poet）中甚至認為：「神只是場所，此場所是出發和回返的場所，是到來而退隱因而有意義的場所（the place of the coming that withdraws and thus makes sense）。」[212]儂希這樣的「**神的地型學**」[213]源自於他對海德格〈聖名的欠缺〉（Der Fehl Heiliger Namen; The Lack of Holy Names）（1974）[214]（鑑於賀德齡在其哀歌〈返鄉〉〔Heimkunft; homecoming〕的最後一節中的

---

206 同前註，p. 115。

207 同前註，p. 114。

208 同前註，p. 113, note 19（p. 186）。

209 同前註，p. 119。

210 同前註，p. 119。

211 Cf. de Veries, Hent. "Winke. Divine Topoi in Nancy, Hölderlin, and Heidegger"（in: *Re-treating Religion*, 同前註，pp. 112-131），p. 113.

212 參見同前註，p. 116。

213 同前註，p. 118。

214 Heidegger, Martin. "Der Fehl Heiliger Namen," in: *Denkerfarungen*（1910-1976），Frankfurt a.M.: Klostermann, 1983. S. 175-179.

「聖名欠缺」的主題）的重新評價。對海德格來說，此欠缺的起源在於「神聖者」的「抑留」（Vorenthalt; reserve），不過這仍屬於「存有的遺忘與存有的自我隱蔽」，並作為「存有的在場或本質（其本質化［essencing or Anwesen］）的本己特性」。因為聖名的欠缺使自己歸本於存有的歷史，所以關鍵問題是，當思維跟著一條「永遠在通往一個澄明途中」的道路，聖名欠缺或存有遺忘如何洞察地被經驗，以至於詩人在對危難堅忍挺立（ausstehen; standing through）中激發出其道說。因此，思考之「道路的特性」（Wegcharakter; character of path）促成「我們停留或駐足（Aufenthalt; dwelling）於這個原始地帶（Gegend）的開放性中」，保障我們對於聖名欠缺之起源可洞察去經驗的可能性。[215]

儂希對存有在場或本質化解讀為聖名欠缺但又對其道說的起源，這顯示在思考的道路特性中，故他把海德格對 *tópos* 的考量徹底化了。名字的欠缺可追溯到「命名態勢」的不在場。[216]態勢意味著場所／主題的（topical）脈絡。聖名源自於作為「神性場所（*divine tópoi*）」[217]這樣的脈絡。但對海德格而言，在神性場所下的天仍與上帝有距離，上帝「是『藉著天』（by means of the heavens）而顯示者」。對儂希而言，「『神』只是『如天的顯示』（as manifest as heaven）。」[218]這是儂希所說的「神性者的『直—接性』（im-mediacy）。」[219]於是，儂希建議把上帝、神、諸神等的

---

215 de Veries, Hent. "Winke. Divine Topoi in Nancy, Hölderlin, and Heidegger," pp. 119-120.

216 同前註，p. 121。

217 同前註，p. 121。

218 同前註，p. 124。

219 同前註，p. 125。

「在場」模式稱為「**暗示**」。這是一個統稱，它源自於立即引起歡樂和害怕的神性場所，且勾想起崇高的特性。[220]

　　6）因此，海德格把存有理解為上帝、神、諸神顯現的一個場所（topos），而對儂希來說，上帝本身即是場所，意指人在世界的脈絡。此「神性場所」對世界上的各種宗教都有效，所以它們之間的對話是可能的。儂希徹底化的「神的地形學」旨在離開基督教的上帝，而「海德格則試圖為了從『對上帝延長的基督教化』（prolonged Christianization of God）離開之神性者的超越和顯現，描繪出一個新的（……）空間。」[221]就此而言，海德格似乎對神、諸神和基督教上帝等之間的關係仍保有一些含糊的陳述，而儂希的嘗試則能夠避免這些含糊性。[222]

　　若我們把上帝的體現的意義重新理解為形成存有—神學的神學自我批判的反思，那麼海德格的存有—神學思維首先在揭露「原初的基督教性」，最終在揭露其場所學的存有—神學所顯示的普遍宗教性。儂希似乎徹底化海德格的場所學而增加了那個普遍性。假如海德格和儂希原本都關心全世界不同宗教間的對話，那麼作為上帝的（神或諸神的）體現之神性場所，就較上帝自身而言更容易為人所接受，以致在這新的場域中去實現彼此的對話。

（六）小結

　　我們主要以為海德格將基督宗教的上帝概念具體化為「存有」，而從早期至晚期的著作來驗證這個主張。其中《哲學論稿》

---

220 參見同前註，pp. 127-128。

221 參見同前註，p. 127，在此 Vries 同意 Jean-Francois Courtine 的注釋。

222 同前註，p. 126。

為核心，討論出人與上帝間的媒介是詩人或哲學家去敏察上帝的暗示，以便將其道說轉為存有及人的道說，如此語言也成了上帝的體現。最後上帝及存有與人的遠離或切近，人自我超越的「在之間」等等概念醞釀了神的或存有的「場所學」。將儂希發展了海德格的思想也算是將其神學思想往法國當代現象學神學思想連接的一個例子。至於海德格的宗教哲學和技藝學的關係如何？當「宗教現象學導論」提出的愛、謙卑、尊重、承擔、堅持等概念轉化《存有與時間》的「為存在性徵」如現身情態，以及如牽掛、畏懼等情感詞義，有如胡塞爾那裡將宗教技術經過哲學意義充實而取得普世性，故是從較具體的技藝往較純粹的技藝去發展。當上帝的道說或暗示轉為存有的道說，以至於詩人轉化其語言再至人的語言，包括有關場所的用語，這也是從宗教層次轉為較普世層面之技藝的轉化，也與我們前面將詩性語言視為一種技藝相呼應。

五、結論

　　海德格的實踐哲學以「此在」為核心概念，「此在」本身的向度分別顯示在倫理、政治與宗教的領域中。「此在」在倫理中以居留、牽掛、召喚為關鍵概念，在政治中 *pólis* 作為「此在」對其所在歷史場域發生事件的回應，在宗教中「此─在」是人開始向神接近的「在之間」過程。在倫理中同樣具居留意義的 *ethos* 卻是以 *physis* 為根源，它使得對物照料、對人照顧、對存有真理思維（有如對於存有召喚的回應），是自然湧現的（有如存有本身的發生）。在政治中海德格也學到對於政治命運要以非人為意志對應，故 *physis* 作為最高的 *poiesis* 仍具指標性。在宗教中上帝具

體化為存有，存有曾以「此在」的特定情韻與語言揭示給「此在」，又以語言向人們去暗示，讓人們去道說。如果存有是希臘所說的*physis*的話，那麼在整個實踐哲學，「此在」固然是核心，從而顯示人畢竟是實踐活動的角色，但*physis*顯示的自然生成的意義始終凌駕於人為活動之上，人的技藝活動的最高層次即是讓自然生成。更仔細言，人是以泰然任之的技藝活動，讓人嵌合在自然生成的道路當中。

在前章胡塞爾的實踐哲學，我們結論出胡塞爾的倫理、政治哲學以宗教哲學為歸趨，而這是從個人到整體人格，乃至對於宗教層面要求自由的具體展現。與此相對照，此章所討論的海德格倫理、政治哲學是否也歸趨於其宗教哲學？而它們如何也可從自由概念來做一總結，以符合它們歸屬於實踐哲學的課題呢？

其實胡塞爾的實踐哲學旨趣可以藉前面多次提到的「哲學的神學」概念來統括，這基本上是以語言文字去傳達與溝通事物或實事本身的義涵，以期從下而上去構建一個普全的真理；其中即使出現人因有限而無法以理性完全解決的問題，但最後仍不離棄溝通要建立於理性的努力，這是胡塞爾以亞里斯多德的「哲學的神學」為歸趨的原因。但海德格被我們歸為「神學的哲學」，因他以（基督教）神學的背景來發展哲學的傾向頗為強烈。這反映在我們在倫理學部分曾從對於上帝的呼召來回應引申到海德格的原初責任之義涵，進而這個原初責任從個人到群體也作為解讀海德格政治哲學的主軸。這種以神學為背景來詮釋其倫理與政治哲學，已屬於我們對海德格宗教哲學所強調的上帝體現的課題，繼而我們也從其早期到晚期的語言表述，甚至所刻畫的語言的生成過程，解讀為上帝之體現於神性、神聖者、存有，進而體現於語言之中。而在政治哲學中所提出的*pólis*一詞已具有場所的義涵，

它一方面連結更早的「此在」，另一方面關係著海德格的「場所學傾向」，以至於儂希繼續發展的「神學的地形學」。這些也被我們解讀為上帝的體現，而且愈發徹底的結果。

　　「神學的哲學」雖以神學為背景，但已對於神學進行自我批判，這是要求宗教本身從歷史性、地域性與獨斷性解放開來，以獲得更普全的宗教性義涵。以「神學的哲學」所統括的倫理、政治與宗教哲學，是在這個大前提下求取個人、群體與宗教本身的自由。這種自由是源於我們所闡釋的上帝的體現過程，與胡塞爾那裡的有所不同，但仍呼應著我們以自由為本質的實踐哲學意旨。

第五章

鄂蘭現象學作為實踐哲學

一、前言

　　鄂蘭作為一位現象學家的理由，已為前面就她重視現象更甚於本質的論點所顯示。但在她的思想裡面是否可劃分為倫理、政治與宗教三個面向來討論呢？事實上，這三個領域對於鄂蘭是緊密不分的，若我們做一種分割的討論，就會將傳統上對於這三領域的基本問題與概念置於各自成章節的部分，譬如：倫理部分涉及道德命令、良知、個人意志自由、善惡等問題；政治部分涉及公共空間或領域、群體意志自由、正義、功績等問題；宗教問題涉及基督教、鄰人之愛、塵世之愛等問題。這裡顯示意志似為貫穿三者的共同主題，因即使愛亦對鄂蘭而言可從意志轉化而來理解。意志的確屬於實踐哲學的重要主題，但如果本著意志是實踐哲學導致行動結果的因素，那麼對鄂蘭而言，思考更是必要的出發點，因而傳統上理論哲學的議題也關聯到鄂蘭的實踐哲學。此外，從思考出發到行動的結果更需判斷作為中介，故我們在討論時，會將思考、意志與判斷置於各個部分，以凸顯透過倫理、政治與宗教呈現之實踐哲學的連貫性與整體性。但哪一種自由義涵是鄂蘭實踐哲學所關涉的，也將在結論處做一回顧。

二、鄂蘭的倫理學

　　首先我們要提出鄂蘭以為傳統上從個人的角度去談論良知是不足夠的，這也涉及對於個人道德命令的要求、對個人意志的決定，以及自己對於善惡的判斷等問題。我們來看她的評論：

　　鄂蘭在晚期《精神生活》所指出的「二合一」（two-in-one）問題作為我們討論倫理學的出發點，因為鄂蘭將這個問題關聯到

康德的道德命令，而它們皆是與傳統對於良知之聲的理解有關。
而由於鄂蘭從與他人構成的公共性脈絡的角度來看良知的意義，
善與惡在顧及公共性的角度之下也成為進一步去思索其存有價值
的問題。

（一）蘇格拉底的「二合一」問題

　　從柏拉圖《喬治亞斯》（*Geogias*）對話錄鄂蘭拿出蘇格拉底
的兩個命題來討論：「寧願做一個受害者，也不要做一個加害
者。」與「寧願眾人可能不同意我，也不願意作為同一的我，失
去了和自己的和諧或和自己起衝突。」[1]

　　鄂蘭的看法是：作為一哲學家，蘇格拉底關心的只是自己；
對於他自己，「除了做一加害或受害者沒有另一種選擇」，而他選
擇的是：「寧願受害也不願意加害人。」如果這個命題也對我們有
效的話，那麼將預設著：「（我們）愛著智慧並從事著哲學活
動。」[2]但多數人怎麼可能愛著智慧呢？並且，多數人怎麼可能始
終如一呢？

　　但另一方面，多數人應該站在一個立場，如同和蘇格拉底對
話的卡里克利斯（Callicles）一樣；後者是這樣表示著：「受害完
全不是作為人的一部分，而是作為奴隸的一部分；但對於奴隸而
言，與其這樣受害，卻寧願死去更好。（……）」卡里克利斯對蘇
格拉底的辯解感到抓狂，他的立場猶如鄂蘭所說的：「如果他
（蘇格拉底）能和哲學說再見，則是對於他（卡里克利斯）以及

1　Arendt, Hannah. *The Life of the Mind. One/Thinking*, p. 181.

2　同前註，p. 182。

其他人再好不過了。」3

　　蘇格拉底和卡里克利斯分別代表著單一與多數人的立場，他們的立場仍彼此基於兩個觀點：受害者與加害者。即使卡里克利斯不會選擇自己為加害者，他的主張畢竟在表示：寧願選擇做一位受害者而非加害者對於多數人太困難也較不可能。

　　在蘇格拉底那裡寧願做受害者與寧願與自己和諧的兩個命題，鄂蘭以為前者為後者的前提。故雖然似乎後者才能顯示出「二合一」的問題，但它更要借助前者來討論出其真正的義涵。

　　在鄂蘭有些糾纏的論述中，我們可整理出「二合一」的問題有幾個要點：蘇格拉底作為一個哲學家是孤獨（solitary）但不孤單（lonely）的，因他可做思考活動。思考是與自己對話，因而他是二但合為一，但是此「二合一」是離群索居的。就與他人隔離而言他是孤獨的，就與自己對話而言他不是孤單的。4事實上，當哲學家與自己對話時不必然會涉及與他人發生關係的受害問題，但為何鄂蘭強調後者才是討論前者的前提呢？這表示真正「二合一」的問題是要和他人的關係一起來討論，故真正的「二合一」不能只從哲學家與自己的對話來看。因而鄂蘭以為當蘇格拉底只就與自己對話的哲學家身分，來指出與自己的不矛盾，這是同義反複的（tautology）。因而要強調與自己的同一，是要以與他人的差異為前提的。惟讓自己同一以凸顯與他人的差異，不是像柏拉圖訴諸對於不同理型的分享，或是海德格訴諸於自我內部的綜合統一。5

3　同前註，p. 181。

4　同前註，p. 185。

5　同前註，pp. 183-184。

　　鄂蘭強調實質在與他人關係下自我是否有「二合一」，也就是在個人處於不孤獨，也不孤單的處境之下──前者指不作哲學家的單單思考，後者指與他人建立有公共性的關係。孤單的處境固然有極端的情況，如鄂蘭在《人的境況》曾以做善事的不欲人知時是孤單的，做惡事的避開她人耳目時也是孤單的，前者是為了（for）人們，後者是敵對（against）人們而孤單。[6] 她分析出的勞動與工作的生活方式基本上仍是孤單的，雖在屬於勞動層次的私領域中，人在隱蔽處有面對自己的生死問題而可觸及哲學與宗教，以至於有孤獨但不孤單的可能。[7] 但在不走向哲學家與宗教信徒，而走向公共性的立場下，要避免孤單即是以言語與行動的方式建立功績（deeds）來促成。故鄂蘭以為面對當代討論個人同一性的危機，唯有以個人處於不孤獨，也不孤單的處境下來解決。[8]

　　她所主張的「二合一」要成為大寫的 One，其前提是外在世界介入思維者，打斷單單的思維生活。[9] 如此，原來的哲學家就從孤獨的，但與自己共處的不孤單生活，轉而到與他人共處的、建立在公共性行動中的不孤獨與也不孤單的生活。其實鄂蘭企圖顯示我與自己的和諧不矛盾，固然也在亞里斯多德定義矛盾律時出

6　Arendt, Hannah. *The Human Condition*, pp. 76, 180.

7　同前註，pp. 62-63，這裡談及面對涉及生與死之神聖性的私有隱蔽層次，即不乏有宗教與哲學的議題存在；同前註 pp. 73-78，這裡談及基督宗教對於行善的孤單性，而善人可避開孤單的即在上帝那裡尋找行善的見證。

8　Arendt, Hannah. *The Life of the Mind, One/Thinking*, p. 187；這裡的不孤獨指的是不做單單思考，而要讓外界介入思維者。但只要進行思考，是否思考者就撤離了世界，而成為孤獨的？若即使如此，至少在整個思考的辯證過程中讓世界納入思考的對象，故就整個活動而言，已不是先前單單的思考所顯示的孤獨了。

9　同前註，p. 185。

現，但亞里斯多德更強調在與他人對話、說服他人的脈絡中的不矛盾，也就是在獲得多數人的同意下的要求和諧一致性。「二合一」成為大寫的 One 的意義是，個人不只是在思維中與自己處於二元對立的和諧，更是現象世界被給予到生活在複多事物中的個人，進而個人在現象世界中顯現為和諧一致。[10]

　　蘇格拉底與自己不矛盾必須以自己寧願為受害者為前提，這顯示「二合一」的問題一開始即和我與他人的利害關係有關；鑑於此，鄂蘭才能就公民權（citizenship）的立場再促成「二合一」成為大寫的 One。鄂蘭認為蘇格拉底不以公民的身分參與談論，關心的不是世界或公民社會，而只是自己，因為萬一世界裡只有強者加害與弱者受害兩個角色的話，愛智慧與思考的蘇格拉底選擇了作為受害者；他只能主觀的希望受害者能寬恕與忘記仇恨，加害者能不再做惡。鄂蘭關心的問題是公民能免於受害，公民包括了加害者、受害者與旁觀者，即對於不只是現實的受害者與加害者，也對於旁觀者之為潛在的受害者或加害者做考量，而這根本上是為了整個公民權之故，為了解決大多數公民的問題。對於防範整個社群受到侵犯之虞，法律是一種解決之途。[11]惟鄂蘭要求得比法律更多，旨在使每個人在社群中獲取讓生活一致性的境況。

（二）良知概念的問題

　　而蘇格拉底的「二合一」問題如何發展出良知的概念呢？鄂蘭指出寧願作為受害者的理由是，我不願意和作為加害者的我在

10　同前註，pp. 186-187。

11　同前註，p. 182。

一起。的確，我們既不願意和加害者在一起作為他的朋友，甚至一位凶手或竊賊也不願意和其他凶手或竊賊在一起，因為他們也在乎自己的生命與財產，故「你應該殺人」或「你應該偷竊」就不能成為普遍法則了。這表示原先「二合一」問題已關聯到後來康德的定言令式（kategorisches Imperativ）了：「唯有依照這種格律行動，當此格律同時可讓你願意它成為普遍的法則。」鄂蘭以為蘇格拉底與自己對話、從市集回家接受形如朋友之自己的檢驗，或後來莎士比亞在理察三世的描寫凶手憎恨自己的對話，發展至所謂「自然之光」（lumen natural）或康德的實踐理性，這些皆可稱為「良知」（conscience），而與之區別的即有如上帝的聲音。[12]

鄂蘭更以為蘇格拉底的良知概念為康德定言令式的前提，她指出：相較於康德提出「你應該……」的義務命令之說，前述蘇格拉底的這兩個命題才是自明的（self-evident），這才讓道德命題之真所以可能。而根本上康德的「你應該……」跟著是「否則……」的命題，指的是若不做的話，就會被上帝、社群或良知所制裁。故在此如果康德的應該式命題是一種良知之聲的話，那麼所跟著的是良知帶來的稱為「悔恨」之「自我懲罰」的威脅。鄂蘭以為，我們始終受到良知的「自我鄙視」的威脅，這卻是以蘇格拉底之寧願不自我矛盾，即自己始終與自己生活在一起的自明性為前提的。[13]

從經驗上鄂蘭針對上述更有感而發，以艾希曼（Adolf

---

12 同前註，pp. 188-190。

13 Arendt, Hannah. *Concern with Politics in Recent European Thought, lecture*. 1954, Library of Congress, Washington D. C., Box 63, pp. 77-78.

Eichmann）為代表之納粹時代的不少德國人，就是常以「按照康德的道德概念生活」、「遵照康德的義務規定」行動為藉口，去服從希特勒的意志，對自己的祖國去效忠。雖然誠如傑羅姆‧科恩（Jerome Kohn）所言：艾希曼聲稱，「他不是簡單地服從希特勒德國的法律，而是使自己的意志『與法律背後的原則』統一起來」，但「艾希曼的『原則』實是希特勒的意志而非康德的實踐理性」；然而，鄂蘭洞察到，艾希曼在這裡的聲稱亦暴露出人的良知一面，也就是前述蘇格拉底的命題：自己始終不願意與自己不一致，雖然實質上艾希曼不是一致的，但不論如何卻聲稱了自我的一致性。[14]從這個實例，鄂蘭更可充分地以為這實際上的良知之詞是從自明的蘇格拉底命題而發聲的。同時從艾希曼自以為在貫徹康德實踐理性之例，顯示了發自個人良知而行動的說法太過於主觀。

當世界介入個人的意願與行動，而讓「二合一」成為大寫的One時，蘇格拉底的命題所呈現的良知只是必要而尚非充分的條件。蘇格拉底式道德的討論只得到消極的結果，因為與自己不矛盾的命題是讓自己避免了作惡，它尚不足以讓整個社群免於受害的威脅。[15]鄂蘭之所以懷疑康德式「我應該……」的命題，在於它不能有效產生積極行善的動機。故而更積極的良知義涵就值得發展，在「二合一」成為大寫的One之下的個人首先形成了鄂蘭所強調的人格義涵，而生活在複多事物中的個人又如何發出良知，這又是哪一種良知之聲呢？

前面曾指出鄂蘭在《責任與判斷》的「序言」裡闡釋關聯到

14　同前註，p. xvi。

15　同前註，p. 122。

「經由……傳聲」（per-sona）的「面具」意義的人格（person）一詞。個人的人格特質必須通過在世界中可能扮演的不同角色而張顯。我們一方面要保持個人人格的獨特性，另一方面要注意在世界裡角色的可變性；但鄂蘭強調角色不宜被視為「附屬於內在自我的永恆不變的配件」，就像是「良知的聲音（……）是被人的靈魂所永恆負載的東西一樣」。這裡的「內在自我」與「靈魂」就是蘇格拉底的「二合一」；鄂蘭的意思是，我們在外扮演的角色不宜屈就於這個「二合一」，聽從於這個指令。相反的，鑑於「二合一」成為大寫的 One 時，我們角色扮演是在與他人共在的舞台上，不時有著與他人合演的情節，我的個人角色發聲是以整個情節為著眼，我的的發聲甚至是代表著一起演戲的眾人的聲音。鄂蘭雖提到一個赤裸的「這個」（thisness），它似代表著真正獨特的人格自我；她也強調自我人格不能被任何可變形式的身分肯認（recognition）所誘惑而忘了自己，但卻又表示自我人格的聲音必須透過公共性的活動而發出來。[16]

當鄂蘭在這裡強調了每個人有個「這個」，或我們詮釋為的人格自我，若此指的是自我的本質意義的話，似乎本質的重要性又凸顯了，這不免和前面所說的有些矛盾：實在性在出於現象，本質比現象為次要的。其實「這個」對鄂蘭言只是個「某某」的另一種表示法，它是每個人的「誰」（Who），它仍要以什麼（What）來回答，而回答是要藉由他人的說詞與看法的。但要注意的是，對於別人的看法與評價切不可作為自己是什麼的定型，尤其是當我們以某作為一旦受到某社群或群眾的讚揚時，若因而將此作為視為這就是「我是誰」施展於外的作為時，那麼始終

以此表現著自己，就會有受傷或淪落之虞。這就是鄂蘭所警告我們的：不要受到別人肯認的誘惑而忘了自己的意思。其實，鄂蘭要表達的人格一詞絕不是這個作為「誰」的人格自我而已，人格反而是表現在不同舞台上而顯現人出來的，以不同面具發聲的不同角色可能在變形中有個不變者，但這是在無限歷程中建構出來的，和原先的「這個」或「某某」是不等同的。

因而當鄂蘭區別人格（being a person）與人性（being human），以為古希臘將人定義為「言談的生命」（*zoon logon echon*）針對的是人性而已。[17]反之，人格並非以另一個稱為人類靈魂的東西作為負載者，它必須以發聲在不同舞台之方式顯現於社群。顯現個人人格的聲音將扮演著讓「二合一」成為大寫的One的充分且必要條件，它實是鄂蘭開展出的積極的良知之聲，但它到底是什麼？[18]

17　同前註，p. 95。

18　在這裡先強調出鄂蘭在收錄於《責任與判斷》的〈道德哲學的若干問題〉（Some Questions of Moral Philosophy）（同前註，pp. 49-146）當中提出了一個頗為深刻的思維：蘇格拉底與耶穌基督教導予我們的均有著弔詭的緊張性，而保羅最能感觸到這個緊張性（p. 117），當蘇格拉底從自我對話的思考出發，以聽從自己的「二合一」的聲音，卻說自己是無知的，以及他所聽從的根本是神靈的聲音，這表示蘇格拉底從有我到無我，真正的聲音來自於神。基督教從無我出發，也因為對保羅而言，建立在平等互惠而必須有我的基礎上的世間律法反而加深了人的罪惡意識，故要對上帝律法的遵守才能避惡趨善，這則要忘我以信從上帝的旨意，但上帝卻因駐於人的心中，卻成了另類的我的存在，真正的良知之聲也來自上帝。鄂蘭寧願將真正的良知之聲視為每個人在舞台上扮演著與他人合演之情節之角色時，所發出的代表一起演戲的眾人的聲音，傳統上神靈的聲音遂轉化成眾人的聲音，而透過自己發聲出來。其實海德格以為詩人靜聽存有的道說，存有因神的體現，故詩人也是間接在聆聽上帝的聲音，這是前說靜聽上帝的暗示。

　　轉化成傳統良知義涵的蘇格拉底命題既然只在消極的避免作惡，康德的意志也不能有效地保障行善，故難道除去意志反而可積極行善嗎？鄂蘭指出就基督宗教而言，積極的行善在不讓人知道而是忘我的，但它反而讓蘇格拉底的「二合一」的命題不能成立，以至於連作為良知之聲的必要條件也可能喪失。[19] 對鄂蘭而言，行善的有效性不在於忘我地除去意志，更在於對於意志的意義做修正。

　　從這裡的問題脈絡我們導引出所謂「惡的平庸性」（banality of evil）的概念。蘇格拉底與康德談論道德或意志建立在自我對話，但不相矛盾的「二合一」命題之上，這對鄂蘭來說是從思想建立出意志然後行動的過程，但這只導致消極的避免作惡，而無法積極的行善的結果，尤其這種立場無法擴及於多數人，又往往從思想家主觀立場去擴及時，還有造成意識形態駕御的危機，甚至一些人會將無上道德命令扭曲成另一種符合現狀的規定。如果後者是像艾希曼所為，那麼他到底出自於思還是無思呢？其行動是否從上述的思想與意志導致出來的？他為何被鄂蘭認為實際上犯的是平庸的惡呢？而上述基督教去意志與忘我的行善舉止，也顯示出有另一方面的來源可導致善的行動，但這種立場不為鄂蘭所接受。因而這裡先有兩種情況：一是以思考的與有意志的我出發，另一是從無思考與無意志的我出發以行動。然而艾希曼的情況是鑑於其犯的惡不是出自違背蘇格拉底「二合一」的良知，換言之，他的犯惡不是對於必須有我思為前提的良知之違背，他的無思來源是不顧慮現實情境而按照既定的道德或規章命令去行

19　同前註，p. 123。有名的句子：「你的左手不准知道你的右手所做的事。」就是表示這種意義。

動，這是在「二合一」之前的思考活動。如果將艾希曼歸於只做規定判斷，而無反思判斷的話，那麼他根本上是未進行思考的活動。這也就是鄂蘭說平庸的惡並不來自一個對於惡充分自覺的惡棍，而是來自無思考的原因。[20]

　　既然蘇格拉底與康德的思考與意志無法產生符合公共性要求的行動，基督教的無我與無意志也不為鄂蘭所屬意，她更在提防一般人陷入像艾希曼一樣所犯的無思考之平庸的惡，那麼她要做的是對於意志概念做修正。鄂蘭注意到意志不只是作為行動的鼓動能力，它還擔任仲裁的角色。意志最初進入哲學的討論課題，是當人的行動在理性與欲望相爭不下而猶豫不決時，作為第三種能力的意志扮演了仲裁的角色，它可讓理性獲勝，而成為意志自由，但若欲望得勝，則意志不自由。意志在此時就是作為行動的動力來理解。[21]鄂蘭真正視意志為一種仲裁的意義是，意志不只是對自己的理性與欲望之間做仲裁，從而讓行動產生，它更在考慮「我們已經和其他人一起做的事情是什麼」，以及「每個特殊的行動如何適應在我們生活的整個脈絡中」。[22]意志不只是下命令，更具有仲裁的作用。所謂的 *liberum arbitrium*（自由決定／判斷）就應該在這種意義下出現，它問的是：要尋求什麼目的？要做出什麼決定？意志遂轉為判斷。作為一位獨立無私的仲裁者、判斷

20　談論艾希曼的平庸的惡在鄂蘭已有多處論著，在收錄於《責任與判斷》的〈思考與道德關切〉（Thinking and Moral considerations）頗深入的以理論來剖析。（同前註，pp. 159-189）在此也感謝林淑芬博士在中研院文哲所與政大課堂上的討論所簡明提出的三種情況：思考產生意志、無思考、思考經由判斷產生意志與行動，在鄂蘭形成了畢生去釐清與闡釋的主題。

21　同前註，pp. 113-114, 119。

22　同前註，p. 129。

者，他要以公正無私的目擊者立場去觀察事情，他從行動者轉為旁觀者的身分。[23]真正從人格發出的良知之聲和這裡的意志作為判斷有什麼關係？

（三）鄂蘭的判斷概念

鄂蘭在〈康德的政治哲學演講〉裡區別了邏輯命題的判斷「S是P」和對於一行為決策所下的判斷。相應於此，馬克思・德意徹（Max Deutscher）表示鄂蘭有兩種判斷的典範，一是旁觀者觀察生活情節而作的有效性判斷，另一是參與者不脫離世界之需求而必須做的判斷；第二種判斷是將思想導致意志（從而行動）的橋梁，鄂蘭於是將思想連接判斷。[24]根據德意徹之見，當蘇格拉底認為：「寧願做一個受害者，也不要做一個加害者。」或卡里克利斯之持相反意見，皆已從思想走向判斷。[25]

茱莉亞・克莉絲蒂娃（Julia Kristeva）也指出，鄂蘭提出之對政治哲學奠基的判斷不是一個「認知的判斷」（cognitive judgment）：對於共通感所形成的品味表示贊成的判斷，也不是「歷史所下的判斷」（judgment by history）：黑格爾式的，以為世界的歷史是世界的舞台，擁有做最後決定的特權。相反的，判斷是基於直接可溝通的品味，它讓理性的理解反而為品味服務；又此品味的能力不能學，只能自我練習。[26]克莉絲蒂娃特別提出，鄂

23　同前註，pp. 136-137。

24　Deutscher, Max. *Judgment After Arendt*, Hampshire, England/Burlington, USA: Ashgate, 2007, p. 125.

25　同前註，p. 127。

26　Kristeva, Julia. *Hannah Arendt. Life is a Narrative*, Toronto/Buffalo/London: University of Toronto Press, 2001, pp. 75-76.

蘭在《人的境況》即以寬恕（forgiveness）與承諾（promise）作為判斷的（悖論性的[paradoxical]）模態。[27]因為阻撓我們做正確判斷的是在實務上過去事情的不可逆（irreversibility），及對未來的不可預期（unpredictability）兩個因素。「不可逆性」往往讓我們因不能釋懷而產生仇恨與報復的心理，故我們雖不必遺忘它們，而重要在寬恕它們，但寬恕不是針對行為，而是針對行為的人。[28]「不可預期」則造成未來的不確定、不安全，而承諾正可以在不以自我主宰或他人統治的方式下，以較緩和的作為去滿足我們對於這個安全的訴求。對未來的承諾可將未來彷彿成為確定的現在；但由於人的脆弱性，人們之間常被建立起交互的、合約式的承諾，[29]而構成了法律條文的前身。

　　基本上上述鄂蘭與德意徹所分的兩種判斷是在理論與實踐兩

27　同前註，p. 77。

28　同前註，pp. 78-80；在《人的境況》的說法是：「寬恕是為了誰做了此事之故，而對於所做的事去寬恕」（[...] what was done is forgiven for the sake of *who* did it.）。回憶（remembrance）而不要遺忘對鄂蘭的思想體系始終扮演著重要的角色：在思考（thinking）方面，當我們與自己對話即需要回憶。在道德方面，當蘇格拉底說：「寧願眾人可能不同意我，也不願意作為一的我，失去了和自己的和諧與和自己起衝突。」這也需要回憶。若在自己不失去完整人格下去容忍他人的行為，而這尚是消極的道德論述的話，那麼當積極地在判斷的層次，即顧慮到我願意和誰在一起時，則因和判斷相關的共通感建立在與他人之間的共同體，以及與他人的交流之上（Arendt, Hannah. *Responsibility and Judgment*, pp. 124-125, 140-141），這就更需要回憶，以求得和眾人的和諧。鄂蘭甚至說：「最大的惡者是那些人，他們因為不思考所做的事情而從不回憶，而沒有了回憶，就沒有什麼東西可以阻止他們。」（同前註，p. 95）更何況在這裡的寬恕是對於人之作為一個人格（person）的寬恕，而真正的人格是有回憶的，這個論點在後面再作發揮。

29　Kristeva, Julia. *Hannah Arendt. Life is a Narrative*, pp. 83-84.

個不同層次的判斷，克莉絲蒂娃所分的判斷固有理論與實踐之別，但因她特別強調由品味力產生的政治層面的判斷，那麼這裡就凸顯了鄂蘭從康德第三批判那裡發展出的反思判斷，以別於規定判斷，但克莉絲蒂娃在這裡強調的判斷卻不是美感的，而是從美感發展出的政治判斷。其實，規定判斷與反思判斷的區別不是直接對應著理論與實踐的判斷，因為即使實踐判斷亦可能是規定判斷，康德的實踐判斷對於鄂蘭而言就只是規定判斷。而反思判斷卻是由美感或下面要說的鑑賞判斷所啟動，以至於再發展到在鄂蘭那裡出現之顧及政治層面的實踐判斷去。

　　基於鑑賞而直接產生的判斷是什麼？鑑賞本身即有共通感，故此時的判斷亦具有一般性，但這個判斷的普遍性和邏輯命題的判斷所具的普遍性有何不同？讓這兩種具普遍性判斷成為合法的條件又各有何不同？這將是這裡探討的重點。

　　首先我們要確認，鄂蘭強調的判斷是從理論到實踐的一個中介概念（vermittelnder Begriff）。她曾引了一個例子：不論是醫生也好或是律師，他們學了理論之後就要應用到實務上，這是將所學的規則應用到特殊事件去。[30]將理論應用到實務就是依循著判斷的能力。其實整個康德的批判哲學精神皆在致力於將理論應用到實踐；從廣義的角度來看，這是從普遍的理論層次應用到經驗的個別對象去。但理論與對象所在的領域有別，康德區別了自然科學、道德與美學，這導致了對於如何「應用」與「判斷」的進一步問題與討論；而鄂蘭如何回答這種恰當的「應用」呢？

　　簡單來說，自然科學的真理來自可經他人一再重複的實驗，從而可獲得普遍的有效性（Allgemeingültigkeit）。鄂蘭曾區別哲

30　Arendt, Hannah. *Das Urteilen*. S. 59.

學與自然科學的不同在於，哲學需要的不是普遍有效性，而是普遍的可傳達性（allgemeine Mitteilbarkeit）。[31]但康德在《純粹理性批判》探討感性與知性作為自然科學普遍有效性的條件時，從普遍的知性連接到個別經驗的感性，這個感性的對象已是較為客觀的。況且自然科學的哲學面對的是理論的，而非實踐的領域，不關涉自然科學家本身的行動。故連接知性與感性之圖式（Schemata）的任務只是將具普遍性的科學知識應用到經驗對象，當然更根本的要從知性概念透過時間作為圖式以應用到經驗對象討論起。[32]

康德也說過這是以圖式讓純粹知性概念成為實在的；除此以外，範例（Beispiel; example）讓經驗概念，象徵（Symbol）或類比（Analogie）讓理性概念成為實在的。[33]它們以不同的經驗直觀方式讓不同層次的概念連接到經驗對象，其中圖式與象徵曾被鄂蘭歸為一種隱喻，圖式是抽象或非圖像的，象徵似被鄂蘭也歸為抽象的，但它其實是一種圖像的表達方式。[34]或許鄂蘭所表示的具抽象性的隱喻就是圖式，這是就理論層次而言的；鑑於此她甚至說，西方傳統的哲學也是以隱喻的語言來表示。[35]但在實踐與美感的領域，當思想概念關係到經驗對象時，更涉及個別者的行動時，鄂蘭似未明說此時也是以隱喻的語言在運作。甚至範例的使用，在康德那裡已顯示了歧義，它是否在實踐與美感的層次使用中也可歸為一種隱喻，這是我們在後面要特別說明的課題。

31　同前註，S. 60-64。

32　Kant, Immanuel. *Kritik der reinen Vernunft*, A 139-142.

33　Kant, Immanuel. *Kritik der Urteilskraft*, AA 254-257.

34　Arendt, Hannah. *The Life of the Mind. One/Thinking*, pp. 103-104.

35　Arendt, Hannah. *The Life of the Mind. One/Thinking*, pp. 101-102.

　　上面指出的對自然科學言感性的對象較為客觀，可從鄂蘭對於幾種感官的描述中有所印證。鄂蘭在對於人的五官分析時，指出視、聽、觸覺有客觀性，因為它們可易於被辨認，易於藉著語詞和他人分享。味覺與嗅覺給予的內在感覺完全是私有的，因為這兩種感覺對象不能以語詞表達，故不能夠被溝通。視、聽、觸覺的客觀性意味著，我們曾經有的感覺即使目前不在場，也可以藉著想像力（Einbildungskraft）被再現／表象於前（Repräsentation）；但味覺與嗅覺的對象缺乏這種藉想像力被表象的性質。[36] 自然科學的實驗主要是建立在視覺的基礎上，依目前的研究，其他的感覺皆盡量被還原到視覺以成為可辨認與可傳達。這樣以視覺為根柢的訴求也讓原本抽象的思想轉換為可觀看的文字，故思想到言說進而到書寫的轉化，就是在要求思想成為視覺的對象而為可傳達的。鄂蘭對於西方的傳統哲學建立總括為隱喻的方法，是鑑於哲學語文是從原先指涉日常生活事物的具體義涵所引申為指涉一般意義的抽象義涵，這是從視覺的義涵引申為思想的義涵，如大家所熟悉的category即是從法庭的控訴引申為哲學的範疇概念。[37] 但反過來，抽象的思想借用類比，做一種隱喻的表示時，也往往以視覺的東西來表示。更進一步來說，思想轉為具象的語文字，後面要闡釋的人的言說與行動轉為具象的痕跡（traces），也皆以視覺的可傳達性為考量。

　　在道德實踐領域的理論應用到個別經驗對象，康德的作法也顯示其獨特性。鄂蘭指出，道德對康德而言是個人理性的事，它檢驗著本屬私密的格律（Maxime）不自我矛盾而成為表現為定言

36　Arendt, Hannah. *Das Urteilen*, S. 100.

37　Arendt, Hannah. *The Life of the Mind. One/Thinking*, p. 105.

令式的道德律。但從格律到道德的歷程，除了讓格律因此而公共化之外，更在理論上需要上帝作為最終的審判官（Instanz），因為上帝才是最終的立法者。[38] 故上帝為根據所形成的人之無條件「應然」為康德道德哲學的主軸。

在美學與政治的實踐領域的理論到個別對象的應用則有所不同，這將顯示在鄂蘭從康德哲學裡的鑑賞判斷所得到的啟發。鑑賞的德文 Geschmack 或譯成的英文 taste 本義是味覺；誠如上述，它是私有的內在感覺，不具有藉著語詞的傳達性。但康德卻將味覺提升到一種心靈的判斷能力，這個判斷不是依於被給定的普遍知識理論，去對目前的對象來做應用式的、呈現出重複過去經驗的判斷，而是緊貼著目前的經驗對象，去做在我們生命史中首次的、充滿冒險性的經驗判斷。但判斷始終有對與錯，這也造成與他人溝通的必要，因而判斷已離開了單單的感覺，從私有的到公共的。但這不是為一既定的客觀本質性法則所規定，而是一種主體際或互為主體的（intersubjektiv）構成歷程。[39] 它基本上有兩個步驟與三個條件：

據鄂蘭的刻畫，從私有的感覺出發先有想像力的運作（Operation der Einbildung），再有反思的運作（Operation der Reflexion）；反思的對象是想像力所建立起來的，反思的運作開放了對於某某的判斷。[40] 舉例來說，當我品嘗一份蛋糕，味覺所感受的不是蛋糕作為對象本身，而是想像力已將外在蛋糕的對象呈現在內在感覺裡，讓它提供了對我可口或不可口的可能性；這是

38　Arendt, Hannah. *Das Urteilen*, S. 74-79.

39　同前註，S. 105-106。

40　同前註，S. 106。

味覺／品味／鑑賞，而關係著對我可口的或不可口的選項。但這個選擇尚不是判斷。它尚需經過我的贊成與否，此時反思即開始運作。從而我不只對剛吃的蛋糕感到可口，我更判斷了這個內在感覺的可口是對的或是錯的。譬如我原先以為可口其實是因為看到此蛋糕的價格昂貴，就像我們在欣賞畫時常被商業價值影響到對藝術價值的鑑賞。當我們從外在的規定判斷因為反思而產生反思判斷時，就可以自己的感覺來確實品味這蛋糕或一幅畫，對於原先可口或不可口做了贊成與否的判斷。接著，這個判斷開放了原本私有感覺的可傳達性或公開性，開放了人所獨特具有的共通感（Gemeinsinn; *sensus communis*）。鑑賞從品嚐到判斷的最終歷程，除了上述的想像、反思以外，更重要的是這個共通感。[41]

　　憑著這種「共通的與健全的知性」（gemeiner und gesunder Verstand），或「共通的人之知性」（gemeiner Menschenverstand），我們可以「在反思中顧慮到每個他人在（先天的）思想中的表象方式（……）。超越了我們各自在偶然方式下判斷的局限性」。[42]這是所謂「精神本身的擴大」（Erweiterung des Geistes）或「擴大性的思維方式」（erweiterte Denkungsart）。「擴大」指的是「規則」往實務範圍的擴大，不限於哲學社群的小眾，更往世界公民的大眾去擴大其應用效力。故鄂蘭以為這種康德的「批判思想（……）承擔了康德之世界公民（Weltbürger）的立場」。[43]猶可補充的是，在這種從美學進展到政治的領域中，從私有的感覺到對

41　同前註，S. 107-109。

42　同前註，S. 109-110。胡塞爾的主體際構成的聯想力、對偶等概念時可和鄂蘭的想像力、共通感可等而觀之，這可做個很有意義的比較工作。

43　同前註，S. 68。

感覺做有傳達性的判斷，不是像自然科學一樣藉證明而強制他人接受，也非在道德律方面以上帝作為後盾，它是在訴諸於共通感之下靠勸說（ansinnen; betteln）而獲得的。[44]

　　依鄂蘭之見，如果道德哲學的絕對命令也以共通感為前提，以至於格律不根據上帝，而根據溝通所締結的合約（Vertrag）擴展為客觀的道德律，那麼定言令式可改寫為：「要持續地根據這樣的格律而行動，經由這種格律原始的合約可被實現在普遍的律則中。」因而格律不只是作為觀眾去判斷世界這劇場的格律，也成為行動者的格律。這是鄂蘭思想的一大貢獻，將原先在康德屬於理性概念層次的道德律能實質地應用到經驗對象來。[45]

　　這裡就呼應了前面強調的，不只是理論，也包括實踐皆有可能只是規定判斷，甚至康德的定言令式也屬之。對鄂蘭而言，思想不只要應用經驗對象，更要轉化為個別者的行動，反思判斷對於此扮演了重要的角色。就實際的操作而言，這轉化的過程即是以一種隱喻的方法在進行；這種隱喻不同於前述針對理論層次使用的隱喻，這是下面要進一步說明的。

（四）作為判斷條件之想像力與隱喻

　　鄂蘭對想像力特別在課堂上做了一次討論，她先闡釋想像力在康德《純粹理性批判》中扮演著結合感性與知性的角色，從而我們對於一物體的溝通、認識得以可能，想像力讓結合此二能力的圖式得以形成，它是一種圖像（Bild），但不是呈現在感性直觀裡，而是呈現在知性概念裡。此圖式將各個感性直觀所指涉的雜

44　同前註，S. 112。

45　同前註，S. 115-116。

多綜合起來，知性概念是藉這個圖式和個別的感性所指涉的東西連接起來。[46]但是對於鑑賞判斷，以致擴展為政治判斷而言，鄂蘭強調在《判斷力批判》裡，範例取代了圖式，以連接個別與普遍，使判斷獲得範例的有效性（exemplarische Gültigkeit）。鄂蘭舉了多個例子來說明，如「像阿基理斯的勇敢」（Mut is *wie* Achilles），或是以人為善時，舉出了聖法蘭西斯庫斯（Hl Franziskus）或耶穌。在這裡，「阿基理斯」、「聖法蘭西斯庫斯」及「耶穌」皆以範例的性質取代了各自所代表的勇敢或善的概念，去「規定」可能作為主詞的某某人。鄂蘭的說明是，這裡仍需要想像力，因為我們必須將阿基理斯再現於前，雖然他毫無疑問是不在場的。[47]

　　這其實是以一種隱喻的方式來表示的。[48]呂格爾指出隱喻的語言讓在每一存有者所潛在的行動力苗生出來。[49]隱喻被視為「（將某某）看作（某某）」（seeing as）來了解，它不是單單的看或經驗而已，它卻是「介於經驗與行動之間，它是經驗與行動在同一與同樣的時間裡。」[50]這個「看作」的隱喻保留著「不是」（is

---

46　同前註，S. 122-125。

47　同前註，S. 119, 127-128。

48　我們將在討論宗教部分區別在鄂蘭那裡的兩種隱喻概念，這裡所指的是具圖像式語言的隱喻。

49　Ricoeur, Paul. *The Rule of Metaphor: Multi-Disciplinary Studies of the Creation of Meaning in Language*, trans. Robert Czerny with Kathleen McLaughlin and John Costello, Toronto and Buffalo: University of Toronto Press, 1977, pp. 42-43, 244-245; 參考 Simms, Karl. *Paul Ricoeur*, London/New York: Routledge, 2003, pp. 61-64.

50　Ricoeur, Paul. *The Rule of Metaphor*, p. 213; Simms, Karl. *Paul Ricoeur*, p. 74.

not）在「是」（is）裡面。[51]故針對這「阿基理斯是一隻獅子」的
隱喻句，若將「阿基理斯」看作「獅子」，我們是將一般人對於
獅子活生生的經驗，如勇猛威武，直接地轉嫁到阿基理斯身上，
以至於他的勇猛威武圖像活現在我們眼前；這不是明喻如「阿
基理斯像一隻獅子。」所能表達出的，因我們在此會以思維的方
式將獅子的屬性勇猛威武移至阿基理斯的屬性下，以至於失去了
對於阿基理斯感受的鮮活性。「阿基理斯是一隻獅子」同時保留
了「阿基理斯不是一隻獅子」，因而面對隱喻的語言（言談或文
本），我們是以生命之存在感遊走在是與不是、實與虛、可見與
不可見之中。這尚不是獅子的阿基理斯向獅子召喚；同樣的，尚
不是阿基理斯的獅子則應和著此召喚走向阿基理斯去。這兩種描
述皆在表示，隱喻的特別功能在啟發讀者理解語言的生命向某
一世界去開放。針對隱喻的特殊意義的「看作」（seeing as），呂
格爾借用巴希拉（Gaston Bachelard）所開展出之「想像現象學」
（phenomenology of imagination）的看法來進一步解釋，指出存在
一種「環繞在語言四周的靈氣」（an aura surrounding speech）的
圖（影）像。[52]

　　呂格爾從隱喻的角度對於鄂蘭就鑑賞與政治判斷，對於個別

---

[51] Ricoeur, Paul. *The Rule of Metaphor*, p. 249; Simms, Karl. *Paul Ricoeur*, p. 75.

[52] Ricoeur, Paul. *The Rule of Metaphor*, p. 214。嚴格說起來，「阿基理斯是獅子」
　　表示介於「阿基理斯是阿基理斯」或「獅子是獅子」與「阿基理斯不是獅
　　子」（以至於只是像獅子）之間。從形式邏輯的觀點來看，前者是同一律，
　　後者是矛盾律，介於之間反而顯示有第三者，而正好違反排中律。但這種形
　　式邏輯的觀點卻被隱喻的語言所挑戰，第三者的呈現是以動態的方式在是與
　　不是之間流動，這裡所說的靈氣似乎駕馭著這個流動，也可說是想像力在
　　蔓延縈繞著，讓我們以感受取代了知性承接整個獅子的勇猛之情的籠罩。

與普遍的連接所依據的範例及想像力，作了更深入的闡釋。前面我們提出的問題：如何使思想規則恰當地「應用」到特殊事件，或如何將理論適當地「應用」到實務上，並以為鄂蘭提出並加以擴展的鑑賞與政治判斷就是在回答此問題。呂格爾對於隱喻的功能歸為經驗與行動的結合，實在對此回答做了代言。

　　克莉絲蒂娃就曾根據上述鄂蘭所重視的「範例」有所發揮，她回到鄂蘭在《人的境況》中對於行動與語言關聯在一起的論述，[53] 將政治課題奠基在歷史（history）與故事（story）兩種不同的敘事方式上。不論前者是真實的或後者可能是杜撰的敘事，皆是對於英雄的行動，從旁觀的立場，對行動做構建；這也就是旁觀者將行動保留到記憶中，對之思維，並將政治事務（pólis）組織起來，這是對於記憶或歷史的創造。[54] 故行動的「範例」經由敘事，也就是對於範例的「情節」做了語言表述（verbalizing），而成為「可被分享的思想」（shareable thought）。[55] 克莉絲蒂娃自己也說，「敘事的藝術寓於將行動凝聚在一個範例性環節的能力。」[56]

　　對於英雄事蹟說故事或創造歷史，也就是行動與語言的結合具有特殊的啟示性（revelation）。克莉絲蒂娃藉鄂蘭之論述，強調在亞里斯多德以模仿（mimesis; imitation）作為藝術的特性中，戲劇（drama）這一概念（dran 表示 to act）直接意味著對於行動

53　Arendt, Hannah. *The Human Condition*, pp. 175-181.

54　Kristeva, Julia. *Hannah Arendt. Life is a Narrative*, pp. 15-16; Hannah Arendt. *The Human Condition*, pp. 181-186.

55　同前註，p. 17。

56　同前註，p. 17；"The art of narrative resides in the ability to condense the action into an exemplary moment."

的模仿；並且這模仿因素不只在於演員的藝術上，更在於對戲劇的創作；這是行動者與言說者一起將故事的情節再現與活化，這才能將故事本身與英雄在故事裡顯露的意義完整地傳遞開來。[57]

呂格爾談隱喻就是企圖重新揭示亞里斯多德《修辭學》裡談的隱喻意義。隱喻以語言文字來啟發行動，它啟發著讀（聽）者對於所述說的事蹟去模仿。如呂格爾繼續就亞里斯多德的《詩學》所指出的，這種模仿不是只對理型世界（如柏拉圖）或自然的模仿，而是對於情節的模仿，以至於對於行動的模仿。隱喻的語言讓在每一存有者所潛在的行動力苗生出來。[58]

圖式為範例所取代，但二者皆建立在想像力的基礎上。鄂蘭在判斷的層次上所以注重範例，主要的原因是她重視「人格」的概念，以及「範例的有效性」不是以現成的普遍性來規定個別的東西，而是從個別的東西本身去建構出普遍性的。

（五）敘事為人格的良知之聲

我們討論判斷與隱喻的目的，是在導引出在社群中的我們如何言說、以什麼方式言說，讓我們的思想更能付諸行動。延續前面就蘇格拉底的「二合一」命題所蘊含的傳統良知之聲，到康德的實踐理性問題。我們既指出他們皆無法提出積極行善的充分條件，意志的義涵要修正是主要的方向，它轉而為面對社群眾人生活脈絡所下的判斷。如今判斷被我們強調以隱喻的方式呈現會產生更大的行動力，而從克莉絲蒂娃那裡我們更了解了講故事、敘

57　同前註，pp. 18-19；Hannah Arendt. *The Human Condition*, pp. 187-188.

58　Ricoeur, Paul. *The Rule of Metaphor*, pp. 42-43, 244-245；參考 Simms, Karl. *Paul Ricoeur*, pp. 61-64.

事是鄂蘭所重視一種言說方式，這也顯示在它自己的著作裡。最後我們對此再做說明：

前面所說的共通感，這種可將自己與他人協調為一個共同體的感覺，以及讓這種感覺落實所需的想像力，似乎是鄂蘭對於人格與良知之聲最後所定位之處；至少蘇格拉底的「二合一」的命題再加上這些，可成為人格與良知之聲的充分與必要條件。

承續前面所說，共通感則是在自己具有「擴大性的思維方式」下，在下判斷時皆把他人考慮進去，要求取得他人的同意，希望該判斷能帶有某特定一般的（a certain general），即使不是全面普遍的（universal）有效性。當某個人在這種態度下做的判斷是具有代表性的，因它已經建立在主體際的交流之上了；雖然代表性可能會變動，但鄂蘭指出「我們可能會為了他人而放棄自己」，就像基督教行善而忘我一樣，「代表性思想（……）是需要一點犧牲的」。[59]

對鄂蘭而言，康德在道德哲學方面和蘇格拉底一樣，不需要顧慮他人，只要遵循實踐理性則足夠，故蘇格拉底的「二合一」命題也適用於康德的道德哲學。但是在鑑賞判斷方面，康德就必須顧慮他人，也就是我不能與整個世界或他人相矛盾。鄂蘭就此更擴及到在公共領域去落實的道德。[60]在同樣的意義下，詹姆斯・哈特（James G. Hart）也強調了：「只有在鑑賞判斷下，蘇格拉底的格律，『寧願與整個世界衝突也不願與我自己衝突』，就會失效。」[61]

59　Arendt, Hannah. *Responsibility and Judgment*, pp. 140-141.

60　同前註，p. 142。

61　Hart, James G. "Hannah Arendt: The Care of the World and of the Self"（in:

　　前面曾說，想像力在判斷中形成取代了圖式的範例；但為何「範例是判斷力的『助步車』（go-cart）」[62]呢？我們在前面也解釋過，範例之異於圖式，因為它們同時在連接特殊事物與一般「規定」時，範例讓我們在對於特殊事物的了解中不只局限於知性的理解中，更讓我們生成行動力。鄂蘭對於人格與良知往建立在共通感與造成範例之想像力的判斷力去定位，判斷力似乎是最根本的良知之聲。鄂蘭之所以在討論道德中重視行動者更勝於行動本身，[63]因為每一個足以作為範例的行動者皆發出了自己人格的良知之聲；我們以想像力落實共通感時，是在借助範例的良知之聲讓自己的人格發聲，在彼此共鳴中去效法範例的行動。

　　同樣的，在重視鑑賞判斷可對於個人「顯現的空間」（space of appearing）做「『原型倫理學的』構建」（"proto-ethical" constitution）之立場下，哈特也指出了範例的作用：「我能判斷這個行動是勇敢的或這個人是善良的，因為我透過沉默的想像力作用，將所接收的範例式人物，如寇蒂莉亞、阿基理斯，或拿撒勒

Phenomenological Approaches to Moral Philosophy. A Handbook, edited by John J. Drummond and Lester Embrtee, Dordrecht/Boston/London: Kluwer Academic Publishers, 2002, pp. 87-106）, p. 103.

62　Arendt, Hannah. *Responsibility and Judgment*, p. 143,鄂蘭取自康德《純粹理性批判》B 174所言：“So sind Beispiele der Gängelwagen der Urteilskraft.” 在《純粹理性批判》裡對照於超驗邏輯可有效地應用到經驗對象，而這個應用乃藉由圖式，康德對於一般邏輯不能有效應用到經驗對象，而這是需要一種天賦的判斷能力，但從範例人們可以練習這種能力，故他說：「範例是判斷的助步車。」鄂蘭引用此句的動機非針對一般邏輯應用到經驗對象的練習，而是放在鑑賞判斷時必須從個人經驗出發，並且從範例來建立的問題脈絡裡。

63　同前註，p. 145。

的耶穌，再現出來。」[64]

　　故不論對自己或他人說出判斷句皆不再以傳統的命題構造表示，而以歷史英雄人物作為範例置於其中，它或成為簡單的隱喻句，或成為長篇的敘事文，但它們皆能讓自己或讀者產生行動力量。良知之聲本於真正的人格，它不只是讓我們知善惡，更能去除惡為善，從這點來看，還頗類似王陽明的致良知與知行合一的思想。

　　鄂蘭的敘事言語也影響到了呂格爾，因為鄂蘭在其《人的境況》第五章「行動」以伊薩・狄內森（Isak Dinesen）的一個「句子起頭的：「所有的悲傷（sorrows）可被承受，如果你將它們放到一個故事裡或講述一個關於它們的故事。」[65]這1958年成稿的著作連同上述的句子，在呂格爾2001與2003年接受理查・克爾尼（Richard Kearney）的訪談中開宗明義地被提起。[66]呂格爾是在回答「敘事既可賦予人們認同與結合的意義，那麼它是否具有一積極的療癒能力」的問題時回溯到鄂蘭的。他強調了鄂蘭以每個作為「誰」的行動者要藉語言與行動而彰顯自己，而這是「建立在眾多的行動者與其行動的環境間關係的網絡之上的」，但因「人（事）的脆弱」而致悲傷事件的可能發生。故鑑於每個人皆從出生即開始其故事，也被他人講述著故事，呂格爾面對故事為何使悲傷可被承受的問題，進一步從具敘事要素的「哀悼」（mourning）裡去尋找答案。

64　Hart, James G. "Hannah Arendt: The Care of the World and of the Self," p. 105.

65　Arendt, Hannah. *The Human Condition*, p. 175.

66　"A Conversation with Paul Ricoeur," originally appeared in Richard Kearney's *On Paul Ricoeur: The Owl of Minerva* (London: Ashgate, 2004).

敘事是藉著範例施展出意義建構的功能，這個說法也適用於以自我敘事作為我們的思考方式所施展出的意義建構功能。在這裡，當我對於已發生的事情問題化，不只是將此事件作為對象再回憶（recollection），而是當對此事件做敘事時，那麼對所發生的過程不只是「實然」的描述，更在一面敘述一面反省中，浮現出「應然」的意義，這就是在進行意義構建的過程。這種以敘事作為思考的重要性與意義在於，敘事和所思的事件連成一氣而不對立；過去的事件和現在的敘事活動，皆屬於我的生活；思考和行動也結合在一起，以至於此種敘事的思考方式可產生行動的力量，以符合鄂蘭對於思考之連接到行動的要求。

不論敘事是說別人或說自己的故事，皆可導致在敘事時對於所思考的意義做了重構，並讓思考連接到行動力；而意義之所以能被重構，是因為敘事者或思考者本身首先有著一種要求，那即是自我始終能言行一致或不矛盾的要求，這是上述蘇格拉底「二合一」命題對自我一致的要求；但敘事對於鄂蘭來說更在致力於自我在與他者、眾人相處下的言行和諧一致，讓「二合一」成為大寫的 One。前者被視為在傳統上良知意義的根源，後者就關聯到她因此將發展出良知的一種新義。良知是來自一個人格，從良知出自一個人自我要求，轉為出自和他人共處的要求。

良知不只是個人對自己人格的一致性要求，它更在與他人也一致之要求下去仲裁和他人如何一起做事，如何一起行動，故良知即是政治判斷。鄂蘭的倫理學事實上已和社群倫理，或政治的領域相關聯。下面我們要以鄂蘭的政治哲學為題來繼續討論。

（六）小結

我們討論鄂蘭的倫理學是從哲學家的「二合一」進而到將世

界納入做考量的「二合一」。「二合一」的問題既關聯到傳統的良知概念，那麼也因世界的介入，以至於良知的意義也轉為每個作為一個人格，在世界舞台扮演的不同角色的發聲。又因為從傳統的良知產生的意志概念不能保障多數人的避惡行善，故意志必須轉化為將世界介入的判斷概念。判斷是從鑑賞判斷所轉成的政治判斷，它是判斷者不忽略個人感覺情境，所下的仍具有特定一般性的判斷，而這是靠與他人的「共通感」而促成的。判斷的言詞又要求能激起當事者的行動，故語言本身的隱喻性以及敘事性就扮演著重要角色。敘事可讓每個人的行動與言說在世界上留下痕跡，它本身為世界的一部分，也是讓世界得以維護持久的關鍵條件。它讓每個人在與他人的衝突傷害中獲得療癒，故能讓我們重新回到與他人共在的世界舞台上。

三、鄂蘭的政治哲學

　　前面已多次談到鄂蘭從個人的「二合一」擴展到個人生活於現象世界中而讓「二合一」成為大寫的One。從另個角度來看，這即是從哲學的自由擴展到政治的自由。哲學家與政治家的不同與爭論已見於古希臘歷史，我們試溯其源，然後看鄂蘭對此的基本反應為何。自由涉及意志問題，上一節的倫理學已涉及到意志議題，我們將再從政治自由來看政治的意志。自由涉及活動的空間，公共領域有空間的義涵，個人如何在顯現給他人與群體之下以充分表現其是「誰」的方式，決定了其活動空間的自由度，也讓鄂蘭從古希臘城邦的 *pólis* 來談政治有著根本依循與條件。以下我們就以此數點來討論鄂蘭的政治哲學。

（一）哲學與政治間的緊張關係

　　哲學與政治間的緊張關係其來已久。生於希臘的米勒都（Miletus），西元前620至546年在世的泰利斯（Thales）和水脫離不了關係，一方面他以萬物的始基（*arché*）是水，另一方面他在觀賞遙遠的星辰時，卻像是水在提醒他一樣，宇宙萬物——包括星辰——的始基就在你的身邊：井水中。

　　當然至今的哲學家沒做過這種的詮釋，而當時泰利斯遙望星辰而落井時，遭到色雷斯的（Thracian）一群侍女的譏笑。針對於此，柏拉圖《泰阿泰德》（*Theaetetus*）對話錄中有這樣的一段話：「他是如此盼望地要知道天空中發生了什麼事，卻無法看到在他腳前的東西。這個譏笑同樣適用在對每一位哲學家的身上。因為哲學家完全不了解他的左鄰右舍；他不只對於正在做的是什麼不知道，對於他究竟是人或是動物幾乎也不知道。而人自身究竟是什麼，以及何者不論是去做或是承受什麼，這屬於人天性而不屬於其他動物的，則是哲學家鑽研的對象。（……）他不只為色雷斯姑娘嘲弄，也為廣大的群眾所嘲弄笑，不論是跌落水井或是因毫無經驗所遭遇的每一場災難。他的笨拙實讓人覺得恐怖，是這麼的魯鈍與低能。（……）」（173e-174d）

　　但顯然柏拉圖《泰阿泰德》對話錄中要表示，眼光放在腳前的人，只憑知覺去判斷事情，是無法建立真正知識的。哲學家難免要受到廣大群眾的譏笑。眾所周知，早在柏拉圖之前的赫拉克利特向被他稱之為「群眾」（many）或「多數人」（majority）者宣戰，他將他們比作沉睡的一群人。單一性（singularity）與複多性（plurality）間的二元（duality）對立反映著哲學家與廣大群眾之間的二元對立。如果政治之物是涉及眾人之事的領域，那麼這

就顯示哲學與政治間的二元性、哲學與政治間的緊張關係。這些二元性在當今哲學家的看法又如何呢？

馬丁海德格在《向物追問》的書裡也提到了泰利斯落井的故事。海德格似乎從這些侍女們學到了教訓，因為他首先針對「物是什麼？」的問題回答：是那些圍繞著我們的、最近的東西。[67] 海德格的確從對周遭世界物的事實性生活經驗分析出發，企圖獲得對於物是「什麼」的真正的知；然而，他將這個分析和「此在」的分析關聯在一起，以取得那個真正的知。後面要對此再做說明的是，這樣的處理，仍然讓海德格哲學停留在一種和政治產生緊張的關係中。這也影響到他以自己的哲學思維不足以應付和納粹政權間的關係。

海德格的學生鄂蘭也常提到這個泰利斯的故事，她卻藉此強調出哲學家漠視疏離於世界的危險。她面對哲學與政治間緊張關係的討論，不可避免地隱含著對海德格的批評。鄂蘭思考著哲學如何脫離漠視世界的危險時，往蘇格拉底去找尋答案，但她指出蘇格拉底同時提供了正面與負面的思想與作為。

首先就正面來說，蘇格拉底常用風來解釋他的思維活動：思維並不是常為一般人對蘇格拉底所稱頌的去發現概念，而相反的是對於凍結的思想去解凍。[68] 依鄂蘭的觀點，蘇格拉底的偉大不在於其思想生產定義，而在於對於已建立的標準、價值等等做批判性的解構。這些已凍結的思想常被雅典的一般人甚至在睡眠中也

67 Heidegger, Martin. *Die Frage nach dem Ding: Zur Kants Lehre von den Transzendentalen Grundsätzen*, Hrsg.: P. Jaeger, GA 41, Frankfurt a.M.: Klostermann, 1984, S. 3ff.

68 Arendt, Hannah. *The Life of the Mind. One/Thinking*, pp. 170-171.

使用著。蘇格拉底像風一般的思維活動正企圖動搖眾人脫離睡夢，讓他們徹底地醒過來。但他們卻發覺到自己因此並沒有掌握到什麼東西，而是陷入完全的疑惑與困擾當中。[69]

　　蘇格拉底讓一些往往以現成的思想與概念語言來理解或行動的人們產生困惑，致而開始對於現實情況反思，以形成新的思考和語言概念，這是蘇格拉底所貢獻的思考活動。若從這個角度來看，真正的思考活動就是一種反思判斷，蘇格拉底要動搖的人們常陷入於規定判斷的習慣當中，鄂蘭所批評的一些納粹分子與艾希曼也是如此。[70]

　　思考活動的強調與促成是鄂蘭所強調正面的蘇格拉底，但以思考所建立的「二合一」命題卻因無法顧及多數人而顯示負面的蘇格拉底。鄂蘭以為，在市場上蘇格拉底訪問著許多人，包括政治家、詩人、工匠等等，他雖已經轉向了多數人，和市民與年輕人對談，但蘇格拉底自己仍然局限在當時對於希臘政治公共領域的了解；眾所周知的是，當時婦女與奴隸排除在公民之外。這種被局限的公民主義讓蘇格拉底難以脫離哲學的命運，也就是哲學與政治間的緊張關係。但這種關係根本上由於蘇格拉底只對自己個人認同為一（being one）。這就是前面已述及的蘇格拉底的「二合一」命題，而我們已討論了將個人放在群體裡來進一步檢驗自己的「二合一」，甚至這個檢驗是在他人與群體的眼光來看的，這包括受制於社群的共識、人與人間的交互承諾，甚至契約與法律，而使自己生活於和社群的一致性。

69　同前註，p. 175。

70　同前註，pp. 171-178，鄂蘭在和前述及〈思考與道德關切〉同時間發表的《精神生活》的「思維」部分也對於蘇格拉底的思考活動，以及一些德國人因無思考而輕易地接受了納粹意識形態做了闡釋。

　　其實鄂蘭也從她在世界中的親身體驗，將自己的「二合一」擴大到具公共性的義涵。她從讀哲學出發，卻否定自己屬於哲學家的社群。[71]她以為哲學家長期以來對於人事領域的不信任。[72]她曾說過反對哲學家的理由是：「這在於哲學的本性是處理在單數中的人，但若人們不以複多數而存活的話，政治就不能被理解。」[73]

　　前面從倫理學的角度，我們討論了哲學家個人的良知與個人存活於複多數人中的良知，而從蘇格拉底「二合一」命題發展出的良知概念曾作為康德無上命令的前提。當時涉及到意志的議題，但在關涉到公共性的「二合一」命題時，意志很快地的轉成判斷與仲裁。在更早時，我們曾以較多篇幅討論意志，但是放在意志作為一種面對機運的技藝之脈絡來看，當時也提到鄂蘭以為真正意志行動是始終面對著具公共性的偶然情勢。判斷的討論其實是對於意志如何面對偶然情勢的最終解決。但從意志的課題本身來看，哲學的自由論述如何進展到政治的自由呢？鄂蘭如何從歷史的脈絡中找其出路呢？

（二）從哲學自由到政治自由

　　《精神生活》第二部「意志」被安排在從第一部「思維」過渡到第三部「判斷」的中間；但從鄂蘭的思想體系來看，判斷是從思維過渡到意志的中介。鄂蘭在討論讓正確行動興起的「意

71　Arendt, Hannah. "Was bleibt? Es bleibt die Muttersprache. Ein Gespäche mit Günter Gaus" (in: Adebert Reif [Hg.]: *Gespäche mit Hannah Arendt*, München, Zürich, 1974), S. 9f.

72　Arendt, Hannah. *Zwischen Vergangenheit und Zukunft. Übungen im politischn Dnken I*, Hrsg.: Ursula Ludz, München, 1994, S. 105.

73　Arendt, Hannah. *Concern with Politics in Recent European Thought, lecture*, p. 11.

志」時，則對於西方意志概念的興起做了一段歷史的回顧，在結論部分並從哲學的自由導向政治的自由。雖然從內容上來看，回顧歷史上哲學、神學的意志思想為多，從哲學的自由轉向政治的自由而僅在最後一章帶過；惟從鄂蘭的整個意圖來看，它卻成了整部著作的核心。

我們選擇了鄂蘭對於亞里斯多德、使徒保羅、愛比克泰德與奧古斯丁有關意志的哲學做一整理與詮釋，並對於奧古斯丁的意志概念，和鄂蘭最終往政治自由闡發的旨趣做一聯繫，繼而顯示出判斷力將是討論政治自由不可或缺的課題。最後我們也將論述鄂蘭對海德格的意志作為「無意願的意願」的問題背景與思想概要，以對照她自己的政治自由理念。

1. 亞里斯多德未能開發出真正面對不確定未來的意志概念

前面討論鄂蘭的技藝概念時，因放在意志的層次而旁及亞里斯多德的主張，今再放在西方哲學史發展意志概念的脈絡來做一陳述。

鄂蘭在指出希臘哲學事實上少了意志的概念。她是從時間的連續觀點來看，如果意志是對於未來的投射，那麼和回溯過去的記憶相比，它相對而言較不確定，或乃至呈現偶然性。但基於自然目的論的基本思想，譬如對亞里斯多德而言，因為「生成必然地意味著某種潛在的但還沒有實現的預先存在」，[74] 所以對於未來事件的發生反而不是偶然的，因而意志的概念也失去了意義。

鄂蘭基本上從時間的綿延角度來對照思維與意志。思維是將過去存在的東西進入到綿延的現在。故回憶和思維有一自然的密

74　Arendt, Hannah. *The Life of the Mind.* Two/Willing, p. 16.

切關係。因為曾經過去的事物為思維的對象，故思維的心情是平靜的，不會因不確定而焦慮不安。反之，意志的我是向前看，因事物的新奇偶然，而使得心情是不安的，是在盼望但交雜著恐懼之中的。[75] 今亞里斯多德的自然目的論就讓對未來不安的心情減緩了。

鄂蘭進一步以為亞里斯多德沒有真正意志概念的理由在於：理性之支配欲望是在一種有時間距離的未來進行計算審度，這是下判斷時的實踐智能力，也是亞里斯多德所了解的實踐理性。但亞里斯多德終究著眼於對於既有的可能性之間做一選擇（proairésis），而且真正被選擇的是達到目的之不同方法，它們或受制於欲望或受制於理性。與之相對，目的本身是自明的，不必訴諸選擇，這對亞里斯多德而言是幸福。對於手段的選擇既然是重點，故亞里斯多德將行動之以自身為目的視為德行（aretai; virtues）。但鄂蘭強調我們畢竟要在幸福的目的下來做選擇，欲望也在某些條件下對基於實踐理性有輔助的功能。故她進而強調「選擇」一詞轉換成拉丁字 liberum arbitrium（自由決定／仲裁）的能力並非真正的意志，因為它並不創造某種「新的事物」（The new），它並不真正由我們的自主能力（autonomous faculty）所決定。相反的，像康德式的這種完全自主的實踐理性，鄂蘭以為就沒有選擇的餘地，一種應然的絕對命令完全不來自外在，而來自內在心靈。[76]

亞里斯多德所著重的實踐智雖然本身是對於未來新事物做判斷，但其養成過程是從舊的事物而來的。也就是歷經過去的體

75　同前註，pp. 35, 38。

76　同前註，pp. 58-63。

驗，使自己能有先見之明。這似乎亦是將過去的轉嫁到未來，人的心境是以平靜為原則，而非恐懼不安。

惟鄂蘭為何將意志視為如此極端地向未來不確定的新事物去看，且又必須出自那種真正自發的（spontaneous）的自主能力來面對？

2. 保羅開始揭示了意志所需之內心深處的自主能力

使徒保羅是讓鄂蘭思考西方人開始面對那真正不確定性的問題是如何解決的。保羅反省到內心的衝突不可能讓律法來解決，因律法反而挑醒了人們的罪惡意識；內心的衝突需要靠耶穌基督來解脫。[77]

律法在約束表現於外的行為，鄂蘭引多處的聖經經文，顯示表現於外的行為並不是判斷我們為善作惡的依據，從而指出保羅即在同樣的原因下，從行為轉到信仰，從人生活於現象世界的外在轉到人的內心世界；但這個不外顯的內在世界卻是可為同樣不外顯的上帝所觀察到。[78]

鄂蘭再指出，雖然保羅仍用律法的名稱來討論問題，它有精神的律法以及保羅之同類（members; Glieder）的律法之別；前者讓保羅喜樂最內在於自己的上帝律法，後者告知他去做也是最內在自己所痛恨的事。精神的律法既是喜樂於上帝的律法，這即表示精神是願意的，而非被強制的。面對於心靈深處的罪惡，同類或世間的律法雖強制著我們去克服它們，但保羅以為是無效的，因為強制反而讓我們增添了罪惡意識而無法自拔。保羅回到自由

77　同前註，pp. 64-65。
78　同前註，p. 67。

選擇的意願，因為似乎意願可避免罪惡意識的增添；意願實起源於駐於我們內心深處的上帝，祂讓我們的精神隨之起意願，而不停留在律法強制性之內。來自精神深處的意願是鄂蘭所揭發的一種「自由的奇妙之事實」，它開放了西方歷史之前所沒有的意志概念。[79]

　　更具體來說，意志必須受到某東西的阻礙，特別是受到自己的阻礙，才能顯示出意志的存在。面對這種無能為力的具強制性之意志，保羅解釋道：因為人本身處於精神和肉體間的衝突，意志是精神對於肉體的克服，但人做不到這種克服。換言之，一方面意志雖始終必須在被阻礙中才存在，另一方面意志不能達其克服阻礙的目的。因此，保羅求之於神恩，一方面取消了具強制意義的意志概念，另一方面將從神的意願所轉嫁而來的精神意願稱作另一種義涵的意志概念。[80]

　　如果對於鄂蘭而言，意志是以自發與自主的能力來面對不確定的未來，那麼保羅所提供的自主能力是來自駐於我們內心深處的上帝。它是來自真正的人之精神本身嗎？我們以為答案是肯定的。在精神深處的自主力量是從上帝轉嫁到人身上的，但這需要一個媒介，那就是信仰。在信仰之前意志無能為力，此時人常以自己的力量來操作所謂具強制性的意志力，而這對於保羅與鄂蘭皆是無效的。

　　保羅所開啟的人的意志自主能力思想，最終要訴諸駐於內心的上帝意志。若直接強調人的自主能力意志的，就以愛比克泰德（Epictetus）為代表。

79　同前註，pp. 68-69。

80　同前註，pp. 70-71。

3. 愛比克泰德以意志克服對於現實的非意願

　　在歷史上我們知道斯多噶學派對於私欲所做的決斷手段，這具強制性的意志概念被鄂蘭當作通往真正意志哲學家奧古斯丁的過渡。鄂蘭是就愛比克泰德的思想來談論的。

　　基本上對於愛比克泰德而言，人真正的不幸來自內心對於死亡的恐懼，這是恐懼本身，是會死亡這回事（外在的）嵌入到精神（mind; Geist）（內在的）所產生的印象（impression; *phantasiai*）。在精神中的恐懼印象唯有以來自精神之意志來對抗，才能讓心情平靜，這會歸於幸福。[81]

　　鄂蘭指出，卡繆曾說：「真正嚴肅的哲學問題只有一個：自殺。」並認為：當我真正發現生活無法忍受的時候，我能自殺——因為這個「門始終是敞開的」。[82]鄂蘭將愛比克泰德的處理方式和卡繆的做一對照，以凸顯愛比克泰德的意志全能思想。

　　愛比克泰德不對（外在的）事情的發生做改變，從原先存在地活著到非存在地自殺是這種改變；對他而言，「已經發生的要改變成另一種發生方式是不可能的。」（It is impossible that what happens should be other than it is.）他不對於人生存處境進行全面性的背叛（cosmic rebellion）。[83]當發生的事情不如所願時，愛比克泰德選擇以意志去接受事實，這是他說的：「（你必須）讓你的意志使發生的事情應該發生。」（［You must］let your will be that events should happen as they do.）[84]

81　同前註，pp. 74-76。

82　同前註，pp. 80, 82。

83　同前註，p. 82。

84　同前註，p. 81。

　　如果仍依照鄂蘭所在意的，意志是面對不確定的未來以自發的自主能力來面對，那麼愛比克泰德意志論所含的自主能力來自人精神內在，它對於未來的不確定透過意志做全然的接受；未來本具有的偶然性透過意志即轉化成必然的，未來的事彷彿成為過去的翻版。

　　但對於鄂蘭而言，愛比克泰德所提的意志思想似乎太過於激進而窒礙難行。當人們讓原先不願意的成為願意的，這個改變不是像保羅一樣求助於神恩；雖然人在此不願意時常有著悲傷與絕望，但畢竟因信仰而獲得神恩的眷顧。愛比克泰德的意志全能說必須讓意志始終對抗自己。[85]

4. 奧古斯丁將意志轉變成愛

　　鄂蘭視奧古斯丁為最早與真正的意志哲學家，她指出「愛」是奧古斯丁面對不確定的未來所提出的自主能力。奧古斯丁延續著保羅上帝駐於內心的思想，稱我們的精神深處存在著大一（One），這是由聖父、聖子、聖靈三位一體（the Trinity）所形成的。[86]奧古斯丁以聖靈所凸顯的愛，取代了過去保羅超越強制性意志所依據的由信仰所取得的神恩與意願。如果我要去做這或那不直接由上帝的恩寵決定的話，那麼就必須取決於愛。故愛是對於分裂意志或意志衝突的統合。換言之，意志轉變成了愛，愛顯示了人自己的自發與自主性。[87]意志成為愛的過程，鄂蘭是如何分析的呢？

85　同前註，pp. 82-83。

86　同前註，pp. 95, 98-99。

87　同前註，pp. 97, 102。

　　鄂蘭指出奧古斯丁已就三位一體的思想深入與擴大理解意志的意義：聖父、聖子、聖靈固然相應存有（to Be）、認識（to Know）、意志（to Will）三方面，它們雖截然分明，卻不可分割。[88]奧古斯丁進而就精神能力的觀點來看，以為三位一體對應著記憶（Memory）、理智（Intellect）、意志（Will），它們同樣原本只是一個，而非三個分開的精神（能力）；[89]但它們之所以為一體，卻是因為意志之統合作用。意志是將認識所需的視覺，或記憶所需的想像專注固定在外部的實在物體或現象（appearance）上，並將之轉換為在我們內心的圖像（image），故「精神的專注（attention）」是奧古斯丁對於意志概念擴大的理解。[90]對於內心圖像的重視，似乎蘊含著上帝之象反映在人心靈裡。

　　尤其重要的是，奧古斯丁以為意志統合了記憶與理智，從而產生了行動。[91]這是從心靈的圖像中產生的行動力。意志是選擇願意（velle）或不意願（nolle）的意志自由，鄂蘭以為行動化解了這兩者間的衝突，她其實只意味著行動背後的意志自由必定會導致擇一的結果。鄂蘭並以為意志的救贖（redemption）不是精神的（mental），也非神性（divine）的介入，它卻來自行動本身，以至於救贖的代價是自由。這似乎意味著意志固然直接產生行動，但意志自由卻有正面與負面的兩種。它們可能皆讓所認識與所記憶的外在事物轉為心靈的圖像，以致產生行動，但這個圖像

88　這意味著：我是能認識與意願的存有，我知道我的存有與意願，我意願著存有與認識。

89　它同樣意味著：我記得我有記憶、理智與意志，我知道我認識、記憶與意願，我願意我意願、記憶與認識。

90　同前註，pp. 99-101。

91　同前註，p. 101。

也因此有正面與負面的不同。[92]

　　負面意義的自由概念尚是在欲望（*cupiditas*）下對這或對那的選擇，而非奧古斯丁所認為的真正自由，雖然這個自由已顯示了一種來自人內心的自主能力。奧古斯丁更要求一種更深刻之自主能力，它吻合了真正的自由概念，可對於未來不確定的「新事物」形成了一種特定的面對方式，這才是被救贖的意志所顯示的真正價值，並且是奧古斯丁對意志要理解的意義。

　　這是鄂蘭強調的奧古斯丁轉變成愛的意志。在這個轉變以前，前面所說的擴大為專注固定外部物體並轉化為內部圖像之能力的意志，尚不能顯示人真正內心的自主能力。因為意志不能像愛一樣，當達到目的時，不但自己不會消失，並能固定不變地保留精神以享受著目的。換言之，因為意志不能自足，當其決定運用記憶與理智涉及某對象時，又會將它們指涉到其他對象去，而不知停留去享受原先涉及的對象，故意志始終在追求某某，同時過度專注於自己往外去需求的行動而不能維持平靜。[93]

　　據鄂蘭的詮釋，愛不是對於可觸摸事物的愛，而是對於感性事物留在精神內在之腳印（footprints）的愛。腳印是持久的可理解性事物（intelligible thing）之隱喻，代表的是愛本身。的確，就三位一體的信、望、愛而言，愛是最持久的；就記憶、理智、意志三種精神能力的統合而言，當意志轉變成愛時，則愛對於記憶與認識的統合並進一步產生行動的力量最為強大。例如人之所以做不到正義，是因為他只認識（或記憶）正義而已，但不愛正

92　同前註，p. 101。

93　同前註，pp. 102-103。

義，愛正義則產生行動力，可以做到正義。[94]當然這個愛（caritas）已經是超越了一般意義的欲望之愛。

故意志轉變成愛後所關涉的問題是：面對未來新的事物時，人內心的自主能力如何展現為超越一般欲望的行動力量？鄂蘭將這種意志和上帝創造世界的意志關聯在一起談論。

鄂蘭指出就神學的觀點來看，上帝以自己的自由意志創造世界；當祂以自己的形象創造人，人也有自由意志。問題是這兩種自由意志是否一致？對於創造時間，己身處在永恆性的上帝而言，祂的全知與全能使自己充分具備決定者的角色，故祂處在一種決定論的立場。當人們也抱持著決定論的態度時，實是站在模仿上帝處在永恆的立場而做如是的主張，但他忽略了自己實無法脫離時間的範疇，從而在這些主張下常會導致一些矛盾與悖論，如鄂蘭所提出的：處於時間範疇外的觀察者沒有行動能力，他應該關切當處於時間範疇內企圖和上帝的自由意志一致時，所表現為行動的究竟是什麼。[95]

因此，鄂蘭注意到奧古斯丁討論人的時間性和永恆性之間關係，這涉及到《懺悔錄》第十一卷裡面的討論。鄂蘭指出記憶、直觀（intuition; contuitus）與期待的三種精神能力，分別將過去、現在與未來呈現為「過去事物的現在」、「現在事物的現在」與「未來事物的現在」；惟要構成時間，尚需貫穿於這三重現在的流逝：「從未來流經現在再流向過去。」鄂蘭進一步指出人的專注（attention）是促成貫穿這三重現在而構成時間的根本條件，「專注是現在，透過它未來的事物被轉移而可成為過去。」她提醒

94　同前註，pp. 103-104。

95　同前註，pp. 104-105。

著專注曾被視為意志的主要功能之一，它以「精神的延伸力（distention）」將各個時態統合於精神的現在裡。[96]

鄂蘭沒有進一步強調的是，在《懺悔錄》精神的延伸力一方面構成時間而呈現時間的流動性，另一方面延伸力所具的統合作用達於極限值時，各個時態即成為同時性，那麼專注就使人超越時間而邁向永恆性的領域；這是奧古斯丁所說：「時間為全部立即地（all at once）是現在」[97]的意義。故專注成了精神從現在往過去或未來去延伸的條件，專注更讓人彷彿像上帝一樣，能將過往的時間流整個統合於現在。[98]

其實奧古斯丁討論時間的問題，旨在讓自己能超越處於時間流逝中的不安定，從而在專注所導致的永恆性中安祥地與上帝對話，以恪守上帝的律法。[99]這種從此岸通往彼岸的基督教教義並不為鄂蘭所遵行，她的「隱性的神學」（covert theology）思維[100]充

---

96 同前註，p. 107。

97 奧古斯丁，周士良譯，《懺悔錄》，台北：臺灣商務印書館，2005，頁252。

98 Vaught, Carl G.（*Access to God in Augustine's Confessions, Books X-XIII*, Albany: State University of New York Press, 2005, p. 138-139）也持同樣的看法，以為奧古斯丁的將時間與精神的延伸等同起來，蘊含著時間流全部立即地存在於上帝中的意義。他並詮釋：1）因為我們依照上帝的形象被創造，故能夠在現在的環節中統合記憶、領攝（apprehension）與期望，如同上帝在永恆的脈絡中統合時間一樣；2）記憶、直觀與期望突然存在於現在，因為它們是經由現在已過去的、正經過的，與將經過的痕跡。若我們將這三維度一起來考慮，那麼精神之永恆的、心理學的，與時間的三維度就全部立即存在於現在。

99 同前註，p. 126。

100 Bernauer, James W. "The Faith of Hannah Arendt: *Amor Mundi* and its Critique—Assimilation of Religious Experience"（in: James W. Bernauer, S.J. [editor]: *Amor Mundi: Explorations in the Faith and Thought of Hannah Arendt*, Boston/Dordrecht/Lancaster: Martinus Nijhoff Publishers, 1987, pp. 1-28), p. 17.

分展現在對於行動的重視，故她不強調專注讓人提升到上帝永恆性的課題。

另外，鄂蘭強調人被上帝在時間中創造出來，也參照奧古斯丁的另本著作《上帝之城》指出人和一般被造物有所不同。人之被創造開始了一個起始點，這個起始點（*initium*）和其他萬物被創造而有個起始點（*pricipium*）的意義不同；人被個別地（in the singular），而非成量地（in numbers）創造出來，人的繁衍也如此。奧古斯丁在《上帝之城》對於亞當的個別被創造而有的 *initium* 被鄂蘭引申到世上每個人的出生都有自己的 *initium*，是通往最後死亡的 *initium*，故每個人的出生皆承受了上帝以自己的形象創造人的意義，而被賦予了自由意志。從而每個人皆具有個別性，個別性顯示於每個人的自由意志。在這個意義下，鄂蘭說：「每個新生兒一次又一次地來到時間上先於他們的世界。」[101]

根本上，每個人從出生後即學習如何能和上帝的自由意志一致，這是前述上帝之象反映在人心靈裡的意義，人的內心圖像因此也可更深刻來理解。上面所強調的愛背後先有基督的愛，它反映在上帝之象與事物在人內心之圖像的連結，人也才能從對於欲望的愛轉為真正的愛。但愛畢竟從人的內在出發，而顯示了自發與主動的意志。但對這個神學的背景鄂蘭避而不談，她重視的是每個人出生後所具意志自由的能力，其落實和上帝的自由意志一致則要依賴群體的意志自由。故鄂蘭從奧古斯丁處所強調的「新生的哲學」（philosophy of natality），[102] 就不只針對個別的人，而

---

101 Arendt, Hannah. *The Life of the Mind.* Two/Willing, pp. 108-110；聖奧斯定，吳宗文譯，《天主之城》，上冊，台北：臺灣商務印書館，1971 年 11 月初版，第十二卷第十四章（頁 424）、第二十章（頁 434）。

102 同前註，p. 11。

更延伸到群體的政治領域去。

若鄂蘭以為人面對不確定的未來時，真正的內在自主能力是從這種脈絡裡來了解的意志。奧古斯丁最後將意志轉為愛以強化行動的力量。但我們在後面會更仔細討論，鄂蘭繼承奧古斯丁的其實並不是愛，她將人在時間中的意志如何和上帝在非時間中的意志一致的問題，轉化為個人的意志自由如何往群體的意志自由去擴展，也就是社群的政治自由如何建立的問題。這也顯示在鄂蘭雖將與群體時間性相關的寬恕與承諾連接到愛，但愛，也就是基督宗教的愛，並不是寬恕與承諾的前提，[103] 當然也不是以承諾與寬恕來解脫公共性行動含有不可逆與不可預期的困境的充分與必要條件。我們在後面鄂蘭的宗教思維部分會繼續討論此問題。

5. 鄂蘭從哲學的自由轉到政治的自由

因此，鄂蘭在《精神生活》最後一章「自由的深淵和時代的新秩序」裡，就將之前僅就個人自由意志的討論，轉到其所最終關心的群體政治自由議題。它的最後解決留於《精神生活》的第三部分：「判斷」來處理。可惜的是，鄂蘭僅留下幾篇有關的文章，而未能實際完成此部分。

鄂蘭強調：「政治自由不同於哲學自由，它具有『我能』（I can），而不是『我願意』（I will）的性質。」「我能」考慮了我在未來中的有限性，「我願意」則面對的似乎仍是個可為所欲為的未來。政治自由以「我們」為主體，而「我們」是注意到個別差異性的複數體，不是一種單純性之我的延伸而已。若是後者，我們的自由只是我的自由之延伸，我們的意願也只不過是我的意願

---

103 Arendt, Hannah. *The Human Condition*, pp. 236-247.

的擴大，但這是哲學自由的談論。如果政治不是集權政治，不是統治者以自己的自由意志支配所有人的生活，那麼團體中每個人都必須遵行在多元差異性中所達成的一致性，也就是說沒有一個人能夠單獨地以我要、我願意（I will）來從事政治的行動。[104]

在顧及具個別差異性的複數體，以及關聯到對於未來充滿不確定的情況下，政治領域裡的意志計畫固然呈現著以沒有保證的「我能」為前提。[105]然而，在《人的境況》所強調的「對於未來不能預期去承諾」已將「在非強權統治之處境下所賦予的自由」（freedom which was given under the condition of non-sovereignty）視為先決條件。「承諾」是政治自由賦予行動的出發點，行動卻能化解意志面對未來的不確定性，故鄂蘭說：「意志的焦慮不安只通過『我能和我做』（I-can-and-I-do）來解除。」[106]

鄂蘭舉出在歷史上發生的幾個欲脫離舊秩序，建立新秩序的國家的故事，也指出脫離過去並不能有效建立一新的自由，因而在舊的往新的社群國家過渡時常有的「革命」之舉，往往面臨了難解之自由的深淵（the abyss of freedom）問題。新時代的開端究竟如何建立，實為一個棘手的問題。[107]

這當然不是上帝從無中生有創世的開端，因為國家的建立者不是上帝，而是像上帝一樣的人，他們致力於制定法律。[108]的確當一些行動者準備建立一個國家的開端時，他們不求助於《聖經》，而去搜尋諸如古羅馬關於「古代的明智見解」（ancient

104 Arendt, Hannah. *The Life of the Mind. Two/Willing*, pp. 200-201.

105 同前註，p. 37。

106 同前註，p. 37。

107 同前註，pp. 206-207。

108 同前註，pp. 208-209。

prudence）的記載。[109]這個開端實際上為他們重新發掘古代可學習的東西所引導，故鄂蘭說：「西方歷史的這個開端已經是一種復興。」[110]因而這樣一種開端仍受到過去的影響，故它似乎違背了自由與新生的經驗意義。[111]

鄂蘭在《精神生活》最後一章終結處再度提到奧古斯丁的新生哲學：「新的被創造物（案：指的是新出生的人）作為某種全新的東西出現在世界的時間連續體當中。」她再度強調：人之被創造的起始點是 *initium*，「在他之前沒有人存在」；被引申到全體的人類時，「這 *initium* 的能力根植於新生性，不是在創造性，也不是在天賦（gift），卻是在這個人類之為新人，一次又一次地藉著出生顯現在世界裡的這個事實。」[112]

鄂蘭將 *initium* 引申至每個人而後說：「奧古斯丁告訴我們的不過是我們因出生而注定是自由的。」[113]她固已指出，人的個別性顯示在人的意志，但未明顯地說出：由於每個人的出生是像上帝以自己的形象創造人一樣，故被賦予了自由意志；也未明顯的說出，每個人從出生後即應學習如何能和上帝的自由意志一致。但是當鄂蘭指出，國家的建立者不是上帝，而是像上帝一樣的人時，她實表示，人具有類似上帝的意志自由，但尚未與上帝的意志自由一致。取得這種一致性固然是鄂蘭邁向的目標，但她不從神學的立場著眼，卻將之轉化為人如何在政治的自由落實中，讓由「我們」所形成的社群國家能長治久安，宛如為上帝的自由意

---

109 同前註，p. 210。

110 同前註，p. 214。

111 同前註，p. 210。

112 同前註，pp. 216-217。

113 同前註，p. 217。

志所治理一樣。如此，賦諸於行動的政治自由可解除意志對未來的焦慮不安，這也應是鄂蘭的宗旨。

　　故鄂蘭所強調的「新生」，意味著人不只是因出生而注定自由，更是人要取得和上帝的意志自由一致，但從政治的自由著手。因而每個人因社群之故而致個別的意願有所限定，建立國家的開端也必須受限於過去；惟這些並不違背從建立長治久安之社群國家的觀點來看的自由與新生的意義。從過去的經驗建立出如何從面對未來新事物的能力，其實這裡面顯示了「明智見解」的重要，這也將訴諸於鄂蘭在末尾處導向的另一種精神能力——判斷力——來處理。[114]

6. 鄂蘭論海德格理解意志為「無意願的意願」的背景與概要

　　前面我們藉著柏拉圖《泰阿泰德》對話錄中泰利斯與侍女的故事，導出鄂蘭強調哲學家對於世界漠視疏離的危險。哲學家長期以來關注於和自己，至多和所對談的第二者間的思維與生活之間不構成矛盾，他常忽略了旁觀的第三者，這是屬於大多數人的部分；如何能成就一套顧及群眾的思維，是鄂蘭所致力開展出的。這裡就顯示了鄂蘭和海德格繼續發展出關於政治的不同立場。

---

114 同前註，p. 217；在《精神生活》後有摘錄鄂蘭〈康德的政治哲學演講〉（Lectures on Kant's Political Philosophy）作為判斷（Judging）的文本；對於鄂蘭所繼續開展的政治哲學，德國現象學家黑爾德不遺餘力做探討，可參考本人在〈重新反省民主與倫理間的關係——從新儒家到現象學觀點的轉化〉（收錄於《中國文化與世界》，國立中央大學文學院儒學研究中心出版，2009年9月，頁397-418）討論黑爾德闡發鄂蘭如何從康德汲取其判斷力的思想，以建立我們面對未來新事物的處理問題。

意志概念問題所造成海德格的特殊政治理念，哈伯瑪斯、鄂蘭學者如理察・伯恩斯廷（Richard Berstein）、理察・渥林（Richard Wolin）、戴娜・維拉（Dana R. Villa），以及鄂蘭本人對之皆有評論。

首先是對於海德格後來進入「無意願的意願」思想，無法負擔行動責任的批評：哈伯瑪斯批評海德格在「轉向」（Kehre; turning）後對溝通行動的貶抑達到高峰，因為海德格在早期尚保留著政治的空間，在晚期則任它消失得無影無蹤，此在於海德格強調的「存有歷史」的觀點剝奪了人類所感興趣的公共事務領域；「存有歷史」與「存有命運」的觀點更如同否定了行動的責任。伯恩斯廷批評海德格鑑於「柏拉圖與亞里斯多德以來思維被視為 *téchne*，即為行為和製作服務（……），故思考本身已非『實踐的』（……）」，不重新思考 *praxis* 的意義，而在追問一更原初之對本真思維的經驗，以致讓思維與真正的行動無法區別；又海德格在強調 *theoria* 與 *praxis* 的共屬之下，也讓 *praxis* 與 *poíesis, téchne* 與 *phronēsis* 的區別成為多餘的；這個批評也是針對海德格以「存有的思維」（thought of Being）將思維視為唯一的行為，且「存有歷史」動搖了建立西方政治範疇的基礎：人之理性、意志與自由的能力。渥林更批評海德格晚期提供了一個「他律的哲學」，在他歌頌神祕與命定的力量之餘，卻摧毀了人類的行動能力。[115]

其次是維拉一方面了解海德格「無意願的意願」思想的深意，另一方面指出鄂蘭對其不能處理公共事務的批評：維拉以為海德格追問的是 *praxis* 與 *poiésis, téchne* 與 *phronēsis* 的根本源頭，

---

115 Villa, Dana R. *Arendt and Heidegger: The Fate of the Political*, New Jersey: Princeton University Press, 1996, pp. 224-230.

這才能真正解決 *praxis* 被遺忘的問題；「海德格對於行動被技術化理解的歷史描述，可顯示 *praxis* 的遺忘卻已銘刻在（……）批判理論所視為表面價值的那些區分上。」[116]

　　維拉認為鄂蘭基本上也循著海德格路線，追問實踐哲學的本源，「去鑽透行動的原始的哲學概念之外殼，如果現象本身（像對存有意義開展一樣）要被揭示的話。」[117]但指出鄂蘭對於海德格的批評不在於海德格是**反**政治的（*anti*political），而在於他是**非**政治的（*un*political），這是海德格的非世界性（unworldly）的思想特色所造成的結果。故「當海德格短暫但聲名狼藉地踏入公共事務領域，這場悲劇式的經歷即導因於他放棄了對他是本真的（非世界性的）住所」，「離開了『安靜之地』，海德格跳入世界，成了伴隨著這哲學家返回洞穴之盲目與迷失的犧牲品。」[118]

　　維拉繼續指出，鄂蘭同情地理解海德格反省到過去參與公共事務是意志的一種表現，故他從此絕離了意志與公共事務領域，而對於之前仍有的「意願的意願」（will to will）所表示的意志概念解讀為存有的自我退隱（self-withdrawal）與自我遮蔽（self-concealment）所致，進而導致在轉向（reversal）或甚至後轉向（post-Kehre）時期泰然任之的態度。這是鄂蘭所稱海德格以「無意願的意願」（Will-not-to-will）來理解的意志概念背景。[119]

　　鄂蘭本人對於海德格「無意願的意願」的思想的討論出現在《精神生活》裡，她指出海德格在轉向時期之後，改變了對於西

116　同前註，p. 245。

117　同前註，p. 245。

118　同前註，pp. 230-231。

119　同前註，p. 231。

方從古希臘到當代歷史的看法，也就是說不再著眼於意志，而著眼於存有與人的關係上；這也可從海德格從「存有是什麼？」（What is Being?）轉為「人是誰？」（Who is Man?）的提問來看，因為前面的問題必須以人的主體為出發點去回答存有是什麼，後面的問題則使存有成為回答人是誰的根據。[120]

　　鄂蘭說，當人的思維由存有所要求，屬於存有，以至於人需傾聽存有時，並說出存有未說之語言時，這才是本真的行動（doing; Tun），且它實是「存有歷史」的體現。[121]鄂蘭是站在之前提過的觀點：思維是一種回憶，思維的對象是已經過去的事物，所以思維的心情是安定的；反之，意志是面對未來不確定的事物，故它常是焦慮不安的。今若思維屬於存有，那麼因未來也屬於存有歷史，故思維的行動已包含了意志的作為，以未來的事物為對象，但原先意志的焦慮不安反而消失了。

　　我們知道，海德格在〈對科技追問〉裡將近代科技的根源訴諸於人對自然的過度揭蔽與強求。鄂蘭強調科技的本質在於人將世界受制於意志的支配與統治。[122]這未嘗不是人對於未來事物焦慮不安所導致的反動結果。這是保羅或奧古斯丁在基督教傳統下所揭示之人的意志自由，但尚未致力於與上帝的意志自由一致的階段；以愛比克泰德的思想來看，科技時代的意志不讓人接受未來不確定的事實，而試著去強力駕御它們。故海德格選擇了讓思維聽命於存有的「泰然任之」的精神態度；它是超越人之自由意志範圍的思維。[123]

---

120 Arendt, Hannah. *The Life of the Mind. Two/Willing*, pp. 173-174.

121 同前註，p. 175。

122 同前註，p. 178。

123 同前註，pp. 178-179。

　　我們注意鄂蘭數次強調思維在海德格是和行動一致的，而從人來看行動背後的主使者是背後的存有歷史。另一方面，人受到存有的要求將存有的真理轉換成語言，讓人的行動更有效力與更有方向；同時語言是人對於存有要求的回應，人似乎告訴存有「我在這裡」，以便能看護存有，從而語言也成為存有的棲所。[124]

　　鄂蘭最後強調海德格晚期的存有歷史義涵，並以為這和他之前思想的差別並未明顯地為一般人所注意。歷史是存有者顯露而發生的，當海德格在晚期書寫關於阿那克西曼德的論文，而背後受到赫拉克利特的影響，其主要在表示存有的自我退隱，所謂「自然（*physis*）喜歡自己隱藏起來」的思想。故「存有遺忘」已建立在存有本身退隱的前提上，它不再表示人非本真的存在性；存有遺忘反而意味存有退隱到其庇護所。在萬物的生成與消亡的歷程中，「存有者的無蔽性，也就是〔被存有〕所授予的明亮，同時也隱晦了存有的光度」；這也表示「存有退隱了自身，以它躲藏在存有者內的方式」。[125]惟從存有者的角度來看，因為存有的退出，「存有者『進入迷惘狀態（errancy; irre）』，迷惘構成『失誤（error; irrtum）的領域……成為歷史開展的空間……**沒有這些迷惘，就沒有從命運到命運之間的聯繫，也就沒有歷史。』**」[126]

　　故存有的歷史並不是退隱於存有者後面的存有本身的歷史，而是存有者因存有的退隱形成迷惘導致了命運，而命運間透過一種融貫的（coherent）方式被連接起來所造成的。歷史的時間連續體斷裂在不同的時代，此表示迷惘的存有者發生在不同的時

---

124 同前註，pp. 179-182。

125 同前註，pp. 188-190。

126 同前註，p. 191。（粗黑為鄂蘭所表示）

代，這也表示作為真理的存有分裂為失誤的連續體。但「時代的
存有本質向此在（Dasein）的綻出性提出了要求」，要求「此在」
能超越自身去揭露存有之謎。這一方面導致存有真理所呈現出的
時代精神注意著命定的東西，而不迷失在人的日常生活事務裡；
另一方面發展出「此在」在借詩的表達來面對存有之謎的進
路。[127]

7. 愛與政治、道德判斷與歷史判斷間的問題

我們從前面的討論，在這裡要將兩個問題性提出來，而在後
面相關的章節再做討論：

首先，對於鄂蘭而言，奧古斯丁探討的意志問題可開出社群
的意志自由——也就是政治自由的課題。奧古斯丁將意志轉化為
愛，前面也提示了對於鄂蘭而言，愛並不能真正促進政治的自
由。在《人的境況》裡談到的對過去已成事實的寬恕其實並不基
於愛，而是基於尊重。鄂蘭既然在《精神生活》的「意志」部分
裡強調了「新生」的義涵，而背後似乎隱藏了每個人的誕生是源
於愛的義涵。與之相呼應，在《人的境況》裡，鄂蘭已指出基督
教的愛使相愛的人沒有距離，但所誕生的孩子又讓他們產生距
離，從而開放了兩個私有者間共同的東西，讓世界性得以生成，
但原先私有的愛似乎即告結束。[128]這意味公共領域的形成源於新
生，更可淵源於愛，但當涉及群體的公共領域浮現時，愛的角色
即已不再。鄂蘭從奧古斯丁的《上帝之城》得到了啟示，將其中
呈現的新生哲學深化到能開展保持不朽的人世間之城，而不再以

---

127 同前註，p. 192。

128 Arendt, Hannah. *The Human Condition*, p. 242.

永恆的上帝之城為目的。鄂蘭早先的博士論文似乎對於奧古斯丁的愛之概念作為建立公共領域的基礎還持肯定，但後來就有了轉變，這涉及鄂蘭的宗教立場與思維，將是下一節要討論的主題。

其次，我們將鄂蘭論海德格的意志概念做些陳述討論，固然可再凸顯出鄂蘭的意志與政治自由的思想，惟海德格之重視存有歷史實另有深意，這關乎對於政治事件究竟以道德判斷或歷史判斷來評價其是非的問題，[129] 而鑑於此，似乎對海德格有所微辭的批判理論與鄂蘭傾向於道德判斷，海德格則給予歷史判斷一個強有力的理論根據。這個問題則將在第六章比較現象學與儒家之實踐哲學時再做討論。

（三）公共空間的開放作為政治的自由

政治自由的意義到底是什麼？如何可促成？前面已述及最後要訴諸於判斷。在這裡我們要從作為政治活動之公共空間的開放來談政治自由，而讓此開放的因素是促成政治自由的條件，該因素即要從意志過渡到判斷去尋找。

鄂蘭的政治思維根本上要從 *pólis* 的公共領域（public realm）談起，*pólis* 對鄂蘭而言是希臘城邦（city state）的意思。城邦的公共領域卻有兩重意義，一是無形的（intangible），一是有形的（tangible），前者是後者的基礎。對於此，鄂蘭在《人的境況》裡稱為人們顯現的空間（space of appearance），因這是指每個人生活在複多的事物中，在公共的舞台顯現給眾人的可能性。我們就先來解釋這種空間的兩重意義。基本上這指的是，從作為社群公

---

129 如牟宗三在《政道與治道》（台北：廣文書局，1974年7月修訂初版）在第十章「道德判斷與歷史判斷」（頁221-269）即討論了這個問題。

民基本條件的言說與行動所締造的無形的公共空間，轉為由立法所塑造的有形的公共空間。我們先來看公共性的意義。

在《人的境況》曾指出「公共的」（public）這一詞標示著兩個密切相關但並不等同的現象。第一，公共顯現的每個事物可被看到與聽到，這是具備最廣義的公開性的；承續前面強調過的鄂蘭重視現象更勝於本質的觀點，因而事物的現象而非本質構成了它們的實在性。[130] 第二，「公共的」指的是世界本身，表示的是我們共有的部分，而非在世界裡屬於私人所占的一個位置。共有的意義是共享但仍讓我們分開，就像我們坐在桌子周圍；世界猶如這個桌子，讓我們在一起，又讓我們分開；世界因此具著「中介」（in-between）的角色。[131] 鑑於公共性既讓我們具共同性，又讓我們保持差異性，那麼不符合其一的就不具有真正公共性的意義。例如隱藏在個人內心的感覺或感情沒有共同性，科技時代常用一個標準適用到不同人身上而忽視了差異，這兩種情形皆不是公共的。

空間是就顯現的空間來談的，它直接可由 *pólis* 來表示，但意味著領域也好、城邦也罷，如前所述，作為最根本義涵的 *pólis* 是無形的，它是「從（人們）一起行動與言說產生出來的人們的組織」。故這種空間是「像他人顯現給我一樣而我也顯現給他人的地方」，或是「讓人們不單單像其他有生命或無生命東西一樣地存在，而是更讓他們清晰地顯現出來的地方」。[132]

但這個根本的、無形的公共空間是脆弱的，它需要有形的空

130 Arendt, Hannah. *The Human Condition*, p. 50.
131 同前註，pp. 52-53。
132 同前註，pp. 198-199。

間賦予穩定與持續，基本上是藉著硬體上對城市做確保的城牆，以及軟體上對市民生活做保障的法律。惟比之於言說與行動之屬行動的層次，城牆與法律卻為製作的產品，屬於工作的層次。後者雖要從前者獲得意義的來源，前者卻要藉後者成為經過組織化的記憶（organized remembrance），以能被後代識別出來。[133] 進言之，在公共領域中常談論的權力旨在保存公共領域，形成適合言行的場所之世界，正足以讓無形的公共空間以有形的公共空間來保障。[134]

有形的公共空間更表現在詩人或歷史學家對於言說與行動的記敘。當城牆與法律讓生活其中的市民，在歷經世代之下皆能履行其政治活動，具體地將無形的公共空間所賦予的意義落實，那麼故事將超越圍牆與法律的局限，且能將某個行動的主角所開闢的公共空間與其意義廣被於該城市外的他處以及後世。[135]

政治自由建立在公共空間開放所賦予的意義上，這個意義關聯到本書的基源問題，故對鄂蘭而言，意志是我們作為人如何對於不確定的未來做反應，而未來根本上是被機運所掌握的，今作為一種政治判斷的技藝如何來面對它呢？

我們從鄂蘭評論亞里斯多德未開展出意志的觀點出發，這在之前已討論過，這裡要補充的是，鑑於亞里斯多德之目的論理念延伸到對未來的計畫，本為不確定的未來就被否定，鄂蘭歸之於亞里斯多德的循環與永恆的時間概念，如他將時間等同於天體的循環運動以及地球上生命的循環本性，從而人間事務也處於循環

---

133 同前註，pp. 194, 198。

134 同前註，p. 204。

135 同前註，p. 198。

運動之中。但在偶然事件周而復始的循環發生之外，幸福
（*eudaimonia*）作為人生目的的理念卻被亞里斯多德以及更早的希
臘人視為永恆不變的。[136]幸福的極致在亞里斯多德是在理論層次
自我沉思的神，在人的實踐層次雖免不了事務的循環，但幸福仍
不是靠循環的幸運，因為「機運之輪子經常對同樣的人造成顛
倒」，而是靠德行的實現，並因這種德行活動是值得被記憶的，
以至於幸福是持久的。[137]

　　記憶保存一樁歷史事件，特別是因為它是一件豐功偉績，或
是一樁卓越德行，以至於讓它能保持長久，這種要求已不是循環
的時間觀可以滿足。故不只是在循環時間觀的古希臘，或是基督
教開啟了線性的時間觀以後，鄂蘭所強調的是，某人行動的實現
已證明其為幸福的，因而成為一件值得被記憶的事蹟；它又果真
能被記憶下來，那麼這件幸福的事以及人就成為不朽的，即使不
是永恆的。

　　已被證明為幸福的行動本身的實現，是讓上述無形的公共空
間打開的因素，行動藉著有形的公共空間讓其開放性具體而能持
久。除了城牆與法律外，更將之做實質的記憶而成為故事，則是
由敘事活動所塑造的另一種有形的公共空間。

　　鄂蘭在《人的境況》將幸福（*eudaimonia*）的概念回到其字
面的意義：為神靈（*daimon*）所陪伴、所賜福。而根本上是指這
種人有其獨特的身分，他是持續的，不會隨著人生的不同時期而
改變，因為這種人的言語與行動始終在表現（perform）或實現
（actualize）「他是誰」，是作為卓越的獨特身分。鄂蘭以為在其生

---

136 Arendt, Hannah. *The Life of the Mind. Two/Willing*, pp. 16-17.

137 同前註，p. 17；Aristotle. *The Nicomachean Ethics*, p. 23（1100b 2-20）.

命中的作為誰，唯等到其生命結束後為故事所記載，才可具體地彰顯出來。因而她歌頌著阿基理斯雖選擇速死而致短命，但唯有以死的代價才可換取其卓越人格的彰顯。[138]這表示已證明為幸福的阿基理斯，再經過記憶，其幸福就足以保持長久。

　　鄂蘭在這裡似乎特別強調行動層次的「不自由毋寧死」，以對照在勞動層次的「為了生命寧願不自由」的選擇，而凸顯死亡作為幸福的代價。鄂蘭又特別強調人格本身一成不變的卓越是值得記憶的條件，歷史事件保留的記憶除了成為文字敘事外，更在個人方面因實踐智的培養成為好的習慣，以及在群體方面的蔚為善良風俗。但她並沒有進一步詮釋德行對於自己之不被遺忘，是因為如亞里斯多德所示的實踐智之獲得是透過持續的操練，[139]致使德行成為第二自然，以及他所說的基本上就獲得幸福而言，「自然生成的結果當然是最好的可能性」。[140]故對於鄂蘭，實踐智也扮演著前面多次強調的技藝去回應機運，讓本為不可知的命運轉為我們往未來開拓的時機之重要角色。當然我們要注意，如果實踐智於亞里斯多德仍處於一種循環的時間關問題脈絡的話，那麼鄂蘭所發展的實踐智是處於線性時間觀的問題脈絡。

　　不可預期的未來是人以技藝所面對的機運之總稱。以行動生活為旨的技藝本身在面對具個別差異的新生兒一次一次地來到世界，其亦施展出無可限制的創造性，這為我們視為無形的公共空間，就無法為有形的公共空間所限定。具無限創造性的行動一方

138　Arendt, Hannah. *The Human Condition*, pp. 193-194.

139　Aristotle. *The Nicomachean Ethics,* p. 151（1140b 20-30），並見該頁譯者
　　Tredennick的註腳4。

140　Aristotle. *The Nicomachean Ethics,* p. 20（1099b 20-24）。

面顯示其積極意義，另一方面卻反映它必須時時向未來不確定之機運挑戰。亞里斯多德提出政治上的中庸或節制的德性，即在設法去減緩這不確定性。[141]中庸之德屬於實踐智的原則，此原則即在賦予我們能將不可知的命運轉為往未來開拓的時機。鄂蘭如何在同樣的問題下發展實踐智的意義？而這是否即是她從意志概念往判斷概念過渡的關鍵所在呢？

基於對於公共領域的關心，鄂蘭既以新生性與複多性為構成公共領域的兩個要素，她和哲學家持著不同的方式面對不確定的未來。前面說過，哲學家只關心「我要」（I will），她則關心「我要」（I will）與「我能」（I can）兩者，且最後關心「我做」（I do）與「我們做」（we do），以克服在世界中作為機運的未來不確定性，而如何適當地去做，就在於以實踐智去掌握時機。

哲學家不關心「我能」，因為哲學思考忽視以人的複多性來表示的他者與我的不同。只是片面的關心「我要」基本上有兩個原因。第一、哲學家，像是蘇格拉底，能夠獨自愛智慧與愛哲學活動，故只要求與達到自己的「二合一」；因此，「我要」能夠被自己執行。第二、哲學家，像亞里斯多德、雅斯培與布伯（Martin Buber），只將我與自己的哲學對話延伸到一個「複多數的我們」（plural We），而這尚非「行動的真正複多數」（the true plural of action）。[142]「我要」不能直接擴展為「我們要」，「我要」必須首先將「我能」列入考慮。[143]因為相對於哲學家只以「我要」而呈現

141 Arendt, Hannah. *The Human Condition*, p. 191；但這裡鄂蘭未指出中庸之德本具的實踐智意義。

142 Arendt, Hannah. *The Life of the Mind. Two/Willing*, p. 200.

143 這就是前說從思想家主觀立場去擴及時，有造成意識形態駕御的危險。

出對未來決定的專斷，「我能」則顯示出有限的我，其了解到面對的是不確定的未來。

人之複多性是不確定未來的原因之一，因而我會認真地關心「複數的我們」。我個人的行動決定就要去考慮如何適應在我們整個生活的脈絡中，這就是前面提及從個人意志發展到對於群體生活做仲裁、下判斷的義涵。相對於哲學家以其思考決定其意志，鄂蘭鑑於其不能真正安定涉及到我們的不確定未來，而提出對於「我能」的考慮，從而以判斷能力來領導「我做」。從「我思」（I-think）、「我要」、「我能」到「我做」，更進一步達到「我們做」，企圖去安定本具不寧靜的意志。[144]實踐智作為原則的判斷在其中扮演了重要的角色。

我們從鄂蘭對亞里斯多德的討論得知，一方面她不同於亞里斯多德之不以意志過渡到行動，另一方面，她像亞里斯多德一樣稱許德行，讓人類的幸福得以可能，這包括不只是倫理的德行，也包括智慧的德行，也就是實踐智。政治自由也被德行，特別是實踐智來實現，「行動」與「我做」就建立在實踐智之上。

政治自由的實現必須仰賴判斷的能力，這個討論在鄂蘭的《精神生活》第三部分並未完成。在〈康德政治哲學演講錄〉，我們知道鄂蘭繼承康德的「鑑賞判斷」，並延伸到「政治判斷」的領域。在這兩個判斷形式，我們始於在我們各自立場下的生活經驗，然後經由「擴大性的思維方式」過渡到他者的立場，以便獲得更寬廣的視野。[145]換言之，我們始於自己的習性（*éthos*），建立

---

144 同前註，p. 37。

145 Arendt, Hannah. "Appendix/Judging: Excerpts from Lectures on Kant's Political Philosophy"（In *The Life of the Mind. Two/Willing.* 同前註，pp. 255-272），p. 257.

出倫理的習俗（êthos）。在此時刻，我們學習如何面對不可預期的未來，而在適當的時機（kairós）做出適當的判斷。在這「擴大性的思維方式」過程中，「共通性」也被發展起來，實踐智則在操練中被建立起來。[146] 在這個意義下，不確定的未來能夠被行動或「我做」所安定，政治自由即可被實現。

鄂蘭認為人不應該離開世界：既不應該獨自在形上學的與沉思的世界存有，也不應該忽視不停的以複多性與新生性出現於世的無限他者。因為我們的沉思活動根本上關係到過去的時間，所以反過來面對不確定未來的意志活動，成為我們在世存有的真正方式。在這個意義下，事實上鄂蘭頗為意識到機運的概念；這也顯示她對於人有限的自覺。然而，她在另一方面對於技藝的力量頗具信心。技藝以行動、做，或實踐智的形式表現出來，而能夠實現她的政治自由理念。

（四）小結

傳統以來政治與哲學之間的緊張關係問題，開啟了鄂蘭對於探討意志自由的歷史回顧，以凸顯自己更注重政治的自由。相對

---

146 鄂蘭在 "The Crisis in Culture: Its Social and Its Political Significance"（in: Arendt, Hannah. *Between Past and Future*, with an Introduction by Jerome Kohn, New York: Penguin, 2006, pp. 194-222），p. 218; "Truth and Politics"（in: *ibid.*, pp. 223-259），p. 237. 將以自己置於他人立場的仲裁關聯到康德的「擴大性的思維方式」（enlarged mentality）。惟在德文版（"Wahrheit und Politik"［in: *Zwischen Vergangenheit und Zukunft*, herausgegeben von Ursula Ludz, München: Piper, 2000, S. 327-370］, S. 342.）則將之更關聯到實踐智，指的是希臘字 phronesis、拉丁字 prudentia，而 18 世紀的德文以 Gemeinsinn 來表示，另參考 Held, Klaus. "Phenomenology of the Political World," National Chengchi University, 2004.

於哲學家的個人自由易知易行，複多性人們組成社群的政治自由較為難行，因它面對著始終有新生命降臨於世，也創造於世的不確定未來而力求安定。政治自由要在公共空間的開放中落實，公共性既讓我們具共同性，又讓我們保持差異性，它分為無形的與有形的公共空間。後者要從前者獲得意義的來源，前者要藉後者能被後代識別。意義的建立表示我們據之以德並實現豐功偉業的言行已證明其為幸福的，因而成為一件值得被記憶的事蹟。被後人識別則借用城牆、法律以及敘事。要兼顧德行與功業、無形與有形的公共空間，實踐智則扮演重要的角色，但實踐者的出發點是從「我」到「我們」的知與行動。

四、鄂蘭的宗教哲學

　　鄂蘭的宗教思維與她所關注的公共領域始終連結在一起，她早期的博士論文處理奧古斯丁愛的概念，其旨就在連接鄰人之愛與公共性的問題。在《人的境況》裡，鄂蘭很顯然地將基督宗教對於愛與善的主張置於公共性領域之外，並且不將愛視為公共領域行動生活要素之寬恕與承諾的前提。在《精神生活》裡，鄂蘭將精神能力所發展出，而作為人參與公共領域的言說賦予隱喻式的，而非圖像式的闡釋，這讓我們可由之去窺見鄂蘭的宗教思維是哲學式的，或更仔細言是入世的、隱性神學的。以下要分別對這三個連接到其宗教哲學的問題做開展：

（一）鄂蘭早期論鄰人之愛作為公共性基礎的問題

　　在早期的博士論文中，鄂蘭主要探討奧古斯丁的愛之概念以及所發展出的鄰人之愛義涵。從鄂蘭重視政治思想與公共領域的

立場來看，早期對愛的討論究竟是她後來的公共領域論述的基礎還是彼此不相容？或在哪一種意義下愛與鄰人之愛的概念可轉化成維繫公共領域人際關係的要素？這是這裡要探討的問題。

　　鄂蘭先統稱愛是一種欲望（*appetitus*; craving），[147]再區分為正確的與錯誤的兩種愛：*caritas* 與 *cupiditas*，前者是對於上帝的愛，後者是僅對於世界而忘掉對上帝的愛。另一方面，鄂蘭也指出前者是因返回自己、找到自己而可自足，後者卻因往外追逐、逃離自己，而無法自足。[148]因此，找尋自己和尋找上帝是一致的，愛上帝似乎也是真正的愛自己。[149]我們在後面會進一步對此作解釋。

　　但 *caritas* 的愛，卻有自我否定（Selbstvreleugnung）的狀態，這指的是在此種愛當中，自我被愛的對象吸收過去，此時的自我一詞應是世俗的自我，[150]與上述真正的自我不同。若用「使用」（*uti*）與「享用」（*frui*）的兩個概念來表示，那麼對世界之物只抱持著使用的態度，就離開了世俗的自我。反之，沉溺在享用世界之物當中，而非對於表為真正之愛的善作為終極目的而享用，就是以世俗的自我生存著。[151]

　　另外，*cupiditas* 讓人產生恐懼，恐懼的是所愛的世界之物會

---

[147] Arendt, Hannah. *Der Liebesbegriff bei Augustin*, herausgegeben und mit einem Vorwort von Liger Lütkehaus, Berlin/Wien: Philo, 2005, S. 29; *Love and Saint Augustine*, edited and with an interpretative Essay by J. V. Scott and J. Ch. Stark, Chicago/London: The University of Chicago Press, 1996, p. 18.

[148] 同前註，S. 36-39；pp. 20-25。

[149] 同前註，S. 40；pp. 25-26。

[150] 同前註，S. 43-44；pp. 30-31。

[151] 同前註，S. 44-46；pp. 31-33。

失去，甚至恐懼的是上帝，上帝的懲罰。[152] 上帝對於我們僅有的世界之愛為何要懲罰？我們對於恐懼於失去世界之物與恐懼於上帝的關係如何可進一步說明呢？

　　針對 *caritas* 產生自我否定的狀態，鄂蘭先從愛的秩序（*ordinate dilectio*）來說明。世界被秩序化，世界之物與人皆被納入到秩序化之中，但何者在規定秩序呢？是至善，也即是上帝。愛的秩序之提出，顯示人雖然為著超越於世的至善或上帝而活，但他必須仍存於世界中，至少在其從出生到死亡的階段裡；人雖不能求完美與最終幸福於世界，但若欲與世界妥協，與世界中的人與物有暫時的和諧，他就必須在至善與上帝所規定的愛的秩序中。[153]

　　由於我與他人皆在此愛的秩序中，故愛自己被此秩序所規定，愛鄰人亦被此秩序所規定。這表示愛的動機與原因不來自自我。故就此愛的秩序而言，自愛與鄰人之愛成為第二義的。這同時也表示，自我與他人在愛的秩序下有同樣的地位，都同時能享受上帝，和上帝有同樣的關係。甚至在世界中產生的我與他人之敵友關係，亦被我們與上帝的相同關係所化解。[154] 這在後面仔細討論鄰人之愛中會再做解釋。

　　愛的秩序由至善所決定，世界的秩序是先被給定的。若愛本是一種欲望，是人對至善或最終幸福的欲望，那麼至善也是先被給定的，故與其人欲求至善，不如是人在尋找至善。被給定的其實指的是人為上帝所創造，人在尋找它的存有起源。[155] 如果尋

---

152 同前註，S. 48；p. 35。

153 同前註，S. 49-52；pp. 36-41。

154 同前註，S. 52-53；pp. 41-44。

155 同前註，S. 58-60；pp. 46-49。

找自己的幸福是未來或往何處去（Worauf-hin; Whither-he-goes）
的事，那麼為上帝所創造是過去的或從何處來（Von-wo-aus;
Whence-he-comes）的事。它們或被視為最外在的過去與最外在
的未來，皆在鑑於人真正的存有或存有起源而統合在一起。二者
成為同一件事，它們的同一性超越了目前人所存活的時間界域，
被描寫為無時間性的。它們讓人所存活的時間成為無關緊要的，
甚至讓人所在的時間成為永恆的今天、絕對的現在。[156]

　　人作為一種存有者如何尋找到其存有的起源呢？鄂蘭指出這
在於前者對後者的模仿（imitation）。[157] 在日常生活中，我們常有
模仿的對象，也常想去模仿誰或模仿什麼，但這尚不是以存有的
起源作模仿的對象。或許根本動機是以存有起源作模仿對象，以
至於在生活中我們模仿這個模仿那個，我們模仿所喜愛的；即使
曾模仿過厭惡的東西，但目的是讓他人也覺得厭惡。故基本上我
們是對自己覺得善的、好的去模仿。從亞里斯多德的《詩學》裡
我們已得知，在現實裡我模仿的並不是實然的，而是其中所隱含
或暗示出的可能的東西。到底如何模仿，這本身是一個大的課
題，但不論如何，一個好的、完整的模仿，的確是讓人回溯到其
存有起源的方式。

　　我們回到人在世界的時間性問題。上帝創造的世界，與人住
的、並對之產生愛的世界有著先後之別，故世界也有第一義與第
二義兩種。[158] 我們要回溯的是從第二義往第一義的世界，再往創
造世界、作為存有真正起源的上帝去回溯。人在世界有著出生與

---

[156] 同前註，S. 64-65；pp. 55-56。

[157] 同前註，S. 63；p. 53。

[158] 同前註，S. 70；pp. 65-66。

死亡，在出生以前人有著「尚未」的世界，在死亡之後人有著「不再」的世界。[159]出生與死亡分別表示著人在自己所屬的世界的「開始」與「結束」。但這是就人所存活於自己所屬的世界的時間來看的。當我們往過去的存有的起源，或往未來的至善或幸福去追尋時，那麼這暫時的時間性就有被超越的可能。人不可免於讓所屬的世界「不再」的死亡；但這從個人生命角度來看的「不再」，若放在因回溯到其存有的起源而超越至永恆性的視野下來看，它就僅是暫時的、相對的「不再」。鄂蘭警告著我們，要在人的死亡以前往這個起源去回溯，否則死亡會導致絕對的「不再」，這是人類最大危險之處。[160]

　　死亡迫使我們去回溯存有的起源，這既讓往未來的「不再」獲得化解，它同時因回溯到存有的起源，而讓出生前的「尚未」也獲得化解。因為對個人而言的「尚未」鑑於存有的起源而言是相對的，這也是鄂蘭指出的「尚未」從消極性轉為積極性之絕對存有的意義。[161]就「不再」與「尚未」在永恆與絕對的存有起源之視野來看，這兩個最外在之點──「過去」與「未來」──可以互換。[162]個別的、事實的生命流程本為不可逆的，「開始」與「結束」因同化於存有的起源，就不再有絕對的不同，它們甚至被抹平了。鑑於此，人生的長短就不重要，鄂蘭引用奧古斯丁所言：「（……）在往死亡的路上用愈多時間旅行的人不見得較慢（……）。」[163]指著就是這個意義。

---

159 同前註，S. 74-75；p. 70。

160 同前註，S. 76-77；p. 72。

161 同前註，S. 77-78；pp. 72-73。

162 同前註，S. 80；p. 74。

163 同前註，S. 81-82；p. 76。

人若在世沒有往存有的起源回溯，就會沉溺於世界之所愛，人在此表現著貪婪的慾望（cupiditas）。[164] 若我們在此回到模仿的概念來談，那麼貪婪來自錯誤的模仿，因在模仿時人的自由意志仍在主宰，自由是為了人自己而非為上帝之故。[165] 相反的，當模仿是向上帝做選擇，或歸化於上帝時，那麼人就接受了上帝的慈愛、恩寵（caritas）。他自己也被賦予了慈愛之心。[166] 模仿的極限是從歸化到同一，但人永遠無法與上帝同一。[167]

鄂蘭曾做了古希臘與基督宗教的區別：前者主張存有者在模仿中參與永恆的存有，部分參與著整體；[168] 後者則主張造物主與造物之間的關係，故當人因有限性而無法有效模仿上帝時，由於上帝具有位格，祂就會施展其權威向人命令，故上帝的律法就有其重要性。

律法是針對人的罪惡，罪惡來自人的貪婪，貪婪即因為人獨立於造物主，轉以造物主的身分來愛萬物。但人不能從無中創造出東西來，他只能屬於世界、愛世界、以世界為家。[169] 罪惡不只因為人的自由意志做主宰，更因為習慣（consuetudo）的力量。當心靈告知我們意志作主宰是形成貪婪與罪惡的原因時，我們尚不足以從中超拔出來，因習慣仍讓此覺知的心靈滑入自我意志的作用中。[170] 在人的個別生命流程中「尚未」固不足以形成習慣，

---

164 同前註，S. 82；p. 77。
165 同前註，S. 84；p. 79。
166 同前註，S. 84；pp. 78-79。
167 同前註，S. 85；p. 80。
168 同前註，S. 67, 80；pp. 59, 74。
169 同前註，S. 87-88；pp. 81-82。
170 同前註，S. 88；p. 82。

「不再」也和習慣呈現對立。但人之所以不能突破相對的「不再」，進而陷入絕對的「不再」，固然因逃避死亡的「不再」，實更因逃避向存有起源回溯。根本上，我們仍打不開習慣的束縛，才讓我們不能對此作一突破。習慣給予我們錯誤的安全感，讓個人意志成為行事的避風港。[171]

上帝的律法正是喚出上帝的良知以反對習性，讓人回溯造物主，讓人在與世界及他人一起時，突破從他人口舌出來的偽良知，聆聽來自我們心靈內在之上帝良知的證詞。離開世界與習性，重新依賴於上帝，帶我們「面對上帝」（coram Deo）。[172]

如果在以回溯存有起源為基礎下，人們可超越個人生命流形成的時間性，這是將個人的「開始」與「結束」往永恆去開展，將相對的「尚未」與「不再」往絕對的存有去連接，那麼面對上帝是來自上帝對人直接下的命令。因而，「回溯到曾在一切之前的上帝」轉成「面對上帝」；[173]上帝的存有性質充分的轉變為人格性質。[174]

當人以自己的意志與習性為主導，以道德性主體為判官時，要（velle）與能（posse）之間仍存有落差。保羅已告訴我們，要在信仰上帝的基礎上，讓上帝作主，這是「面對上帝」的一種方式。[175]鄂蘭更從保羅的立場轉向奧古斯丁，上帝從造物主轉為施予者與救助者，且以慈愛來幫助人的央求，鑑於人的謙卑、承認自己的罪、自己意志力量的不足與在上帝命令前的卑下。只有謙

---

171 同前註，S. 88-90；pp. 82-83；我們做了部分意義的發揮。

172 同前註，S. 90-91；pp. 84-85。

173 同前註，S. 95；p. 88。

174 同前註，S. 92；p. 85。

175 同前註，S. 94-96；pp. 87-89；我們做了部分意義的發揮。

卑的人能知道與接受上帝的愛（*delectio*），人得以與上帝和解，
與由上帝所導出的、內存於創造物自己的要求和解。人再度被創
造，因為他從罪惡與世界的存有解放出來了。[176]這裡要強調的
是，上帝第一次創造人是將他放在世界中，人之第二次的被創造
或重新被創造（*nova creatura*）是因再度與上帝和解。[177]這歸功於
上帝的慈愛，律法不再是命令、要求，而是慈愛本身了。[178]

　　前面我們從愛的秩序來看鄰人之愛（*dilectio proximi*），我們
了解了不論為自己之故或為他人之故的鄰人之愛，在上帝平等的
愛我與愛他人之下成為第二義的。今鄂蘭再從自我否定與棄絕於
世兩概念來發抒此義。簡言之，人自我否定，故能像上帝一樣去
愛與恨；人棄絕於世，故能將與鄰人或敵或友的關係捨棄。所有
人既是平等的，也是孤立的。[179]愛鄰人源於面對上帝，所愛的是
在鄰人中的上帝。被愛者一律平等，愛人與被愛的價值也成為平
等的。[180]所愛的鄰人不是會死的，而是永恆的，永恆性基於他所
來自的上帝。鄰人只是去愛上帝的一個機緣（Anlaß; occasion）
而已，即使敵人與罪人也是此機緣。不是鄰人被愛，而是愛本身
被愛。[181]

　　在鄂蘭如何從鄰人之愛關聯到公共領域的社會生活（*vita
socialis*）呢？眾人的結社基於共同信仰，故信徒社群有二特徵：
1.不建立於世界性之上，2.有共同信仰，彼此有愛，並需對方回

176 同前註，S. 96；pp. 89-90。
177 同前註，S. 97；p. 90。
178 同前註，S. 98；p. 91。
179 同前註，S. 99-101；pp. 93-94。
180 同前註，S. 103；pp. 95-96。
181 同前註，S. 102-103；pp. 96-97。

應。182

　　信仰本是個人的事，他不需要社群，而社群也包括非信仰者，故信徒的結社有何必要性？條件又是什麼？這關聯到兩個問題：1.信仰通往個人存有的問題，2.信仰連接到歷史與過去的事實性問題。183針對第一點，的確信仰讓人離開地上之城（*civitas terrena*）；第二點則涉及重新在地上建立城市，這屬於上帝拯救世人的計畫，包括我們皆源於亞當之原罪的歷史事實，以及我們基於耶穌基督，模仿其逗留於世界歷史。我們從原先同具原罪的平等性，在無法取消之下，轉為另個具新意的平等性，即是愛你的鄰人；這是從理所當然的事實性轉為選擇與義務性。184

　　首先的社群是歷史的、自然的、世代傳遞的，在歷史中人們因彼此平等、命運的親近性而致互相依賴。185在此當中愛已呈現，但進一步作為互相依賴的表達方式。它如何轉化為信仰義務下的愛？人如何從在歷史事實的地位導出此義務性？186

　　針對過去共同的罪，我與他人之間彼此關愛，鄂蘭引奧古斯丁言：「因為沒有東西讓我們像對自己危險的思慮更感到可憐。（……）因此，和平與愛在我們心中被保留去反映我們這共同的危險。」對於危險的共同認知產生了彼此的關愛，也促使信徒建立社群。因為原罪的存在，個體生命的死亡有導致永恆絕對的死亡之虞；藉著基督教的贖罪，永恆的死亡才能避免。187

---

182 同前註，S. 107-108；pp. 98-99。

183 同前註，S. 109；p. 99。

184 同前註，S. 112-113；p. 102。

185 同前註，S. 114；pp. 103-104。

186 同前註，S. 115；p. 104。

187 同前註，S. 121-122；pp. 109-110。

　　個人的贖罪、解脫於永恆的死亡，回溯上帝作為存有的起源，乃至於愛鄰人，本來皆是個人的事。但由於具共同罪的過去，人與人有彼此關心以克服罪惡的需要。鑑於此，鄂蘭以為每個人彼此是解救鄰人的動力，人之模仿上帝的具體方法是以人和人互相的愛為基礎。因此愛是不離開世界的，基督來到世界顯示上帝欲在世界建立信徒的社群，社群以整個身體來表示，愛就是這個身體的養分。[188]

　　以上的概述並未將1929年的德文博士論文（A版本）與在1964-1965年出版的英文版本修訂版（B版本）分開，而是以前者為主，輔以後者的說明。誠如B版編者所言，奧古斯丁的問題是提出上帝恩寵、慈愛、上帝之城，以分別針對自由意志、貪婪、地上之城的問題；鄂蘭的博士論文是將「**存在**現象學」（*Existenz phenomenology*）應用在對奧古斯丁這些主張的研究上；鄂蘭的動機可能是因懷疑海德格對個人的存有意義以死亡議題來處理的有效性，故提出上帝恩寵的愛作為現象學處理存有意義的另一選項。[189]這個選項即是注意到對鄰人之愛，以開啟公共性，進而將個人的存有意義以公共性的存有意義，或政治的存有意義為依歸。但個人與公共性間的差異並未被抹殺，故B版編者亦指出鄂蘭所要求政治行動的公共世界並不是忽略了個體的「大眾社會」（mass society），而是維持著社群與個體之間藩籬的複多性社會。[190]

　　然而我們知道在博士論文裡所用的社會（society）一詞，並

---

188 同前註，S. 122-123；pp. 110-111。

189 Scott, J. V. and. Stark, J. Ch. "Discovering Hannah Arendt," in: *Love and Saint Augustine*, p. 154.

190 同前註，p. 153。

未如在後來的《人的境況》做了負面的解釋，以至於為其他概念如公共領域（public realm）或社群（community）來取代，社群的概念就曾出現在B版裡。[191]另外，這早期著作的兩個版本均尚未強調行為生活（*vita activa*）以及言詞與事蹟（word and deed）在構成公共性所扮演的重要角色。[192]故這部博士論文顯示鄂蘭的宗教思維，表明她以為基督宗教的鄰人之愛可作為建立地上之城的基礎。但鄂蘭後來愈發清楚明白，基督宗教的愛不足以助於公共領域的建設，這在《人的境況》可得到印證，取而代之的言詞與事蹟就成為促成公共空間的根本條件，上一章節所討論的無形與有形的公共空間已闡明了此義涵。

（二）《人的境況》論基督宗教的愛與公共性的關係

在《人的境況》裡主要有多處提到基督宗教，首先是在第五節表示雖在羅馬帝國衰亡後，天主教教會成為政府行使公民權的地方；教會雖是世界的，但對於彼岸的關切始終是維繫信徒在一起的基礎。[193]這裡表明基督徒並未對於公共事務有真正的關切之情。

其次在第七節解釋公共領域時，鄂蘭指出早期基督教哲學有個政治性任務，是在人與人之間尋找一種取代世界的紐帶，以將人們維繫起來。當時奧古斯丁主張要將基督徒的弟兄之情（brotherhood），以及所有人際關係建立在上帝恩寵（charity）的基礎上。恩寵是取代世界的人際紐帶，不論在聖徒或罪犯之間，

---

191 同前註，p. 165。

192 同前註，p. 172。

193 Arendt, Hannah. *The Human Condition*, p. 34.

因為人們所在的世界注定要毀滅，在世界的每個活動也依附於世界的存在，故這種聯繫不能建立公共領域。基督教的非世界性原則，帶領本質上也非世界的人們穿越世界，通往彼岸。因而基督宗教社群從開始即被界定在以形成一個身體（body; *corpus*）為訴求，身體的成員像家庭中的兄弟一樣，以家庭為模式的成員關係是非政治的（non-political），甚至反政治的（antipolitical）。[194] 我們從這裡看到鄂蘭在《人的境況》對於上帝的恩寵、鄰人之愛對於公共性扮演的角色已和在博士論文時不同。

之後在第十節「人類活動之處所」（The Location of Human Activities），鄂蘭將基督徒的活動定位在私人領域之中。鄂蘭區別私人與公共領域，以前者如家庭生活因生命延續的需求而過著與自由相對立的有必然性生活；由於不以藉言詞與事蹟維繫長遠流傳的生活為尚，故相形之下私人領域又以徒勞無功（futility）對立於持久的生活形態；另外，在家庭裡世代的共同生活需要個人隱密，故羞恥取代了在公共領域以榮耀見長的生活方式。但鄂蘭指出，私人領域並非只有上述的必然性、徒勞無功與羞恥性定位之處，私人領域擁有其他必須隱藏起來，不宜在公共領域顯現的東西，其中之一即是善行，鄂蘭以基督宗教的教義為例，說明善行是要被隱藏的。[195]

這裡指的善行區別於希臘有針對性的善、對某某的善（good for），後者往往呈現在公共事務上，它其實就是卓越的（excellent）德行。而在基督教興起後才受到關注的善行毋寧是照著上帝律法行事的善（goodness）。早期基督宗教信徒受到末世論影響，重視

---

194 同前註，pp. 53-54。
195 同前註，pp. 73-74。

善行，期待在耶穌再降臨於末世審判時能得永生。由於關注於末世審判，對於公共事務就顯得疏離，以至於早期基督宗教和公共事務間形成對立，這反映在鄂蘭所引用德爾圖良（Tertullian）的一句話：「對我們而言沒有什麼比公共事務更陌生了。」[196]

　　但除了末世論思想影響基督宗教對公共事務的疏離以外，耶穌的教導也造成了基督教徒對世界的疏離。耶穌在言行中訓勉著，善的行為只有在不被公開的情況下才會是善的；當它被公開，或是被行為者自己所意識到，那他就不能再算是善的，即使這些善行是作為一種有組織的慈善行為或團結的行為而是有益的。鄂蘭引用了聖經〈馬太福音〉第六章第 1 節與第 3 節的話語：「注意不要在別人面前施捨，被他們看到。」以及「不要讓你的左手知道右手做的事。」她再引用猶太法典《塔木德》（Talmud）的故事，上帝為了三十六位義人拯救了世界，這些人不為人所知，甚至連自己也不知自己是誰。[197]

　　行善不為人知的基督教教義讓人固然不覺得孤獨（solitude），因他為人著想而行善，但卻因沒有見證人卻倍感孤單（lonely）。鄂蘭以為他甚至沒有像哲學家一樣，因對自己反思而有自己陪伴之不孤單，雖然哲學家卻常處於孤獨。正是在基督信徒的這種孤單的心靈下，求助於上帝作為唯一的見證者就有其必要。鄂蘭在

---

196 同前註，pp. 73-74。

197 同前註，pp. 74-75；在舊約〈創世記〉，第十八章第 22-33 節有著類似的記載：有一個城裡有人做壞事，耶和華很生氣想要消滅那個城，亞伯拉罕問如果有五十個義人也要消滅那個地方嗎，不為了那些義人而饒恕那個城嗎，耶和華說會饒恕，最後問到，那只有十個義人呢，耶和華也說會饒恕，這顯示了禱告的非刻意性，義人所引發的祈禱是大而有功效的，儘管他們自己並不知道，當然更遑論是否有善行為人所知，但這抵擋了神對世界的懲罰。

這裡提出了值得注意的一點：孤獨的哲學家畢竟是少數，而孤單
卻為多數人所常有，善與孤單較智慧與孤獨對政治的影響更大，
但前者為了免除長期的孤單的堅忍，就求之於上帝。[198] 故是否基
督徒默默行善對政治仍有正面的影響？鄂蘭後來以馬基維尼
（Nicolo Machiavelli）的主張為例，指出政治行動的標準是榮耀
（glory），而善與惡皆與榮耀無關。[199] 鄂蘭前後的主張矛盾嗎？還
是榮耀仍要歸於不張顯出來的善，張顯出榮耀的事蹟（deed）以
及榮耀本身並不真能讓隱善的孤單免除，上帝的見證仍然在背
後？這是否更積極地顯示鄂蘭思想的「隱性的神學」一面呢？[200]

　　最後在第三十三節論及行動的困境時，指出對於已經過去的
行動不可逆，其中可能被造成的傷害或傷痛就必須以寬恕來解
救。在這裡鄂蘭討論了寬恕是否本於基督宗教以及基督宗教愛的
問題。

　　首先值得強調的是，異於其他的行為活動：勞動因無世界性
的困境而求之於勞動之外的工作，工作有陷於無意義性的困境而
求之於工作之外的行動，行動的困境卻求之於行動本身，故寬恕
是屬於行動的能力。其次要強調的是，寬恕依賴於人的複多性，
故需要他人在場；這表示寬恕是人與人之間關係網絡的事，我固

---

198 同前註，p. 76。

199 同前註，p. 77。

200 若從前面較晚期的著作可清楚了解，馬基維尼之所以為鄂蘭所推崇，因他
　　突破了以蘇格拉底「二合一」以及基督教立場出發的行動，更能發揮關切
　　公共性的行動。如在《責任與判斷》的〈道德哲學的若干問題〉裡，鄂蘭引
　　馬基維尼教導王君「如何不是善的」後指出，他要別於從建立於自我出發
　　的道德與宗教的觀點，而從政治與世界的觀點來避免惡。（Arendt, Hannah.
　　Responsibility and Judgment, p. 80.）

然與被我寬恕的他人處於此關係網路中而在場，而我之寬恕自己也需要借助他人的在場來先寬恕我。[201] 最後要強調的是，寬恕雖是寬恕所做的事，但是為了做此事的個人之故，故根本上寬恕是針對人。[202] 這幾點和寬恕是否本於基督教以及是否以基督宗教的愛為基礎有何關聯呢？

　　鄂蘭以為耶穌發現了寬恕在人類事務中具有莫大的作用，雖然他是用宗教的語彙來闡釋它，但當時耶穌的教導也不主要是基於宗教的、非政治的理由。其實寬恕在政治的經驗中是超越宗教的，而羅馬人比起希臘人更能了解寬恕的智慧。[203]

　　鄂蘭強調真正寬恕的權力來自於人本身，在人得到上帝的寬恕之前人必須彼此寬恕，這可以從馬太與馬可福音裡得到佐證。[204] 雖然她也指出罪大惡極以及有意願犯錯的人似乎可不可被寬恕，同時以為上帝在末日審判時讓犯罪的人得到的是公正的報應（retribution; *apodōsis*），而非寬恕；然而，鄂蘭仍以為過失是日常生活中常有的事，常發生在持續建立新關係的行動生活中，故需要寬恕去解除人因無知導致的所作所為，讓人繼續生活下去。[205] 這裡顯示了兩點：第一、寬恕是落實行動生活不斷以新的人際關係來呈現；第二、鄂蘭與其說寬恕他人，不如說讓他人從其生活困境中「釋放」（release）出來，這也是從舊的生活轉為新的生活狀態。

　　第一點即是鄂蘭之所以將寬恕與報復相對照出的旨意。如果

---

[201] Arendt, Hannah. *The Human Condition*, pp. 236-237.

[202] 同前註，p. 241。

[203] 同前註，pp. 238-239。

[204] 同前註，p. 239。

[205] 同前註，pp. 239-240。

他人的行動作為導致自己的傷害，而我採取報復的話，這將也導致他人對我報復，以致造成一套連鎖的反應，在行動不可逆之下這套反應是可預期與估算的，這也是所謂的「舊」的生活形態。寬恕讓這種連鎖行動畫上句點，因為寬恕不是一種反應（reaction），而是一種再行動（re-act），甚至是啟新（anew）的行動，並且因它超出了原先的預期與估算範圍之外，是不可預期。[206]這裡即顯示寬恕是行動形態的改變，寬恕顯現於從簡單的反應到再行動，寬恕是產生於行動本身的。

　　也因為如此，就導致了第二點：它讓人從原先的生活中釋放出來。鄂蘭鑑於〈路加福音〉第十七章的字句：「如果他一天犯錯違背你七次，也在一天七次轉而對你說我後悔的話，那麼就要寬恕他。」將後悔強調出「改變心意」（changed my mind）的意思，將寬恕強調出將心靈「釋放」的意思。[207]這也未嘗不是在表示鄂蘭將寬恕的義涵放在公共領域的行動生活脈絡來詮釋，從而得出如下的話語：「人們只有不斷地互相從其所做的當中釋放出來，才能保持自由的行動者身分，只有不斷地願意去改變其心意而再重新開始，才能信任這偉大的權利以便開放新的東西。」[208]這顯示鄂蘭欲從基督宗教轉為對於公共空間落實的觀點，以對於寬恕扮演的重要角色做一詮釋，同時顯示人與人的共同在場於公共空間裡對於寬恕的意義，甚至強調被害者的心靈「釋放」是建立在加害者的「改變心意」的條件下而可能。

　　至於基督宗教的愛是否為寬恕的基礎呢？鄂蘭以為寬恕是基

---

206 同前註，pp. 240-241。

207 同前註，pp. 239-240，特別是腳註78。

208 同前註，p. 240。

於人之故而寬恕該人所做的事，但一般人以為這個人是因被愛之故而被寬恕，的確耶穌也說過愛的愈多寬恕也愈多類似的話。特別是當愛一個人時，是針對這個人是「誰」，而非在乎他做的是「什麼」，這對應著寬恕為人之故而非為其事。但是愛是無世界性的，它會摧毀一切居間者，也就是世界。鄂蘭雖指出唯一能介入愛當中的是孩子，他是愛的產物，也是世界的代表；透過孩子，相愛的人們重新回到世界當中，但這意味著愛的終點。或許鄂蘭期許相愛的人必須轉型成另一種相處模式，讓私有的愛與公共性能做一結合。然而基於愛的無世界性，它就不能作為鄂蘭所強調之寬恕的基礎。愛不是在政治層面寬恕的基礎，這個基礎是尊重。愛卻是違反政治的人類力量中最強大的一種。[209]

其實愛的非世界性先前為我們就第七節已述及，當時鄂蘭在解釋公共性時，指出來自公共領域刺眼的光芒，使得只有值得被見到、聽到的事物才能容許在公共性中展露。但這也不代表私人事務不重要，比如愛情，但它一旦展示於公共性，就有被毀滅之虞，故愛是非世界性的。[210]

至於尊重則類似亞里斯多德所說的公民情誼（*philia politike*），這種友誼並非出於對某人的特質的欣賞，而是對所有人都有距離的尊重，故尊重也是針對誰，並且是每個誰，而非某個人做了什麼，以至於我們去景仰與尊敬這個人，這是鄂蘭所擔心的社會中去人格化（depersonalization）的尊重現象。尊重與愛的區別是尊重保持著人與人間的距離，這距離是世界的空間在我們之間拉出

---

209 同前註，pp. 241-242。

210 同前註，pp. 51-52；但是下面要說的公民情誼或友愛是可展示於公共性的，故簡單說，不能展示的愛是聖愛（*agape*）與情愛（*eros*）。.

來的。[211] 從這個觀點來看，寬恕毋寧以亞里斯多德德性倫理所注
重的德性為基礎，而非基督宗教的愛。基督宗教對於以建立公共
性為主要考量的鄂蘭不占有根本的地位。

（三）從隱喻性語言來看鄂蘭的隱性神學

　　從鄂蘭晚期的《精神生活》著作裡可以關聯到我們從另一個
角度來討論她的宗教思維，我們將透過鄂蘭談論語言的性質來著
手，這指的是隱喻性語言。在她那裡隱喻一詞有著歧義，它一方
面指的是非圖像式語言，另一方面因強調以範例來敘事，故已發
展了圖像式語言。因此若胡塞爾重視的概念表述是非圖像式的，
那麼他發展出了哲學的神學；海德格較偏於具圖像式的語言，從
而就形成神學的哲學。鄂蘭則是從哲學的神學發展到神學的哲學。

　　我們在前面已多次談到隱喻的語言，也曾指出鄂蘭的隱喻語
言有兩種。在倫理學章節裡我們強調判斷的隱喻性語言，也就是
以範例表達的隱喻與敘事，讓思考過渡到意志以產生實踐行動。
但在思考這個階段鄂蘭指出的是另一種隱喻性語言，它是從指涉
個別具體事物的語言轉為指涉普遍事物的抽象概念的語言，從而
形成的隱喻。而這隱喻的歧義如何和神學的問題關聯在一起呢？

　　鄂蘭在《精神生活》第一節討論現象（Die Erscheinung;
Appearance）前引了奧登（Wystan H. Auden）的一句格言：「上
帝審判我們是依照現象嗎？我恐怕是的。」[212] 因而過去所強調的：

---

211 同前註，p. 243。

212 Arendt, Hannah. *Vom Leben des Geistes*, S. 27; *The Life of the Mind. One/
　　Thinking, p. 17: "Beurteilt uns Gott nach den Erscheinungen? Ich fürchte, ja. Does
　　God judge us by appearances? I suspect that he does."

我們是誰必須表以現象，也就是以行動與言說顯現給他人，是否更隱含著我們是誰根本是顯現給上帝，作為其最後審判的依據呢？我們已知鄂蘭將現象視為比本質更具優位，本質甚至是為了現象之故。至少鄂蘭從康德那裡汲取了反思判斷，以具普遍性的本質是由個別現象所構成，構成的過程要藉由共通感，這是她認為政治判斷要以「擴大性的思維方式」落實的條件。我們也可以說，真正的思維是反思判斷與共通感綜合起來的活動。

鄂蘭的確對思維有著新的理解。若我們進一步了解到傳統對於思維常視為不可見的存有面，對於語言又視為可見的現象，而鄂蘭也欲對它們的關係做出新的理解，那麼就會注意到她對於表達思維的語言從圖像（image）與隱喻（metaphor）來談實有著深刻的背景與意義。我們也欲將此連接到鄂蘭神學立場的討論。

《精神生活》第十二節「語言與隱喻」（Sprache und Metapher; Language and Metaphor）的討論裡，鄂蘭首先指出作為精神活動之一的思維本身不可見，所思的對象也不可見，但如前已做的區別，精神活動有「自我表現」（Selbstpräsentation; self-presentation）[213]的欲望，讓思維及思維者本身成為可見者，表現的方式即是語言。鄂蘭提出了兩種語言方式去表現思維，一是讓思維具體化，另一是仍保持思維的抽象化。前者的語言是圖像式的，如中國的重書寫記號的語言；後者的語言是隱喻式的，如西方的重音節字

---

213 同前註，S. 45；p. 36；這裡再次強調與Selbstpräsentation不同的Selbstdarstellung（self-display）是心靈（Seele; soul）的特性，而精神活動是「（……）對於表現的圖像做了主動與意識的挑選。」（[...] aktive und bewußte Wahl des gezeigten Bildes; [...] active and conscious choice of the image shown.）心靈活動則對之沒有選擇的餘地，直接將實然的本性（Eigenschaft; properties）表現出來。但正因為自我表現不是直接表現實然的本性，那麼就有造假的可能。

母的語言。[214]

　　鄂蘭以為中國人具有一種可全然「與圖像周旋的精神能力」（geistiges Umgehen mit Bildern; mental dealing with images）。她以為中國人的書寫記號讓概念或本質成為可見的，如「犬」這個字是對於犬概念完美的複製品，這即是將本不可見之犬的思維，借由犬的圖像語言成為可見的。她指出這和康德在論範疇的圖式論的主張：「（某物的）概念並沒有與之相應的圖像。」（Dem Begriff von［etwas］würde gar kein Bild desselben jemals adäquat sein; No image could ever be adequate to the concept of［something］.）有所不同。康德是鄂蘭指出的西方思想立場的代表者，主張圖像僅表現概念的部分，不表現其全部；相反的，想像力所產生的圖式更能符應概念，但圖式存於思維中，是抽象的，而不是具體的圖像。[215]

　　鄂蘭舉出中國字詞的特色，在凸顯以音節字母來構造字詞的西方語言，仍以抽象的方式來掌握概念；即使西方曾以視見為優位（特別是在希臘），曾出現了象形文字，但終以重視辯解理據的 logos 或 logon didonai 為特色，並藉此開展出西方哲學。[216] 因而西方哲學中本為不可見的思想，借助西方的隱喻式語言，可成為可見的，但此可見性仍具抽象的意味。

　　「傳遞」（或「轉嫁」）（übertagen; transfer）的希臘字是 metapherein，是我們稱之為隱喻（Metapher; metaphor）的字源。鄂蘭以為精神生活透過身體經驗已表達的語言，進一步去「傳遞

---

214 同前註，S. 105-107；pp. 100-102。

215 同前註，S. 105；p. 100. Kant, Immanuel. *Kritik der reinen Vernunf,* B 180-181.

216 Arendt, Hannah. *Vom Leben des Geistes*, S. 106-107; *The Life of the Mind. One/ Thinking*, pp. 101-102.

更深遠的意義」，這是「對於感官毫不能接觸到的理念。」心靈
（Seele; soul）生活已藉身體做圖像式的表達，精神（Geist; mind）
生活更藉身體做隱喻式的表達。二者的區別如鄂蘭所示：心靈生
活有其特殊的強度／濃郁度（Intensität; intensity），常以注視、聲
音或手勢來表達；精神生活則是思想活動，常以言說（隱喻式的
言說）來表達，對於心靈生活去反思，以至於去言說，去表現，
心靈生活就可轉化為精神生活。[217]

　　在西方哲學語言的創造過程中，隱喻的活動持續地開展。鄂
蘭舉例說：柏拉圖使用的「心靈」與「理型」是取自於日常生活
的語言，它們和生命氣息或建造藍圖有關；*noeomai* 是從視覺轉為
精神的知覺，以至於思維；亞里斯多德使用的 *energia, hypokeimenon,*
kategoria 也取自經驗生活裡的字詞。[218]

　　由此來看，我們目前所了解的隱喻，並不是將已成形的哲學
語言向意義轉嫁前透過身體經驗來表達的語言去還原，而是將超
越經驗的理念思想去類比於某種透過身體經驗所表達的事物，[219]
以至於讓哲學或思想成為可見的。但這種簡單類比的想法常常發
生一些問題。因為如將潛伏於冰山下的類比於無意識，實是將無
意識的思想還原成圖像，一般人常就冰山的圖像理所當然地想像
無意識是什麼，而不知圖像根本不能完整地將一個概念表達出
來。[220]這是上述鄂蘭以為圖像僅表現概念的部分，不表現其全部

---

[217] 同前註，S. 40-41；pp. 30-31。

[218] 同前註，S. 109-110；pp. 104-105。

[219] 這是鄂蘭說的「一種語型，藉之一個名字或一段描述被轉嫁到和原先對象不
　　同的、但可類比的對象上去。」同前註，S. 107；p. 102。

[220] 同前註，S. 117；pp. 112-113。

的意思。

　　真正的隱喻語言是始終保有一些抽象的思辨性的。從不可見的思想理念直接轉為可見的（但無聲的）圖像，其實預設了思想本身的不可言說性，而設法讓人透過視覺去把握這不可言說的思想。鄂蘭強調的是要讓思想理念成為可言說的，即使它是言無盡的。故將思想還原到身體經驗表達的出發處是第一步，但這個經驗到底是什麼？是無聲的單純視覺嗎？顯然不是。只是聽覺，以至於音節字母組成的語言是鄂蘭所屬意的隱喻性語言嗎？其實也不然。鄂蘭根本認為還原到的身體經驗包括五種不同的感官，但各個感官都是片面的，無法彼此取代，但能將它們統合聯繫在一起，就是前已述及的「共通感」。[221]

　　所以鄂蘭所認為的隱喻語言事實上是超越出各種不同的個別身體經驗所發展開的抽象語言，但這個抽象性不是完全脫離感官的，而是經由共通感產生概念開展思維，讓思維以動態的過程活動著。其實圖像也並非只是視覺的，視覺圖像只是個代表而已，任何個別的感官皆對應著一種圖像。如是鄂蘭所欲建立的是從個別感官超越，但仍維持在現象中被表達出的隱喻性語言，其所對立的圖像性語言則是可就各種不同感官經驗來表達出的，也就是我們可有視覺的、聽覺的、嗅覺的、味覺的、觸覺的不同圖像。無怪乎鄂蘭以為圖像只能表達部分的概念，而隱喻已超越了圖像，可表達整體概念，但是在無限的過程中。

　　圖像和隱喻性語言既是讓思想表達出來成為可見的方式，它們皆是在現象中。歐登的那句話可改寫為：「上帝審判我們是依照我們的圖像或隱喻性語言嗎？」我們欲從這句話延伸到鄂蘭神

---

221 同前註，S. 123；p. 119。

學立場的討論去。

　　鄂蘭的神學立場究為何？前面已提及的詹姆斯‧本諾爾（James Bernauer）在〈漢娜鄂蘭的信仰〉裡論述鄂蘭重視的是世間之愛（*amor mundi*），故而反對建立彼世性（other-worldliness）或具無世界性（un-worldliness）的基督教。[222] 他以為鄂蘭的信仰與其說是信仰上帝，不如說是信仰一種創造性；[223] 創造性出自世界性的行動（wordly action）：寬恕過去與承諾未來，它們是對於世間情事常為不可逆的與不可預期的補償或解放。[224] 本諾爾總結言，鄂蘭有著一種「隱性的神學」思想，這是指出世的基督宗教透過入世的行動或世間之愛所轉化來的宗教。[225]

　　依這裡的闡述，鄂蘭之神學立場由歐登的句子表現出來：上帝審判我們依照現象，並且依照我們的隱喻性語言。因為隱喻性語言說明了我們的行動生活以語言表達出來時，可從心靈生活的「自我呈現」[226] 進一步為精神生活的「自我表現」，[227] 因而可納入到與他人的關係網絡之列，共通感也在此起作用。「我們是誰」的問題對於鄂蘭是從我們彼此表現出是「什麼」得到答案，這是個無窮盡的課題。但對於上帝來說的「我們是誰」祂本一望即知，但奧登以祂透過現象來審判我們，這個上帝一詞實已轉化為整個我們、整個社群，審判一詞也以判斷來表示而更為妥適。這即是

---

[222] Bernauer, James W. "The Faith of Hannah Arendt," pp. 5-7.

[223] 同前註，p. 11。

[224] 同前註，p. 14。

[225] 同前註，p. 17。

[226] Arendt, Hannah. *Vom Leben des Geistes*, S. 46; *The Life of the Mind. One/Thinking*, p. 37.

[227] 同前註，S. 37；p. 27。

一種鄂蘭的哲學性的神學，而這即表示著鄂蘭之塵世化神學（secularized theology）的立場。

　　鄂蘭以為西方語言是重音節字母的，並以隱喻的方式去將身體經驗的語言引申為思想的語言。我們指出一種隱性的神學蘊含其中，且是塵世化的神學。鄂蘭以西方的隱喻性語言對照出中國圖像性的語言，並指出中國人具有一種可全然與圖像周旋的精神能力。故精神活動應不只是鄂蘭所指出的只以抽象的思辨去掌握概念而已，借助圖像或圖像式語言更具體地掌握概念是一種特殊的精神能力。故在前面鄂蘭說圖像不能將概念完整地表達出來，她應是針對西方人的精神能力無法借助圖像具體地掌握概念，即西方人不具備中國人的那種與圖像進行全然周旋的能力。這裡針對中國人的精神能力實有許多可以談的，包括中國的宗教是否與其說是「哲學性的神學」，不如說是「神學性的哲學」的討論，我們將延至本書第六章再來論述。

　　在《精神生活》的「思維」篇鄂蘭談隱喻時是和範例做了對照：當我們只對現象世界的東西去認識與了解時，那麼我們只需要常識性的思考，且需要的只是以範例去刻畫我們的概念，因為概念只從現象中抽離出來，它們只是抽象的概念；但如果理性需要超越現象世界的界限，並引導我們到思辨的不確定領域去，而在這裡沒有直觀去相應理性的理念，那麼隱喻就上場了。[228] 然而，當康德在《判斷力批判》表示，經由範例表明的品味蘊含著共通於所有人的一致性基礎，而具有品味的作品之所以是範例性，而非典範性的，是因為品味不能通過單單的模仿他人而獲

228　Arendt, Hannah. *Vom Leben des Geistes*, S. 108; *The Life of the Mind. One/ Thinking*, p. 103.

得，品味卻是自己個人能力的事。[229] 故範例不只是讓經驗概念成為實在的，它本身反映著深藏於我們每個人心靈之品味的能力，說它是一種先天性也不為過。範例是一種圖像，它讓我們心中的圖像自我形塑，模仿的對象從基督宗教的立場來看即是上帝。

　　圖像image的字追溯至拉丁字 *imago*，它實有雙重意義，一是被模仿的模型，一是模仿的複本。在宗教領域裡上帝之象即是一種 *imago*，但祂常以不可知或不可見的「形象」而呈現，因而人們就企圖去揣摩或模仿祂。而在基督宗教，耶和華以其形象創造人類，人類似乎是上帝的複本；但是人尚有許多東西要去學，要去模仿，才能成為上帝名副其實的複本。在上帝形象不可見的情形下，人要如何去模仿呢？

　　奧古斯丁在《懺悔錄》裡即展現他重新模仿上帝的路徑，從對世間的愛，包括對知識、朋友、肉體等的愛轉向對上帝的愛，即是這基本的路徑。惟從《懺悔錄》的字裡行間可見，上帝的恩寵與愛成了這種轉向的動力，而這是靠 confessions 一詞展現之面對上帝的告白、懺悔、祈禱與讚美所獲。奧古斯丁曾針對「人是依照你的肖像而創造的」這句話警告著我們：上帝雖不見得具人的肉身形狀，但祂到處充盈；人的形狀實可說是上帝就人來看的

---

229 Kant, Immanuel. *Kritik der Urteilskraft*, AA 53-54。這裡康德並謂：若模仿一個所謂的典範，可以顯示出模仿得好的技巧，但要對此典範做評斷，需要的仍是屬於自己的品味；最高的典範作為品味的原型（Urbild）只是一個理念，它必須由每個人自身產生出來，它作為每個人判斷品味對象、實例，以及其他人品味的依據。另外康德對於這種範例性也曾擴及數學家、宗教家、哲學家，包括一些聖賢人物來談論，基本上以為這些本為典範的人物不是被模仿（nachahmen），而是被繼承（nachfolgen）的，他們給予了後繼者足跡可循，讓他們去在自身中去尋找原則。（AA. 138-139）

充盈，這也是所謂道成肉身的意義；但要切記道是超越肉身的，否則局限於人的肉身，人所關注的就只是偶像（idol），而非真正可向道指引的聖像（icon）。[230]

　　的確，《懺悔錄》充滿著奧古斯丁對自己與對上帝的話語，這種話語是具特殊意義的，它既非沉默不語，也非喋喋不休。[231] 它們是一種內在之詞，是具道成肉身性的字詞。既是道成肉身，它們就是上帝之道（Word）所轉化的字詞（words）。在 confessions 時，人的字詞在逐漸為上帝之愛所充盈，以期能把握上帝的完整概念。這豈不是人以自己的字詞去模仿上帝之道，人以自己的圖像去模仿上帝之象之一例？

　　Confessions 裡所提供的字詞已不是前述的隱喻性語言，而是一種圖像性語言。前已指出，其實人的圖像不只是視覺的，也有聽覺的、嗅覺的、味覺的、觸覺的可能，它們是對上帝之象以不同身體經驗去模仿的複本，但如何能名副其實，人就需有如 confessions 中所示的作為。一種來自上帝贈予（donation）的實作（Vollzug; enactment）運行其間，使名副其實的模仿成為可能。[232]

230　Augustine, *Confessions*, translated with an Introduction and Notes by Henry Chadwick, Oxford/New York: Oxford University Press, 1991, C.6.3.

231　《懺悔錄》第一卷裡即問：「任何人用文字得到了什麼，當他去說你（案即上帝）的時候？你對於對你沉默的人表示難過，即使喋喋不休也不能說出什麼！」（同前註 C.1.4.4.）

232　在《懺悔錄》第十卷裡以記憶為方法讓人去接觸上帝，上帝的贈與是將上帝之象透過耶穌作為仲介者（mediator）深藏於吾人內心，但如何將之回憶出來，則必須排除遮蔽上帝之象的種種因素，包括對於肉體的欲望，好奇心以及虛榮自傲三種貪欲，人子耶穌基督以一人的形象出現，但他是上帝之象之化身。若能力有限的人類本接受的只是感官形像，不足以察覺上帝之象，耶穌基督以特殊的形象，助於人類察覺，也就是模仿上帝之象。

這是詹姆‧史密斯（James Smith）[233]指出在奧古斯丁已清楚可見，而在當代的法國哲學家列維納斯、德悉達（Jacques Derrida）與馬里翁（Jean-Luc Marion），以及海德格思想裡皆可見到的對超越者言說的一條路。

鄂蘭以自己的神學立場，著重並闡發西方的隱喻性語言。但若我們只注意鄂蘭將思考視為一種隱喻的活動，而它是從現象界超越到對於不可見事物的思考，那就忽略了對於思考輔助的判斷以另一種隱喻的語言來表示；前者是非圖像式的，後者是圖像式的。我們在前面強調了思考輔以判斷才能發展成意志並以落實公共性的行動。鄂蘭在《責任與判斷》的〈思考與道德關切〉一文中對於思考與判斷做了區別，她指出：思考能力與判斷活動不同，「前者處理不可見的，（……）後者關注個別的與眼前的事物（……）。判斷作為思考的解放作用的副產品，體現了思考，讓它出現在顯象世界中，而在這世界中，我不是孤單的，並且總是太忙得無法思考。」[234]但思考與判斷又必須連接在一起，這是前面已清楚可見的，鄂蘭所強調蘇格拉底的思考活動其實就是要打破規定判斷的一種反思判斷，只是這種反思判斷要從主觀走向以世界的觀點來審視眼前的事物。判斷的語言實是隱喻與敘事，以範例作為「模仿」的對象。當「阿基理斯」、「聖法蘭西斯庫斯」及「耶穌」皆以範例的性質取代了各自所代表的勇敢或善的概念時，即使他們是在時代中所挑選的典範（model），但這些人物實不是被模仿，而是被繼承的對象，因他們給予了後繼者足跡可

---

233 Smith, James K. A. *Speech and Theology: Language and the logic of incarnation*, London & New York: Routledge, 2002, pp. 75-113.

234 Arendt, Hannah. *Responsibility and Judgment*, p. 189.

循，讓他們去在自身中去尋找原則。基督教信徒對上帝圖像的模仿，轉化成一般人對於範例作為另一種圖像的繼承，這個範本的圖像轉化成敘事的主角。所以從思考輔以判斷來看有著雙重的隱喻語言：一方面超越現象，另一方面又回到現象來。奧登說上帝以現象來審判我們。這個上帝已轉化為世界，我們從世界的觀點來做判斷，鄂蘭隱性的神學透過這樣的判斷，實最後以一種神學的哲學來呈現。這和前面胡塞爾企圖將一些稱為宗教技術的贈予、犧牲、敬拜、祈禱等服侍活動，以現象學方法去取得普世性，將神學進行哲學化的處理，但使用的是以鄂蘭只就思考來看的隱喻性語言有所不同。

因而當鄂蘭從基督教徒模仿上帝成為其複本，轉為一般人繼承敘事中的範例，人的精神也應具有與圖像做全然周旋的能力；也就是說，精神能力不只限於抽象思辨，它更能具體地掌握同樣透過圖像被具體化的思想理念。鄂蘭也可說是從胡塞爾的哲學的神學過渡到海德格的神學的哲學，但顯然和海德格以不同的方式展開。

（四）小結

我們先討論基督宗教以及基督宗教的愛是否作為公共性建立的基礎，鄂蘭的博士論文與《人的境況》對之有不同的看法。然後我們從鄂蘭在《精神生活》對於歧義的隱喻性語言主張與理解去詮釋其宗教思維，我們也指出了兩種隱喻的義涵出現在鄂蘭的著作裡。因為除了從具體經驗的語言轉為抽象概念的語言為隱喻功能之外，鄂蘭事實上重視以範例來指涉概念及其義涵，以範例讓讀者不只是知性的掌握概念，更能感性的產生行動力，這就是表現在她強調的敘事裡。

這第二種屬修辭學的隱喻性語言，已增添了圖像的色彩，並表現在敘事作為判斷的語言以及其所了解的良知之聲。鄂蘭強調這種隱喻性語言乃為了公共領域之故。換言之，藉之每個人表現了對於公共性的要求，要求並學習著如何共同相處。上帝要以這種人在公共性的表現為依據，去做最後審判，鄂蘭是在隱性的神學立場下，從原先似以第一種隱喻性語言的強調所表現的哲學的神學，過渡到以第二種的隱喻性語言表示的神學的哲學。

五、結論

鄂蘭的實踐哲學是以公共性的開放為核心，我們在政治哲學部分所主要提出的政治自由一詞，成了其倫理與宗教哲學以不同的角度出發，但實質上也欲處理的議題。故本書以自由為本質的實踐哲學在鄂蘭的思想充分展現出來，但已從個人的哲學自由往群體的政治自由去擴展了。

倫理學從哲學家的道德良知不能保障複多數眾人的道德良知出發，去強調鄂蘭凸顯出道德判斷從鑑賞判斷而來的特殊性，而這裡就再發展為政治判斷。良知與判斷發自於在世界舞台上扮演不同角色的每個人，他們的聲音代表著所言所行，故又銜接到在政治自由時讓公共性開放的無形的與有形的公共空間，其中敘事表示著既是倫理來看的良知之聲，也是從政治來看的對於政治世界的維護與保存。

宗教哲學從基督宗教的愛是否落實政治自由來評斷。當上帝審判我們要依據現象，而上帝一詞轉化為整個我們、整個社群，審判一詞也以政治判斷來表示時，這就形成鄂蘭的所謂塵世化的神學。又當我們既以上帝審判我們不只是依照我們非圖像式的隱

喻性語言，更依照我們圖像式的隱喻性語言，特別是表現在敘事上，那麼其作用一方面和奧古斯丁的《懺悔錄》一樣，讓敘事有個「模仿」上帝形象的作用。另一方面這個「模仿」是對於敘事的對象當作範例來繼承，從而開啟自己在行動方面之德行與功業的潛在能力，這也是對於公共空間的開放與維護。

　　鄂蘭的技藝概念以政治自由為主旨，在它的前後著作裡所提出的諸如勞動、工作、行動、言說、寬恕、承諾、尊重、政治判斷、敘事，皆可隸屬於技藝。我們不要忘了在前面針對鄂蘭的技藝論時，我們強調了藝術，因它扮演著從工作層次過渡到行動層次的角色，敘事與圖像式的隱喻性語言就是一種藝術。另外，與政治判斷息息相關的擴大性思維方式、實踐智，更直接是讓未來不確定之機運如何轉為安定，甚至轉為時機的技藝方式。鄂蘭對於政治自由的要求是在這樣來落實的。

第六章

從現象學看儒家的實踐哲學

一、前言

　　本書第六章，將從前面討論現象學的實踐哲學幾個面向來看儒家的實踐哲學，也就是環繞儒家裡的技藝學、倫理學、政治學與宗教性思維。由於儒家以倫理為核心，其他這幾個領域與之有密切的關聯，故以下將從技藝與倫理、倫理與政治、倫理與宗教的關係來討論。我們並從前面現象學的問題脈絡，時或有些重複前面的論述來對照處理。因此對於儒家浩瀚的內容而言，這裡的處理將有所限定，它只能作為試金石，期能引發學界更多的討論。

二、從儒家的技藝學來看其倫理學

　　對照於胡塞爾將純粹倫理學視為最高層次的技藝學，而同時將較經驗性的生活方式視為較低層的技藝學，這也包括科技的單單的技術。海德格與鄂蘭方面也有技藝的不同層次，以及相關聯類似的討論。在儒家也可發現這方面的問題，故我們從技藝學來看其倫理學將是個有趣的研究取向。

（一）儒學裡對於技藝的論述──以《大學》、《中庸》、《論語》為例

　　我們將從這三部經典來看儒家對於技藝的論述，並且關聯到過去在胡塞爾那裡所討論到的技藝的三個層次，試著將屬於純粹或形式倫理學層次的技藝烘托出來，以作為屬於質料或經驗層次技藝的基礎，而前者也需後者才能落實。

　　大體而言，儒家的經典《大學》一書傳授著如何從個人修身到治國、平天下的修煉方法，並曉知以修煉的微言大義，這可說

是前述屬於倫理德性的技藝。「格物、致知、誠意、正心」[1]與「如切如磋、如琢如磨」[2]等字句充分顯露此修煉的技藝。《大學》涉及的政治哲學的德性當然與亞里斯多德所要求的不同，它仍以個人的明德為尚，而未言及正義的德性。如「有德此有人，有人此有土，有土此有財，有財此有用」強調了「德為本，財為末」的理念，[3]似將西方財富的平均分配以正義來解決的視為末節。而書中所引《秦誓》：「若有一个臣，斷斷兮，無他技；其心休休焉，其如有容焉。人之有技，若己有之；人之彥聖，其心好之；不啻若自其口出，實能容之，以能保我子孫黎民，尚亦有利哉！（……）」[4]則表示只要篤實專一、心地善良，有容人的雅量，即使自己無技能，那麼他人的技能、德行與善言就會被容納採用，因而同樣可嘉惠於子孫與人民。故這裡顯示了有德者可讓類似我們在胡塞爾那裡所歸為第一、二義的技藝施展其作用，雖他不是這二者技藝的擁有者；因它們是在被容納採用中去致力於社群的幸福。

　　《中庸》固然義強調人的修養德性，其標準在求天下的正道（中）與定理（庸），以及喜怒哀樂能發而中節（和）；惟人的修道更歸於上天賦予的本質（性），[5]若人的修道完善，反而可「察乎天地」，通曉天地間一切事理。[6]另一方面，「鬼神之為德，其盛矣乎！（……）使天下之人，齊明盛服，以承祭祀，洋洋忽如在

1　《大學》：經一章「大學之道」。

2　《大學》：傳十章第三「釋止於至善」。

3　《大學》：傳十章第十「釋治國平天下」。

4　同前註。

5　《中庸》：第一章。

6　《中庸》：第十二章。

其上，如在其左右。（……）」[7]是故上天鬼神亦影響到人的修德。甚且，鑑於詩曰：「嘉樂君子，憲憲令德，宜民宜人，受祿于天；保佑命之，自天申之。」「故大德者必受命。」[8]此謂有德之君子必受天之保佑，且受天降大任於身。這裡即顯示，人的修德與所導致的成就和上天鬼神之意志與作為是互為感通的；這和過去亞里斯多德的技藝為從人為通往自然生成相呼應，惟自然在《中庸》擴延為上天鬼神的意志。

如果禮樂作為一種技藝表現內在的尊敬與孝心，[9]那麼「誠」在《中庸》的地位是無庸置疑的，因為不論達道、達德、九經等皆本於誠。而這句話：「誠者，天之道也；誠之者，人之道也。誠者，不勉而中，不思而得，從容中道，聖人也！誠之者，擇善而固執之者也。」[10]充分表示出「誠」作為一種技藝，其極致即是作為誠者的聖人，他自發以及自然生成般地做到誠。甚且，修德的技藝不只是因至誠而「成己」，它也「成物」，[11]即讓萬物也順服於自然本性，回歸到它們真正由自然生成的狀態與性質。由此而言，禮樂亦在「成物」，但它們要以「成己」為前提；所謂「（……）雖有其位，苟無其德，不敢作禮樂焉」正表示作為禮樂的技藝要以更高的德為本，這即呼應了前面究竟何種層次的技藝使我們真正自由的問題。

《論語》中多處強調技藝作為修德是其他技藝的前提。如「子

7　《中庸》：第十六章。

8　《中庸》：第十七章。

9　《中庸》：第十九章。

10　《中庸》：第二十章。

11　《中庸》：第二十五章。

曰：弟子入則孝，出則弟，（……）行有餘力，則以學文。」[12]顯然以德為本，學詩書六藝為次。「子曰：君子不器。」[13]亦表示有才德的人，非像器具一樣，只專司於某種技藝。禮樂以仁為本則見「子曰：人而不仁，如禮何？人而不仁，如樂何？」[14]而當「子曰：繪事後素。」子夏答：「禮後乎？」[15]亦表示禮只作為忠信之質的文飾而已；而即使就禮樂本身而言，孔子從於尚質樸而非只徒文飾的禮樂，此見於：「子曰：先進於禮樂，野人也。後進於禮樂，君子也。如用之，則吾從先進。」[16]對於口才巧辯之為技藝，孔子亦置於仁之後，於是他對「或曰：雍也，仁而不佞。」的回應曰：「子曰：焉用佞？禦人以口給，屢憎於人。不知其仁，焉用佞？」。[17]

鑑於前文，當子曰：「志於道，據於德，依於仁，游於藝。」[18]遊憩於六藝之中，當以道、德、仁為本。另外，在「子曰：興於詩，立於禮，成於樂。」[19]當中，詩、禮與樂皆當是以德為本的技藝，但此句在就它們為用，以達於作為體與本的人性而言。反之，若不知技藝是通往德性之手段，卻常為人恃之為驕為吝，則有「子曰：如有周公之才之美，使驕且吝，其於不足觀也已。」[20]之說。

---

12 《論語》：〈學而〉第六。
13 《論語》：〈為政〉第十二。
14 《論語》：〈八佾〉第三。
15 《論語》：〈八佾〉第八。
16 《論語》：〈先進〉第十一。
17 《論語》：〈公冶長〉第五。
18 《論語》：〈述而〉第六。
19 《論語》：〈泰伯〉第八。
20 《論語》：〈泰伯〉第十一。

對於技藝的第一、二義應以成聖成德為本的言論，其實在《論語》有多處直接提及。首先，在達巷黨人曰：「大哉孔子！博學而無所成名。」後，子曰：「無何執？執御乎？執射乎？吾執御矣！」顯然專一的技藝不為聖人所求。[21]另一方面，對於太宰與子貢論及聖者何其多能後，子曰：「（……）吾少也賤，故多能鄙事。君子多乎哉？不多也！」以及琴牢的回應：「子云：吾不試，故藝。」[22]亦顯示聖人君子本不求多藝。又當樊遲請學稼時，子曰：「吾不如老農。」請學為圃。曰：「吾不如老圃。」並曰：「（……）上好禮，則民莫不敢敬；上好義，則民莫不敢服；上好信，則民莫敢不用情。夫如是，則四方之民，襁負其子而至矣，焉用稼？」[23]故禮義之技藝遠勝於稼圃之技藝也。即使子夏亦將農圃之小道技藝與修己治人之大道對立，其曰：「雖小道，必有可觀者焉，致遠恐泥，是以君子不為也。」[24]在相同的意義下，子夏又說：「百工居肆以成其事，君子學以致其道。」[25]這些言論顯示了技藝幾個層次。

（二）技藝與儒學的本質問題

雖然我們強調了如禮樂的技藝應本於修德的技藝，但是在上述文獻裡更多直接對於禮樂做肯定及闡釋其意義者，這當是已經超越其用，而達於體與本了。換言之，孔子要求的更多於其所質

---

21 《論語》：〈子罕〉第二。

22 《論語》：〈子罕〉第六。

23 《論語》：〈子路〉第四。

24 《論語》：〈子張〉第四。

25 《論語》：〈子張〉第七。

疑之「禮云禮云，玉帛云乎哉？樂云樂云，鍾鼓云乎哉？」[26]

　　《中庸》第十九章更從禮樂的踐行方式，如「春秋，脩其祖廟、陳其宗器」、「宗廟之禮，所以序昭穆也」、「踐其位，行其禮，奏其樂」、「郊社之禮，所以事上帝也」等等，[27]連接到孝道、尊長、祭祖、事天、治國之德。

　　《論語》裡如曾子曰：「慎終追遠，民德歸厚矣。」[28]有子曰：「禮之用，和為貴」[29]以及「恭敬於禮，遠恥辱也」。[30]孔子以「富而無驕」未若「富而好禮」。[31]子曰：「道之以德，齊之以禮，有恥且格」，[32]亦曰：「生，事之以禮；死，葬之以禮，祭之以禮。」[33]對於不合宜的禮樂，孔子批評曰：「八佾舞於庭。是可忍也，孰不可忍也？」[34]對於禮之助以治國，子曰：「能以禮讓為國乎，何有？不能以禮讓為國，如禮何？」[35]對於禮之避免人違背正道，子曰：「君子博於文，約之以禮，亦可以弗畔矣夫。」[36]禮之可貴，更在於「恭而無禮則勞，慎而無禮則葸，勇而無禮則亂，直而無禮則絞」。[37]又孔子並非食古不化，禮以儉與恭為原則，故或有從

26　《論語》：〈陽貨〉第十一。

27　《中庸》：第十九章。

28　《論語》：〈學而〉第九。

29　《論語》：〈學而〉第十二。

30　《論語》：〈學而〉第十三。

31　《論語》：〈學而〉第十五。

32　《論語》：〈為政〉第三。

33　《論語》：〈為政〉第五。

34　《論語》：〈八佾〉第一。

35　《論語》：〈里仁〉第十三。

36　《論語》：〈雍也〉第二十五。

37　《論語》：〈泰伯〉第二。

眾或不從眾之別，如「麻冕，禮也，今也純，儉，吾從眾。拜下，禮也，今拜乎上，泰也。雖違眾，吾從下。」[38]

「鄉黨」篇裡描述了孔子在鄉黨、廟堂、朝廷、訪鄰國、衣食、容貌、座席、行進、乘車等之禮儀。[39]對於禮的本質與內涵，孔子回答顏淵曰：「克己復禮為仁」，並曰「非禮勿視，非禮勿聽、非禮勿言，非禮勿動。」[40]孔子並勉子夏曰：「君子敬而無失，與人恭而有禮，四海之內，皆兄弟也。」[41]孔子又曾以「樂節禮樂」之以禮樂調節自己為「益者三樂」[42]之一；以「不學詩，無以言」，「不學禮，無以立」。[43]禮與樂固然有益，但雖不得過於質樸，但也不得過於文飾，徒重表面，這反映於子貢之說：「文猶質也，質猶文也；虎豹之鞟，猶犬羊之鞟。」這表示文與質同樣重要，但不宜質樸地像若去掉毛色花紋，那麼虎與豹、犬與羊的皮革就沒有差別了。[44]

我們從前節強調禮樂等技藝之本於修德而居為次要地位，到此節提出禮樂的價值，實關聯著儒家本身如何而生，並且儒家到底是什麼的問題。

儒家和所有先秦諸子百家一樣乃出於王官，王官以及其下面的許多官，皆具有專門的知識，但這包括禮、樂、射、御、書、數六藝的專門知識，或者我們所稱的技藝，並不是構成儒家的本

---

38 《論語》：〈子罕〉第三。
39 《論語》：〈鄉黨〉第一至第十七。
40 《論語》：〈顏淵〉第一。
41 《論語》：〈顏淵〉第五。
42 《論語》：〈季氏〉第五。
43 《論語》：〈陽貨〉第十三。
44 《論語》：〈顏淵〉第八。

質條件。換言之，儒家不是直接出於王官或既有的技藝，這是牟宗三點出的：「出於王官」只是個包括儒家在內之諸子生成的「緣」，而非「因」；或它只是「歷史根源」，而非「邏輯根源」。[45]牟宗三指出諸子思想出現的真正原因是「周文疲弊」的問題，而儒家之所以是儒家，即對於此問題採取了別於其他諸子的態度與方式。[46]

儒家獨有的態度是對於周文的肯定，故禮樂是需要的。在本節我們看到對於禮樂的肯定與闡釋其義，即顯示了這第一點。但周文之所以疲弊，因為當時禮樂成了形式主義，孔子要使它們生命化。[47]上節所強調的禮樂作為技藝要以修德為本即在顯示此義。從而牟宗三以儒家第二點，也就是根本貢獻是，對夏商周的文化反省，提出仁的觀念，作為確立人之生命方向的原則，而「開闢價值之源，挺立道德主體，莫過於儒」正可以來表示儒家的本質意義。[48]

從技藝學的幾層意義我們可討論出儒家的歷史根源與本質是什麼。技藝之從人為到自然生成，我們在《中庸》裡鑑於人之德性與天之感通已獲得類似的意義。其實在《論語》亦有幾次出現此義。如子曰：「不怨天，不尤人，下學而上達，知我者，其天乎！」[49]孔子重視天所賦的正理，故有「畏天命」[50]之說。孔子日常

45　牟宗三，《中國哲學十九講》，「第三講」，台北：臺灣學生書局，1983，頁55-56。

46　同前註，頁60。

47　同前註，頁61。

48　同前註，頁62。

49　《論語》：〈憲問〉第三十七。

50　《論語》：〈季氏〉第八。

教人以詩書禮樂，但罕言天理、天道，故子貢曰：「夫子之文章，可得而聞也；夫子之言性與天道，不可得而聞也。」[51]惟這不表示孔子或儒學根本所講的道德主體不與天相通。牟宗三以此強調儒家「道德的形上學」（moral metaphysics），並以為儒家經典從重視道德主體的《論語》、《孟子》發展到重視天道的《中庸》、《易傳》，它們彼此間的生命性是相通的。[52]這些呼應了我們所強調的技藝從人為通往自然生成的義涵。

（三）技藝在現象學與儒學裡的共同問題

　　我們前面先就胡塞爾現象學提出的技藝三重意義與生活世界科學性兩面層次，提出技藝的製造與實踐性一方面要以技藝的第三義為基礎，另一方面以自然生成為最高層次的意義；在此也和亞里斯多德的德性論旨趣相對照。而胡塞爾所以提出技藝學的問題，是因為技藝在古希臘原本的意義與功能被現代科技所扭曲或掩蓋，技藝成了單單的技術，失去了生活義涵；它並導致了科學與倫理失去其深邃的維度，人們從而失去了深度的生活以及真正的自由。鑑於此，以超驗主體為本的科學與倫理學將此二學科建立為第三義的技藝學，它也讓過去所要求的自由技藝真正的落實。

　　儒學興起所歸因的周文疲弊，意味著百官技藝專業知識的形式化與空洞化，這尤其表現在維繫先秦生活的禮樂制度上。儒家肯定技藝的存在價值，但必須從修德與上通天道取得技藝之所本，當然我們也未嘗不可視此為技藝的最高層次，它同時使其他層次的技藝獲得了生命力。這在當時即關涉到人的道德主體因挺

51　《論語》：〈公冶長〉第十三。
52　牟宗三，《中國哲學十九講》，「第四講」，頁75-82。

立開放而自由的問題。

　　至於技藝的最高層意義的達到是否具備美感或藝術的生活呢？我們曾提到胡塞爾的感性與美感有會通的可能。在《論語》裡如「志於道，據於德，依於仁，游於藝。」雖在前面詮釋為：在六藝中的遊憩，當以道、德、仁為本；但未嘗不可理解為游於藝是修德通天所達之美感或藝術的境界。無怪乎，我們看到孔子相較於弟子們大談治國與修明禮樂之志後，卻更同意曾點：「暮春者，春服既成，冠者五六人，童子六七人，浴乎沂，風乎舞雩，詠而歸。」[53]

（四）小結

　　我們以《大學》、《中庸》、《論語》為儒家經典代表，去釐清其中關於技藝的幾個層次，例如置財、技能、農稼、詩、禮、樂、射、御、書、數等技藝要以道、德、誠、仁等更高的技藝為本。後者亦具備與天（自然）的感通性，故如現象學一樣，技藝是人為過渡到自然生成的媒介。至於儒學的本質為「周文疲弊」，讓禮樂因仁而重恢復其生命性來源，就相似於現象學鑑於近代科學對原始的技藝扭曲，而返回更具生命性的生活方式。對儒學而言固然道德主體的重新挺立是所要求者，但與上天感應而發展出的美感或藝術生活亦與現象學中最高技藝所達的生活相若。

三、儒家的政治與倫理學關聯

　　儒家本以倫理學為核心，當倫理碰到政治時，究竟會擦出什

53　《論語》：〈先進〉第二十五。

麼火花？我們一方面常針對《大學》的修齊治平而認為我們有從
到道德連續到政治的一套哲學，但我們另一方面也見多人對之檢
討，認為從道德到政治需要有番曲折。如果說〈中國文化與世
界〉尚主張前者，那麼牟宗三的《歷史哲學》及《政道與治道》
就偏向後者。牟宗三於《政道與治道》中的〈道德判斷與歷史判
斷〉一文，亦是對於道德與政治的緊張與如何消解提出了一種看
法。對於前者問題，鄂蘭以及其後繼者對於以政治為主之倫理學
的發展，如何可給予當代新儒家的參考。對於後者的問題，胡塞
爾、海德格與鄂蘭對於抽象的道德皆賦予了具體的歷史意義，是
否亦可以給與牟宗三借鏡。這是我們討論儒家政治與倫理學關聯
的要點。

（一）從現象學來看儒家倫理與民主政治的關係

1. 前言

　　自 1950、60 年代以來，諸如徐復觀、張君勱、唐君毅、牟宗
三等屬近代新儒家或儒家學術第三期的幾個代表人物，[54] 感於時
勢，對於民主政治的反省深刻，常讓後人望其項背；雖其言論已
漸為時間所沖刷，為現時人物所淡忘。他們常在中國文化的基礎
上談論民主制度的建立，其中之一的關鍵點在對於中國人固有的
道德主體如何培養出政治主體所做的一而再清楚與深入的解釋。
但道德一詞有與倫理概念劃分與釐清的必要，由之才可更透徹釐
清道德主體如何培養出政治主體的方法與步驟。我們這樣的探討
無非是對於新儒家的談論做一補充，或至少是對之做更清楚的表

54　見牟宗三，《歷史哲學》，台北：樂天出版社，1973，頁 193；其謂：「第一
　　期為由孔孟荀至董仲舒，第二期為宋明理學，現在正需要第三期之時。」

述。

　　我們之所以承接著新儒家繼續如此談論，其動機是由現象學的觀點所引發。除了鄂蘭的現象學之外，恩斯特・弗拉（Ernst Vollrath）與黑爾德對於鄂蘭的思想做了承繼與發揚，並賦予了政治現象學的詮釋。我們過去已對於鄂蘭做了闡述，在此時機可對於後二者所承繼的鄂蘭思想做介紹，並從他們的論述來銜接新儒家提出的問題。

　　下面我們先從新儒家如何發表了道德主體與政治主體間關係的言論出發，再從弗拉就政治現象學來看其論述的道德與民主間之關係，惟其所真正欲強調的政治特徵，猶值得從鄂蘭本身，及對之再作發揮的黑爾德，就倫理之如何和政治產生關聯來討論。如此我們可再回過來檢討新儒家的看法。

2. 新儒家論民主政治如何從中國文化裡生成

　　在1958年初由徐復觀、張君勱、唐君毅、牟宗三共同發表的一篇〈中國文化與世界──我們對中國學術研究及中國文化與世界文化前途之共同認識〉55裡，對於中國文化的歷史文化中缺乏西方近代民主制度之建立，有如下的看法：

　　1）中國雖未完成民主建國，但「不能說中國政治發展的內在要求，不傾向於民主制度之建立」。此見於不論過去的君主制度之被要求尊重民意，與中國現代政治史之歷經建民國、袁世凱

55　此篇文章取於唐君毅，《中華人文與當今世界》（下）之附錄四，台北：臺灣學生書局，1975年初版，頁865-929，發表動機與經過見文前之「案」，其初意在以英文發表，而英譯本已於《英文中國文化雜誌》及張君勱英文版《中國新儒家思想史》第二卷之附錄所刊載。

稱帝、張勳復辟、訓政以準備憲政等，皆至少以民主為名目，不致違逆此內在的要求。[56]

　　2）「我們也不能說中國文化中無民主思想之種子」。此可以儒道之政治思想為例，道家之望君主無為而治、為政以德，以及儒家之「天下為公」、「人格平等」的思想。[57]

　　或許由於此篇文章原針對若干西方人士對中國文化之意見而說，且為求之中國人對其文化前途有其自信而作，故在對於中國文化發展民主政治的說法上似乎充滿了理所當然的口吻。簡言之，作者認為在過去君主制度下，君主可德治天下，人民只沐浴在其德化下，只被動地接受其德化，故人民之道德主體仍未建立。若人君在德化萬民時，不只樹立其自己的道德主體，更以德化萬民之事公諸天下，讓萬民互相德化；將其所居政治之位公諸天下，成為可人人居之的公位。這就是肯定人人有平等之政治權利，肯定人人有平等的政治主體，乃至可依公意制定憲法。故依中國文化之重道德主體的樹立，必當發展為政治上的民主制度。[58]

　　相較之下，在這篇共同宣言之前，已於1955年在香港出版，後於1962年在臺出增訂版的牟宗三之《歷史哲學》，對於中國文化裡從道德主體到政治主體的發展，就沒有這麼理所當然。針對這裡的問題，牟宗三強調了中國所具備者為道德與藝術的主體自由，所缺者為國家政治法律一面的主體自由。後者充分表現出個體性，背後實有一股「分解的盡理精神」所支撐著。其相對於充分表現出通透貫穿天地人間的普遍性，而由道德主體背後的「綜

56　〈中國文化與世界〉，頁901-902，905-907。

57　同前註，頁902-903。

58　同前註，頁903-904。

合的盡理」以及藝術主體背後的「綜合的盡氣」之精神所展現者。民主政治上實依賴著個體充分反省自覺，並以團體甚至階級方式向外凸顯，讓黑格爾所謂的「客觀精神」充分表現出來，彼此對立限制，要求互相約定，如是而有國家政治法律的生成。[59]

更仔細言，牟宗三在當時已如此表述：民主政治成立有兩個觀念為條件，「一是自外限制，或外在地對立而成之個性（……）。二是以階級的或團體的對立方式爭取公平正義，訂定客觀的制度法律以保障雙方對自的權利與對他的義務。」[60]又分解的盡理必是「一、向外的，與物為對；二、使用概念，抽象地概念地思考對象。這兩個特徵，在民主政治方面，第一特徵是階級或集團對立。第二特徵就是集團地對外爭取、訂定制度與法律。所謂盡理，在對立爭取中，互相認為公平合於正義的權利義務即是理，訂定一個政治法律形態的客觀制度以建立人群的倫常以外的客觀關係，亦是理。」[61]

牟宗三在《歷史哲學》中似乎只提出中國文化為何缺乏民主政治的理由，但如何生成出來，即如何從綜合盡理或盡氣的精神轉化為分解的盡理精神，以致具足成立民主政治的條件，他並未仔細論述。倒是增訂版附錄一由唐君毅撰之〈中國歷史之哲學的省察──讀牟宗三先生《歷史哲學》書後〉裡，點到了牟宗三所欲言者：吾人欲「由治權之民主，轉出政權之民主，而發展出真正事功性之精神，以代傳統之打天下精神。而此則皆係於不直接以道德主體，呈用於政治，而暫收攝凝聚此主體於內，而外呈冷

59　牟宗三，《歷史哲學》，頁71-82。

60　同前註，頁173。

61　同前註，頁173-174。

靜，以透露出知性之主體，則我與人與物，皆在並立之局格中，分明起來。而政權之民主，其根據正在使客觀化而並立之局格中。」[62]這個說法在後來於1961年出版的牟宗三《政道與治道》[63]有了更清楚地論述。

前已提出的治權與政權了概念，在此書中有明晰的解釋：「政權」是對應某全團體（可能是一民族）而起的「形式的實有」，使之能真成為此團體共同地有或總持地有，則需要「政道」；「治權」則為處理公共事務之運用，該運用之道則為「治道」。[64]基本上本書強調政道是讓治道產生客觀形態的架子，否則治道只停於主觀形態中，轉為內聖，而不能真正實現外王與事功。中國文化中的儒、道與法家均只有治道，極需有所轉化。[65]故有謂「由治權之民主，轉出政權之民主」，或由治道轉為具民主形態的政道也。

在《歷史哲學》中牟宗三提出之民主政治背後的「分解的盡理精神」，在《政道與治道》裡用了架構表現去具體陳述，從而由治道轉為政道，乃是從理性的運用表現轉出架構表現。這個轉出表示內聖不能直通外王，其間是一種曲通。牟宗三謂：「這層轉折有兩方面意義：一、內聖的德性與科學民主有關係，但不是直接關係；二、科學與民主有其獨立之特性。」[66]他又說：「曲通是以『轉折的突變』來規定，而轉折之所以轉折，則因有一種

62　同前註，附錄一，頁19。

63　牟宗三，《政道與治道》，台北：廣文書局，1961年初版，1974年修訂本初版。

64　同前註，頁20-24。

65　同前註，頁24-25。

66　同前註，頁56。

『逆』的意義存在。」[67]就民主而言，逆的意義是說：道德理性要求表現正義公道的民主政治，但就民主而言，要成就「理性之架構表現」，其本性卻與德性之道德意義與作用表現相違反。[68]

換言之，即使政體的出現是一最高的道德價值之實現，但「欲實現此價值，道德理性不能不自其作用表現之形態中自我坎陷，讓開一步，而轉為觀解理性之架構表現」。因在此架構中，「此政體內之各成分，如權力之安排，權利義務之訂定，皆是對等平列的。」[69]

其實如何從中國文化的道德主體轉為政治主體，對牟宗三言關鍵在此「轉折」、「逆」、「自我坎陷」等諸多概念所表示的：從原先通透天體人心之屬形上意義的道德理性（而它常因人之德化程度不同，使人有高低層次之不同），轉為往現實界人人彼此對等平列（此多就人民現實的生存條件來看）的價值去重視與成就。故牟宗三反省到過去聽自羅隆基的一句流行話：「近代政治上最大的貢獻，就是把政治與道德分開。」[70]並進而解釋，若此兩個層次不釐清，那麼即易陷入政治的「泛道德主義」或「泛政治主義」，「道德」反而成為極權奴役人民的藉口。[71]

故雖然牟宗三仍以道德理性與民主間存有一定的關係，問題是二者如何連接在一起。牟宗三批評了僅寄託在理性的架構表現，或所謂「理性的外延表現」，而不顧及所謂的「理性的內容表現」，則沒有理性施展的「親和性、軟圓性，與夫事理當然上

67　同前註，頁57。

68　同前註。

69　同前註，頁59。

70　同前註，頁59。

71　同前註，頁60-61。

的具體性與天然性」，[72]而容易「走失，消散，與淪陷」。[73]牟宗三的立場是：理想上，理性之作用與架構表現應綜合起來；因而他以為對於歷史人物，應從道德判斷（要求道德理性）與歷史判斷（要求外王事功）綜合起來作評論。[74]

綜言之，新儒家對於道德主體與政治主體間的關係，提出了一方面從前者逆地、自我坎陷地轉折成後者，惟前者仍需與後者綜合起來。道德與政治的關係真得到釐清了嗎？是否可更清楚地表述呢？

3. 政治現象學的提出——從弗拉與黑爾德來看

以現象學的立場來理解政治，是從知覺經驗出發，來面對有關政治的諸實事（Sachen; things），再去構成（konstituiert）可能屬政治方面的一些本質理論；而非首先即以抽象的思維，來論述政治學中的某些概念或理念。故弗拉與黑爾德皆將現象學處理的政治對象，以中文所暫譯的「政治之物」（das Politische）來表示。

黑爾德2004年在臺做的〈政治世界的現象學〉（Pänomenologie der politischen Welt）講座，在第一講「導論」中即說明了希臘字 *ta politiká* 實為由形容詞 *politikós* 所轉成的名詞，故嚴格而言，*ta politiká* 譯為德文 das Politische 較適當；其次形容詞後面的名詞用什麼字較妥呢？一般德文用 Angelegenheit，希臘字為 *prâgma*，轉

---

72 同前註，頁157。

73 同前註，頁161。

74 本書第十章（頁221-269）論陳同甫與朱子往復爭漢唐，以朱子從理性運作表現進行道德判斷，陳同甫僅以生命形態（過去謂之綜合的盡氣精神）進行以英雄為標準的評斷；二者實宜引進從理性架構表現來進行的歷史判斷，而做彼此的綜合，即是對此書的論述見解做一範例。

譯為拉丁字的 *res*，它們皆意味著德文的另一字 Sache，中文則譯為關乎人們行動（Handeln; action）的「實事」。[75]

弗拉在辭世前於 2003 年出版的一本著作即名為《何謂政治之物？》，[76] 而其副標題「政治之物與對其知覺的理論」，即表示本書乃從知覺去經驗政治之物出發，以建立可能的政治理論。[77]

惟弗拉的現象學為詮釋現象學（hermeneutische Phänomenologie），因他所探求的政治現象，是呈現在政治文化脈絡中，其化身為許多可知覺之物。他分析著這些現象中的政治品質（Qualität）與模態（Modalität），後者適足以構成某些理論。詮釋現象學所處理的政治，是在著眼於文化脈絡的經驗現象中尋找本具先天性的理論。[78] 換言之，知覺之物與文化中的現象對於弗拉是二而一的，政治之物的知覺所呈現的與政治之物以文化所呈現的是同一回事，它們被經驗地掌握，然後被構成概念以及理論。[79]

「政治之物」既然擺脫了一切政治的概念與理念，是否在歷史上政治形成的雛形階段，正多是以「政治之物」來呈現的？的確如此。而也因為如此，希臘時代的總總現象，常被現象學家作為從現象中構成理論的依據。弗拉也不例外；惟從他的觀察與分析，我們要探討的核心概念「倫理」卻也顯示了其原初的意義以

75　Held, Klaus. *Phenomenology of the Political World.*

76　Vollrath, Ernst. *Was ist das Politische?—Eine Theorie des Politischen und seiner Wahrnehmung*, Könighausen & Neumann, 2003.

77　針對一些人仍使用政治（Politik），反對使用 Politisches（政治之物）的概念，認為其是多餘的，或是無意義的，弗拉曾做了評論與說明，茲從略，見同前註，S. 20-23。

78　同前註，S. 15。

79　同前註，S. 58。

及在政治生成中所扮演的角色。

弗拉分析著：在古希臘時期，不為政治之物所決定的文化是祭禮的文化（rituelle Kulturen），祭禮文化模仿著或重複著一種典範，它被視為宇宙神祕的原型，及該文化社會的起源，人們不敢改變它。即使改變了，也以另一個能抵罪的祭禮取代；祭禮文化的法老（Pharao）在該社會裡作法／施作（agiert），他不是社群的代表，他甚至就是社群本身。他吸納了社群的行動（Handeln），這種施作不是一種由人所驅動的行動，因根本上是訴諸於神祕的命運，祭禮文化是一種命定主義的文化。[80]

相反的，政治的文化即是出於不順從命運的「行動」，人們在此文化社會中要下決定（Entscheidung），做選擇（Optionalität），因而具備冒險性（Risiko），也時常面對偶發性（Kontingenz）。弗拉指出不順從神祕的命運，對於祭禮的超克，是與一番「作為」（Zu-Tat）相關聯的，這個「作為」即是倫理（Ethos）。[81]

將 Ethos 暫譯為「倫理」，它的意義必須更清楚地解釋。弗拉對於古希臘從祭禮文化因「作為」而往政治文化過渡，用了赫拉克利特的箴言來表示：*ethos antroopooi daimoon*，他翻譯為：「*Ethos* 對於人類言即是命運。」（das Ethos ist dem Menschen das Geschick.）因人的作為，使得這裡所指的命運不是盲目的，人開始肩負著事件發生的責任。[82]

這句箴言在哲學史上有著不同的詮釋，海德格曾譯為：「居留對人來說就是為神之在場而敞開的東西。」[83]過去已提過，*Ethos*

80　同前註，S. 23-24。

81　同前註，S. 24-27。

82　同前註，S. 26。

83　見 Heidegger, Martin. *Über den Humanismus,* S. 45，當時他引的句子為 *êthos*

被海德格強調為居留、居住之場所，他強調居在神近處的人是具
深思的人。而神的概念也被海德格轉化為存有（Sein）。這是海
德格之以人去思維存有，可讓存有開顯的立場。

黑爾德將此句[84]譯為：「人的習俗倫理就是他的守護神靈。」
其強調的意義是：當我們內化習慣於一種倫理（*Ethos*）時，就可
影響神靈對我們的喜好。黑爾德指出希臘人稱共同生活習慣的整
體性為 *êthos*，它是由字首為短音的 *éthos* ——只譯為習慣意義
——所構造出來的。*êthos* 在德文被直譯為 *Ethos*，它實如同另個
德文字 Sittlichkeit 的意義。*Ethos* 雖尚不至於為一般所了解的道德
（morality），但仍具約束人類社群的實踐標準，它以前對象、前
顯題的方式為社群成員所熟悉，故即為一般了解的善良習俗或倫
理，或希臘人說的 *aretai*，拉丁文轉譯為 *virtues*，我們則譯為「德
行」。

亞里斯多德在《尼各馬可倫理學》曾稱此傾向於善的習性為
héxis，並說美德是出於 *héxis*；另外，他也曾說德行雖不是生於自
然，但非相反於自然（contrary to nature）（1103a 20-26），它的意
義是：德行雖不是直接來自情慾（*pathos*）的第一自然，但仍為
由理性導向的第二自然（1152a 32）。黑爾德也在講座中強調了
Ethos 是第二自然，它與第一自然不同之處，即在於其構成了人
們可在社群裡行動的共同基礎。

由之，弗拉所指的 *Ethos* 意義可以更清楚理解了。它具決
定、選擇、責負性質的作為是一種習慣，但為一種脫離了順著命

---

anthrópo dáimon（Frgm. 119）。

[84] 當時他引的句子亦為 *êthos anthrópo dáimon*，見其講座第二講「判斷力與倫
　　理」（Urteilskraft und Ethos）。

運的習慣，成為經過養成的作為。如何養成？養成為何種行動？
以致表現出政治領域方面的某些本質或理論義涵，這即需作說
明。而黑爾德以為 *Ethos* 構成了人們可互相理解及信任的基礎，
使得政治世界裡民主式的討論可以進行，這又需如何進行呢？

　　事實上弗拉並未如黑爾德，明顯地將 *Ethos* 理解成如上所解
釋的倫理或德性，但他在關心政治與道德（Moral）的討論中，
似可導往這個方向，其多出與缺乏的是什麼？而黑爾德為何可開
往這方面的論述，這是我們在下面要接著探討的。

4. 弗拉論政治與道德間關係

　　弗拉從政治之物的兩特徵──延展（Extension）與強度
（Intensität）──出發討論。延展是將政治之物延伸到一切事物，
造成了全面的政治化；強度是政治之物完全集中在一個領域內，
政治之物變成只是這個，不是別的。弗拉以為各偏一端，成為絕
對的延展或絕對的強度，皆會形成政治之物的自我消滅。[85]

　　在重視強度的例子中，弗拉提到卡爾・施密特（Carl
Schmitt）。對施密特而言，政治上的敵我壁壘分明。他賦予政治
上敵對者的正當性，此因一個合法性概念，必須由對於非法性做
否定的辯證運動而產生。[86]弗拉借克利斯丁・麥爾（Christian
Meier）的批評，指出：「敵對的概念在政治的整個部分來看並不
重要，政治也不應該最後被它作為關係點來規定。」而對於敵我的
強調，其理由更在於施密特對於政治概念之理解，不如同希臘之
著眼於市民間的共同性（gemeinsam），卻具偏頗性（parteilisch）、

85　Vollrath, Ernst. *Was ist das Politische?* S. 59.

86　同前註，S. 60-61。

自我性，而這是以主客對立為基準點之典型的近代思想產物。[87]

　　事實上延展與強度兩個概念亦可譯為外延與內包，是從邏輯的脈絡來了解的，愈具外延性的，內容愈少。重視延展的政治現象發展到極端，就成為政治之物完全不能以某些內容來規定，故政治可任意和每一種東西結合在一起，這被弗拉批評為會傷害政治之物的意義。[88]

　　因而要限制政治之物往這兩特徵的極端發展，就有了道德是否來牽制政治的討論。據弗拉的分析，若政治立基於近代以反思的原則為形態的一些道德理論上，如羅爾斯（John Rawls）或康德所主張的，那麼就忽略了政治之物以知覺或文化所呈現出來的事實性（Faktizität），以及忽略被絕對設定的定言令式和處於相對關係的人世之間的矛盾性。[89]

　　弗拉更深入的分析是：道德理論建立於自我反思上，但「自我反思」卻被誤認為「自我規定」的意義，從文法上來看，*Sich-selbst-Bestimmen*的反身性動詞被誤為*Selbst-zu-Bestimmen*的及物性動詞。故政治之建立在道德的基礎上，就直接透過自我反思轉義為「自決」來表現；屬內在自省層次的道德自律，直接轉嫁到屬外在層次的政治自決。這種從個人道德出發對政治規範的建立抹殺了世人的複多與差異性，即使阿佩爾（Karl-Otto Apel）的「哲學轉換」（Transformation der Philosophie）以及哈伯瑪斯的溝通行動理論兩者重視的對話與合議（Konsens），仍建立在理性自我同一的反思原理之上。韋伯（Max Weber）雖然對於心志倫理

87　同前註，S. 62。

88　同前註，S. 62。

89　同前註，S. 63-64。

（Gesinnungsethik）與責任倫理（Verantwortungsethik）做了區分，並以前者內存於道德，後者外顯於政治，但也在過於重視理性與道德的前提下，導致了「最偉大的心志倫理家是以全球性的責任倫理學家身分出現」的結果，心志倫理與責任倫理的區別反而消失了。[90]

弗拉不贊成道德去限制政治，而理解政治之物的展延與強度兩特徵即在權力上表現出來。他認為權力唯有藉權力去限制，權力的分配成了自由的法律政權基礎。如此政治之物與權力的限制，卻是對它們進行本真性的建立。[91]

但權力的概念仍不脫離近代以主體性為主的思想框架，權力與權力之間的制衡，只是對於主體意識的消極抵制，這不是最根本的。在弗拉的分析中，我們已見到對於政治之物的理解不完全，近代思想要負些責任。他指出鄂蘭將近代對於政治的理解，歸於往自我主義發展，以致造成了世界疏離（Weltentfremdung），[92]這是鄂蘭對於政治之物做較正確理解的貢獻。

但弗拉並未將鄂蘭對於政治之物的理解，直接去面對政治之物兩特徵發展至極所出現的問題。弗拉以權力的彼此限制作為解決之道，但鄂蘭所提出的共通感與反思判斷是否更可根本去限制權力？弗拉之前以為不順從祭禮文化的命運性，人以「作為」或倫理的作為去選擇、決定，開始了政治行動。倫理固可影響到權力的彼此制衡，但它應對於政治行動有更根本的決定性。黑爾德即對於弗拉所提出的倫理（Ethos），發揮了前已提及的「倫理」

---

90 同前註，S. 65-66。

91 同前註，S. 72-73。

92 同前註，S. 69。

義涵，並以為倫理對於政治有著正面的影響。

我們知道，康德在《判斷力批判》，不論是針對鑑賞判斷，或其內隱而未發的政治判斷，所提出的反思判斷力，根本上是異於與前於近代主體主義的反思活動。這兩種反思並不相同，後者使主體確定不移（如笛卡兒所主張），讓主體的表象始終伴隨著對於其他事物的表象而不離開（如康德所主張），並且使主體有意志地、有意念地去設計對於世界的圖像（如海德格所批評），這包括理論的、實踐的，與技藝的不同領域。誠如鄂蘭所指出的，近代人被造就成一種工匠人（home faber），他所設計的世界圖像可能是失真被扭曲的世界。也因為近代人從主體的意志與意念出發，故鄂蘭即批評近代處於世界疏離，而非自我疏離的危機裡。[93]康德以鑑賞判斷不宜置於意志中，表示鑑賞判斷不是在一為主體意志與意念本身去設定的目的論概念下，被其規定而做的判斷，它必須是以感性方式去順合著可能有的目的性，這包括縱向地因順著合自然目的性而產生的愉悅美感，也包括橫向地因順著合目的性而與他人共享美感，故反思判斷是非意志的，或非西方近代著重之反思活動的。

從感性的主觀意識去經驗對象，然後漸漸去構建概念理論，這個觀點是頗現象學的。雖然共通感與反思判斷力之觀點僅出現於康德論鑑賞判斷當中，鄂蘭與弗拉認為它們更可延伸於政治之物的領域，且以為康德亦有此看法。[94]其實反思判斷力在非意志的

93　Arendt, Hannah. *The Human Condition*, pp. 22, 254.

94　如弗拉云：「康德甚至提示了這個概念（即反思判斷力或擴大性的思維方式——著者按）之政治意義，即使他並未論述，因為就他而言政治屬於其道德哲學及其原理。」（S. 70）又弗拉指出：「針對康德之反思判斷力理論不就政治現象，而只就鑑賞現象而發展與嘗試的反對意見，鄂蘭合理地以之為不

意識階段，康德的道德哲學卻是建立在意志性主體上的。康德以反思判斷賦予了美感概念的實在性，但就《判斷力批判》整體來說，反思判斷僅順合著自然目的性，實踐理性的道德判斷（連同道德神學）才保障了終極目的概念的客觀實在性。故若康德將政治只歸屬於道德哲學，就忽略了政治之物概念要以反思判斷來構成的訴求。

　　鄂蘭對於鑑賞判斷之延伸於政治領域有其頗精闢的見解，整個來說，這是涉及在前道德規範的文化教養問題，我們稱其為倫理亦不為過，這應是弗拉所說的倫理或作為，或即是行動的義涵。另外黑爾德更從希臘文化中重要的諸如「時機」、「畏怯」等概念，來補充倫理之作為政治領域中行動的意義。我們在下面即再分別論述：

5. 鄂蘭論鑑賞判斷如何延伸於政治領域以及其中的倫理義涵

　　在一篇〈文化裡的危機：其社會與政治的蘊義〉[95]論文裡，鄂蘭闡釋了鑑賞判斷與政治領域的行動概念具有同樣的義涵。我們要對之根本的了解，才能理解為何鄂蘭將康德的反思性判斷力，延伸到政治的領域去。

　　基本上，鄂蘭在該文的討論，預設了其在《人的境況》所提

確切。」弗拉的理由是：在世界中的美感之物與政治之物的兩個現象有著共同的特徵。弗拉輔以康德在其他著作《實用觀點的人類學》（*Antropologie in pragmatischer Hinsicht*）有「反思判斷之交流建立著社群」（die reflektieren-urteilende Mitteilung stiftet Gemeinschaft.）的句子來證明。（Vollrath, Ernst. *Was ist das Politische?* S. 216-217.）

95　Arendt, Hannah. "The Crisis in Culture: Its Social and Its Political Significance," in: *Judgment, Imagination, and Politics*, ibid., pp. 3-25.

出的一些論點：人不是致力於永恆性，不是以沉思超越此岸而達彼岸，這是過去柏拉圖之理型以及基督宗教的天國概念。相反的，人以勞動、工作、行動，讓自然物、人造物與政治世界流傳後世以成不朽性，它們是人在世的條件與境況或行為生活。我們在前面已對之討論了許多。

鄂蘭在〈文化裡的危機〉裡，相應於這三種行為生活，指出了當代文化中的危機。她分析著：在勞動與休息之餘，人們表現出有兩種時間，一是致力於文化活動的「休閒時間」（leisure time），[96]它已不在人與自然的新陳代謝關係中，另一是「空洞時間」（vacant time），它仍在自然生物性的循環過程中，只不過以缺口（hiatus）待填補的方式呈現著。在休閒時間中，人們受到社會化[97]的影響，卻將文化之物貶抑為社會商品；在空洞的時間裡，人們從事的是「娛樂」（entertainment），它不是文化，因為它在消費社會上的東西，就像在人在勞動者的身分中，消費自然物而生存一樣；由之，新陳代謝的生活已從人與自然延伸到人與社會的關係去。但文化之物總是被保留下的，即使它們可能像社會商品一樣，雖被消磨陳舊，但總是還存在。[98]

---

96 同前註，p. 4。

97 在這裡正好可指出鄂蘭在《人的境況》裡對於社會（society）一詞的批評，其主要觀點是：希臘時代私人領域與公共領域的區別，在於前者是家計（housekeeping），後者是政治行動；社會化是藉著家計的擴延，私人領域通往公共領域的一種現象（p. 38）。其原因在於勞動的漸組織化與大量生產化（p. 47），在於人從 animal laborans 過渡到 homo faber 的角色後，人與人的財產關係只能靠交換（exchange）的經濟行為來建立（p. 160）；而這種行為（behavior）取代了行動（action），官僚體系之匿名性管理取代了人性的管理關係（p. 45）。

98 Arendt, Hannah. "The Crisis in Culture," p. 9.

　　惟就鄂蘭而言，對文化產生最大危機者，倒不是娛樂，而是文化的社會化。在此出現了鄂蘭所批評的一群社會階層，他們呈現著一股蔚為風氣的文化實利主義（cultural philistinism）。[99]他們雖在形成之初，蔑視銅臭的俗氣，而致力於文化活動，但主要是為了自己的社會地位；[100]後來文化之物逐漸成為有價位（value）的商品，以物價交換的方式在社會與個人中流通著。[101]文化之受到威脅，乃因世上之物變成社會生活過程中的功用品（functions）。[102]其中最足以代表文化的藝術品，本是唯一不帶有社會生活過程的功能性者，因它具備的持有性（duration）超越所有功能之暫時性之上。真正藝術之美的品味，是在觀賞者與藝術品保持一段距離進行的，這個態度是康德所謂的無興趣的愉悅（disinterested joy; uninteressiertes Wohlgefallen），它之所以發生，即在於能擺除生活的需求，人們因此而對世界自由了。[103]

　　鄂蘭以為，其實羅馬人最知道文化是何物，文化的字culture從colere而來，其義是人去栽培（cultivate）、照顧、看護自然，讓自然成為人的住所，而非讓自然受制於人的掌控。進而，人知道去尊敬過去留下的證物，包括歷史的遺跡，以及傳統的連續性。因此，對於紀念物的維護，亦成了現今文化一詞的內涵與意義。[104]鄂蘭續指出，羅馬的西塞羅（Cicero）所提之教養的心靈（cultured mind; *cultura animi*）概念，意味著像品味（taste）一

99　同前註，p. 8。
100　同前註，p. 6。
101　同前註，p. 8。
102　同前註，p. 11。
103　同前註，pp. 12-13。
104　同前註，pp. 13-15。

樣，具著對於美感覺的意義；但這種美感並不發生在對於藝術品的製造，而是在能優游於藝術品的觀察中。[105]鄂蘭要指出的是，美感是一種文化形態，這種形態對於西塞羅與康德而言，皆表現在旁觀者欣賞，不涉及對己身受用的興趣上。而此美感更可和政治的判斷相提並論，則是鄂蘭進一步要闡釋的。

　　她以為希臘人未如羅馬人理解到文化的真正義涵，在於希臘人較重視技藝的精巧性，但雅典政治家培里克利斯（Pericles）的一句話：「我們在政治判斷的界限內愛著美，且我們不帶野蠻人的軟弱之惡德從事哲學活動。」[106]似也顯示了，希臘人稱道對美之喜愛，但卻鄙視對於美的生產製造（fabrication），因為生產製造總是捲入工具、目的的實利關係，軟弱的惡德正是不能去克服這種實利關係。而這種關係也出現在當時的政治領域裡，它取代了真正的政治行動，故被人鄙視、不信任。希臘人根本上不信任的是一旦對美的愛與真正的政治活動涉及到製作產品的問題時，工具、目的的實利關係就不可避免，前者包括愛美與真正的政治判斷，它們與後者的製作生產活動也不可避免地產生對立與衝突。而更弔詭的是，對美的愛好若需要借助藝術家與藝術作品的話，因為藝術家與藝術作品易於捲入實利關係，從而他（它）們往往得不到人們的信任，那麼我們又如何能愛好美呢？[107]

　　鄂蘭注意的是，若就其行為活動而言，政治與藝術彼此對立，因為政治活動必須有他人在場，但藝術活動最好與公眾隔

---

105 同前註，p. 15。

106 原文為 *"Philokaloumeute gar met euteleias kai philosophoumen aneu malakias."* 同前註，p. 15。

107 同前註，pp. 16-17。

離，以保持其創造力。但就二者的產品來說，若二者皆對所有人是共同的（common to all），皆被滿足其在一個世界中（in a world），是一種現象（appearance）之真正存有性，那麼它們就彼此關聯與依賴。因為政治行動賦予的公共領域，提供給那些本質上可顯現，並且為美的物體展現的空間；而政治的經驗與行動本身是不留痕跡的，美的物體卻是可保持的，故二者必須彼此相存，以讓人類通往不朽。即使政治活動的言說與行動以文字及功績作為其產品，從而更可以一些形體來保存的話，它們的持續性卻要借助美的賦予，以美的物體展現。它們共同被納入文化的範疇，二者之互為依存，則需要西塞羅所指出的教化的心靈。[108]

這是哲學家愛智的心靈，他們以旁觀者的身分面對事物，從可能的沉溺、軟弱中超越而出，以致能夠下正確的判斷。這種有區別與辨識力的判斷，與愛美結合在一起，故愛美就是在這種具旁觀性質的判斷中進行的，此也是培里克利斯所說「在政治判斷的界限內愛著美」之義。鄂蘭用品味一詞表示判斷在美感中的使用，並因而主張康德的《判斷力批判》之鑑賞判斷，其實包含最偉大與最原始的政治哲學面相。[109]

鄂蘭深入地從文化的角度，以培里克利斯與西塞羅的類似觀點，來提出康德鑑賞判斷中具有政治義涵的理由。至於這種判斷如何賦予公共性，以至於讓政治行動與藝術品同時達其不朽性？鄂蘭解釋康德所提出的「擴大性的思維方式」，已和過去的哲學多建立在對自我同一的要求上有所差別，而為能站在其他任何人的立場去思考的方式；這種判斷的力量基於一種能與他人一致的

---

108 同前註，pp. 18-19。
109 同前註，p. 19。

潛在能力；它不是經由對話所產生的判斷，而是在被預期與他人最後可交流中，取得具公共性的有效性。這種能力被希臘人稱為實踐智，深植於人之共通感的意識裡。判斷的實際進行，則如康德所言，在人們提出自己的意見外，尚能聽他人的意見，向他人建議與勸說，以取得共識。[110]

　　綜合前面所說，鄂蘭從批評文化實利主義出發，認為在文化這種社會化、商品化之下，人們對於美的喜愛變成毫無區別、無節制了，品味則代表了判斷與節制。當人類在勞動的生活之餘，經營休閒時間，漸致力文化活動，但工作生活有將文化導致實利的可能，鄂蘭提出的行動生活，不只直接針對政治活動，亦針對整個文化活動，品味能力屬於行動生活。鄂蘭從康德借來的鑑賞判斷或反思判斷力概念，是對於工作生活中工匠人的極端發展作限制，以建立真正屬於人的文化形態。[111]

　　鄂蘭所說明了鑑賞判斷與政治判斷是同一件事，她在品味的態度時曾說，這個活動在決定世界對我們如何呈現的，擺脫了它的使用性、我們對它的興趣，這也包括道德的興趣。[112]但是否有我們強調的倫理於內？而又該如何來理解或詮釋此義涵呢？倫理之前已被解釋為善良習俗，鄂蘭從具備一個人的文化形態角度，

---

110 同前註，pp. 20-21。

111 鄂蘭並說品味除去了美的世界的野蠻化，以人性的方式照顧著美，如建立了一種人文主義的文化。鄂蘭主張的人文主義（humanism）依然是屬羅馬文化的，認為是西塞羅教化心靈導致的結果，它不偏於科學家的證實、哲學家的真理、藝術家的美，真正的人文主義者不是專家，它卻能施展判斷的能力，能品味出何者對於各個專業之強制性的超越，如此也超越了政治家與藝術家的衝突（同前註，pp. 23-24）。

112 同前註，p. 21。

來論鑑賞與政治活動。故整個來說，讓文化回到人去栽培、照顧、看護自然，以成人的居所，這是屬文化本來的義涵；以行動生活對於工匠人做節制，擺脫於各個專業可能的強制，並能超乎其上而察其品味……；這些是讓人類生活風氣向善的表現。若以這種觀點來理解，鄂蘭的論述乃以倫理作為政治的前提。

6. 黑爾德論政治與倫理間關係

　　黑爾德認為希臘時期建立了民主的世界也建立了知識（*episteme*）的世界，它們理應從對世界開放的意見（*doxa*）漸次發展而成，但卻因過於強調知識而忽略了意見的構成過程。例如，柏拉圖將知識的世界來規定政治世界；亞里斯多德曾對於意見的向世界開放能力以實踐智來表示，也區別了實踐智與知識之不同，但擁有實踐智能力，向世界開放的本質原因為何，這些原因並未詳及。黑爾德贊成鄂蘭所見，即康德指出了「擴大性的思維方式」或「反思判斷力」包含有政治方面的義涵，也可說明亞里斯多德所未言者。但他欲以現象學的分析，對此做更細緻的闡釋。其中即顯示一些倫理的義涵。

　　這涉及我們下判斷，是對於未來的事做一抉擇，未來的事是新的，有預期不到的性質。反思性判斷力幫助我們下正確的判斷，乃因為我們的抉擇有著適當或不適當的時機，適當的時機可為反思判斷力所評估。「時機」這個概念，曾為亞里斯多德和實踐智連在一起；西塞羅稱實踐智為「先見之明」（*prudentia; pro-videntia*），此譯名就字面來看也有時間的意義。反思性判斷力就是擴大性思維的方式，因為若我們能夠超越個人所局限的習慣性視域，進而從一種與他人共同的習慣性視域著眼，就能下出適合時機的判斷。

這共同的習慣性即是 *êthos*，我們在前已述說其具的倫理或美德的義涵了。習慣化的作為者（agent）是時間，這意味著 *êthos* 的內容尚須歷經時間持續的構成，它即使具約束人類社群的作用，但絕不是既定的規範。因而 *êthos* 雖為從過去所養成的，但它仍具有時時從新的未來所塑造的性質。相反的，適合的時機雖是未來的，但它要取決於 *êthos* 的視域；*êthos* 本身從過去到未來的持續養成，使得 *kairós* 的未來性，可反過來從過去的 *êthos* 得到其判斷力的資源，雖然 *êthos* 也持續地往未來進展。這說明了 *kairós* 與 *êthos* 互相對立，但彼此需求。

Kairós 與 *êthos* 的作為者是時間，而不是人本身，故當人在藉記憶與期待作用，取代了時間本身的作為能力，那麼對於未來的抉擇，就易於被 *êthos* 所轉型成的規範（normality）所規定。這是以現象學來分析從反思判斷轉變成規定判斷的過程。

希臘人對生活習慣的規則，賦予一理據，對之做辯解（*logon didonai*），這是從反思判斷轉為規定判斷的一例。近代主體主義對個人自由的強調，漸遺忘 *êthos* 的約束力之重要，也造成反思判斷力的弱化。其實暴力的來源，不僅是集權與專制，更在於反思判斷力的弱化。這樣的體認，就可避免西方人忽略非西方人的風俗習慣，強制以民主的一些規定，來注入其中。西方人應建議非西方民族在其固有風俗習慣下開展民主的生活。

但是否仍有一普世的風俗習慣，為西方與非西方文化中的內涵，它可適足以發展為民主生活呢？黑爾德的貢獻是，他從鄂蘭那裡尋得了一種稱為畏怯（shame; *aidos*）的德行，它似乎可從不同文化中，由原先本是一種感受，漸醞釀為風俗倫理，而它奠基著民主的生活。

在《人的境況》第十節鄂蘭以必然性與自由、徒勞無功

（futility）與恆久性（permanence）、羞恥（shame）與榮耀（glory）的對立概念區分私人與公共性，但同時說，這絕不意味著必然性、徒勞無功與羞恥只適於在私人領域。[113]鄂蘭只說私人領域是生與死的場所神聖性，它對於公共領域必須隱藏起來，因為它包藏著對人們隱蔽與對人的知識不能穿透的東西，更因為人們不知他生前來自何處與死後往何處去。[114]

　　黑爾德繼續闡揚了這個羞恥或可稱「畏怯」的概念。「畏怯」在希臘的生活中，抑制了自己在世界中的開放，因此造成他人顯現的空間。具體而言，希臘人的城邦與居家有不同的生活空間，前者的公共性格別於後者的隱蔽性格，居家生活卻因為是畏怯倫理所發生之地，反助益了城邦生活的進展。他們的居家生活以三代同堂組成，基本上，第三代泉源不絕的生命性，相對於第一代常在凋零中的死亡威脅。相形之下，第二代則汲營於工作，供養整個居家生活。世代的（generative）生活在生命與死亡的起落中，常造成家庭成員間的競爭與衝突。當用暴力來排除競爭時，反而導致居家世代的滅亡。當時家庭成員以畏怯來防止這種鬥爭，並不張揚生命與死亡，它們被掩飾起來，家庭成員因此互相地被授予生存的空間。黑爾德賦予畏怯德行的正面意義是：它形成了對他人權利的尊重，民主政治倫理在家庭中已被演練著。

　　黑爾德證明畏怯倫理的普世化，舉出東亞（如日本）與中東的家庭生活也為社會生活的基礎；即使社會化的經濟學（economy）與生態學（ecology），從字源看，也脫離不了與 oikos（家）的關聯。畏怯的情感根植於眾人之心，它具有普世性，故有機會被醞

113　Arendt, Hannah. *The Human Condition*, p. 73.

114　同前註，pp. 62-63。

釀成民主政治的倫理基礎。[115]

　　故當鄂蘭觀察到從家庭擴延到公共領域，因勞動生活轉為工作生活，特別因人以工匠人的身分，將公共生活經濟化、社會化，以至於民主生活反被戕害；黑爾德卻以為居家生活有發展成民主生活的內涵，它更具普世性，這即歸功於畏怯感情與倫理。但是，當鄂蘭以反思判斷力即政治判斷，它對於無節制的美之喜愛，以及無限制的生產製造，皆可予以節制；此節制性更被黑爾德從畏怯的感情與倫理來看。是否在以反思判斷鑑賞時，人們以旁觀不涉及己身興趣的態度，來品味美的事物，即是賦予了美的事物自己的空間，這源於畏怯感情的授予他人居家的生存空間？當鄂蘭以人去栽培、照顧、看護自然，以之成人的居所，以這種文化本義，去別於社會化的文化形態，並認為藝術也好，政治也好，其公共性可被加以保障，維持長遠；而我們以這種具品味的文化素養之塑造，是一種風俗倫理的養成；黑爾德卻從畏怯的感情來直接揭示其倫理性。

7. 對於新儒家論道德與政治關係的重新反省

　　就現象學的觀點，新儒家所理解的道德概念，基本上本於西方近代的主體主義。他們一方面注意到道德與政治兩個領域應分開，另一方面又以為道德與政治之間有一定的關係。他們以間接、曲通、轉折、逆等概念，來解釋其間關係，事實上要表明的

---

115 Held, Klaus. *Phenomenology of the Political World*，並請參考克勞斯‧黑爾德，孫周興編，倪梁康等譯，《世界現象學》，台北：左岸文化，2004，其中「海德格通向『實事本身』之路」（頁131-135），「本真生存與政治世界」（頁230-236）。

是，在具規範性的道德形成之前，尚以反思判斷力來構成的風俗倫理，如何能助益民主政治的生活。

當唐君毅以為從道德主體要轉為政治主體時，我們「（……）不直接以道德主體，呈用於政治，而暫收攝凝聚此主體於內，而外呈冷靜，以透露出知性之主體，則我與人與物，皆在並立之局格中，分明起來。而政權之民主，其根據正在使客觀化而並立之局格中」；又當牟宗三認為政治主體的形成，「道德理性不能不自其作用表現之形態中自我坎陷，讓開一步，而轉為觀解理性之架構表現」，因在此架構中，「此政體內之各成分，如權力之安排，權利義務之訂定，皆是對等平列的。」他們的論述，實過於強調從已成形的道德主體來解構，然後呈現出人們在民主政治生活中所需要的態度是什麼；他們未能從這些態度如何從生活經驗所生成來考慮，特別是去考慮，人們從原本的私有生活，如何進入公共生活，並以彼此並立、並列的精神來共存。

現象學的貢獻，即在描述及分析這裡的生成過程，讓我們不至於停留在概念與架構的理解而已，卻更能從實際生活經驗中體察到實現這些概念的條件是什麼。弗拉已注意到政治文化從祭禮文化發展出所需要的Ethos。鄂蘭面對人類從勞動，經工作，到行動的生活，警覺到這個民主政治的形成過程，可能因工匠人所造成的文化危機被破壞，故提出文化的本義在將栽培的自然為我們的居所，以致我們保有讓各人事物展現其空間的態度，因而我們應再養成這種符合人性的文化素養。黑爾德則從私有居家的畏怯感情，及其培養成的風俗倫理，來看其可塑造具有彼此尊重精神的民主生活。

最後，我們至此所介紹與討論的新儒家與現象學者，對於民主政治的形成基本上有個共同的看法，即讓各人事物能展現其各

自的空間，使人們彼此能並立、並列地共同生活；這在表示「尊重」的精神為民主政治的基礎。在鄂蘭的《人的境況》裡已指出尊重促成寬恕，因它能有效開展公共領域的生活。[116] 反觀於中國文化，尊重的德行究竟存於何者？它如何可發展出來？中國文化的居家生活是否亦含有畏怯的感情與風俗倫理於內，抑或有其他更值得揭示出來的倫理德行，可助益於民主政治的生成？

　　與希臘的德性羞怯相近的，在《中庸》裡子曰：「好學近乎知，力行近乎仁，知恥近乎勇。」在《孟子》〈公孫丑篇下〉孟子則以羞惡之心為義之端也，並與惻隱、辭讓、是非共同隸屬於人之四端。孔子與孟子皆強調知恥或羞惡之心可激發行動力，孟子並強調它們可助長正當的行為。但是這裡有兩個問題，一是知恥與羞惡之心是否是前對象、前題題的，即非西方近代主體所設定、某種道德律所規定的態度或行動？另一是，它們所激發出來的行動力或為正當的行為是否包含公共領域的行動呢？

　　第一個問題可直接對於羞惡之心的心來提問，其是近代主體

---

116 參考 Arendt, Hannah. *The Human Condition*, pp. 237-247，過去我們已論及，鄂蘭以「寬恕」與「承諾」為政治行動的兩個財富；前者針對不能改變的，後者針對不能預見的，它們卻使得我們不受制於過去，也能獲得未來的保障，因而也是一種「擴大性的思維方式」的表現，讓我們擺脫一些強制而獲自由。又相反於報復，寬恕呈現非期許的與新的行動，這個「新的」促成，和前面黑爾德對 *kairós* 與 *êthos* 的說法，似有更積極面，特別是若寬恕所來自的尊重，是由愛所轉化而來，如果不是直接來自愛的話。其實，鄂蘭一方面論述著基督教的愛使相愛的人沒有距離，但所誕生孩子又讓他們產生距離，而且開放了二私有者間共同的東西，這也緣起了世界性。黑爾德所指的世代情狀，似可從這裡見出端倪。故而基督的愛是否亦因孩子誕生，也發展出尊重的德行呢？而「孩子」實為「聖子」耶穌的象徵，故其中所蘊含的宗教與政治問題，實值得爾後作深入的探討。

主義的道德的心或是日常生活所培養出的心靈？對於這個問題的回答，我們要回到前面儒家的技藝概念與技藝在儒家的地位問題上。農稼百工、禮樂、修德是技藝的幾個層次，因為後者的技藝，使之能從人為手段，經由自發，再到自然的生成，這表現在人之修德與天之性命感通當中，故德行的修煉和對立於自然，並以意志克服自然的道德主體行動是不同的。當許多學者主張儒家為美德倫理，以及對於德性造成的自我中心問題的反駁，似乎少了從我們的這種觀點來論述。[117]

第二個問題可再仔細地問：當儒家經典呈現出諸如「齊家、治國、平天下」（《大學》）、「弟子入則孝，出則弟，謹而信，泛愛眾，而親仁」（《論語》〈學而〉）、「君使臣以禮，臣事君以忠」（《論語》〈八佾〉）、「父子有親，君臣有義，夫婦有別，長幼有序，朋友有信」（《孟子》〈滕文公上〉）、「天視自我民視，天聽自我民聽」（《尚書・泰誓》）等等從在私人到家、社、國、天下領域中的行為時，由知恥與羞惡心激發的正當行為必然可針對它們，但其是否可擴展或轉化為現代的政治形態下的民主政治行動呢？本章節即是針對當代新儒家欲從近代道德主體轉為政治主體，而提出從德行倫理的前對象、前顯題化的主體來助長民主政治的生成。

由倫理所助長出來的民主政治不是只建立在道德判斷上的，牟宗三再度揭發的問題「政治判斷為道德判斷或歷史判斷？」成為我們接著要討論的問題。

---

117 譬如黃勇在其著《全球化時代的倫理》（台北：臺灣大學出版中心，2011）第捌章討論「美德倫理的自我中心問題」即未以若儒家以德行倫理為主，且非自我中心主義，原因在於其不是西方近代的主體道德主體來討論。

（二）從現象學來看儒家對於政治建立於道德判斷或歷史判斷的爭議

1. 前言

　　牟宗三在〈道德判斷與歷史判斷〉[118]一文裡，對於陳同甫與朱子各自偏重非理性的生命與理性的道德，指出了兩者的不足處，從而主張朱子的道德判斷應引進歷史判斷。他提出在道德方面只是主觀之鑑別與批判，必須提升至架構地思考客觀的政體與歷史，再而從動的觀點或升舉轉化的立場來進行歷史判斷。我們從現象學的觀點來看牟宗三所提出的問題時，如何去審視牟宗三對於陳與朱的超越可再做進一步的發展呢？我們將一方面檢討現象學家胡塞爾、海德格與鄂蘭的思想如何放在牟宗三該文所拋出的問題與概念來了解，從而將他們分別與牟宗三的處理做一對照；另一方面鑑於鄂蘭的思想，來檢視牟宗三的處理如何可被進一步深化，並試著將對鄂蘭所詮釋之較具整體意義的歷史判斷，去看其他三位所涉及之較屬局部性意義的歷史判斷。

2. 牟宗三論朱子與陳同甫

　　陳同甫係宋朝人，他以為漢唐與三代皆是英雄生命的直覺表現，三代因孔子後來的評判，得以洗刷其原先可能被認定的不潔，但為何漢唐不能如此？陳同甫欲為漢唐伸冤，其謂為天地日月伸冤，因為天地日月因為生命直覺而能持續運動、持續明亮，

---

118 牟宗三，《政道與治道》，台北：廣文書局，1974年7月修訂初版，頁221-269。

漢唐的人心世運也賴英雄之統治而能維繫於不墜。119

　　牟宗三以為其中有一些「定然的實然」，定然的實然是指英雄的生命與直覺為非理性與非批判的。引用西方哲學的術語，這種生命與直覺皆是自然的而非理性的，故牟宗三說它們是「天定」的。120

　　理性的與批判的路數即為朱子所具，牟宗三以為儒者以理性為根基者，最高嚮往的是德性與生命合一，但這是頗難達成的。121事實上，這就是天人合一的境界。對於天人合一有不同的解釋，個人以為當人的意志與天的意志一致時，即是天人合一；此時人的意念想法以至於作為與天的法則及其可能的施作相同，故而人的德性是天之性，天者包括人自己的生命與天的生命。

　　但英雄式生命所表現出的世運與天地日月，不是以德性締造以及勾連出來的，它是包含著理性與非理性甚至反理性的，故英雄式生命是不清明的；122其相應的天地日月若也是個生命，那麼它就不是由個人德性所參化，而是為群眾在歷史中所共構的；它所包含的偶發性（contingency）遠超乎一般個體所能決定。惟英雄之所以為英雄，他的生命與直覺所能觸及，甚至能夠掌握的，反而是這些集體的、渾沌的屬世運天地日月的生命。

　　牟宗三針對英雄人格形態所說的生命僅在主觀方面，而對於客觀方面講的是功業。故他說生命帶渣滓、有夾雜、非理性；惟牟宗三補充了陳同甫未見到之非理性的積極意義：「全副是情

119　同前註，頁238-239。

120　同前註，頁249。

121　同前註，頁240。

122　同前註，頁241-242。

欲鼓蕩，全副是氣機鼓蕩；好色、好名、好權、好勝、貪瞋痴三毒俱全。但他有強烈生命上的原始直覺，有聰明敏銳的目擊（……）。他只為他自己，不為別的。但他所目擊的那一點，卻是公的，卻是時代之所需，天下之所欲（……）。」[123]所目擊的既是時代所需，若能化之為歷史上事件，則成為功業，它不是個人主觀道德所能成就的。因而牟宗三以為朱子之重視個人主觀道德，不能正視英雄式生命及其所成就的事功，故對於孔子所稱之管仲就不能欣賞。[124]

道德理性雖可帶出某些客觀的德業，但對於英雄式生命直覺所成就的功業就顯得無能為力，前者的德業是義與王的事，後者的功業屬於利與霸的事。[125]牟宗三以為若我們欲對於二者做一綜合，首先要肯定理性，並對理性要求更高的實現，繼而引進更高的理性的智慧、心量與識量，才能克服理性與生命的矛盾。[126]具體言，我們不再只以主觀的存心而貶英雄生命的價值，要顧慮客觀問題有關人民生命。「使物得其生，人遂其性，豈不是更高價值的實現？」[127]他舉例言，「唐太，以及明太，自個人存心與德行上說，皆無足取，然對於民族國家，歷史文化，都有客觀的功德。」[128]而孔子之稱管仲，亦是在較大的心量與識量，以及較高之

---

123 同前註，頁242。

124 同前註，頁243；又或許牟宗三以這個目擊的這一點為公的是偶中，有點康德對鑑賞判斷所言的「無目的但合目的」，然則要有所保障，則必須以理性為基礎。

125 同前註，頁243-244。

126 同前註，頁245。

127 同前註，頁245。

128 同前註，頁245。

德性與理性上來看的。[129] 在這種條件與要求下，在客觀上所求於人格形態來落實的即為「聖雄」，若不能兼備聖人與英雄，退而求眾志成城之共業，此則需要思想家與行動家的結合。[130]

從英雄生命來看，若它向上逐漸成聖雄的境界，需要一種工夫，像鍛鐵一樣，經過「淘瀘、磨練」，逐漸「點鐵成金」，又如同「煉精化氣，煉氣化神」一般。換言之，原先物質性的精，經工夫提升至氣、至神，這工夫卻已不是靠原始的英雄式生命力，而是基於理性來的。牟宗三比之如在黑格爾離開了原始自然轉向具精神性、人文性的「第二自然」。而在轉化的歷程中，不論是鐵或金，精、氣或神皆各有價值，特別是在轉化中呈現的價值。這是所謂的「天地無棄物，四時無剩運」也。[131]

從這個觀點來看，一切英雄活動在其轉化的過程中，皆因朝往「理性之更高的實現」之方向，而具有轉化的價值。譬如秦政若予以道德判斷，是壞的，是反面的。[132]「但若從升舉轉化向高級而趨的發展過程以觀，則亦有其轉化過程上的精神上的價值。」牟宗三再從這個轉化歷程談到歷史的進展，故而「惟了解升舉轉化之價值，方可說天地無棄物，四時無剩運，天地常運，而光明常在，而可言真歷史矣。」[133] 人類歷史是人類修煉工夫或精神磨練的過程，在過程中每一物，每一運，就轉化言均有價值。歷史判斷即是「從發展作用中看一歷史事實之價值」。牟宗三以為陳同甫批評朱子只做道德判斷，而欲引進歷史判斷，但因思想地不夠

---

129 同前註，頁248。

130 同前註，頁246。

131 同前註，頁250-251。

132 同前註，頁251-252。

133 同前註，頁252。

透徹，故無法說明得很清楚。[134]

　　至於朱子對牟宗三而言又如何呢？牟以為朱子自覺到個人從原始自然超拔，從第一自然進入到第二自然。他固知道個人的精神轉化，也可對於精神轉化中的個人經歷做真實化，這是個人的精神發展史。但是對於屬群眾的歷史，只做到以個人體認的道德本體作為批判的標準，故對於歷史上英雄人物的生命就只以做道德判斷，而不能引進歷史判斷。當對於歷史只以個人的理性本體做判斷依據時，因不能透徹了解屬群眾的歷史本具非理性的生命，以及歷史的形成在於如何將其轉化成理性的，此即對於歷史的真實化，故導致了「理性本體之只停止於知性之抽象階段中，尚未至恢復其為踐履中之具體的理性本體」。[135]

　　牟宗三論旨是對於道德判斷與歷史判斷的綜合，陳同甫只停在直覺主義，朱子只將理性停在知性的抽象階段。前者側重「英雄情欲生命的恢廓得開」，後者側重「聖賢德性生命之功效」，他們皆從英雄或聖賢的「作用」方面著想。牟宗三轉而注意到「架構」的問題，以為要積極地思考政治與歷史的問題，要從架構處想，他所理解的架構有兩義：1）「從自己主位中推開向客觀方面想，自己讓開，推向客觀方面，依此而說架構」；2）「推向客觀方面，要照顧到各方面，而為公平合理之鑑別與形成，依此而說架構」。[136]這些可以讓主觀的德行作用構作成客觀形態，讓澎湃的英雄生命作用加以籠罩而不氾濫。[137]

---

134 同前註，頁252-253。

135 同前註，頁253-254。

136 同前註，頁261。

137 同前註，頁262。

我們見到對於兩者判斷的綜合，牟宗三再三強調理性主體的不可或缺，他以綜合後的狀態是道德理性「真正復活而自見其自己」。[138] 事實上，牟宗三是循著黑格爾的辯證路線，以主觀的道德理性只提煉此性體，未至通出去時，是「純普遍性自己」之階段，這是黑格爾的「在己」；當進入客觀架構的表現即是「為己」；當至綜合階段，就是「在己與為己」。換言之，這是理性、生命、理性與生命綜合的三個辯證歷程。[139] 惟如此才可達到真實的德性生命。[140]

3. 現象學的觀點

1）胡塞爾之重視發生現象學與歷史性生活世界係對於歷史判斷的引進

胡塞爾在早期對於歷史主義或世界觀哲學的反對是眾所周知的，因為這不符合他哲學作為嚴格科學的理念。以胡塞爾的立場而言，我們必須求得一種徹底的、從下開始的、在穩定的基礎之上建立的，以及根據最嚴格的方法所開展的科學。[141] 從下開始的是指從純粹意識開始，方法是一種本質領會（Wesenserfassung），[142] 它是一種直接的直觀，對於本質可直接的掌握，然後再行現象學的描述。相反的，以狄爾泰為代表的一種歷史主義或世界觀哲學之所以被質疑，因為他們所了解的精神生命被具統一性的與歷史發展性的動機所支配；他們雖提出對精神生命去直觀、去體驗，

---

138 同前註，頁254。

139 同前註，頁264-265。

140 同前註，頁268。

141 Husserl, Edmund. *Philosophie als strenge Wissenschaft*, S. 66-67.

142 同前註 S. 70-72.

但是僅對這些動機去揣摩感受（nachfühlen）、理解（verstehen）、說明（erklären）。[143]

　　現象學作為嚴格科學的理念是一併涉及理論與實踐的，更何況自早期開始，胡塞爾對於倫理學的關注不亞於對於邏輯學與知識論。他之否定歷史主義，顯示胡塞爾強調對於建立理論與實踐的判準來自主體，故倘若胡塞爾對歷史上的某人事物進行鑑別，則是做道德判斷而非歷史判斷。

　　我們從胡塞爾對於倫理從靜態到發生現象學的討論中已得知，稱為「衝動意向性」、「意志的被動性」等的實踐意向性已涵蓋整個意識領域，人在世界中是以實踐的意向性與整個事物相對待。但作為一個人，我們面對與處理實踐對象時到底是主動的理性決定受觸動而帶出的衝動，或是反過來被後者所決定，這或許才是真正的問題所在。涉及的是我們究竟是個應自我負責的自律人，還是為環境與背景所影響的他律者。這其實關聯到當環境背景擴延到整個歷史發生事件，甚或歷史命運時，其在為公的立場來看的價值，和從私的個人道德判斷出發的價值孰為優先的問題。[144]

　　胡塞爾的「發生現象學」可從狹義來看只涉及個人的意識歷史活動，以及從更大的格局來看涉及群體的歷史意識活動，如此

---

143 同前註，S. 49-50.

144 前已述及，鄂蘭在《精神生活：思維》第18節指責哲學家常以自我矛盾即足夠，忽略了讓眾人的自我不矛盾。像是蘇格拉底，能夠獨自愛智慧與愛哲學活動。他能對自己負責而說：「毋寧被犯錯也不要做錯」，以及「對我較好的是（……），寧願多數人與我不一致，而非我，**為一個人**，與我自己不一致與和自己衝突。」（Arendt, Hannah. *The Life of the Mind. One/Thinking*, p. 181）這是這裡所說的為私的個人道德判斷出發的價值。

則更能吻合牟宗三對於歷史判斷討論的旨趣，這充分顯示在胡塞爾的最後著作《歐洲科學危機與超驗現象學》裡。他所強調的屬群體之歷史性生活世界，扮演著現象學還原到超驗主體以及去重構世界或科學的過渡角色。主體意識到自己處在生前與生後皆為歷史所規定的位置中，我們傳承了業經伽利略變形的古希臘科學理念是一例，這是導致科學危機與文化危機的源頭。故而我們要重新思索如何完成現象學為嚴格科學的任務，就不能忽略歷史或世界觀的問題。胡塞爾注意到個人的理性本體常為非理性生命形構出之歷史所影響與滲透，他雖未曾說過在歷史轉化中的精神自有價值，以及所謂「天地無棄物，四時無剩運」，在轉化發展中歷史中的每一事實皆有價值，但是他實顯示了一個理性本體不再是停在知性而僅為抽象的，而是在踐履中為具體的。

　　胡塞爾在該《歐洲科學危機與超驗現象學》書裡對於早期於《觀念一》處理「擱置」的方法不周全，而常導致他人的誤解，故對於從「笛卡兒式之路」轉而經由「生活世界之路」曾有這樣的敘述：「這過於較短的通往超驗擱置之路（……），也就是我稱之為『笛卡兒式』之路（……）有著重大的缺點，即它雖然像在一個跳躍之下就已達到『超驗自我』（das transzendentale Ego），但因必定少了每一項先前的闡明，而將超驗自我在一種看似內容空洞之下呈現出來，致使一些人在開始時就對於擱置到底可以得到些什麼而不知所措，以及甚至不知怎樣才可從這裡出發獲得一個新的、對哲學具決定性的、且完全新樣態的基本科學。如是，他們（……）過於輕率並在一開始就受到誘惑陷入天真自然的態度中。」[145]

---

145 Husserl, Edmund. *Die Krisis der europäischen Wissenschaften und die transzendentale*

　　胡塞爾這樣轉以歷史性的生活世界為重，一方面固在避免原先許多讀者的誤解或陷入歧途，另一方面也是對於自己處理擱置與重構世界與科學之路的一種修正。前述牟宗三所言的「內容空洞」、「天真自然」等字樣，是他針對未引進歷史判斷之道德判斷。故只停在知性的抽象階段之批評字眼。持平而論，胡塞爾之轉向歷史性的生活世界，也在將原先所忽略指涉的具體內容，以更思慮成熟的方式來處理。

　　我們在胡塞爾部分主要是將其曾重視了發生學與歷史的思想，放在牟宗三所提的問題與概念脈絡裡來指出其可能開放的問題視野。當然對於胡塞爾的思想繼續去確認他是對道德判斷做展現，或是尚有蘊含歷史判斷的可能，這需要另做探討。

　　2）海德格晚期之強調「存有歷史」係偏重於歷史判斷

　　如果胡塞爾對於歷史性的概念與問題已開放了一定的視野，那麼海德格就將之做了更徹底的處理，這也是貫穿了其整個哲學思想的核心概念。我們在前面章節已處理過海德格在《存有與時間》時期對於歷史的討論，他將良知召喚發展出「此在」的決斷性，從而衍生出歷史與命運的概念。在此我們再強調：德文的歷史性 Geschichtlichkeit 本和命運 Schicksal、發生 Geschehen 相關聯，而命運 Schicksal 和差遣 schicken 的字根相同。故此在的歷史性具有如下的義涵：存有作為良知召喚著我們，讓我們回應，我們願有良知，做出決斷，本真的存有可能性臨現於我，這有如本真的存有差遣我們，命定我們，我們因而被帶往命運去。

　　海德格從個別「此在」說到作為群體之「共同此在」（Mit-dasein）的「共命」（Geschick）與「共同的發生」（Mitgeschehen），

Phänomenologie, S. 157-158.

形成了發生在世代（Generation）交替中的「此在」歷史以及世界歷史。[146] 但在《存有與時間》裡海德格主要在將「此在」的歷史性歸因於「此在」的時間性，以及強調歷史性（Geschichtlichkeit）為歷史（Historie）的源頭。因為「此在」的時間從「未來（到來）」（Zukunft）的觀點來看「時間化」（Zeitigung），故歷史的來源始自未來，而不是始自現在（Gegenwart），繼而從現今事實之物向過去之物（Vergangenes）去回溯。[147] 顯然對於個別「此在」的時間性和歷史性關係也可延伸到「共同此在」的時間性和歷史性的關係，也造成「共同此在」共被存有差遣，而被帶往「共命」的可能。我們看到海德格晚期的「存有歷史」（Seinsgeschichte）概念已萌芽於此。

前面已談及〈對科技追問〉的幾個要點，今再針對其中海德格對於現代科技問題所做的「歷史判斷」做一闡述。

眾所周知，海德格對於科技的本質定調為「框架／聚置」（Gestell）。簡言之，這是指人對於自然物進行林林總總的，包括設定、計畫、預訂、安排、控制等的揭蔽（Entbergen）方式的總稱。[148] 海德格刻畫著：「現代科技的本質將人帶到這種揭蔽之道路上（……）。帶到一條道路上——以我們的語言叫做：

---

146 Heidegger, Martin. *Sein und Zeit*, S. 384-385, 387.

147 同前註，S. 376, 392, 395；至於為何此在的時間性或歷史起源於未來，在此做一簡單的解釋：這和「此在」作「決斷」讓「存有」向「此在」的敞開有關，在此特殊的「處境」（Situation）中「此在」對未來做的「投企」（Entwerfen）能得到「最屬己」（das eigenste）的「存有可能」（Seinkönnen），這個「存有可能」同時決定了「此在」面對現在與過去的生存方式。（同前註，S. 296-299, 325-327。）

148 Heidegger, Martin. "Die Frage nach der Technik," S. 5-36, 19.

差遣（schicken）。我們稱所有集合起來的差遣（……）為**共命**（*Geschick*）。從這裡所有歷史（Geschichte）的本質再為之決定。」他特別強調：「歷史既非歷史（學）（Historie）的對象，也非人行動的實作（der Vollzug menschlichen Tuns）而已。它之成為歷史的（geschichtlich），只因為是一種共命之物（geschickliches）。」[149]

海德格進一步對於人之聽命所顯示的自由表達於下面的句子裡：「自由的本質原初就不歸屬於意志」；「被自由所掌管的『自由之物』（das Freie）是被澄明的，也就是被揭蔽之物」；「一切的揭蔽隸屬於一種遮蔽與隱藏」；「授予自由的（das Befreiende）也就是那神祕的，它是被隱藏的以及總是自我隱藏的」；「自由是命運的範圍，而命運總是將一種揭蔽帶到其道路上」。[150]

一種揭蔽被帶到所有揭蔽的道路上，任何一種揭蔽都被差遣，被差遣之所有揭蔽在這共同的道路上，這道路即是命運之路。命運主宰者海德格未明說，但它是那授予自由的，也就是那神祕之物。人聽命於此神祕之物，讓任何的揭蔽歸屬於所有揭蔽所走向的命運之路，這是人自由的本義。

因而，人聽命於歷史之路是有些積極的義涵的，除了賦予自由的本義外，也呈現出牟宗三所說一切歷史活動事件在升舉轉化中的價值。故當海德格說現代科技的本質在於「聚置」，而這屬於揭蔽的命運時，這個說法就和一般所了解的「科技是我們時代之『命運』（Schicksal）」的意義不同，這裡的「命運」指的是「一個不可改變的歷程之不可避免的東西」。[151]顯然的，這個命運

149 同前註，S. 24。

150 同前註，S. 24-25。

151 同前註，S. 25。

只具消極的意義，它和海德格對於對科技就人之聽命於歷史所做的「歷史判斷」而有的積極意義是不同的。我們試著就文本分析出這對海德格言亦有如同牟宗三所說的積極的意義。

首先，他說：「我們已在命運的『自由之物』當中，它絕不是將我們關進一種沉重的強制中，去盲目地推動科技，或者——這其實是一樣的——無助地反抗科技並詛咒它為魔鬼的勾當。相反的，若我們特別的將自己向科技的本質開放，那麼就會意外地被要求處在一種（歷史命運）授予的自由當中。」[152]

海德格區別兩種對於自然揭蔽的可能性，一是以現代科技的方式對自然揭蔽，另一是以更原始的方式對無蔽之物的本質去探討。人介於這兩種可能性中就始終因命運之故而受危害。[153] 人處於危險的境遇中雖歸於常看錯與誤解無蔽之物是什麼，但這種危險還是因命運之故。換言之，不論人在現代科技的方式下，自命為地球的主宰，以人所遇到的一切物皆是人所為與所定，他既排除了其他揭蔽的可能，也讓自己對於被揭蔽之物形成對立；不論是這種方式將遮蔽了揭蔽本身的意義，遮蔽了無蔽性，也就是真理發生之所憑據……，[154] 這些也都是因命運之故。

現代科技之讓人處於危險中，並不是因一般所謂科技與機械可能會帶來一些災難，而是上述如海德格所描述的。海德格在這樣了解的危險意義下，而引出赫德林的話：「但是，哪裡有危險，那裡也生長著救星。」[155]

海德格解釋的重點在於：現代科技的本質「聚置」本身包藏

152　同前註。

153　同前註，S. 25-26。

154　同前註，S. 26-27。

155　同前註，S. 28。

了救星的生長。[156] 若救星深根植於科技的本質中，那麼豈不是科技的本質與救星的本質有著同根同源？事實上，海德格將它們共同的根源就是放在歷史命運的轉化裡來看的。因為聚置是揭蔽的一個具命運性的方式，它是一種強求性的（herausfordernd）揭蔽，但原始的揭蔽方式，也就是產生／帶出來的（hervorbringend）揭蔽，希臘字的 *poiesis* 也是揭蔽的一個具命運性的方式；對此海德格說：「揭蔽的是這個命運，它總是與突然的、為一切思想所無法解釋的，分布到產生的與強求的揭蔽中，且將自身分配給人們。」[157]

海德格將強求的與產生的兩種揭蔽放在揭蔽的整體命運來看，他的論述策略是去反省「本質」（Wesen）的意義究是什麼，它先是意味著「持續」（währen）；當在科技本質在命運之下來看，我們只能被動地接受本質是「繼續持續」（fortwähren）。但從命運本身來看，本質意味著「繼續授予」（fortgewähren）。授予和差遣的意義是相同的，當歷史命運將科技授予了人類，它也將救星授予了人類，甚或授予者本身就是救星。人參與了揭蔽的歷史命運，也為這個揭蔽命運所需，故人被歸屬（vereignet）在歷史真理的發生／自化（Ereignis）裡。[158]

海德格的對於現代科技的追問，果真可類似於牟宗三對於歷史上政治人物的鑑別時，所引入的歷史判斷的義涵；這也反映在海德格說「科技問題即是局勢（Konstellation）問題」上：科技一方面不停地做強求性的揭蔽——如預訂（Bestellen）——自然

---

156 同前註。

157 同前註，S. 29-30。

158 同前註，S. 30-32。

物，另一方面受到救星的遏止（Verhalten），故危險與拯救彼此消長。[159]海德格實處理的較胡塞爾更為徹底與激進，他和牟宗三之不同，在於牟宗三將歷史判斷引入道德判斷，且道德理性主體始終不可或缺；而海德格的「歷史判斷」卻和一種「藝術判斷」[160]相關聯。

當海德格在將強求性與產生性的揭蔽共同歸屬在歷史命運的揭蔽時，已透露了強求性的揭蔽在產生性的揭蔽中有其命運的起源，也就是「聚置」命運地扭曲了 *poíesis*。[161]一般譯為技藝的 *poíesis* 可說是藝術的前身，它顯示了在歷史命運揭蔽中的正面價值。海德格進而直接指出一種特定的揭蔽方式是讓真實的產生出美的，他溯諸到 *téchne* 的字源，故 *téchne* 是產生出美的 *poíesis*，這是藝術（Kunst）的形成，但形成的過程卻是要像古希臘人一樣：「懷著虔誠的心，順從真理的支配與保存。」[162]因此，若我們順從於歷史命運的揭蔽，反而即是一種藝術。最後，就像在〈藝術作品的起源〉一樣，海德格將藝術的本質——持續、繼續授予——歸於詩（Poesie）；對命運順從的詩性的揭蔽讓各個藝術得以持續，它授予了各個藝術，讓藝術得以養護救星的生長，也就是讓歷史命運的揭蔽充分展現其授予性。[163]

---

159 同前註，S. 33。

160 海德格的歷史判斷具藝術性正呼應前說英雄豪傑目擊的公有無目的但合目的之意味，海德格的實踐倫理思想即納入此脈絡來理解。這實是與康德相左，但又近乎道家理念。而從開始就具備牟宗三所說的歷史判斷之義涵，即也呼應本章節前所指的英雄豪傑帶藝術味的歷史判斷義涵。

161 同前註，S. 30。

162 同前註，S. 34。

163 同前註，S. 34-35。

　　我們說海德格在強調歷史判斷時，不似牟宗三主張道德理性主體之不可或缺。其實也不盡然，當然這涉及海德格對於倫理或道德一詞的理解是什麼。如在《存有與時間》時期，海德格根本上以為倫理學要立基於「基礎存有論」（Fundamentalontologie）之上，否則倫理學只是被期待為可支配與可算計，且有保障的行動能力而已，[164] 或是會在區分「理論」（theory）與「實踐」（praxis）兩領域的成見下，將倫理主體附加在理論主體之上。[165] 在屬於1940年代的《關於人文主義的書信》中針對一般人的質疑：當視存有真理為中心時，是否導致人的被動無助，以至於尚需要提供生活規則的倫理學作為指引；海德格則歸因於一般人習於依賴自主性，以為理性導出之倫理規範可以讓自己的生活穩定。[166]

　　在《關於人文主義的書信》中，海德格根本上欲將實踐的本義放在人之聽命於「存有歷史」來看；[167] 在《存有與時間》裡作為實踐與理論共同起源的「基礎存有論」已萌芽了「存有歷史」的概念；〈對科技追問〉從揭蔽來看的命運歷史是從特定角度來看的「存有歷史」，該文最後指出以詩意的藝術作為揭蔽方式，亦

---

164 如Heidegger, Martin. *Sein und Zeit*, S. 294 在談罪責與良知呼喚時，指出罪責表示此在之最屬己的存有可能的匱乏，以至於此在被此存有可能召喚著。今在罪責被視為實證的（positiv）、現成存有（Vorhandensein）的匱乏時，被召喚的正面內涵不見了，因為此在期待著可支配與可算計、且有保障的行動能力。

165 如海德格評論一般人不是「『首先』局限在一『理論的主體』，以便然後『就實踐方面』以一附加的『倫理學』去對之補充」（同前註，S. 316），就是「設定『實踐』的照理為事實的此在之原初與重要的存有方式」，且認為「理論之存有論可能性歸於實踐的闕如。」（同前註，S. 357。）

166 Heidegger, Martin. *Über den Humanismus*, S. 43.

167 同前註，S. 5-6。

未嘗不是對於現代科技造成危機而做的一種「實踐」的回應。的確，海德格長期致力於將實踐的本義放在存有向人開放來理解，從而傳統的理論（*theoria*）因為處理自然（*physis*）本身的生成問題，人之聽命於自然生成被海德格比之於聽命於存有，故*theoria*反而具深刻的實踐義涵。

但基於這種對實踐的理解所形成的道德判斷，從開始就具備牟宗三所說的歷史判斷義涵。人之聽命於存有歷史，以詩意的藝術方式面對歷史事件繼而從事的歷史判斷，不可諱言地曾造成了負面的結果，特別是讓海德格留下了一個歷史上的污點。鄂蘭對海德格思想的突破，一大原因是基於海德格忽略了真正政治的層面。我們將見到鄂蘭以促成人在公共領域中的行動為旨向，也發展了具特色的道德判斷與歷史判斷。

3）鄂蘭的「新生性」概念所形成的道德判斷與歷史判斷

鑑於海德格本人短暫的介入政治而留下污點的紀錄，鄂蘭歸因於海德格的思想是「非世界性的」（unworldly）。這個「非世界性」無關於海德格在《存有與時間》強調「此在」是「在世存有」，或在〈藝術作品起源〉談「大地」與「世界」的爭戰，以及「世界世界化」（Welt weltet）。

鄂蘭詮釋海德格晚年對於意志理解為「無意願的意願」，她對於這種聽命於存有歷史的思想也做了追溯與闡釋。這就是如前所示的：存有的歷史並不是退隱於存有者後面的存有本身的歷史，而是存有者因存有的退隱形成迷惘導致了各種命運，且不同的命運透過一種融貫的方式被連接起來所造成的。鄂蘭自己如何面對歷史事件呢？她強調的新生性概念成了歷史判斷的重要依據。

過去已探討過新生概念的淵源，這種強調具複多性與差異性的人之生生不息，代表著鄂蘭的自由概念，從政治上來說是避免

了極權主義的從某個人意志去統治集體意志，所導致眾人的不自由。在《人的境況》裡所重視對未來只做承諾的說法，也是避免集權主義的個人對於眾人的未來做硬性的規定，所導致的不自由。

上述鄂蘭批評海德格具「非世界性」的思想，以及她強調出海德格以「存有歷史」為中心所導致人之「非意志」的概念，顯示鄂蘭注意複多數的我們，她轉移傳統的哲學眼光至政治之領域，從而她欲從意志概念導出的行動也主要著眼於複多數的我們。在顧及具個別差異性的複數體，以及關聯到對於未來充滿不確定的情況下，政治領域裡的意志計畫呈現著以沒有保證的「我（可）能」為前提。

當鄂蘭思考歷史上發生的幾個欲脫離舊秩序，建立新秩序之國家的故事時，她一方面以為脫離過去並不能有效建立新的政治自由，另一方面質疑若只重新發掘過去可學習的東西作為引導，似乎違背了我們所體會的自由與新生的意義。[168]她繼續思考從奧古斯丁引申來的「新生性」概念如何延伸至政治國家的開端問題上。

對於人的新生性是：「這起始點（*initium*）的能力根植於新生性，不是在創造性，也不是在天賦，卻是在這個人類之為新人，一次又一次地藉著出生顯現在世界裡的這個事實。」[169]在延伸的意義下，不只是一個政治國家，也包括每一個政治歷史事件一次又一次地新生在世界中。這指的是每一件事皆是新的，而不是舊的東西所複製。如同每一個體有自由意志的能力，屬於複數的我們也有自由意志的能力。讓政治這個有機體擁有自由，除了個

168　Arendt, Hannah. *The Life of the Mind. Two/Willing*, pp. 206-214.

169　同前註，pp. 216-217。

人對未來做「承諾」外，每個人在顧及多數人之下，如何讓我們共同的意願落實成真。若從個別的角度來看，不只是「我能」，更是「我做」（I do），[170]這就需要我們每個人——特別是政治決策者——有判斷的能力。

因而我們又回到判斷的問題上。既然鄂蘭將康德的鑑賞判斷延伸到政治判斷去，故對鄂蘭而言，道德判斷與歷史判斷的取捨或結合反決定於鑑賞判斷所發展出的政治判斷。我們再強調一下：如何從個人舊的習慣（éthos）經擴大後為多數人的風俗習慣（êthos），透過實踐智（phronēsis）的能力，讓未來在適合的時機（kairós）當中到來。

如果鄂蘭對於歷史的人物或事件進行鑑別，她也注意到歷史判斷的面相，但不像牟宗三從英雄生命升舉轉化向高級而趨的發展過程來看，也不像海德格從人聽命於存有歷史來看；鄂蘭毋寧從顧及複多數的我們、政治領域的多數人來看。政治歷史事件一次又一次新生地出現在既有的世界中，從舊的來面對新的，這裡似也有個升舉轉化的過程，但它是由「擴大性的思維方式」以及「實踐智」所成就出來的判斷力來引導的；所引導的不再是單單主體的道德理性，更包括多數人所在的時空情境。

我們在這裡看到鄂蘭的思想對於牟宗三所提出的問題與概念，以及解決的方式有著更能夠深化處理的貢獻。這也顯示出他們面對的問題是中西及普世所共有的。鄂蘭對此問題的最後答案並不呈現於一具體成書的系統論述裡；後人在其開放的視野下所

---

170 因為「承諾」只是政治自由付諸行動的出發點，而行動始能化解意志面對未來的不確定，故鄂蘭說：「意志的焦慮不安只通過『我能和我做』（I-can-and-I-do）來解除。」（同前註，p. 37。）

做的延續發展仍需更放在具體的政治與文化脈絡裡來仔細處理，這將是我們要繼往開來的學術事業。

4. 現象學觀點對牟宗三主張的開展

不可諱言的，當我們將海德格聽命於存有歷史的觀點，放在牟宗三對於道德判斷引入歷史判斷的論述裡，可以凸顯海德格思想的深刻性。我們發現，牟宗三與海德格二者在讓不論是英雄生命的升舉轉化發展，或是（迷惘）的存有者融貫到整體的存有歷史，雖有著頗為類似的見解，以作為歷史判斷的根據；但牟宗三對歷史判斷的立場是個人理性道德主體的向客觀性去通透與擴展，海德格的歷史判斷則立基於個人以詩意的藝術方式去面對存有歷史；這裡就引起一般人質疑海德格對於倫理與政治的看法是否適當。此外，我們處理了胡塞爾以理性的主體為核心，漸次將他者所構成的歷史納入如何建立作為嚴格科學的現象學的考量，這包括了以倫理道德議題作為其現象學的內涵。

然而，對於鄂蘭而言，牟宗三、胡塞爾與海德格皆尚在傳統哲學的傳統裡，因為他們皆未能真正重視複多數的我們，未能真正解決哲學與政治的緊張關係，這當然更為激烈地表現在海德格身上。故在做歷史判斷之前我們要先了解，歷史不只是籠統的說客觀架構或以黑格爾的辯證歷程來顯示，或是以讓分裂的存有者融貫其中的存有歷史作為代名詞而已，而是為充滿差異性的多數人所構成。歷史判斷或道德判斷的「判斷」一詞在牟宗三本為對於歷史英雄生命人物的鑑別，鄂蘭所談的判斷是指我們在顧及多數人及其所構成的歷史之下，如何對於在歷史上日新又新的事件下判斷與做決定，這則要取決於我們對於「擴大性的思維方式」以及「實踐智」的運用。

最後，若我們持著一種稍帶保守與向其他可能性開放的立場來說：就鄂蘭而言，去觀察這些歷史人物是否運用了「擴大性的思維方式」以及「實踐智」，或許這就是一種「道德判斷」；但若運用「擴大性的思維方式」以及「實踐智」去觀察，我們則在對這些歷史人物做歷史判斷或鑑別。或許這樣的運用，牟宗三所說「引進更高的理性的智慧、心量與識量」屬於其一部分，胡塞爾「納入歷史的考量重思嚴格科學哲學的建立」也屬於其一部分，海德格「對命運順從的詩性之揭蔽」則屬於其另一部分。鑑於此，牟宗三對於道德判斷與歷史判斷的談論似乎可以用現象學的觀點來加以開展，讓我們體會其中有更多可能的義涵。

（三）小結

針對新儒家已察覺到的道德與政治之間緊張關係，現象學基本從以道德主體建立的道德，回到前道德的倫理層次去檢討與政治的關係。弗拉已開始提出倫理為平衡政治延展與強度兩特徵的要素，鄂蘭在此節被強調以教化心靈開展倫理至政治判斷，黑爾德則發揮鄂蘭在私領域中的羞恥或畏怯概念，再連接到尊重的德行，以作為公共領域的基礎。這可啟發新儒家從架構性的道德往風俗習慣的倫理去回溯，以及往儒家經典去尋找羞恥之概念產生行動甚至公共性的言論。

針對歷史性客觀價值納入道德判斷的問題，牟宗三以個人道德主體向客觀性去通透、擴展，海德格基於個人以詩意的藝術方式去面對存有歷史，胡塞爾漸次將歷史納入的現象學。但他們似皆未重視複多數的我們，未能真正調和道德判斷與歷史判斷。而這要取決於我們對於「擴大性的思維方式」以及「實踐智」的運用，鄂蘭對此就做了發揮。

四、儒家的宗教與倫理學關聯

（一）前言

　　對於儒家是否是宗教的問題，長期以來已有不少學者做了討論。黃勇在其著作《全球化時代的宗教》[171]第七章做了很好的整理。他區分儒家神學的三種模式：1.超越的神學觀，2.內在超越的神學觀，3.創造性的神學。第一種模式多為西方漢學者所主張，包括利瑪竇、史華茲、安樂哲、郝大維與秦家懿等，其中有主張人格神的或非人格神的。第二種模式多為中國新儒家學者所主張，包括熊十力、牟宗三、杜維明、劉述先、李明輝等。第三種模式則為黃勇上溯宋明理學的兩程，並從西方的黑格爾、海德格，[172]以及當代哈佛大學神學家考夫曼取得類似的神學觀資源，提出上帝不為創造者，但作為創造性活動本身，如此道與器或形上與形下不再隔開。

　　從前面討論現象學的宗教思維或神學觀來看，胡塞爾最後屬意於亞里斯多德的哲學的神學，海德格將上帝從存有得其意義，鄂蘭則從政治存有或是公共性展現其塵世的神學。其實，現象學的神學倒像是前述的第二種內在超越的神學模式，甚或將基督教上帝人格神形態轉為道成肉身的神性，至於是否成為活動本身，與其說是神，不如說是神性本身成為活動性的，這在前述三個現象學家裡皆可找到相應的思維。而我們在對於基督教上帝以語言來表達，讓語言作為內在之詞，或讓上帝從作為存有之家的語言

---

171 黃勇，《全球化時代的宗教》，台北：臺灣大學出版中心，2011。
172 同時參考同揭書第五章「作為絕對精神的上帝」。

得其意義時，隱喻式的或圖像式的語言讓我們區別了胡塞爾為哲學的神學，而海德格為神學的哲學，鄂蘭則從前者過渡到後者。

今我們對於儒家神學觀持怎樣的立場呢？由於我們處理的方式是將儒家思想放在前面的現象學問題脈絡裡，來看儒家可能的宗教義涵，我們將選取從海德格的「此在」概念來看儒家裡可能的「上帝」呼召，以及順著鄂蘭與唐君毅的論點，從中國的圖像式語言所反映的人有限但可無限的精神性，來看儒家（其實也包括道家與佛家）所具的神學的哲學性徵。

（二）從「此在」來看儒家思想裡可能蘊含的上帝呼召

我們過去曾探討過，海德格對於「此在」或人的存有做根本的提問，雖然以希臘特別是亞里斯多德思想為基礎，使得個別存在與一般本質之間的共屬性更為強化，而這是在基督宗教裡上帝與人之間壁壘分明所欠缺的。但海德格更重視「此在」往存有開放過程的居間性。良知召喚是居間性的重要過程，這卻讓「此在」的概念殘留下基督教的蹤跡。《聖經》的「我在這裡」所顯示的意義和「此在」的意義確有雷同之處，但基督宗教與亞里斯多德對於愛與尊重各有所強調，形成二者的主要分野；但對於不可迴避的聲音聆聽、回應，承認自己有罪，在畏懼中承擔差遣，接受命定，卻是它們共同對於責任的原初意義的理解。「此在」更以「共同此在」為前提，以至於有對於「共同存有」的聆聽，接受共同命定，以及「我們在這裡」的回應。

以這樣的背景來看儒家哲學裡有否類似，但可互為發凡的思想概念呢？在這裡也僅以《論語》與《中庸》的幾處話語來探討。

首先，對於他者（父母）的回應與責任，直接顯示「我在這

裡」的義涵，《論語》的〈里仁〉篇有著這樣的敘述：「子曰：『父母在，不遠遊，遊必有方。』」這裡的「方」從字面來看，是「我在這裡」所回答的內涵；但從回應者與父母間的關係來看，實可更深究其義。

欲較仔細談論的問題是：是否在儒家，也有人在畏懼中承擔差遣、接受命定的思想？

從《論語》的〈季氏〉與〈堯曰〉篇裡，我們得到了一些啟示：〈季氏〉裡記載到：「孔子曰：『君子有三畏：畏天命，畏大人，畏聖人之言。小人不知天命而不畏，狎大人，侮聖人之言。』」〈堯曰〉則述及：「子曰：『不知命，無以為君子；不知禮，無以立也；不知言，無以知人也。』」比之於〈為政〉篇的「五十而知天命」，前二篇裡更強調了畏懼於天命的義涵。但上天是否以聲音來呼召呢？當在〈陽貨〉篇裡孔子感嘆：「予欲無言」，因為「天何言哉？四時行焉，百物生焉，天何言哉？」上天固無言，但聖人之言似仍有必要，因為如子貢言：「子如不言，則小子何所述焉？」否則讓市井小民周旋於「道聽而塗說」，是「德之棄也」（《論語》〈陽貨〉）。

不論上天為有言或無言，聖人在畏懼中承擔差遣，接受命定，是確切無疑的。接受的方式為聆聽或明見，或是「視之而弗見，聽之而弗聞」，[173] 或為《尚書・泰誓》所言的「天視自我民視，天聽自我民聽。」但從《中庸》的一些篇章裡，[174] 我們見到接

---

173 《中庸》第十六章：子曰：「鬼神之為德，其盛矣乎！視之而弗見，聽之而弗聞，體物而不可遺。（……）」另在《中庸》第三十三章亦有「奏假無言，時靡有爭」及「上天之載，無聲無臭」等句，神在降臨或上天生萬物皆無聲無息也。

174 這裡所引的包括《中庸》第一章：「天命之謂性、率性之謂道、脩道之謂

受天命（亦即「性」）的方式在依循著它；而要發揮其本性，將之淋漓盡致地顯示，或全心全意地依循，就需要「誠」，如此才有道理的逐漸形成；又「教」是以人為的方式讓人合乎「道」，由之人的作為是和天理、天命相通的。既然人稍有差錯，是違背天理，就必須戒慎恐懼與慎獨。這裡描述的過程，除了類似在畏懼中承擔差遣，接受命定之外，也近似海德格對於「此─在；開放性的存有」（Da-sein）方式之分析所示：「誠」是一種「現身情態」，「道」是「理解」的對象，「教」需要「言說」，惟言說也包括「予懷明德，不大聲以色」所述的以身教勝言教。與之呼應的也有「唯天下至誠（……）肫肫其仁，淵淵其淵」的語句強調至誠的人之懇切與沉靜的態度。這則可與海德格的決斷概念相比較。

如果《中庸》以形上學的方式呈現了類似「此在」的領受天命，以至於去率性、脩道，也就是教化他者的方式去對上天回應與負責。那麼《論語》裡以此岸的、日常生活的角度所談的責任，實預設了《中庸》所言之對上天回應的原初性責任義涵。在〈泰伯〉篇裡的「曾子曰：『士不可以不弘毅，任重而道遠。仁以為己任，不亦重乎！死而後已，不亦遠乎！』」以及〈衛靈公〉所

教。道也者，不可須臾離也；可離，非道也。是故，君子戒慎乎其所不睹，恐懼乎其所不聞。莫見乎隱，莫顯乎微，故君子慎其獨也。」《中庸》第二十一章：「自誠明，謂之性；自明誠，謂之教。誠則明矣，明則誠矣。」《中庸》第二十二章：「唯天下至誠，為能盡其性；能盡其性，則能盡人之性；能盡人之性，則能盡物之性；能盡物之性，則可以贊天地之化育。可以贊天地之化育，則可以與天地參矣。」以及《中庸》第三十二章：「唯天下至誠，為能經綸天下之大經，立天下之大本，知天地之化育。夫焉有所倚？肫肫其仁，淵淵其淵，浩浩其天。苟不固聰明聖知達天德者，其孰能知之？」等等。

載：「子曰：『君子求諸己，小人求諸人。』」皆顯示出這種義涵。

當然「此在」或「我在這裡」的概念在儒家與西方具關鍵性的差異可能在於：西方的「承認自己有罪」在儒家又如何？基督教或希臘各強調愛或尊重，而在儒家又如何？這些問題可如何由性善與性惡（偽）的論述，以及仁的意義去回答，在回應天命中如何再將之納入討論？另外，當從「此在」擴為「共同此在」的概念，或做「我們在這裡」的回應時，是否在儒家可找到相應的思想？

儒家思想呈現了受命於上天呼召的個人，對此回應的「我在這裡」若是「此在」的一種，即使不是最原初的詮釋的話，那麼它的回應亦可擴大至對於父母、聖人、君王的告誡與呼召。呼召也可以是一種暗示（Wink），如果暗示尚不是如儂希視為上帝本身的話，它畢竟開放了人與上帝的居間活動，讓人從內在的心境往超越的上帝去過渡。故從「此在」來看儒家的上帝是內在超越的，人在接受呼召而有所活動中向上帝去超越自身。

（三）從圖像式語言看儒家的神聖性

我們在前面以鄂蘭提出的隱喻性語言來看其哲學最終具備一種神學性的哲學，但和海德格的圖像式語言來詮釋亦具備的神學性哲學有所不同。那麼儒家思想具有哪一種神學性的哲學呢？

在談論思考的隱喻性語言時，鄂蘭認為西方人的思維只能和圖像的概念，而不能和圖像本身周旋；而圖像只呈現出概念的一部分，而非整體概念。換言之，思維必須以精神（Geist; spirit）能力持續地超越隱喻活動停留在心靈（Seele; soul）能力中的圖像，致使概念不被具體化。但我們已指出鄂蘭的判斷語言或敘事已展現另一種隱喻活動，它卻讓圖像能滿足思考的意向。這應不

只是心靈的能力，而更是精神的能力。故當鄂蘭以為中國的圖像式語言顯示中國人的思維是以心靈和圖像周旋的方式在進行，並讓圖像能呈現出概念的整體，是否這種能力也不只是心靈的而已，而更是精神的？

我們看到唐君毅在《中國文化之精神價值》對於中國文字有如下的刻畫：

中國字是單音的，是一音一字一義的，每個字表現獨立的意義與概念，每個字或音是吾人遊心寄意之所。唐君毅引章太炎之言：「西人多音一字，故成念遲，華人一字一音，故成念速。」並謂：因成念速，念易寄於字，而凝注於其中。他並就文學來談文字的特性：因為單音之特性，中國字易於分合，以適應所需的句子長短與音節，故每個文學表現形式，如詩歌駢文等字數音韻均有一定。而此形式並不僅是字數與音節從外在看的一定而已，吾人實更依對稱韻律等美之原理，內在做了定立，此即須對內容中諸意境情緒等，表現一融鑄之功夫，以凝固之於如是內在的定立之形式中。[175]

在文學作品中，諸意境情緒被融鑄於字句裡，在哲學裡，某觀念亦能被凝固於字句中。在上面唐君毅實凸顯了中國人的兩種能力：1）將意境或觀念融鑄的能力，2）遊心寄意於文字的能力。這些即是思維具體化的過程與能力，得以讓概念的整體性以文字來呈現。同時因遊心寄意，故具體化的思維不致陷於物化。

唐君毅的論點呈現了中國文字凝聚了思維概念，這歸於中國人的精神，而非只是心靈所具的一股特別的能力，這股能力和康德提出的智的直覺能力實有關聯。

---

175 唐君毅，《中國文化之精神價值》，台北：正中書局，1974（1953），頁236。

　　康德以為人的思維僅能與圖像的概念周旋，圖像僅表現概念的一部分，因人的知性與感性本是分開的，再經由圖式被綜合起來。但若知性與感性不單是綜合，更可合為一，具備這種先天能力僅為上帝所有，康德稱之為「智的直覺」，也稱作「創造性理解」，它對於自然目的不僅能認知而已，更能規定它。[176] 中國人的思維可藉康德給出的這幾個概念來說明。

　　唐君毅視中國文字如藝術作品一樣。藝術品對亞里斯多德是對於自然的模仿，就康德而言，我們能觀察到藝術作品的合自然目的性，在此觀察中我們隨著自然目的而對之不做目的之意志性設定。[177] 在這種意義下，唐君毅說我們遊心寄意於文字。

　　但之前我們必須融鑄意境或觀念於文字裡，這是我們生產或觀察藝術品的準備工作。對此唐君毅說：作者必須收斂其情緒與想像，而使之趨於含蓄蘊藉；進而讀者之心必須凹進於文字中，反覆涵泳吟味而藏休息遊其中。[178]

　　康德將人對於自然合目的性的察覺能力，區別於上帝對於自然目的之創造性理解能力；康德處於基督教的背景，且視終極目的而非自然目的為優位。終極目的不是被上帝意志，就是被人的定言令式所設定並規定，定言令式則以具備像上帝一樣的純粹意志為假設。

　　對中國人而言，長期以來宗教被刻畫之特性是：為1）神與人的距離近，2）神與人的意志為一致。[179] 這些特性表現在《中庸》

---

176 Kant, Immanuel. *Kritik der Urteilskraft.* 同前註，S. 434-435。

177 同前註，S. 220。

178 唐君毅，《中國文化之精神價值》，頁236。

179 同前註，頁22，24。

首章：「天命之謂性，率性之謂道，修道之謂教。」[180]當中。而接著「自誠明，謂之性；自明誠，謂之教。」[181]的句子告訴我們連接天與人之間的橋樑是「誠」，且其連接的過程是：「唯天下至誠，為能盡其性；能盡其性，則能盡人之性；能盡人之性，則能盡物之性；能盡物之性，則可以贊天地之化育；可以贊天地之化育，則可以與天地參矣。」[182]

　　西方的意志概念在中國文化（這裡以儒家來談論）表為「誠」；當然儒道佛有所差異，但其有如上的共同宗教特性，並且同樣也重視「教」。《中庸》以為自明誠的過程是：教是一種實踐的培養，可導致明，而明則導致誠。「明」可比之於西方的實踐智；源於基督教的西方意志概念本對中國為陌生的，因中國的「意志」被理解為神與人是一致的，它反與我們從希臘文化脈絡所談的有關意志的意義相近。

　　儒家的「誠」正是一種能規定自然目的之創造性理解；道家的人之法自然本身即有充分的創造性理解能力，此二者能力即歸於教化或修養，旨在達到人的絕對意志自由。對於中國人而言，「意志」概念不是西方基督宗教脈絡下的意義，因人不為上帝的意志所創。人之效法自然，固是西方哲學意義下的合目的性，但卻是在率性修道的另一種傳統脈絡下，讓人自身可成為「上帝」。故鑑於這種終極目的，人不只是順著、合乎自然目的性，卻更能成為終極目在本身的上帝；以至於人有能力具備「創造性的理解」，能規定自然之目的性。人之能夠不僅能察覺自然合目

---

180 《中庸》：第一章。

181 同前註，第二十一章。

182 同前註。

的性，更能具有創造性理解能力需要教化。將意境或理念融鑄於文字，然後能遊心寄意於其中，也需要教化。換言之，唐君毅所刻畫的思維具體化過程顯露了中國人固有的創造性理解或智的直覺能力，它本潛在於中國人心靈裡，而能被教化所實現出來。

藝術在中國文化裡是一種修道的方式，旨在人能成聖。中國的圖像式語言只是藝術的一個例子。唐君毅所描述的中國人思維的具體化過程，也就是融鑄意境或觀念於文字以及遊心寄意於文字的能力，顯示了對於中國文字創造性理解的教化過程。以教化去實現創造性理解的潛能，反映在中國人語言與思維的關係脈絡中。

故中國人的宗教根本上和教化相連在一起，因此「教」常被視為「宗教」的核心。另一方面宗教一詞也含有豐厚的形上學義涵。[183] 我們在此將不對之做討論，這事實上已顯示在上述《中庸》所透顯的思想裡面。

如果我們比較中國與西方文化裡的圖像式語言與思維，這必是頗有趣與有意義的，特別是若我們鑑於「道成肉身」以成語文的觀點來看東西方的話。在海德格那裡，「道成肉身」表現在詩人傾聽上帝的暗示，傾聽存有的道說，再轉化成為人的道說與語言。在鄂蘭那裡，「道成肉身」轉化成在取代上帝的社群網絡中我們的言說、敘事與判斷，這些並取代了上帝以現象對我們的審判。總結來說，西方文化的「道成肉身」原則上仍來自上帝的贈予；中國文字的「道成肉身」則歸於教化，以及對於已潛在於人之創造性理解的實現。就此而言，中國人的圖像式語言所反映的神學性哲學就有別於海德格與鄂蘭的神學性哲學。

---

183 唐君毅，《中國文化之精神價值》，頁326-329。

（四）小結

我們將儒學和現象學做對照來看其宗教與倫理的關聯，先指出現象學的宗教哲學有著內在超越性的上帝，亦有創造性活動本身即是神性的說法。首先，如《論語》及《中庸》就顯示了類似「此在」承受呼召所具原初責任的義涵，但上天的超越性卻和人內在的至誠相連結，從而有盡性至贊天化育之說。其次，對照於鄂蘭論及隱喻與圖像式語言之與概念結合的問題，以及我們將之連接到哲學性神學或神學性哲學的區別，中國文化就因特殊的圖像式語言，讓人因凝聚思維而有類似智的直覺能力，因遊心寄意於文字而致使思想不被物化，但精神能力要訴諸於教化。教化使得具圖像式語言的文字成了「道成肉身」的象徵。

五、結論

我們從現象學立場來看儒家的實踐哲學，是以倫理為核心，首先檢驗其如何為技藝學，而儒學的源起及其本質和百官技藝從其形式化重獲生命息息相關，就證明我們從技藝來看儒家的妥當性。

儒家政治與倫理的關係則先就倫理是否為政治的基礎來談，當新儒家從政治順著道德轉為政治從道德曲致而生，難免仍以道德主體出發來論述，以至於需要借助現象學返回到從習俗演生的倫理：我們從鄂蘭、弗拉及黑爾德的教化心靈、限制權力的倫理，以及羞恥畏怯從而尊重的德行，看到政治現象學。但我們也可從儒學的經典去尋找相呼應的言詞，從而可試著將之發揚光大，以便重新提出一套政治與道德間新的論述，以繼承當代的新儒家。

　　歷史與道德判斷的關係仍屬於道德與政治之間的問題。我們回顧胡塞爾、海德格與鄂蘭如何將歷史的考量引入對於理論或實踐的判斷當中：胡塞爾所論的歷史性生活世界讓現象學的擱置與構成更為具體且切近生活，海德格讓思想嵌合歷史或存有歷史的強度反映其歷史判斷的優位，鄂蘭以政治判斷為基於過去風俗習慣透過實踐智而讓未來在時機當中到來，特別是重視人在世界上的複多性與新生性。牟宗三以黑格爾哲學為背景將道德與歷史判斷做架構性的綜合，他仍忽略政治之別於道德正基於人在世的複多性，故可參考鄂蘭另一種綜合道德與政治判斷的方式。

　　最後儒家宗教與倫理學的關係是從人的原初責任受之於天或上帝，以及圖像式語言以塑造人的智的直覺與藝術性的特殊能力來看。如果從語言文字是一種「道成肉身」，那麼儒家較現象學家更重視將固有的能力教化成形，故宗教的「教」一詞即顯示了儒家所具的特殊宗教性。

　　我們從此章節討論儒家哲學這幾個角度中，如何看到作為實踐哲學本質之自由的落實呢？

　　首先在倫理學方面，我們強調了儒家可從道德主體的自由，轉為與上天感應而發展出的美感或藝術生活之自由，這呼應了我們全書所標示之技藝如何面對機運的問題旨趣。在政治哲學方面，我們一方面建議儒家應從架構性的道德往風俗習慣的倫理去回溯，以尋找對於政治生活助益的要素，另一方面儒家對於重視群體的政治自由，可以擴大性的思維方式或實踐智來做真正的落實。在宗教哲學方面，不論我們從儒家重視人因內在的至誠而得與超越的上天連結，或是重視精神教化以能企及圖像式語言所蘊含之道成肉身意義的精髓，這也反映人的真正自由與上天的孕育萬物是相互影響的。

第七章

總結

在前言我們提出貫穿全書的基源問題：「胡塞爾、海德格與鄂蘭，如何以技藝活動，面對不可知的命運，但企圖在讓時機形成中，去理解與構作其有關倫理、政治與宗教領域的實踐哲學？」而實踐哲學的本質在自由，故我們討論的是這三位哲學家以不同的技藝方式，在這三個領域所落實的自由問題，當然自由對他們也有著不同的義涵。現在我們一一檢驗，看當時提出的問題是否已獲得解答。最後再提出實踐哲學的應用於當今問題上的可能性。

（一）胡塞爾早在《作為嚴格科學的哲學》從精確性向嚴格性去開放，同時是從人的絕對設定、規定向人的不確定性去開放；當時他對於自然科學心理學的批評，即在於這種心理學將開放性銷解了。後來《危機》針對此開放的界域，以為若理想的實踐取代了實在的實踐，那麼理想的或數學的實踐就讓純粹的思維駐足於往未來開放的極限形態，以至於開放性也被限定。胡塞爾全集最後出版的《現象學的邊界問題》涵蓋的其實是相關的問題，它透顯出理性所能掌控之外的，例如偶發、命運、死亡等等事件。但若只信服可將偶發、命運、死亡抽離的理性，也就是信服對於不可知的時空世界可藉著對之推算的科學而轉為對世界可預期的理性，那麼偶發、命運、死亡等等事件所引發的問題也被銷解。前後的問題相關，但又有些差異。相關的是，二者皆面對一種開放性，這也應該是現象學從生活世界經驗可對之接觸，而現象學以為這些開放性皆不宜銷解。差異的是，前者對於開放性以數學計算的理性來限定，後者對於開放性則是以理性一般來銷解；前者尚未觸及邊界問題，後者則從理性轉到非理性來面對邊界問題。

在《現象學的邊界問題》胡塞爾就問到：「如果幸福不是理

性與計算的事，因為每個在我不能銷解而命運剝奪了我所致力的『財產』之情況皆讓幸福不可能發生，那麼是如何？」[1]他又回到對物與對人的享樂或愛的兩種價值的區分來回答，前者對於某價值的捨棄不礙於仍保有其他的價值，後者所捨棄的價值卻只換來不可克服之犧牲的痛苦。[2]對於涉及個人的愛而言，似乎免不掉遭遇生命犧牲的悲劇。如果胡塞爾特別因個人遭逢戰爭的命運而對此有深刻感受，那麼他訴諸於國家以「愛的社群」為指標，似乎欲借用國家的力量來對於戰爭的命運克服，以求得在世生活的和諧與統一。

　　我們將不可預期的命運與一般生命經驗面對的開放性關聯在一起，因為它們皆表示不確定的未來，屬於廣義的命運，致而它們為胡塞爾倫理、政治與宗教三領域的實踐哲學所面對，並在針對不同領域而有不同技藝的運用之下。但運用在這些領域的技藝如何可以彷彿是自然生成，以致被我們詮釋為形成於時機中呢？

　　我們先在技藝學討論中，以為《危機》中運用「生活世界的擱置」與「普全的擱置」所做的歷史習性的發生學分析，可讓《觀念二》中純粹（超驗）我與精神性人格的同一得到說明，讓我們更確實地以自然態度活在精神世界裡；超驗主體的發生學分析，則顯示了超驗主體依然可順著自然目的性生活著，故超驗態度下的技藝活動仍具有著自然生成的意義。其後對於胡塞爾倫理學討論，歸結於價值與實踐的意義是內存於自然目的性，我們不過將它們配合著情境脈絡表述出來。前者的發生學分析連同擱置的運用應作為後者倫理學構成的前提，擱置需要像宗教皈依一樣

1　Husserl, Edmund. *Grenzprobleme der Phänomenologie*, S. 414.

2　同前註，S. 415。

的精神能力，它使得超驗與自然態度的自由轉換成為可能，實也促成實踐智在倫理學中具有人為但不離自然生成的能力。至於如何讓已內存的意義說話，也涉及語言作為一種技藝如何能避免扭曲、甚至能凸顯其原先意義的問題。政治與宗教哲學是倫理學的延伸，愛的社群為政治的理想，那麼愛本身是一種最高的技藝，留下的問題是，如何藉實務的技藝，落實於運作機制上面？若宗教進一步歸屬於一種愛的抉擇：是 *philia* 或是 *apape*，那麼對胡塞爾而言，是何種更為純粹或普世的技藝之爭；胡塞爾最終歸屬於哲學的神學，是有其希臘與基督宗教的文化與時代背景的，故若他旨在建立一種純粹宗教哲學，如何能涵攝東方的宗教性呢？

　　胡塞爾現象學強調的開放性實是人得以真正自由的原因。但為了消除開放性帶來的不確定性，近代科學家將自然數學化，一些人對於不可知的命運以理性來化解，他們對於胡塞爾而言皆顯示主體的偽自由。就整個胡塞爾現象學來說，理性固為基調，但原初理性甚至非理性的層次作為理性的發生學基源，實和自然目的性互通款曲。理性讓自然如如地生成，理性也從自然的生成獲得養分。理性的自由與自然的生成是在這種弔詭的關係中共生的。胡塞爾的實踐哲學顯示了此深意。

　　（二）如果胡塞爾的《現象學的邊界問題》顯示了他關心人生命的存在，那麼海德格對此著墨得更為全面與深刻，我們從開始將海德格對照胡塞爾的嚴格科學，以強調他對科學的嚴肅性要求，即已揭示了此義；而我們更看到，命運與悲劇的感受已進入他年輕的心靈。在我們以問題性方式討論海德格的實踐哲學當中，也可窺見其哲學的歷史性發展。它呈現出從早期的人之生命或「此在」出發——去對自己表述、對自己的生命極限試做超越；尤其在我們針對政治問題所指出的，面對著德國政治命運，

也曾以人的視角出發，去尋求解決之道——到晚期的讓「此在」嵌合著存有以及其命運。當然早晚期的劃分點似乎對海德格是模糊的，就如我們在倫理的討論中作為原初責任的聆聽存有召喚，亦蘊含在《存有與時間》中，只不過以存有潛在於「此在」的方式；海德格不願將自己歸屬於存在主義哲學，自認為探討的重心是存有，而非人的存在，《存有與時間》即以形上學存有問題開展，也充分透顯此義。

不論如何，本書仍從海德格的「轉向」前後，看他關於倫理、政治與宗教的思想。他所愈發尊重以致讓其發生，成其本有的存有、存有歷史、存有命運，實是他在《存有與時間》讓某事物如如顯示自身的現象，或現象學格律所欲回到自身的「實事」。如何讓其發生、回到存有，是涉及我們所稱的技藝；前面特別以語言來看其技藝的特殊性，聆聽存有的道說再衍生出人的道說，是要在泰然任之態度，以 *physis* 為最高的技藝下為之的。如此在語言與思維的相連中，一起道別了計算性思維，而向不確定的未來敞開，甚至迎向其到來，海德格是這樣來看時機之實現的。

海德格是否有倫理學，以及其神學立場是什麼？本書做了闡明：前者以居留、照顧與責任三方面來看其原初倫理學，後者以上帝體現於存有、語言等來看其神學的哲學性。至於其政治思維我們則最終歸為他所理解的 *pólis*：具歷史性場所之「此—在」對周遭境回應而涉及的事務；故就此界定而言，我們將海德格於1930年代對於德國政治命運的「積極」回應，視為他先前的政治哲學，似仍不失其妥當性，雖然這談不上一套有系統的政治理論。然而爭議之點可能是，究竟海德格如本書所表示的因為回應的「積極」與「消極」方式的不同，致使他從捲入到離棄了德國

納粹政治環境，或是其本人一方面對於納粹政府寄予厚望，另一方面也存有反猶主義思想？我們在此稍論最近出版而引發爭議的《黑皮書》。

《黑皮書》第一冊裡，出現海德格在接任校長職務前後，對於當時群眾與年輕人的熱中於國家社會主義抱著擔心的態度；因他仍像往昔一樣的，主張這種政治的舉動要對存有提問，回到「此在」，要以哲學為根基。[3]雖在字裡行間似乎對於國家社會主義甚至希特勒有正面的期待，[4]但這種對政治的熱忱仍是在以「此在」問題為核心來考量的。[5]故鑑於國家社會主義不能以此做考量時，幾年後於《黑皮書》第三冊海德格即視之為科技時代「計謀」（Machenschaft）的勝利品。[6]其實在《黑皮書》第二與第三冊，猶太主義或猶太教皆被海德格視為這種科技刻畫下之人性的代名詞。[7]

3　針對年輕人的態度如第一冊頁58-59, 61, 92-93；針對群眾如第一冊頁92-93, 114所示。

4　如他說：「我們大可經驗與有此大幸，即領袖已經鼓舞了一種實在性，它給了我們思想的正確途徑與衝力。」（Die große Erfahrung und Beglückung, daß der Führer eine neue Wirklichkeit erweckt hat, die unserem Denken die rechte Bahn und Stoßkraft gibt.）（Heidegger, Martin. *Überlegungen II-VI* [*Schwarze Hefte 1931-1938*], S. 111.）

5　如他將「形上學視作形上─政治學。」（*Metaphysik als Meta-politik*）（同前註，S. 116），但認為「『此在』的形上學」必須根據其最內在的結構深化且擴展至歷史民族的形上政治學。」（Die *Metaphysik des Daseins* muß sich nach ihrem innersten Gefüge vertiefen und ausweiten zur *Metapolitik* "*des*" *geschichtlichen Volks*.）（同前註，S. 124。）

6　Heidegger, Martin. *Überlegungen XII-XV* (*Schwarze Hefte 1939-1941*), S. 127.

7　如他以為國際的猶太教（das "international Judentum"）為帝國戰爭式的與人性和平主義的思維方式而服務，前者帝國主義和社會主義有互生關係，後者

　　如果海德格在1930年代曾陷入迷惘的時期，對於納粹政權仍冀予厚望，以之能滿足其指出的政治形上學，那麼在1930-40年代他似乎始終就其偏離存有問題來看待猶太主義，之後也鑑於此對於當時德國政權做了強烈批判。但海德格對自己是誠實的，因他仍然留下他自己迷網、失誤的事件於後世。或許他欲將自己也納入存有的歷史，讓他的生命透露出個人「此在」曾如何面對存有命運的經過，將自己從技藝的介入德國政治命運到對之泰然任之的歷程坦然呈現出來。

　　和胡塞爾相對照，海德格最後實從主體理性的讓自然生成，轉為人本身也參與在存有命運的發生當中，人的自由不只與自然生成共生，更由存有命運所授與。處於這種似乎被動而不自由的狀態中，人卻在迎向與嵌合存有命運當中感受了一些屬於另類自由的情韻，它們是在存有需要人的庇護下，人在寂靜的存有面前的泰然任之、思念、感恩、虔敬、靜默、猜度等等。海德的實踐哲學義涵顯然與胡塞爾的不同。

　　（三）如果海德格將pólis奠基於「此在」，歸結於存有問題，他曾經將之寄託於現實的德國政治，但終而必須以「無意願的意願」遠離現實政治，以維持其存有問題的深度，那麼鄂蘭洞察出「在世存有」的「此在」根本上不是真正的「在世」，此「世」非鄂蘭所要求的世界概念。

和平主義是「機制」的完成，它們欲對傳統形上學以降的西方革命以開創另一開端，但時仍屬於這種形上學的餘孽。（同前註，S. 132-133）海德格稍早即已強調要認出阻撓從歷史的第一開端過渡到另一開端的無歷史的、無根基的浮渣時，提到更大的無根基性讓一切皆臣服於下時指涉到猶太教（Judentum）。（Heidegger, Martin. *Überlegungen VII-XI* [*Schwarze Hefte 1938-1939*], S. 97.）

其實在胡塞爾，世界固然包括自然、心身與有關社群的精神世界，而後者也被視具有存有論優先地位（ontologischer Vorrang）[8]或是為理想的生活世界，但畢竟社群中人與人的差異性未被重視。海德格或將存有者的「關聯整體性」（Bewandnisganzheit）從工具—目的鏈解放出來，將此關聯性在「此在」為「所立」（*Worin*）同時為「**所去**」（*Woraufhin*）之著眼點下來界定「**世界性**」（*Weltlichkeit*），[9]或在與大地的爭執中來看世界為何，他也忽視其間人與人的差異性。對鄂蘭而言，世界既將我們關聯在一起，又將我們分開，因我們是彼此差異的，但我們又共屬於世界。鄂蘭以對於海德格，以及對於胡塞爾不同的政治世界為核心，倫理與宗教的問題就以此為依歸。

如果她的政治世界是由政治的時空所構成，那麼行動與言說的無形空間需要如法律、城牆以及故事的有形空間，讓先人的功績能為後世所效法。政治的時間則是在對過去記憶的同時，也釋放了留存下的負擔，如我們所強調的寬恕義涵所示，進而在彼此承諾、尊重、開放，以實踐智的培養修煉為方法，讓擴大性思維能開展，從而在共通感建立之下，對不確定的未來，做一種適應我們共同生活脈絡之仲裁、判斷的行動生活，以落實政治的自由。我們從這裡亦可回顧過去如何討論鄂蘭的技藝學，以及她如何對不確定的命運挑戰或應對，讓未來的也得以成形在適當的時機中。

相對於海德格從「此在形上學」深化與發展到「形上政治

8　Husserl, Edmund. *Ideen zu einer reinen Phänomenologie und Phänomenologischen Philosophie. Zweites Buch*, S. 281.

9　Heidegger, Martin. *Sein und Zeit,* S. 83-86.

學」仍對世界的忽視，鄂蘭以政治世界為核心，一方面將倫理學從個人的意志、良知擴及顧及群眾自由所做的仲裁、判斷，從而每個人在具多樣性的世界舞台上，扮演著不同角色的行動與發聲，良知之聲遂表現於彼此互動下的言說，甚至敘事本身。此外，鄂蘭在私領域所強調出的羞恥心似乎可成為往公共領域發展的德行，因為它形成了對他人權利的尊重，民主政治遂可在私領域藉著這種倫理被演練，這樣的主張對於我們從儒家來看倫理與政治的關係饒有啟發性。

另一方面，鄂蘭以亞里斯多德的尊重情誼取代基督教的愛，讓公共領域建立在人們彼此心靈釋放或開放的基礎上；其「塵世化神學」將「上帝以現象來審判我們」這句話，更具體表現在上帝轉化為世界，我們從世界的觀點來判斷／審判自己與他人。此外，我們曾說，在海德格那裡「道成肉身」表現在詩人傾聽上帝的暗示、存有的道說，進而轉化成為人的道說與語言。在鄂蘭「道成肉身」則轉化成取代上帝之我們的言說、判斷與敘事。也正鑑於敘事之圖像式語言，鄂蘭可說是以一種神學的哲學來呈現；我們可將之與胡塞爾與海德格以及儒家的神學性相對照比較。

如果胡塞爾從倫理學出發，從個人向關涉政治哲學與宗教哲學的愛的社群擴展，海德格從思念存有出發，以之作為政治與宗教哲學的依據，那麼鄂蘭就從政治世界的構建與維護出發，再有其對於倫理學與宗教哲學新的詮釋。政治的自由就成為其實踐哲學的核心與特色，言說、行動、尊重、敘事、思維、判斷、共通感、擴大性的思維方式等等成了促進政治自由的種種方式。

（四）在「周文疲弊」與西方技藝為科技扭曲的比較之下，我們處理了儒家的技藝學幾個層次，並強調出儒家的本質為何。

而當道、德、誠、仁等被視為最高層次的技藝時，由於人的德性與上天感通，以至有至誠、盡性、贊天化育之說，進而儒家一方面重視天所賦的正理，因此「畏天命」，另一方面也深信有德之君子必受天之保佑。儒家是以這種技藝來面對天命，因成己所以成物，以至於時機乃操之在我。

對於倫理與政治之間的關係，我們從新儒家曾遭逢時代命運而對其反省出發，藉由鄂蘭及其後繼者對此關係的論述，去回應〈中國文化與世界〉共同宣言，以及由胡塞爾、海德格與鄂蘭對於道德判斷往歷史判斷去推展，去回應牟宗三對此問題的思考。大體上我們是持著現象學可提供給當代新儒家的反省一些新的理路，重點是新儒家多少受西方近代對於理性層面之內容架構化的影響，將道德與政治的理性分開，但又企圖連接起來；而由於道德主體過於凸顯，以至於這兩者的連接就顯得不夠順暢。相反的，現象學家的貢獻即在從實際生活經驗中體察與實現政治理性的，他們發現了有助益開展公共領域的一些習俗倫理，發展民主所需的尊重之德的羞怯即是一例。

在儒家倫理與宗教的關係本是個頗大的議題，但本書的討論顯得含蓄許多，因是扣著前面論述過的現象學相關問題來予以發抒。我們選擇了海德格所論受召喚之「此在」，對照出儒家受上天召喚的個人，以及就胡塞爾、海德格與鄂蘭所提出的哲學與神學間的關係，來定調儒家屬於一種神學的哲學。在此我們仍要強調，一種特殊性的圖像式語言，連同著所需的創造性理解或智的直覺能力，而儒家是要去培養教化出這種精神能力，才能促成這種神學的哲學的建立。我們對於所討論的現象學家以「道成肉身」，但表現在不同方式下，來統括他們的宗教思維。故以語言的議題來闡釋儒家的宗教性，亦在承接並實際來看，儒家如何也

以「道成肉身」，如何以這特殊語言成為一種「內在之詞」來呈現。

　　像胡塞爾一樣，儒家實踐哲學也從倫理學擴展到政治哲學與宗教哲學。如果分別與海德格與道家相比，他們將自身委託給非理性、天命的強度就較為弱些。他們同樣將理性與自然的生成或天地的大化流行相連結，惟儒家更重視人可扮演贊天化育的角色。在注意到非理性層面的同樣脈絡下，新儒家如牟宗三對於歷史命運開始有了重視，這可連結到鄂蘭在政治哲學裡強調的功績而非善的一面。但政治自由如何促成，則是儒家尚要加強的內涵。儒家實踐哲學要從固有的與尚待擴展的自由概念來落實。

　　（五）環顧當今世界各地，特別是孕育於儒家文化的所在地，我們所討論的實踐哲學究竟可給些什麼啟示？以技藝一詞來考量仍具有意義。例如維繫公共事務的法律條文的形式化需要愛或尊重為其活水，這表示低層的技藝層次需要高層的技藝來做前提，這是鄂蘭以無形的公共空間作為有形的公共空間的理由，這也是目前臺灣在推動轉型正義所設定的法律所欠缺的。當今處在網路文化中的技藝，影響了倫理、政治、宗教各個領域，特別是在價值上更趨於庸俗化，並且醞釀與散播的速度迅雷不及掩耳。又如在人工智慧（AI）的蓬勃發展下，人雖表面上以電子儀器讓生活更為方便，但背後受商業團體的支配，以及依賴於機械的深度更甚於工業革命，這也影響了倫理、政治、宗教各個領域受之依賴。這些導致我們必須再度深思，如何在現今能擁有真正的自由技藝（liberal arts），也就是我們強調的技藝最高層次？面對現實的問題，實踐哲學如何重整旗鼓，讓自由能重獲其活水？

　　本書所涉的現象學及儒家，將不同的技藝與自由的理念，具體化在倫理、政治、宗教的不同領域中。面對當今問題，我們不

再從不同領域去談解決之道，今整體來說，例如前說的價值庸俗化與氾濫化意味著社會上諸議題愈發以民粹主義來論斷，網路已取代了傳播媒體對於民粹性推波助瀾，故此時亟需要我們對於網路語言的反省：它關聯到胡塞爾的謂詞與前謂詞的發生學問題、海德格的存有（命運）與人的不同層次語言問題、鄂蘭的行動與言說的問題，以及他（她）們和儒家所涉及的非圖像與圖像式語言問題，因為網路語言產生的行動力已超乎知性的命題語言；網路語言是生活經驗層次的表述，它直接關聯到情感與意志，但如何仍需要知性與理性的約束？

這是胡塞爾的超驗主體仍優位於生活世界的原因？或是海德格傾聽存有的聲音的前提是要靜默，而先要抑制已遠離詩性的語言？以及鄂蘭從行動出發再次對於思考的重視，讓我們反思人云亦云的規定性語言？更重要的是，我們如何對於先給予的、傳承的、記憶的負擔做釋放，向未來的可能性去開放？而在此時代尤其重要的是，在對於誠、仁、愛等德行似乎奢求不得的情形下，尊重的德行就勢在必行。胡塞爾、海德格與鄂蘭皆強調尊重的德行，至於如何從羞怯中形成此德行，是否在儒家中可發揮此義，具體在網路溝通文化中注入此意識，這些作為是需要教化與推廣，以蔚為風氣的。

至於 AI 科技時代產生的問題，胡塞爾與海德格對於科技的反省當然仍有本質上的意義，鄂蘭對於工業革命的機械自動化的評論更具啟發。簡言之，當我們關注人受機器的支配要重回機器受人的支配時，要知道機器的發明與製作根本是為了服務於我們這個世界與世界之物，而機器支配人，讓人納入到機器自動化的另一個自然體系，就有失去世界性的危險。當人重新企圖支配機器，固然可能擺脫機器自動化的變相自然，但是否能重新建立世

界性呢？故這還是鄂蘭回到以世界為著眼點做仲裁與判斷的立論上。[10]

　　實踐哲學不只是內容具實踐性，還要關注時代問題而成為實踐的，本書對前者的發抒旨在對後者的關注。但後者的實踐更有應用的層次與意義，這是我們從理論層次來論實踐哲學之後，還必須接著要論述的問題。

10　Arendt, Hannah. *The Human Condition*, pp. 144-151.

參考資料

Angier, Tom. *Techne in Aristotle's Ethics. Crafting the moral life*, New York: Continuum, 2010.

Arendt, Hannah. *Concern with Politics in Recent European Thought, lecture*, Library of Congress, Washington D. C., Box 63, 1954..

Arendt, Hannah. *The Human Condition*, Chicago: the University of Chicago Press, 1958.

Arendt, Hannah. "Was bleibt? Es bleibt die Muttersprache. Ein Gespäche mit Günter Gaus," in: *Gespäche mit Hannah Arendt*, Adebert Reif (Hrsg.), München, Zürich, 1974.

Arendt, Hannah. *The Life of the Mind—The groundbreaking investigation of how we think. One/Thinking*, San Diego/New York/London: Harcourt inc.1976.

Arendt, Hannah. *The Life of the Mind. Two/Willing*, San Diego/New York/London: A Harvest Book Harcourt, Inc., 1978.

Arendt, Hannah. *Zwischen Vergangenheit und Zukunft. Übungen im politischn Dnken I*, Hrsg.: Ursula Ludz, München: Piper, 1994.

Arendt, Hannah. *Love and Saint Augustine*, edited and with an interpretative essays by J. V. Scott and J. Ch. Stark, Chicago & London: The University of Chicago Press, 1996.

Arendt, Hannah. "The Crisis in Culture: Its Social and Its Political Significance," in: *Judgment, Imagination, and Politics: Themes from Kant and Arendt*, ed. by Ronald Bainer, Jeniffer Nefesky, 2001, pp. 3-25.

Arendt, Hannah. *Responsibility and Judgment*, ed. and with an Introduction by Jerome Kohn, New York: Schocken, 2003.

Arendt, Hannah. "Das Urteiln. Texte zu Kants Politischer Philopsphie", Dritter

Teil zu *Vom Leben des Geistes*, München/Zürich: Piper, 2012.

Aristotle. *The Nicomachean Ethics*, translated by J.A.K. Thomson, England: Penguin, 2004.

Aristotle. *Metaphysica*, translated by Joe Sachs, Aristotle's Metaphysics, Santa Fe, NM: Green Lion Press, 1999.

Aristotle. *Physica*, translated and commented by W. D. Ross, *Aristotle's Physics*, Oxford at the Clarendon Press, 1936.

Augustine, *Confessions*, translated with an Introduction and Notes by Henry Chadwick, Oxford/New York: Oxford University Press, 1991.

Bernauer, James W. "The Faith of Hannah Arendt: *Amor Mundi* and its Critique— Assimilation of Religious Experience," in: *Amor Mundi: Explorations in the Faith and Thought of Hannah Arendt*, James W. Bernauer, S.J. (editor), (Boston/Dordrecht/Lancaster: Martinus Nijhoff Publishers, 1987, pp. 1-28.

Buckely, Philip. *Husserl, Heidegger and the Crisis of Philosophical Responsibility*, Dordrecht: Kluwer Academic Publishers, 1992.

Buckley, Philip. "Political aspect of Husserl's call for renewal," in: *Transitions in continental philosophy*, A. Dallery & S. Waston (Eds.), Albany: State University of New York Press, 1994, pp. 3-20.

Chiereghin, Franco. "Physis und Ethos: Die Phänomenologie des Handelns bei Heidegger", in: *Heidegger—Technik—Ethik—Politik*, Hrsg.: Reinhard Margreiter/Karl Leidlmair, Würzburg: Könighausen und Neumann, 1991, S. 115-132.

Claesges, Ulrich. "Zweideutigkeiten in Husserls Lebenwelt-Begriff," in: *Perspektiven transzendentalphänomenologischer Forschung*, Hrsg.: U. Claesges und K. Held, Den Haag: Nijhoff, 1972, pp. 85-101.

Crowe, Benjamin D. *Heidegger's Religious Origin: Destruction and Authenticity*, Bloomington & Indianapolis: Indiana University Press, 2006.

Crowell, Steven. "Reason and Will. Husserl and Heidegger on the Intentionality on Action," in: *Heidegger-Jahrbuch 6 Jahrbuch 6—Heidegger und Husserl*, Freiburg/München: Karl Albert, 2012, pp.249-268.

Crownfield, David. "The Last God," in: *Companion to Heidegger's Contributions to Philosophy*, edited by Charles E. Scott etc. Bloomington & Indianapolis: Indiana University Press, 2001, pp. 213-228.

Ferrarello, Susi. "Practical Intentionality: A Balance Between Practical and Theoretical Acts," in: *Humana. Mente*-Issue 15-2011, 1, pp. 237-250.

Figal, Günter. "Forgetfulness of God: Concerning the Center of Heidegger's *Contributions to Philosophy*," in: *Companion to Heidegger's Contributions to Philosophy*, pp. 198-121.

Figal, Günter. "Heidegger's Philosophy of Language in an Aristotelian Context: *Dynamis meta logou*," in: *Heidegger and the Greek*. Edited by Drew A. Hyland and John Panteleimon Manoussakis, Bloomington & Indianapolis: Indiana University Press, 2006, pp. 83-92.

Flynn, Molly B. "The cultural community: A Husserlian Approach and Reproach," in: *Husserl Stidies*, 28: 25-47, 2012, Netherlands: Kluwer Academic Publishers.

De Veries, Hent. "Winke. Divine Topoi in Nancy, Hölderlin, and Heidegger," in: *Re-treating Religion: Deconstructing Christianity with Jean-Luc Nancy*, edited by A. Alexandrova et al., New York: Fordham University Press, 2012, pp. 112-131.

Depraz, Natalie "Phenomenological Reduction and the Political," in: *Husserl Studies* 12: 1-17, 1995, Netherlands: Kluwer Academic Publishers.

Deutscher, Max. *Judgment After Arendt*, Hampshire, England/Burlington, USA: Ashgate, 2007.

Dilcher, Roman. "Die erste systematische Hermeneutik der Alltäglichkeit des Miteinanderseins," in: *Heidegger Über Rhetorik*, Hrsg.: Josef Kopperschmidt, München: Fink, 2009, S. 89-111.

Donohoe, Janet. *Husserl on Ethics and Intersubjectivity: From Static to Genetic Phenomenology*, New York: Humanity Books, 2004.

Döring, August. *Die Kunstlehre des Aristotles. Ein Beitrag zur Geschichte der Philsophie*, Jena: Verlag von Hermann Dufft, 1986.

Drummond, John. "Political community," in K. Thompson & L. Embree (Eds.), Phenomenology of the political, Dordrecht: Kluwer Academic Publishers,

2000, pp. 29-53.

Dunne, Joseph. *Back to the Rough Ground. Practical Judgment and the Lure of Technique*, Indiana: University of Notre Dame Press, 2001（1993）.

Görgemanns, Herwig. "Einführung", in Plutarch: *Dialog über die Liebe. Amatorius*, eingeleitet, übersetzt und mit interpretierenden Essays versehen von H. Görgemanns, B. Feichtitinger, F. Graf, W. Jeanrond und J. Opsomar, Tübingen: Mohr Siebeck, 2006, S. 3-38.

Hadot, Pierre. *Philosophy as a Way of Life*, edited with an introduction by Arnold I. Davidson, translated by Michael Chase, MA/Oxford/Carlton: Blackwell Publishing, 2006（1995）.

Hart, James G. *The person and the common life: Studies in a Husserlian social ethics*, Dordrecht: Kluwer Academic Publishers, 1992.

Hart, James G. "Hannah Arendt: The Care of the World and of the Self," in: *Phenomenological Approaches to Moral Philosophy. A Handbook*, edited by John J. Drummond and Lester Embrtee, Dordrecht/Boston/London: Kluwer Academic Publishers, 2002, pp. 87-106.

Heidegger, Martin. *Grundbegriffe der Aristotelischen Philosophie*, Hrsg.: M. Michalski, GA 18, Frankfurt a.M.: Klostermann, 2002.

Heidegger, Martin. *Grundprobleme der Phänomenologie*, Hrsg.: Fr.-W. v. Hermann, GA 24, Frankfurt a.M.: Klostermann, 1898.

Heidegger, Martin. *Die Frage nach dem Ding: Zur Kants Lehre von den Transzendentalen Grundsätzen*, Hrsg.: P. Jaeger, GA 41, Frankfurt a.M.: Klostermann, 1984.

Heidegger, Martin. *Grundprobleme der Phänomenologie, Frühre Freiburger Vorlesung Wintersemester 1919/20*, Hrsg.: H.-H. Gander, GA 58, Frankfurt a.M. : Klostermann, 1993.

Heidegger, Martin. *Phänomenologie der Anschauung und des Ausdrucks. Theorie der Philosophischen Begriffbildung*, Hrsg.: C. Strube, GA 59, Frankfurt a.M.: Klostermann, 1993.

Heidegger, Martin. *Phänomenologie des religiösen Lebens*, Hrsg.: M. Jung, Th. Regehly et C. Strube, GA 60, Frankfurt a. M.: Klostermann, 1995.

Heidegger, Martin. *Phänomenologische Interpretationen zu Aristoteles. Einführung in die phänomenologische Forschung* (*Wintersemester 1921/22*), Hrsg.: W. Bröcker et K. Bröcker-Oltmanns, GA 61, 1985.

Heidegger, Martin. *Beiträge zur Philosophie* (*vom Ereignis*), Hrsg: Fr.-W. v. Hermann, GA 65, Frankfurt a.M.: Klostermann, 1989.

Heidegger, Martin. *Überlegungen II-VI* (*Schwarze Hefte 1931-1938*), Hrsg.: Peter Trawny, GA 94, Frankfurt a.M.: Klostermann, 2014.

Heidegger, Martin. *Überlegungen VII-XI* (*Schwarze Hefte 1938-1939*), Hrsg.: Peter Trawny, GA 95, Frankfurt a.M.: Klostermann, 2014.

Heidegger, Martin. *Überlegungen XII-XV* (*Schwarze Hefte 1939-1941*), Hrsg.: Peter Trawny, GA 96, Frankfurt a.M.: Klostermann, 2014.

Heidegger, Martin. *Anmerkungen I-V* (*Schwarze Hefte 1942-1948*), Hrsg.: Peter Trawny, GA 97, Frankfurt a.M.: Klostermann, 2015.

Heidegger, Martin. *Sein und Zeit*, Tübingen: Niemeyer, 1979.

Heidegger, Martin. *Was is Metaphysik?* Frankfurt a. M. : Klostermann, 1986.

Heidegger, Martin. *Über den Humanismus*, Frankfurt a.M.: Klostermann, 1982.

Heidegger, Martin. *Einführung in die Metaphysik*, Tübingen: Niemeyer, 1996.

Heidegger, Martin, "Die Frage nach der Technik," in: *Vorträge und Aufsätze, Teil I*, Tübingen: Neske, 1967, S. 5-36.

Heideggre, Martin. "Die Zeit des Weltbildes", in: *Holzwege*, Frankfurt a.M.: Klostermann, 1980, S. 73-110.

Heidegger, Martin. "Der Fehl Heiliger Namen", in: *Denkerfarungen* (1910-1976), Frankfurt a.M.: Klostermann, 1983. S. 175-179.

Heidegger, Martin. "Die Sprache", in: *Unterwegs zur Sprache*, Pfullingen: Neske, 1990, S.9-33.

Heidegger, Martin. "Aus einem Gespräche von der Sprache", in: *Unterwegs zur Sprache*, S. 83-155.

Heidegger, Martin. "Das Wesen der Sprache", in: *Unterwegs zur Sprache*, S. 159-216.

Heidegger, Martin. *Zollikoner Seminare*, Hrsg.: M. Boss. Frankfurt a.M.: Klostermann, 1994.

Heidegger, Martin. *Being and Time*, translated by John Macquarrie & Edward Robison, New York: Harper & Row Publishers, 1962.

Heidegger, Martin. *An Introduction to Metaphysics*, translated by Ralph Manheim, New Haven and London: Yale University Press, 1959.

Heidegger, Martin. *Basic Writings*, ed: David Farrell Krell, London: Routledge, 1996.

Heidegger, Martin. "Phenomenology and Theology," in: Martin Heidegger. *Pathmarks*, translated by James G. Hart and John C. Maraldo, edited by William McNeill, Cambridge/New York/Melbourne: Cambridge University Press, 1998, pp. 39-62.

Heidegger, Martin. "Rectorship Address: The Self-Assertion of the German University," in: Günter Figal（Ed.）. *The Heidegger's Reader*, translated by Jerome Veith, Bloomington & Indianapolis: Indiana University Press, 2007, pp. 108-116.

Heidegger, Martin. "Der Spiegel Interview with Martin Heidegger", in: *Supplement 1*. Günter Figal（Ed.）, *The Heidegger's Reader*, pp.313-333.

Heidegger, Martin. *Contributions to Philosophy（of the Event）*, translated by Richard Rojcewicz and Daniela Vallega-Neu, Bloomington an Indianapolis: Indiana University Press, 2012.

Heidegger, Martin. "Building Dwelling Thinking," in *Poetry, Language, Thought*, translations and introduction by Albert Hofstadter, New York, Hagerstown, San Francisco, London: Harper & Row, 1975, pp. 143-161.

Held, Klaus. *Lebendige Gegenwart. Die Frage nach der Seinsweise des transzendentalen Ich bei E. Husserl, entwickelt am Leitfaden der Zeitproblematik*, Den Haag: Nijhoff, 1966.

Held, Klaus. "Phänomenologie der Zeit nach Husserl", in: *Perspektive Philosophie*（1981）7: 185-221.

Held, Klaus. "Husserls neue Einführung in die Philosophie: Der Begriff der Lebenswelt", in: *Lebenswelt und Wissenschaften. Studien zum Verhältnis von Phänomenologie und Wissenschaftstheorie*, Hrsg.: C. F. Gethmann, Bonn: Bouvier, 1991, S. 79-113.

Held, Klaus. "Power of Judgment and Ethos," in: *Phenomenology of the Political World*, National Chengchi University, 2004.

Husserl, Edmund. *Ideen zu einer reinen Phänomenologie und phänomenologischen Philosophie. Erstes Buch: Allgemeine Einführung in die reine Phänomenologie*, Hrsg.: K. Schumann, Hua III/1, Den Haag: Nijhoff, 1976.

Husserl, Edmund. *Ideen zu einer reinen Phänomenologie und phänomenologischen Philosophie. Zweites Buch: Phänomenologische Untersuchung zur Konstitution*, Hrsg.: M. Biemel, Hua IV, Den Haag: Nijhoff, 1953.

Husserl, Edmund. *Die Krisis der europäischen Wissenschaften und die transzendentale Phänomenologie. Eine Einleitung in die phänomenologische Philosophie*, Hrsg.: W. Biemal, Hua VI, Den Haag: Nijhoff, 1954.

Husserl, Edmund. "Encyclopaedia Britannica-Artikel", aus *Phänomenologische Psychologie. Vorlasungen Sommersemester 1925,* Hrsg.: W. Biemel, Hua IX, Den Haag: Nijhoff, 1962, S.277-301.

Husserl, Edmund. *Analysen zur passiven Synthesis. Aus Vorlesungs—und Forschungsmanuskripten 1918-1926*, Hrsg.: M. Fleischer, Hua XI, Den Haag: Martinus Nijhoff, 1966.

Husserl, Edmund. *Zur Phänomenologie der Intersubjektivität. Texte aus dem Nachlaß. Zweiter Teil: 1921-1928*, Hrsg.: I. Kern, Hua XIV, Den Haag: Nijhoff, 1973.

Husserl, Edmund: *Zur Phänomenologie der Intersubjektivität. Texte aus dem Nachlaß. Dritter Teil: 1929-1935*, Hrsg.: I. Kern, Hua XV, Den Haag: Nijhoff, 1973.

Husserl, Edmund. *Logische Untersuchungen. Erster Band: Prolegomena zur reinen Logik.* Text der 1. und 2. Auflage, Hrsg.: E. Holenstein, Hua XVIII, Hague/Boston/Lancaster: Martinus Nijhoff Publishers, 1975

Husserl, Edmund. *Logische Untersuchungen. Zweiter Teil. Untersuchungen zur Phänomenologie und Theorie der Erkenntnis*, Hrsg.: U. Panzer, Hua XIX, The Hague, Netherlands: Martinus Nijhoff, 1984.

Husserl, Edmund. "Fichtes Menschheitsideal," in: *Aufsätze und Vorträge（1912-1921）*, Hrsg.: Th. Nenon und H. R, Sepp, Hua XXV, Dordrecht: Martinus

Nijhoff, 1987, S. 267-293.

Husserl, Edmund. "Fünf Aufsätze über Erneuerung," in: *Aufsätze und Vorträge* (*1922-1937*), Hrsg.: Th. Nenon und H. R. Sepp, Hua XXVII, Dordrecht: Kluwer Academic Publishers, 1989, S. 3-124.

Husserl, Edmund. *Vorlesungen über Ethik und Wertlehre, 1908-1914*, Hrsg.: Ullrich Melle, Hua XXVIII, Dordrecht/Boston/London: Kluwer Academic Publishers, 1988.

Husserl, Edmund. *Einleitung in die Ethik : Vorlesungen Sommersemester 1920/1924*, Hrsg.: H. Peucker, Hua XXXVII, Dordrecht/Boston/London: Kluwer Academic Publishers, 2004.

Husserl, Edmund. *Grenzprobleme der Phänomenologie: Analysen des Unbewußtseins und der Instinkte. Metaphysik, Späte Ethik. Texte aud dem Nachlass* (*1908-1937*), Hrsg.: Rochus Sowa et Thomas Vongehr, Hua XXXXII, Dordrecht/Heidelberg/New York/London: Springer, 2014.

Husserl, Edmund. *Philosophie als strenge Wissenschaft*, Frankfurt a.M., Germany: Vittorio Klostermann, 1981.

Husserl, Edmund. A, E Manuscrips (from Husserl Achive Cologne).

Husserl, Edmund. *The Crisis of European sciences and transcendental phenomenology: an introduction to phenomenological philosophy*, translated by D. Carr, Evanston: Northwestern University Press, 1970.

Imdahl, Georg. *Das Leben Verstehen. Heideggers fornale anzeigende Hermeneutik in den frühen Freiburger Vorlesungen* (*1990 bis 1923*), Würzburg: Könighausen & Neumann, 1994.

Jeanrond, Werner G. "Der Gott der Liebe", in: Plutarch: *Dialog über die Liebe. Amatorius*, S. 274-293.

Kant, Immanuel. *Kritik der reinen Vernunft*, Hrsg.: R. Schmidt, Hamburg: Meiner, 1976

Kant, Immanuel. *Kritik der Urteilskraft*, Hrsg.: K. Vorländer, Hamburg: Meiner, 1974.

Kant, Immanuel. *Grundlegung zur Metaphysik der Sitten*, Hrsg.: K. Vorländer, Hamburg: Meiner, 1965.

Kierkegaard, Søren. The Concept of Anxiety, translated by R. Thomte, Princeton: Princeton University Press, 1980.

Kierkegaard, Søren. *Die Krankheit zum Tode*, Gütersloh: Gütersloher Verlagshaus Mohr. 1982.

Kisiel, Theodore. *The Genesis of Heidegger's Being and Time*, Berkeley/Los Angeles/London: University of California Press, 1995.

Kristeva, Julia. *Hannah Arendt. Life is a Narrative*, Toronto/Buffalo/London: University of Toronto Press, 2001.

Lee, Nam-in. "Practical Intentionality and Transcendental Phenomenology as a Practical Philosophy," in: *Husserl Studies*, 2000, 17:49-63.

Levinas, Emmanuel. *Otherwise Than Being or Beyond Essence*, translated by Alphonso Lingis. Pittsburgh: Duquesne University Press, 2000.

Lo, Lee Chun. *Die Gottesauffassung in Husserls Phänomenologie*, Frankfurt a.M.: Peter Lang, 2008.

McNeill, Will. "A 'scarcely pondered word'. The place of tragedy: Heidegger, Aristotle, Sophocles," in: *Philosophy and Tragedy*, ed.: Miguel de Beistegui & Simon Sparks, Minneapolis & Oxford: University of Minnesota Press, 2000, pp. 169-1.

Melle, Ullrich. "Edmund Husserl: From Reason to Love", in: *Phenomenological Approach to Moral Philosophy: A Handbook*, ed.: Drmmond, J. J. and L. Embree, Dordrecht/Boston/London: Kluwer Academic Publishers, 2002, pp. 229-248.

Nancy, Jean-Luc. "On a Divine *Wink*," in: *Dis-closure: The Deconstruction of Christianity*, translated by B. Bergo et al., New York: Fordham University Press, 2008.

Nancy, Jean-Luc. "In the Midst of the World; or Why Deconstruct Christianity?" in: *Re-treating Religion: Deconstructing Christianity with Jean-Luc Nancy*, pp. 1-21.

Nelson, Eric Sean. "Die formale Anzeige der Faktizitat als Frage der Logik", in: *Heidegger und die Logik*. Hrsg.: Alfred Denker und Holger Zaborowski, Amsterdam-New York: Rodipi, 2006, S.31-48

Ni, Liang Kang. "Edmund Husserl's Political Praxis and Theoretical Reflections during World War I," in: *Frontiers of Philosophy in China*, 2014, 9（2）: 241-253.

Nussbaum, Martha. *The Fragility of Goodness. Luck and Ethics in Greek Tragedy and Philosophy*, Cambridge: Cambridge University Press, 2001（1986）.

Peucker, Henning. "Die Grundlagen der praktischen Intentionalität. Ein Beitrag zu Husserls Phänomenologie des Willens", in: *Lebenswelt und Wissenschaft, XXI. Deutscher Kongress für Philosophie, Sammlung der Sektionsbeiträge*, Essen, CD, 2008.

Ricoeur, Paul. *The Rule of Metaphor: Multi-Disciplinary Studies of the Creation of Meaning in Language*, trans. Robert Czerny with Kathleen McLaughlin and John Costello, Toronto and Buffalo: University of Toronto Press, 1977.

Robling, Franz Hubert. "Der Boden der Rhetorik", in: *Heideggel Über Rhetorik*, Hrsg: Josef Kopperschmidt, München: Fink, 2009, S. 197-221.

Schmidt, Dennis J. On Germans & Other Greeks. *Tragedy and Ethical Life*. Bloomington & Indianapolis: Indiana University Press, 2001.

Schürmann, Rainer. "Ein brutales Erwachen zur tragischen Bestimmung des Seins. Über Heidegger's Beiträge zur Philosophie", in: Martin Heidegger. *Kunst-Politik-Technik*, Hrsg.: Christoph Jamme und Karsten Harris, München: Wilhelm Fink, S. 261-278.

Schuhmann, Karl. *Husserls Staatsphilosophie*, Freiburg/München: Albert, 1988.

Scott, J. V. and. Stark, J. Ch. "Rediscovering Hannah Arendt," in: *Love and Saint Augustine*, pp. 115-215.-

Simms, Karl. *Paul Ricoeur*, London/New York: Routledge, 2003.

Smith, James K. A. *Speech and Theology: Language and the logic of incarnation*, London & New York: Routledge, 2002.

Sokolowski, Robert. *Presence and Absence: A Philosophical Investigation of Language and Being*, Bloomington & London: Indiana University Press, 1978.

Sommer, Manfred: "Einleitung in Husserls Göttinger Lebenswelt", in: *Die Konstitution der geistigen Welt,* herausgegeben und eingeleitet von Manfred

Sommer, Hamburg: Mainer, 1984, S. IX-XLII.

Tabachnick, David E.. "Techne, Technology and Tragedy," in: *Virginia Tech*, Vol. 11, no. 1, Fall 2007.

Thurnher, Rainer. "Heideggers Denken als 'Fundamentalethik'"? in: *Heidegger—Technik—Ethik—Politik*, Hrsg.: R. Margreiter/K. Leidlmair, Würzburg: Königshausen & Neumann, 1991, S. 133-141.

Ubiali, Marta. "Wille, Unbewusstheit, Motivation: der ethische Horizont des Husserlschen Ich-Begriffs", in: *Studien zur Phänomenologie und Praktischen Philosophie*, 31, Würzburg: Ergon Verlag, 2012.

Vaught, Carl G. *Access to God in Augustine's Confessions, Books X-XIII*, Albany: State University of New York Press, 2005.

Vedder, Ben. *Heidegger's Philosophy of Religion: From God to the Gods*, Pittsburgh: Duquesne University Press, 2007.

Villa, Dana R. *Arendt and Heidegger: The Fate of the Political*, New Jersey: Princeton University Press, 1996.

Vollrath, Ernst. *Was ist das Politische?—Eine Theorie des Politischen und seiner Wahrnehmung*, Könighausen & Neumann, 2003.

Von Herrmann, Friedrich-Wilhelm. *Wege ins Ereignis: Zu Heideggers "Beiiträgen zur Philosophie"*, Frankfurt a.M.: Klostermann, 1994.

Woelert, Peter. "Technology, Knowledge, Governance: The political relevance of Husserl's critique of the epistemic effects of formalization," in: *Continental Philosophical Review*（2013）46: 487-507.

亞里斯多德。《論詩：附修辭術、亞歷山大修辭學》，崔延強／嚴一譯，台北：慧明文化，2001年。

克勞斯・黑爾德。《世界現象學》，孫周興編，倪梁康等譯，台北：左岸文化，2004年。

牟宗三。《歷史哲學》，台北：樂天出版社，民62年。

牟宗三。《政道與治道》台北：廣文書局，民63年。

牟宗三。《中國哲學十九講》，「第三講」，台北：臺灣學生書局，民72年。

汪文聖。〈有關「空間現象學」的經典詮釋〉，《哲學雜誌》第32期，2000年5月，頁48-79。

汪文聖。〈處於倫理內在性與宗教超越性之間：胡塞爾與海德格的宗教現象
　　學之比較〉，《中央大學人文學報》第43期，2010年7月，頁227-264。

孫周興。〈為什麼我們需要一種低沉的情緒？——海德格對於哲學基本情緒
　　的歷史分析〉，「第一屆兩岸三地現象學會議」，台灣中山大學哲學研
　　究所，2003年11月8日。

唐君毅：《中華人文與當今世界》，台北：台灣學生書局，民64年。

唐君毅。《中國文化之精神價值》，台北：正中書局，1974年。

聖奧斯定。《天主之城》，吳宗文譯，上冊，台北：臺灣商務印書館，1971
　　年11月初版。

勞思光。《新編中國哲學史‧卷一》，台北市：三民書局，1997年（增訂九
　　版）。

黃勇。《全球化時代的倫理》，台北：台灣大學出版中心，2011。

黃勇。《全球化時代的宗教》，台北：台灣大學出版中心，2011。

謝冰瑩、李鍌、劉正浩、邱燮友等編譯。《新譯四書讀本》，台北：三民書
　　局，2006年。

《聖經》。和合本，香港九龍：香港聖經公會，1961年。

索引

事物名索引

現象學作為一種實踐哲學：胡塞爾‧海德格‧鄂蘭的倫理、政治與宗教哲學

2019年4月初版　　　　　　　　　　　　　　　定價：新臺幣680元
2020年6月初版第二刷
有著作權‧翻印必究
Printed in Taiwan.

著　者	汪　文　聖
叢書主編	沙　淑　芬
校　對	吳　淑　芳
封面設計	李　東　記

出　版　者	聯經出版事業股份有限公司	副總編輯　陳　逸　華
地　　址	新北市汐止區大同路一段369號1樓	總經理　陳　芝　宇
叢書主編電話	(02)86925588轉5310	社　長　羅　國　俊
台北聯經書房	台北市新生南路三段94號	發行人　林　載　爵
電　　話	(02)23620308	
台中分公司	台中市北區崇德路一段198號	
暨門市電話	(04)22312023	
台中電子信箱	e-mail：linking2@ms42.hinet.net	
郵政劃撥帳戶第0100559-3號		
郵撥電話	(02)23620308	
印　刷　者	世和印製企業有限公司	
總　經　銷	聯合發行股份有限公司	
發　行　所	新北市新店區寶橋路235巷6弄6號2樓	
電　　話	(02)29178022	

行政院新聞局出版事業登記證局版臺業字第0130號

本書如有缺頁，破損，倒裝請寄回台北聯經書房更換。　　ISBN　978-957-08-5284-4（精裝）
聯經網址：www.linkingbooks.com.tw
電子信箱：linking@udngroup.com

國家圖書館出版品預行編目資料

現象學作為一種實踐哲學：胡塞爾‧海德格‧鄂蘭
的倫理、政治與宗教哲學/汪文聖著．初版．新北市．聯經．
2019年4月（民108年）．464面．14.8×21公分
ISBN　978-957-08-5284-4（精裝）
[2020年6月初版第二刷]

1.現象學　2.文集

143.6707　　　　　　　　　　　　　　　　108003583